Contraste insuffisant

NF Z 43-120-14

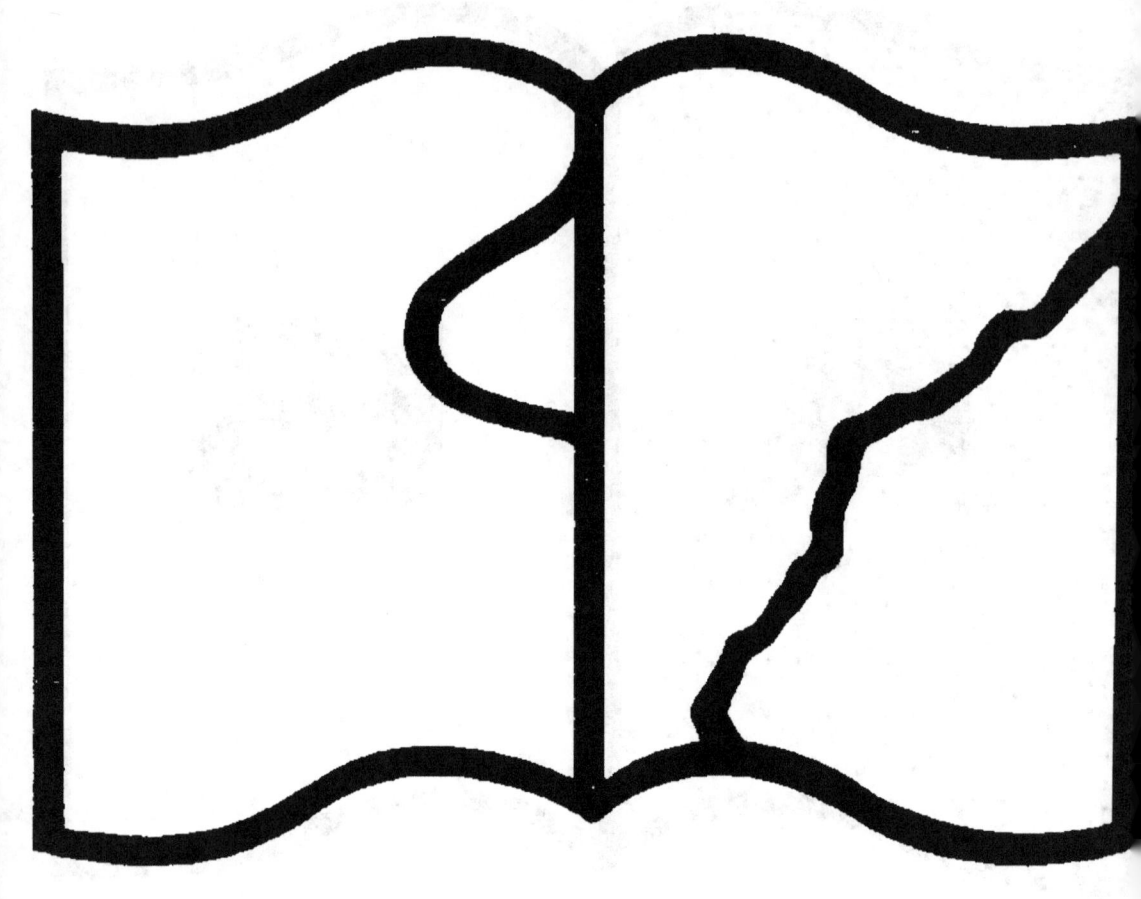

Texte détérioré — reliure défectueuse

NF Z 43-120-11

Y. 207.
~~224~~
2.

Yb   7107

L'ODYSSÉE D'HOMERE,

TRADUITE EN FRANÇOIS,

AVEC

DES REMARQUES.

Par MADAME DACIER.

TOME SECOND.

A PARIS,
Aux Dépens de RIGAUD, Directeur
de l'Imprimerie Royale.

M. DCCXVI.
AVEC PRIVILEGE DU ROY.

Argument du Livre VIII.

Alcinoüs assemble le conseil des Pheaciens sur le port prés des vaisseaux, pour déliberer sur la demande de l'estranger qui est arrivé chez luy. On équipe un vaisseau pour son départ, & les principaux des Pheaciens sont invitez à un festin dans le Palais ; ils joüent ensuite au palet avec Ulysse, & on fait venir le chantre Demodocus, qui chante les amours de Mars & de Venus, & ensuite l'histoire du cheval de bois qui fut introduit dans la ville de Troye. A ce recit, Ulysse fond en larmes ; Alcinoüs, qui s'en apperçoit, luy demande le sujet de ses larmes, & le prie de luy dire qui il est, & d'où il est.

L'ODYSSÉE

L'ODYSSÉE D'HOMERE.

LIVRE VIII.

L'AURORE avoit à peine annoncé le jour, que le Roy Alcinoüs se leva. Ulysse ne fut pas moins diligent. Le Roy le mena au lieu où il avoit convoqué l'assemblée pour le Conseil, & c'estoit sur le port devant les vaisseaux.

A mesure que les Pheaciens arrivoient, ils se plaçoient sur des pierres polies. La Déesse Minerve, qui vouloit asseurer un heureux retour à Ulysse, ayant pris la figure d'un heraut d'Alcinoüs, eſtoit allée par toute la ville avant le jour, & avoit exhorté en ces termes tous les principaux des Pheaciens qu'elle avoit rencontrez : » Princes & » Chefs des peuples qui habitent cette » iſle, rendez-vous promptement au » Conſeil pour entendre les deman-» des d'un eſtranger, qui aprés avoir » erré long-temps ſur la vaſte mer, » eſt arrivé au Palais d'Alcinoüs, & » qu'on prendroit pour un des Im-» mortels.

Par ces paroles elle inſpira de la curioſité à tous ces Princes. L'aſſemblée fut bientoſt formée & tous les ſieges remplis. On regardoit avec admiration le prudent fils de Laërte. Auſſi la Déeſſe Minerve luy avoit inſpiré une grace toute divine, elle le faiſoit paroiſtre plus grand & plus fort, afin que par cette taille avantageuſe & par cet air de majeſté il attiraſt l'eſtime & l'affection des Pheaciens, & qu'il ſe tiraſt avec avantage de tous les combats que ces Princes devoient proposer pour esprouver ses forces.

Lorsque tout le monde fut placé, Alcinoüs prit la parole, & dit: « Princes & Chefs des Pheaciens, es- « coutez ce que j'ay à vous proposer. « Je ne connois point cet estranger, « qui aprés avoir perdu sa route sur « la mer, est arrivé dans mon Palais. « Je ne sçay d'où il vient, si c'est des « contrées du couchant ou des cli- « mats de l'aurore : mais il nous prie « de luy fournir promptement les « moyens de retourner dans sa patrie. « Ne nous démentons point en cette « occasion. Jamais estranger, qui est « abordé dans nostre isle, n'a deman- « dé inutilement les secours dont il « a eu besoin. Ordonnons donc sans « differer qu'on mette en mer un « vaisseau tout neuf, le meilleur qui « soit dans nos ports, & choisissons « cinquante-deux rameurs des plus « habiles ; qu'ils préparent les rames, «

» & quand tout fera preft, qu'ils
» viennent manger chez moy, pour
» fe difpofer à partir, on leur four-
» nira tout ce qui eft neceffaire. Et
» pour vous, Princes, rendez-vous
» tous dans mon Palais, vous m'ai-
» derez à faire les honneurs à mon
» hofte. Qu'aucun ne manque de
» s'y trouver, & qu'on faffe venir le
» chantre Demodocus, à qui Dieu a
» donné l'art de chanter, & qui par
» fes chants divins charme tous ceux
» qui l'entendent.

En finiffant ces mots il fe leve & marche le premier. Les Princes le fuivent, & un heraut va avertir le chantre Demodocus. On choifit cinquante-deux rameurs qui fe rendent auffi-toft fur le rivage, mettent en mer le meilleur vaiffeau, dreffent le maft, attachent les voiles & placent les avirons. Quand le vaiffeau fut preft à partir, ils fe rendirent tous au Palais d'Alcinoüs. Les portiques, les cours, les sales furent bientost remplies. Le Roy leur fit donner douze moutons, huit cochons engraissez & deux bœufs. Ils les dépoüillerent & les préparerent, & se mirent à table.

Le heraut amene cependant le chantre divin, que les Muses avoient comblé de leurs faveurs; mais à ces faveurs elles avoient meslé beaucoup d'amertume, car elles l'avoient privé de la vûë en luy donnant l'art de chanter. Le heraut Pontonoüs le place au milieu des conviez sur un siege tout parsemé de clouds d'argent, qu'il appuye contre une colomne à laquelle il pend sa lyre, en l'avertissant de l'endroit où il l'a mise, afin qu'il la puisse prendre quand il en aura besoin. Il met devant luy une petite table sur laquelle on sert des viandes, une coupe & du vin. On fait bonne chere, & le repas estant fini, la Muse inspire à Demodocus de chanter les avantures des heros. Il commença par un chant fort connu, & dont la réputation avoit volé jufqu'aux cieux; il contenoit la celebre difpute qu'Ulyffe & Achille avoient eûë devant les remparts de Troye au milieu du feftin d'un facrifice, & dans laquelle ils en eftoient venus aux groffes paroles, ce qui avoit fait un tres grand plaifir à Agamemnon; car ce Prince voyoit avec une extrefme joye les premiers des Grecs difputer enfemble, parce que c'eftoit là l'accompliffement d'un oracle qu'il avoit receu autrefois à Pytho, où il eftoit allé confulter Apollon, lorfqu'un long enchaifnement de malheurs commençoit desja à menacer les Troyens & les Grecs par les decrets de Jupiter. Ce chant eftoit fi admirable & fi divin qu'il charma tout le monde. Ulyffe, qui fondoit en larmes, eut toujours la tefte couverte de fon manteau pour cacher son visage, car il avoit quelque sorte de honte que les Pheaciens le vissent pleurer. Toutes les fois que Demodocus cessoit de chanter, Ulysse essuyoit ses larmes & rabaissoit son manteau, & prenant une coupe il faisoit des libations aux Dieux. Mais dés que les Princes le pressoient de reprendre sa lyre & qu'il recommençoit à chanter, Ulysse recommençoit aussi à répandre des larmes & à les cacher. Aucun des Princes, qui estoient à table, ne s'en apperçeut, Alcinoüs seul, qui estoit assis prés de luy, vit ses pleurs & entendit ses profonds soupirs; aussi-tost élevant la voix, il dit : Princes & Chefs « des Pheaciens, je croy que le repas « est fini, & que nous avons entendu « assez de musique, qui est pourtant « le plus doux accompagnement des « festins ; sortons donc de table, & « allons nous exercer à toutes sortes « de combats, afin que quand cet es- «

» tranger fera de retour dans fa pa-
» trie, il puiffe dire à fes amis com-
» bien nous fommes au deffus de
» tous les autres hommes aux com-
» bats du Cefte & de la Lutte, à
» courir & à fauter.

Il fe leve en mefme temps; les Princes le fuivent, & le heraut ayant pendu à la colomne la lyre, il prend Demodocus par la main, le conduit hors de la fale du feftin, & le mene par le mefme chemin que tenoient tous les autres pour aller voir & admirer les combats.

Quand ils arriverent au lieu de l'affemblée, ils y trouverent une foule innombrable de peuple qui s'y eftoit desja rendu; plufieurs jeunes gens des mieux faits & des plus difpos fe prefenterent pour combattre, Acronée, Ocyale, Ela-trée, Nautes, Prumnes, Anchiale fils du charpentier Polynée, Eret-mes, Pontes, Prores, Thoon, Anabefinée, Amphiale femblable à l'homicide Mars, & Naubolidès qui par sa grande taille & par sa bonne mine estoit au dessus de tous les Pheaciens aprés le Prince Laodamas. Trois fils d'Alcinoüs se presenterent aussi, Laodamas, Alius & le divin Clytonée. Voilà tous ceux qui se leverent pour le combat de la Course. On leur marqua donc la carriere. Ils partent tous en mesme temps & excitent des tourbillons de poussiere qui les dérobent aux yeux des spectateurs. Mais Clitonée surpassa tous ses concurrents, & les laissa tous aussi loin derriere luy que de fortes mules, traçant des sillons dans un champ, laissent derriere elles des bœufs pesants & tardifs.

Aprés la Course ils s'attacherent au penible combat de la Lutte. Et Euryale fut vainqueur. Amphiale fit admirer à ses rivaux mesmes sa legereté à sauter. Elatrée remporta le prix du Disque, & le brave Lao-

A v

damas fils d'Alcinoüs fut victorieux au combat du Ceste.

Cette jeunesse s'estant assez divertie à tous ces combats, le Prince Laodamas prit la parole, & dit :
» Mes amis, demandons à cet estran-
» ger s'il n'a point appris à s'exercer
» à quelque combat, car il est tres
» bien fait & d'une taille tres propre à
» fournir à toutes sortes d'exercices.
» Quelles jambes ! quelles espaules !
» quels bras ! Il est mesme encore
» jeune. Mais peut-estre est-il affoi-
» bli par les grandes fatigues qu'il a
» souffertes, car je ne croy pas qu'il
» y ait rien de plus terrible que la
» mer, & de plus propre à espuiser
» & anéantir l'homme le plus ro-
» buste.

» Vous avez raison, Laodamas,
» répond Euryale, & vous nous re-
» montrez fort bien nostre devoir.
» Allez donc, provoquez vous-mes-
» me vostre hoste.

A ces mots le brave fils d'Alci-

noüs s'avançant au milieu de l'assemblée, dit à Ulysse : Genereux «
estranger, venez faire preuve de «
vostre force & de vostre adresse, «
car il y a de l'apparence que vous «
avez appris tous les exercices, & «
que vous estes tres adroit à toutes «
sortes de combats, & il n'y a point «
de plus grande gloire pour un hom- «
me, que de paroistre avec esclat «
aux combats de la Courfe & de la «
Lutte. Venez donc, entrez en lice «
avec nous, & bannissez de vostre «
esprit tout ces noirs chagrins qui «
vous devorent ; vostre depart ne «
sera pas long-temps differé ; le vais- «
seau qui doit vous porter n'attend «
qu'un vent favorable & vos ra- «
meurs sont tous prests. «

Alors Ulysse prenant la parole,
répond : Laodamas, pourquoy me «
provoquez-vous en me piquant & «
en aiguillonant mon courage! Mes «
chagrins me tiennent plus au cœur «
que les combats. Jusqu'icy j'ay «

» essuyé des peines extresmes & sou-
» tenu des travaux infinis; presen-
» tement je ne parois dans cette af-
» semblée que pour obtenir du Roy
» & de tout le peuple les moyens
» de m'en retourner au pluftoft dans
» ma patrie.

Le fougueux Euryale ne gar-
dant plus de mesures, s'emporta
» jufqu'aux invectives, & dit : Ef-
» tranger, je ne vous ay jamais pris
» pour un homme qui ait efté dreffé à
» tous les combats qu'on voit eftablis
» parmi les peuples les plus celebres,
» vous reffemblez bien mieux à quel-
» que patron de navire, qui paffe fa
» vie à courir les mers pour trafiquer,
» ou pour piller; ou mefme à quel-
» que efcrivain de vaiffeau qui tient
» regiftre des provifions & des pri-
» fes; vous n'avez nullement l'air
» d'un guerrier.

Ulyffe le regardant avec des
yeux pleins de colere, luy dit :
» Jeune homme, vous ne parlez pas

bien, & vous avez tout l'air d'un «
écervelé. Certainement les Dieux «
ne donnent pas à tous les hommes «
toutes leurs faveurs ensemble, & le «
mesme homme n'a pas toujours en «
partage la bonne mine, le bon es- «
prit & l'art de bien parler. L'un est «
mal fait & de mauvaise mine ; mais «
Dieu repare ce défaut, en luy don- «
nant l'éloquence comme une cou- «
ronne qui le fait regarder avec ad- «
miration. Il parle avec retenuë, il «
ne hazarde rien qui l'expose au re- «
pentir, & toutes ses paroles sont «
pleines de douceur & de modestie ; «
il est l'oracle des assemblées, & «
quand il marche dans la ville, on «
le regarde comme un Dieu. Un «
autre a une figure si agreable qu'on «
le prendroit pour un des Immor- «
tels ; mais les graces n'accompa- «
gnent pas tous ses discours. Il ne «
faut que vous voir ; vous estes par- «
faitement bien fait ; à peine les «
Dieux mesmes pourroient-ils ad- «

» jouter à cette bonne mine, mais
» vous manquez de sens. Vos paro-
» les estourdies ont excité ma colere.
» Je ne suis pas si novice dans les
» combats que vous pensez. Pendant
» que j'ay esté dans la fleur de la jeu-
» nesse, & que mes forces ont esté
» entieres, j'ay toujours paru parmi
» les premiers. Presentement je suis
» accablé de malheurs & de miseres.
» Car j'ay passé par de grandes espreu-
» ves, & souffert bien des maux &
» bien des peines dans les diverses
» guerres où je me suis trouvé, &
» dans mes voyages sur mer. Cepen-
» dant quelque affoibli que je sois
» par tant de travaux & de fatigues,
» je ne laisseray pas d'entrer dans les
» combats que vous me proposez.
» Vos paroles m'ont piqué jusqu'au
» vif, & ont reveillé mon courage.

 Il dit, & s'avançant brusque-
ment sans quitter son manteau, il
prend un disque plus grand, plus
espais & beaucoup plus pesant que

celuy dont les Pheaciens se servoient. Et aprés luy avoir fait faire deux ou trois tours avec le bras, il le pousse avec tant de force, que la pierre fendant rapidement les airs, rend un sifflement horrible. Les Pheaciens, ces excellents hommes de mer, ces grands rameurs estonnez & effrayez de cette rapidité, se baissent jusqu'à terre. Le disque poussé par un bras si robuste, passe de beaucoup les marques de ses rivaux. Minerve, sous la figure d'un homme, met la marque du disque d'Ulysse, & luy adressant la parole, elle luy dit : « Estranger, « un aveugle mesme distingueroit à « tastons vostre marque de celle de « tous les autres, car elle n'est point « meslée ni confonduë avec les leurs, « mais elle est bien au de-là. Ayez « bonne esperance du succés de ce « combat, aucun des Pheaciens n'ira « jusques-là, bien-loin de vous surpasser. «

La Déesse parla ainsi. Ulysse sentit une joye secrete de voir dans l'assemblée un homme qui le favorisoit. Et encouragé par ce secours, » il dit avec plus de hardiesse, Jeunes » gens, atteignez ce but, si vous pou- » vez ; tout à l'heure, je vais pousser » un autre disque beaucoup plus loin » que le premier. Et pour ce qui est » des autres combats, que celuy qui » se sentira assez de courage, vienne » s'esprouver contre moy, puisque » vous m'avez offensé. Au Ceste, à » la Lutte, à la Course, je ne cede » à aucun des Pheaciens qu'au seul » Laodamas, car il m'a receu dans » son Palais. Qui est-ce qui voudroit » combattre contre un Prince dont » il auroit receu des faveurs si gran- » des ? Il n'y a qu'un homme de » néant & un insensé qui puisse des- » fier au combat son hoste dans un » païs estranger ; ce seroit connois- » tre bien mal ses interests. Mais de » tous les Pheaciens, je n'en refuse

ni n'en méprise aucun. Me voilà «
prest d'entrer en lice contre tous «
ceux qui se presenteront. Je puis «
dire que je ne suis pas tout à fait «
mal adroit à toutes sortes de com- «
bats. Je sçay assez bien manier l'arc, «
& je me vante de frapper au milieu «
d'un nombre d'ennemis celuy que «
je choisiray, quoyque tous ses com- «
pagnons qui l'environnent ayent «
l'arc tendu & prest à tirer sur moy. «
Philoctete estoit le seul qui me sur- «
passoit quand nous nous exercions «
sous les remparts de Troye. Mais «
de tous les autres hommes, qui sont «
aujourd'huy sur la terre, & qui se «
nourrissent des dons de Cerés, il «
n'y en a point sur lesquels je ne «
remporte le prix. Car je ne vou- «
drois pas m'égaler aux heros qui «
ont esté avant nous, à Hercule & «
à Eurytus d'Oechalie, qui sur l'a- «
dresse à tirer de l'arc, osoient entrer «
en lice mesme contre les Dieux. «
Voilà pourquoy le grand Eurytus «

» ne parvint pas à une grande vieil-
» lesse, il mourut jeune, car Apollon
» irrité de ce qu'il avoit eu l'audace
» de le deffier, luy osta la vie. Je
» lance la pique comme un autre
» lance le javelot. Il n'y a que la
» course où je craindrois que quel-
» qu'un des Pheaciens ne me vain-
» quist. Car je suis bien affoibli par
» toutes les fatigues & par la faim
» mesme que j'ay souffertes sur la
» mer, mon vaisseau ayant esté brisé
» aprés une furieuse tempeste, & les
» vivres m'ayant manqué, ce qui m'a
» causé une foiblesse dont je ne suis
» pas encore revenu.

Aprés qu'il eust cessé de parler, un profond silence regna parmi ces Princes. Alcinoüs seul prenant la
» parole, luy répondit : Estranger,
» tout ce que vous venez de dire
» nous est tres agreable, & nous
» voyons avec plaisir que vous vou-
» lez bien faire preuve de vostre for-
» ce & de vostre adresse, piqué des

reproches qu'Euryale a ofé vous « faire au milieu de nous. Il eſt certain qu'il n'y a point d'homme, « pour peu qu'il ait de prudence & « de ſens, qui ne rende juſtice à voſtre merite. Mais eſcoutez-moy, je « vous prie, afin que quand vous « ſerez de retour chez vous & que « vous ſerez à table avec voſtre femme & vos enfants, vous puiſſiez « raconter aux heros qui vous feront « la cour, l'heureuſe vie que nous « menons, & les exercices dont Jupiter veut bien que nous la partagions ſans diſcontinuation depuis « nos premiers peres. Nous ne ſommes bons aux combats ni du Ceſte « ni de la Lutte; noſtre fort eſt la « Courſe & l'art de conduire des « vaiſſeaux; nos divertiſſements de « tous les jours ce ſont les feſtins, la « muſique & la danſe; nous aimons « la magnificence en habits, les bains « chauds & la galanterie. Allons donc « que nos plus excellents danſeurs «

» viennent tout presentement faire
» voir leur adresse, afin que cet illus-
» tre estranger puisse dire à ses amis
» combien les Pheaciens sont au des-
» sus des autres hommes à la Cour-
» se, à la danse & dans la musique,
» aussi-bien que dans l'art de condui-
» re des vaisseaux. Que quelqu'un
» aille promptement prendre la lyre
» qui est dans mon Palais & qu'il
» l'apporte à Demodocus.

Ainsi parla le divin Alcinoüs, & un heraut partit pour aller chercher la lyre dans le Palais ; & neuf juges choisis par le peuple, pour regler & préparer tout ce qui estoit necessaire pour les jeux, se levent en mesme temps. Ils applanissent d'abord le lieu où l'on devoit danser, & marquent un assez grand espace libre.

Cependant le heraut apporte la lyre à Demodocus qui s'avance au milieu, & les jeunes gens, qui devoient danser, se rangent autour de luy, & commencent leur danse avec une legereté merveilleuse. Ulysse regardoit attentivement les vifs & brillants mouvements de leurs pieds & la justesse de leurs cadences, & ne pouvoit se lasser de les admirer. Le chantre chantoit sur sa lyre les amours de Mars & de Venus ; comment ce Dieu avoit eu pour la premiere fois les faveurs de cette Déesse dans l'appartement mesme de Vulcain, & comment il l'avoit comblée de presents pour soüiller la couche de son mary. Le Soleil qui les vit, en alla d'abord avertir ce Dieu, qui apprenant cette fascheuse nouvelle, entre d'abord dans sa forge, l'esprit plein de grands desseins de vengeance ; il met son énorme enclume sur son pied, & commence à forger des liens indissolubles pour arrester les coupables. Quand il eut trouvé ces liens en estat de servir son ressentiment, il alla dans la chambre où estoit son lit, que l'on avoit deshonnoré. Il estendit ces liens en bas tout autour & en haut, il en couvrit le dedans du ciel du lit & des pantes, & les disposa de maniere, que par un secret merveilleux ils devoient envelopper ces deux amants dés qu'ils seroient couchez. C'estoient comme des toiles d'araignée, mais d'une si grande finesse, qu'ils ne pouvoient estre aperceûs d'aucun homme, non pas mesme d'un Dieu, tant ils estoient imperceptibles, & se déroboient aux yeux les plus fins.

Quand ce piege secret fut bien dressé, il fit semblant de partir pour Lemnos, qu'il aime plus que toutes les autres terres qui luy sont consacrées. Son départ n'eschappa pas au Dieu Mars, que son amour tenoit fort éveillé. Il ne le vit pas plustost parti, qu'il se rendit chez ce Dieu, dans l'impatience de revoir sa belle Cytherée. Elle ne venoit que d'arriver du Palais de Jupiter son pere, & elle s'estoit assise toute brillante de beauté. Le Dieu de la guerre entre dans sa chambre, luy prend la main, & luy parle en ces termes: Belle Déesse, profitons « d'un temps si favorable, les mo- « ments sont précieux aux amants, « Vulcain n'est point icy, il vient de « partir pour Lemnos, & il est allé « voir ses Sintiens au langage bar- « bare. «

Il dit, & Venus se laissa persuader. Ils ne furent pas plustost couchez, que les liens de l'industrieux Vulcain se répandirent sur eux & les envelopperent de maniere, qu'ils ne pouvoient ni se dégager ni se remüer. Alors ils connurent qu'il ne leur estoit pas possible d'éviter d'estre surpris. Vulcain de retour de ce voyage, qu'il n'avoit pas achevé, entre dans ce moment, car le Soleil, qui estoit en sentinelle pour luy, l'avertit du succés de ses

pieges. Il s'avance sur le seüil de la porte ; à cette vûë il est saisi de fureur, & se met à crier avec tant de force, qu'il est entendu de tous les
» Dieux de l'Olympe. Pere Jupiter,
» s'escria-t-il, & vous, Dieux im-
» mortels, accourez tous pour voir
» des choses tres infames, & qu'on
» ne peut supporter. La fille de Ju-
» piter, Venus me méprise parce que
» je suis boiteux, & elle est amoureu-
» se de Mars, de ce Dieu pernicieux
» qui devroit estre l'horreur des
» Dieux & des hommes. Elle l'aime
» parce qu'il est beau & bien fait &
» que je suis incommodé. Mais est-
» ce moy qui suis cause de mon mal-
» heur, ne sont-ce pas ceux qui
» m'ont donné la naissance ! hé pour-
» quoy me la donnoient ils ! Venez,
» venez voir comme ils dorment
» tranquillement dans ma couche,
» enyvrez d'amour. Quel spectacle
» pour un mary ! Mais quelqu'amou-
» reux qu'ils puissent estre, je suis
leur

seur que bientost ils voudroient
bien n'estre pas si unis, & qu'ils
maudiront l'heure de ces rendez-
vous, car ces liens, que j'ay ima-
ginez, vont les retenir jusqu'à ce
que le Pere de cette débauchée
m'ait rendu la dot & tous les presents que je luy ay faits pour elle.
Sa fille est asseurément fort belle,
mais ses mœurs deshonnorent sa
beauté.

A ces cris tous les Dieux se rendent dans son appartement. Neptune qui esbranlle la terre, Mercure si utile aux hommes, & Apollon dont les traits sont inévitables,
s'y rendirent comme les autres. Les
Déesses par pudeur & par bienséance demeurerent dans leur Palais. Les Dieux estant arrivez, s'arresterent sur le seüil de la porte, &
se mirent à rire de tout leur cœur
en voyant l'artifice de Vulcain. Et
l'on entendoit qu'ils se disoient les
uns aux autres, Les mauvaises ac-

» tions ne prosperent pas, le pesant
» a surpris le leger. Car nous voyons
» que Vulcain, qui marche pesam-
» ment & lentement parce qu'il est
» boiteux, a attrapé Mars qui est le
» plus leger & le plus viste de tous
» les Immortels. L'art a suppléé à la
» nature. Mars ne peut s'empescher
» de payer la rançon que doivent les
» adulteres pris sur le fait.

Voilà ce qu'ils se disoient les uns aux autres. Mais Apollon adressant la parole à Mercure, luy
» dit : Fils de Jupiter, Mercure, qui
» portez les ordres des Dieux, & qui
» faites de si utiles presents aux hom-
» mes, ne voudriez-vous pas bien
» tenir la place de Mars, & estre sur-
» pris dans ces pieges avec la belle
» Venus ?

Le Messager des Immortels luy
» répondit : Apollon, je m'estimerois
» tres heureux d'avoir une pareille
» avanture, ces liens dussent-ils en-
» core estre plus forts, & dussiez-

vous tous, tant que vous eftes de «
Dieux & de Déeffes dans l'Olym- «
pe, eftre fpectateurs de ma capti- «
vité; les faveurs de la belle Venus «
me confoleroient de vos brocards «
& de toutes vos railleries. «

Il dit, & le ris des Immortels recommença. Neptune fut le feul qui ne rit point, mais prenant fon férieux, il prioit inftamment Vulcain de délier Mars. Déliez ce «
Dieu, luy difoit-il, je vous prie, «
& je vous réponds, devant tous les «
Dieux qui m'entendent, qu'il vous «
payera tout ce qui fera jugé jufte «
& raifonnable. «

Vulcain luy répond, Neptune «
n'exigez point cela de moy; c'eft «
une méchante affaire que de fe ren- «
dre caution pour les méchants. «
D'ailleurs comment pourrois-je «
vous retenir dans mes liens au mi- «
lieu de tous les Dieux, fi Mars en «
liberté emportoit ma dette ? «

N'ayez point cette crainte, re- «

B ij

» partit Neptune, ſi Mars délivré de
» ſes liens s'enfuit ſans vous ſatisfaire,
» je vous aſſeure que je vous ſatis-
» feray.

» Cela eſtant, reprit Vulcain, je
» ne puis ni ne dois rien refuſer à
» vos prieres.

En meſme temps il délie ces merveilleux liens. Les captifs ne ſe ſentent pas pluſtoſt libres, qu'ils ſe levent & s'envolent, Mars prend le chemin de Thrace, & la Mere des jeux & des ris celuy de Cypre, & ſe rend à Paphos où elle a un temple & un autel, où les parfums exhalent continuellement une fumée odoriferante.

Dés qu'elle y eſt arrivée, les Graces la deshabillent, la baignent, la parfument d'une eſſence immortelle qui eſt reſervée pour les Dieux, & l'habillent d'une robe charmante, qui releve ſa beauté & qu'on ne peut voir ſans admiration.

Voilà quelle estoit la chanson que chantoit Demodocus. Ulysse l'entendoit avec un merveilleux plaisir, & tous les Pheaciens estoient charmez. Alcinoüs appelle ses deux fils Halius & Laodamas, & voyant que personne ne vouloit leur disputer le prix de la danse, il leur ordonne de danser seuls. Ces deux Princes, pour montrer leur adresse, prennent un balon rouge que Polybe leur avoit fait. L'un d'eux se pliant & se renversant en arriere, le pousse jusqu'aux nuës; & l'autre s'eslançant en l'air avec une admirable agilité, le reçoit & le repousse avant qu'il tombe à leurs pieds. Aprés qu'ils se furent assez exercez à le pousser & le repousser plusieurs fois, ils finirent cette danse haute & en commencerent une basse. Ils firent plusieurs tours & retours avec une justesse merveilleuse. Tous les autres jeunes gens, qui estoient debout tout autour, battoient des mains, & tout retentissoit du bruit des acclamations & des loüanges.

Alors Ulyſſe dit à Alcinoüs,
» Grand Prince, qui par voſtre bon-
» ne mine effacez tout ce que je voy
» icy, vous m'aviez bien promis que
» vous me feriez voir les plus habiles
» danſeurs qui ſoient ſur la terre.
» Vous m'avez tenu parole, & je ne
» puis vous exprimer toute mon ad-
» miration.

Ce diſcours fut tres agréable à Alcinoüs, qui prenant auſſi-toſt la
» parole, dit : Princes & Chefs des
» Pheaciens, eſcoutez-moy. Cet eſ-
» tranger me paroiſt homme ſage &
» d'une rare prudence ; faiſons-luy,
» ſelon la coutume, un preſent, mais
» un preſent qui ſoit proportionné à
» ſon merite. Vous eſtes icy douze
» Princes qui gouvernez ſous moy,
» & qui rendez la juſtice au peuple ;
» portons icy chacun un manteau,
» une tunique & un talent d'or, afin

« que cet estranger les recevant de
« nostre main, se mette à table ce soir
« avec plus de joye. J'ordonne aussi
« qu'Euryale l'appaise par ses sou-
« missions & par ses presents, parce
« qu'il ne luy a pas parlé avec le res-
« pect qu'il luy devoit, & qu'il l'a
« offensé contre toute sorte de jus-
« tice.

Il dit. Tous les Princes approuverent son discours, & envoyerent
chacun leur heraut pour apporter
les presents. En mesme temps Euryale dit à Alcinoüs: « Grand Roy,
« je feray à cet estranger la satisfac-
« tion que vous m'ordonnez, & je
« luy donneray une belle espée d'un
« acier tres fin, dont la poignée est
« d'argent, & le fourreau de la plus
« belle ivoyre qu'on ait jamais tra-
« vaillée; je suis seur qu'il ne la trou-
« vera pas indigne de luy.

En finissant ces mots, il presente
cette espée à Ulysse, & luy dit: « Ge-
« nereux estranger, si je vous ay

» dit quelque parole trop dure, souf-
» frez que les vents l'emportent, ayez
» la bonté de l'oublier, & je prie les
» Dieux qu'ils vous fassent la grace
» de revoir vostre femme & vostre
» patrie, & qu'ils finissent les maux
» que vous souffrez depuis long-
» temps, essoigné de vos amis & de
» vostre famille.
» Mon cher Euryale, repart Ulys-
» se, puissiez-vous n'avoir jamais que
» des sujets de joye, & que les Dieux
» vous comblent de prosperitez &
» fassent que vous n'ayez jamais be-
» soin de cette espée dont vous me
» faites present, aprés m'avoir ap-
» paisé par vos paroles pleines de
» douceur & de politesse. En achevant ces mots, il met à son costé
cette riche espée.

Comme le soleil estoit prés de
se coucher, les magnifiques presents arrivent, & les herauts les
portent au Palais d'Alcinoüs, où
les fils du Roy les prennent eux-

mesmes des mains des herauts & les portent chez la Reyne leur mere. Le Roy marchoit à leur teste.

Dés qu'ils furent arrivez dans l'appartement de la Reyne, ils s'assirent, & Alcinoüs dit à Areté : Ma femme, faites apporter icy le « plus beau coffre que vous ayez, « aprés y avoir mis un riche man- « teau & une belle tunique, & or- « donnez à vos femmes d'aller tout « à l'heure faire chauffer de l'eau ; « nostre hoste, aprés s'estre baigné « & aprés avoir vû ces presents bien « rangez dans ce coffre, en soupera « plus gayement & goustera mieux « le plaisir de la musique. Je luy « donneray ma belle coupe d'or, afin « que quand il sera de retour chez « luy, il s'en serve à faire des liba- « tions à Jupiter & aux autres Dieux « en se souvenant toujours de moy. «

La Reyne en mesme temps donne ordre à ses femmes d'aller promptement faire chauffer un bain.

Elles obéïssent, & mettent sur le feu un grand vaisseau d'airain, elles le remplissent d'eau & elles mettent dessous beaucoup de bois; dans un moment le vaisseau est environné de flammes & l'eau commence à fremir.

Cependant Areté ayant fait tirer de son cabinet son plus beau coffre, le presente à Ulysse, & devant luy elle y met l'or, les manteaux & les tuniques dont les Pheaciens luy avoient fait present, & elle y adjoute un beau manteau & une tunique magnifique. Quand elle eut tout bien rangé, elle luy dit : Estranger, voyez ce coffre, il ferme fort bien, vous n'avez qu'à y faire vostre nœud, de peur que dans vostre voyage quelqu'un ne vous vole pendant que vous dormirez tranquillement dans vostre vaisseau.

Le divin Ulysse n'eut pas plustoit entendu la Reyne parler ainsi, qu'il jetta les yeux sur ces riches presents, les enferma & les scella du nœud merveilleux dont l'ingenieuse Circé luy avoit donné le secret. Dans le moment la maistresse de l'office le presse de s'aller mettre au bain. Ils vont dans la chambre des bains. Ulysse est ravi de voir des bains chauds, car depuis qu'il avoit quitté le Palais de la belle Calypso, il n'avoit pas eu la commodité d'en user. Mais alors il avoit tout à souhait comme un Dieu.

Quand il fut baigné & parfumé, & que les femmes luy eurent mis des habits magnifiques, il sortit de la chambre des bains & alla à la sale du festin.

La Princesse Nausicaa, dont la beauté estoit égale à celles des Déesses, estoit à l'entrée de la sale. Dés qu'elle vit Ulysse elle fut frappée d'admiration, & luy adressant la parole, elle luy dit : Estranger, « je vous souhaite toute sorte de «

» bonheur, mais quand vous serez
» de retour dans vostre patrie, ne
» m'oubliez pas; souvenez-vous que
» c'est à moy que vous avez l'obliga-
» tion de la vie.
»   Le sage Ulysse luy répond, Belle
» Princesse, fille du magnanime Al-
» cinoüs, que le mary de la venera-
» ble Junon, le grand Jupiter, me
» conduise seulement dans ma patrie
» & me fasse la grace de revoir ma
» femme & mes amis, je vous pro-
» mets que tous les jours je vous
» adresseray mes vœux comme à une
» Déesse, car je ne tiens la vie que
» de vous.

Aprés avoir parlé de la sorte, il s'assied prés du Roy. Cependant on fait les portions pour le festin, & on mesle le vin dans les urnes. Un heraut s'avance, conduisant par la main le divin chantre Demodocus, il le place au milieu de la table & l'appuye contre une colomne. Alors Ulysse s'adressant au heraut &

luy mettant entre les mains la meil- «
leure partie du dos d'un cochon «
qu'on luy avoit servi, il luy dit : «
Heraut, prenez cette partie de la «
portion dont on m'a honnoré, & «
donnez-là de ma part à Demodo- «
cus, l'asseurant que quelque affligé «
que je sois, je l'admire & je l'honore «
parfaitement ; les chantres comme «
luy doivent estre honnorez & res- «
pectez de tous les hommes, parce «
que c'est la Muse elle-mesme qui «
leur a appris leurs chansons , & «
qu'elle les aime & les favorise. «

Il dit, & le heraut presente de
sa part cette portion au heros
Demodocus, qui la reçoit avec
joye. On mange, on fait grand
chere ; & quand l'abondance eut
chassé la faim , Ulysse prenant la
parole, dit à Demodocus: Divin «
chantre, je vous admire, & je «
vous loüe plus que tous les autres «
mortels, car ce sont les Muses «
filles du grand Jupiter qui vous «

» ont enseigné, ou plustost c'est
» Apollon luy-mesme ; vous chan-
» tez avec une suite qui marque une
» connoissance profonde, les mal-
» heurs des Grecs, tout ce qu'ils ont
» fait & souffert, & tous les travaux
» qu'ils ont essuyez, comme si vous
» aviez esté present, ou que vous
» l'eussiez appris d'eux-mesmes. Mais
» continuez, je vous prie, & chantez-
» nous le stratagesme du cheval de
» bois qu'Epée construisit par le se-
» cours de Minerve, & qu'Ulysse
» par un artifice assez heureux fit
» entrer dans la citadelle, aprés l'a-
» voir rempli de guerriers qui sacca-
» gerent Troye. Si vous me chantez
» bien en détail toute cette avanture,
» je rendray temoignage à tous les
» hommes que c'est Apollon luy-
» mesme qui vous a dicté une si mer-
» veilleuse chanson.

Il dit, & le chantre rempli de l'esprit du Dieu, commença à chanter, & exposa parfaitement toute l'histoire, comme fort bien informé, commençant au moment que les Grecs, faisant semblant de se retirer, monterent sur leurs vaisseaux, aprés avoir mis le feu à leurs tentes. Ulysse & tous les officiers d'élite, enfermez dans ce cheval, estoient au milieu de la place, car les Troyens eux-mesmes l'avoient traisné jusques dans la citadelle. Ce cheval estoit là au milieu, & les Troyens assemblez tout autour, discouroient & proposoient plusieurs choses sans pouvoir convenir. Il y avoit trois avis principaux. Les uns vouloient que l'on mist en pieces cette énorme machine: les autres conseilloient qu'on la traisnast au haut de la citadelle & qu'on la précipitast des murailles; & le troisiéme parti estoit de ceux qui, frappez de la Religion, soutenoient qu'elle devoit estre inviolable, & qu'il falloit la laisser comme une offrande agreable aux Dieux

& capable de les appaiser, & ce dernier avis l'emporta, car c'estoit l'ordre des Destinées que Troye perist, puisqu'elle avoit receu dans ses murs cette grande machine, grosse de tant de braves capitaines, qui portoient aux Troyens la ruine & la mort. Il chanta ensuite comment les Grecs sortis du ventre du cheval, comme d'une vaste caverne, saccagerent la ville ; il representa ces braves chefs répandus dans tous les quartiers & portant par tout le fer & la flamme. Il raconta comment Ulysse accompagné de Menelas & semblable au Dieu Mars, alla dans le Palais de Deïphobus, & soustint là un grand combat, qui fut long-temps douteux, & dont la victoire leur demeura enfin par le secours de Minerve.

Voilà ce que chanta ce chantre divin. Ulysse fondoit en larmes, son visage en estoit couvert. Il pleuroit auſſi amerement qu'une femme, qui voyant tomber ſon eſpoux combattant devant les murailles de ſa ville pour la deffenſe de ſa patrie & de ſes enfants, fort eſperduë & ſe jette ſur ce cher mary palpitant encore, remplit l'air de ſes gemiſſements & le tient embraſſé, pendant que ces barbares ennemis l'achevent à coups de piques & préparent à cette infortunée une dure ſervitude & des maux infinis. Elle gemit, elle crie, elle pleure, penetrée de la plus vive douleur. Ainſi pleuroit Ulyſſe. Ses larmes ne furent apperceuës que du ſeul Alcinoüs, qui eſtoit aſſis prés de luy & qui entendit ſes ſanglots. Touché de ſa douleur, il dit aux Pheaciens : Princes & Chefs de « mon peuple, eſcoutez ce que j'ay « à vous dire. Que Demodocus ceſſe « de chanter & de joüer de la lyre, « car ce qu'il chante ne plaiſt pas éga- « lement à tous ceux qui l'enten- «

» dent. Depuis que nous sommes à
» table & qu'il a commencé à chan-
» ter, cet estranger n'a cessé de pleu-
» rer & de gemir, & une noire tris-
» tesse s'est emparée de son esprit.
» Que Demodocus cesse donc, afin
» que nostre hoste ne soit pas le seul
» affligé, & qu'il ait autant de plaisir
» que nous, qui avons le bonheur de
» le recevoir ; c'est ce que demande
» l'hospitalité & l'honnesteté mesme.
» Cette feste n'est que pour luy seul ;
» c'est pour luy que nous préparons
» un vaisseau ; c'est à luy que nous
» avons fait de si bon cœur tous ces
» presents. Un suppliant & un hoste
» doivent estre regardez comme un
» frere par tout homme qui a tant
» soit peu de sens. Mais aussi, mon
» hoste, ne nous cachez point par
» une finesse interessée ce que je vais
» vous demander ; vous nous devez
» les mesmes égards. Apprenez-nous
» quel est le nom que vostre pere &
» vostre mere vous ont donné, &

« sous lequel vous estes connu de vos
« voysins ; car tout homme en ce
« monde, bon ou méchant, a necessairement
« un nom, qu'on luy donne
« dés qu'il vient de naistre. Dites-
« nous donc quel est le vostre, quelle
« est vostre patrie & quelle est la ville
« que vous habitez, afin que nos
« vaisseaux, qui sont douez d'intelligence,
« puissent vous remener. Car
« il faut que vous sachiez que les
« vaisseaux des Pheaciens n'ont ni
« gouvernail ni pilote, comme les
« vaisseaux des autres nations, mais
« ils ont de la connoissance comme
« les hommes, & ils sçavent d'eux-
« mesmes les chemins de toutes les
« villes & de tous les pays. Ils font
« tres promptement les plus grands
« trajets, toujours enveloppez d'un
« nuage obscur qui les empesche
« d'estre découverts. Et jamais ils
« n'ont à craindre ni de perir par un
« naufrage, ni d'estre endommagez
« par les flots, par les vents ou par

» les efcüeils. Je me fouviens feule-
» ment d'avoir oüi autrefois Naufi-
» thoüs mon pere, qui nous difoit
» que le Dieu Neptune eſtoit irrité
» contre nous, de ce que nous nous
» chargions de reconduire tous les
» hommes fans diſtinction, & que par
» là nous les faifions joüir du privi-
» lege que nous avons feuls de cou-
» rir les mers fans aucun peril, &
» qu'il nous menaçoit qu'un jour un
» de nos vaiſſeaux, revenant de con-
» duire un eſtranger chez luy, feroit
» puni de ce bienfait, qu'il periroit
» au milieu de la mer, & qu'une
» grande montagne tomberoit fur la
» ville des Pheaciens & la couvriroit
» toute entiere. Voilà ce que ce fage
» vieillard nous contoit fur la foy de
» quelque ancien oracle. Et ce Dieu
» peut accomplir ces menaces ou les
» rendre vaines comme il le jugera à
» propos. Mais contez-moy, je vous
» prie, fans déguifement, comment
» vous avez perdu voſtre route; fur

quelles terres vous avez esté jetté ; « quelles villes, quels hommes vous « avez vûs ; quels sont les peuples « que vous avez trouvé cruels, sau- « vages & sans aucun sentiment de « justice ; & quels sont ceux qui vous « ont paru humains, hospitaliers & « touchez de la crainte des Dieux ! « Dites-nous aussi pourquoy vous « vous affligez en vous-mesme, & « pourquoy vous pleurez en enten- « dant chanter les malheurs des Grecs « & ceux d'Ilion. Ces malheurs vien- « nent de la main des Dieux, qui ont « ordonné la mort de tant de milliers « d'hommes, afin que la Poësie en tire « des chants utiles à ceux qui vien- « dront aprés eux. Avez-vous perdu « devant les murs de cette place un « beau pere, un gendre, ou quelque « autre parent encore plus proche, ou « quelque bon ami & compagnon « d'armes sage & prudent ! Car un ami, « qui a ces bonnes qualitez, n'est ni « moins aimable ni moins estimable « qu'un frere. «

REMARQUES
SUR
L'ODYSSEE D'HOMERE.

LIVRE VIII.

Page 1. *Et c'estoit sur le port devant les vaisseaux*] C'estoit dans la place qui estoit entre les deux ports, & au milieu de laquelle on avoit basti un temple à Neptune, comme nous l'avons vû à la fin du sixiéme Livre.

La Déesse Minerve, &c. ayant pris la figure d'un heraut d'Alcinoüs] Homere feint que le heraut, qu'Alcinoüs envoye appeller les Princes & les chefs au Conseil, est Minerve elle-mesme, parce que cet envoy est l'effet de la sagesse du Prince, & que par consequent c'est Minerve qui luy a inspiré ce conseil.

Page 2. *Par ces paroles elle inspira de la curiosité à tous les Princes*] Il n'y a point de peuple si curieux qu'un peuple riche, qui n'a d'autre occupation que les jeux & les divertissements, car il cherche avidement tout ce qui peut luy fournir de nouveaux plaisirs. Rien n'estoit donc plus capable d'exciter la curiosité des Pheaciens que de leur annoncer un estranger si extraordinaire, qui avoit erré si long-temps sur la mer, & qui devoit faire des demandes à l'assemblée.

Page 3. *Mais il nous prie de luy fournir promptement*] Il dit *nous*, parce que, comme je l'ay desja dit ailleurs, le gouvernement des Pheaciens n'estoit pas despotique, non plus que tous les gouvernements de ces temps-là ; le peuple avoit ses droits, & il estoit representé par ces personnages qui sont appellez *Princes & Chefs*. C'est ce qu'Aristote a fort bien establi, quand il a dit : Βασιλείας μὲν οὖν εἴδη ταῦτα, τέτταρα τὸν ἀριθμόν. μία μὲν ἡ περὶ τοὺς Ἡρωικοὺς χρόνους. αὕτη δ' ἦν ἑκόντων μὲν ἐπὶ τισὶ δ' ὡρισμένοις. ϛρατηγός τε ἦν καὶ δικαστὴς ὁ Βασιλεὺς, καὶ τῶν πρὸς τοὺς Θεοὺς κύριος. *Il y avoit donc quatre sortes de Royauté. La premiere celle des temps Heroïques, qui commandoit à des hommes soumis volontairement, mais à de certaines conditions qui estoient reglées. Le Roy estoit le general & le juge, & il estoit le maistre de tout ce qui regardoit la Religion*. Politiq. 3. 4.

Un vaisseau tout neuf, le meilleur qui soit dans nos ports] L'epithete de πρωτόπλοος signifie non seulement un vaisseau qui vient d'eftre bafti & qui va faire fon premier voyage, mais un vaiffeau plus leger que les autres, qui va toujours devant les autres.

Page 4. *A qui Dieu a donné l'art de chanter*] Homere infinuë par tout que toutes les bonnes & grandes qualitez font des dons de Dieu. On ne peut pas douter que la mufique, qui embraffe la Poëfie, n'en foit un confiderable. Il y avoit de ces chantres dans toutes les Cours des Princes. Nous avons desja vû Phemius à Ithaque; nous en avons vû un autre à Lacedemone chez Menelas, & voicy Demodocus chez le Roy Alcinoüs. Le gouft pour la mufique a toujours efté general. Les Hebreux l'avoient encore plus que les autres peuples. On fçait les effects que les chants de David faifoient fur l'efprit de Saül. Salomon dit dans l'Ecclefiafte, *feci mihi cantores & cantatrices*. 11. 8. & comme les Grecs, ils admettoient ces chantres à leurs feftins. C'eft pourquoy l'Auteur de l'Ecclefiaftique compare la mufique des feftins à une émeraude enchaffée dans de l'or. 31. 8.

Page 5. *Mais à ces faveurs elles avoient meflé beaucoup d'amertume, car elles l'avoient privé de la vûë*] Je fuis perfuadée que c'eft fur ce paffage que les Anciens fe font imaginé qu'Homere eftoit aveugle, car ils ont cru que ce Poëte s'eftoit dépeint luy-mefme mesme sous le nom de Demodocus. Il est vray que toutes les grandes choses, qui sont dites icy de Demodocus, conviennent à Homere. Il est un chantre divin comme Demodocus ; comme luy il charme tous ceux qui l'entendent ; comme luy il a chanté les avantures des Grecs devant Troye. En un mot, pour me servir de ce qu'Eustathe a dit fort ingenieusement, comme Hecube dit à sa fille dans Euripide, *Malheureuse, car en te donnant ce nom, je me le donne à moy-mesme.* Homere peut dire avec autant de raison à Demodocus, *Chantre divin, chantre merveilleux, chantre qui charmez les Dieux & les hommes, car en vous donnant ces loüanges je me les donne à moy-mesme.* Mais il ne faut pas pousser cette ressemblance plus loin.

Page 6. *Il contenoit la celebre dispute qu'Ulysse & Achille avoient euë devant les remparts de Troye au milieu du festin d'un sacrifice*] Didyme, & aprés luy Eustathe, nous ont conservé une ancienne tradition, qui portoit qu'aprés la mort d'Hector les Princes Grecs estant assemblez chez Agamemnon à un festin aprés un sacrifice, on agita quel moyen on prendroit pour se rendre maistres de Troye, qui venoit de perdre son plus fort rempart, & que sur cela Ulysse & Achille eurent une grande dispute.

Achille vouloit qu'on attaquast la ville à force ouverte ; Ulysse au contraire qu'on eust recours à la ruse. Et ce dernier avis l'emporta. C'est sur cela qu'Athenée a escrit, liv. 1. *Dans Homere les generaux des troupes Grecques soupent modestement & frugalement chez Agamemnon ; & si l'on voit dans l'Odyssée qu'Ulysse & Achille disputent ensemble à un souper, à la grande satisfaction d'Agamemnon, ce sont de ces disputes utiles pour le bien des affaires, car ils cherchent si c'est par la force ou par la ruse qu'il faut attaquer Troye.*

Parce que c'estoit-là l'accomplissement d'un oracle] Agamemnon, avant que d'entreprendre la guerre contre les Troyens, alla à Delphes consulter l'oracle d'Apollon, & ce Dieu luy répondit que la ville seroit prise *lorsque deux Princes, qui surpassoient tous les autres en valeur & en prudence, seroient en dispute à un festin.* Agamemnon voyant donc aprés la mort d'Hector Ulysse & Achille s'échauffer pour soutenir leur avis, ne douta plus de l'accomplissement de l'oracle.

Page 7. *Et allons nous exercer à toutes sortes de combats*] Les Pheaciens d'abord aprés le disner vont s'exercer à des combats fort rudes. Quoy-que ces peuples fussent fort adonnez aux plaisirs & aux divertissements, ils ne laiſſoient pas d'avoir toujours quelque choſe de ces temps heroïques. Ces exercices eſtoient un jeu pour eux.

Page 8. *Combien nous ſommes au deſſus de tous les autres hommes*] Alcinoüs dit, *nous ſommes*, en ſe mettant de la partie, parce que la gloire du peuple eſt la gloire du Roy.

Et le mene par le meſme chemin que tenoient tous les autres] On mene Demodocus à cette aſſemblée, parce qu'il y ſera queſtion de danſes & de muſique.

Acronée, Ocyale, Elatrée] Tous ces noms, excepté celuy de Leodamas, ſont tirez de la marine.

Page 9. *Et les laiſſa tous auſſi loin derriere luy que de fortes mules*] C'eſt la meſme comparaiſon dont il s'eſt ſervi dans le x. Liv. de l'Iliade, où il fait voir l'avantage qu'une charruë de mules a ſur une charruë de bœufs. On peut voir les Remarques, tom. 2. page 491. Les comparaiſons qu'on tire de l'agriculture ſont toujours agréables.

Et Euryale fut vainqueur] Homere paſſe rapidement ſur ces jeux, & ne s'amuſe pas à les deſcrire comme il a fait ceux du XXIII. Liv. de l'Iliade. La raiſon de cela eſt qu'icy ils ne ſont pas du ſujet, ils ne ſont amenez que par occasion, & le Poëte a des choses plus pressées qui l'appellent ; au lieu que dans l'Iliade ils sont necessaires & entrent dans le sujet, car il falloit bien honnorer les funerailles de Patrocle.

Page 13. *Et vous avez tout l'air d'un écervelé*] Ulysse répond dans les mesmes termes dont Euryale s'est servi. Euryale luy a dit par la negative, *vous n'avez nullement l'air d'un guerrier.* Et Ulysse luy répond par l'affirmative, *& vous, vous avez tout l'air d'un homme peu sage.* Quand on traduit, il faut s'attacher à rendre ces tours & ces finesses, parce qu'elles servent à la justesse des expressions.

Il parle avec retenuë, il ne hazarde rien qui l'expose au repentir, & toutes ses paroles sont pleines de douceur & de modestie] Homere dit tout cela en quatre mots : ὁ δ' ἀσφαλέως ἀγορεύει Ἀϊδοῖ μειλιχίη. Mais ces quatre mots renferment tout ce que j'ay dit. Ἀσφαλέως ἀγορεύειν, *parler seurement*, signifie, *parler avec retenue sans broncher*, c'est à dire, sans faire aucune faute contre la prudence. Il y a un proverbe Grec qui dit : *Il vaut mieux broncher des pieds que de la langue.*

A peine les Dieux mesmes pourroient-ils adjouter à cette bonne mine] Je suis estonnée de l'explication qu'Eustathe a donnée à ce vers, οὐδέ κεν ἄλλως οὐδὲ θεός' τεύξειε, qu'il explique, *Dieu mesme ne peut pas changer ce qui est fait.* Rien n'est plus hors de propos ni plus éloigné de la pensée d'Homere, qui donne icy un grand éloge à la beauté & à la bonne mine d'Euryale, en luy disant, *un Dieu mesme ne vous feroit pas autrement,* c'est à dire, vous ne seriez pas mieux fait si vous sortiez de la main d'un Dieu, & qu'un Dieu luy-mesme vous eust formé. Et la suite prouve que c'est là la veritable explication, *mais vous manquez de sens.*

Page 14. *Vos paroles estourdies ont excité ma colere*] Il dit cela pour excuser la dureté de sa réponse, & pour en demander une espece de pardon à toute l'assemblée.

Sans quitter son manteau] Homere veut faire entendre que les Pheaciens estoient à demi nuds, ce qui estoit un grand avantage.

Page 15. *Les Pheaciens, ces excellents hommes de mer, ces grands rameurs*] Ces épithetes ne sont pas adjoutées icy inutilement. Ce sont autant de railleries pour faire entendre que ce peuple, si appliqué à la marine, ne devoit rien disputer aux autres hommes dans les jeux & les combats auxquels on s'exerce sur terre.

C iij

Page 16. *Puisque vous m'avez offensé*] Ulysse adjoute cette parenthese, pour adoucir en quelque sorte l'audace de son deffi.

Page 17. *Quoy-que tous ses compagnons qui l'environnent ayent l'arc tendu & prest à tirer sur moy*] Jusqu'icy on a fort mal expliqué ce passage : Eustathe mesme s'y est trompé. Il a cru qu'Ulysse ne loüe icy que sa promptitude à tirer, & qu'il dit que quand mesme il auroit autour de luy plusieurs compagnons avec l'arc tendu & prest à tirer, il les préviendroit tous & frapperoit son ennemi avant qu'ils eussent seulement pensé à décocher leur fléche. Ce n'est point-là le sens. Ulysse dit une chose beaucoup plus forte. Il dit qu'au milieu d'une foule d'ennemis il frapperoit celuy qu'il auroit choisi, quand mesme tous ces gens-là auroient l'arc bandé, & qu'ils seroient prests à tirer sur luy, ce qui marque en mesme temps & l'asseurance de la main & l'intrepidité du courage. Car j'ay toujours ouï dire, & cette raison est bien naturelle, que ce qui fait tres souvent que ceux qui tirent le mieux à la chasse, tirent mal au combat, c'est qu'à la chasse ils n'ont rien à craindre, & qu'au combat ils voyent des hommes prests à tirer sur eux. Voilà ce qui rend tant de coups inutiles ; en un mot, il y a plus d'adresse & de fermeté à frapper un ennemi environné de gens qui tirent, que s'ils ne tiroient point. Le danger rend la main moins seure.

Qui sont aujourd'huy sur la terre & qui se nourrissent des dons de Cerés] Σῖτον ἔδοντες, & par-là Ulysse veut marquer les nations civilisées, policées, & non pas des nations barbares qui ne connoissent pas l'usage du bled.

Ni à Eurytus d'Oechalie, qui sur l'adresse à tirer de l'arc, osoient entrer en lice mesme contre les Dieux] Il falloit bien que cet Eurytus Roy d'Oechalie se sentist bien adroit à tirer de l'arc, puisque pour marier sa fille Iole il fit proposer un combat, promettant de la donner à celuy qui le vaincroit à cet exercice. Au reste, les Anciens ne s'accordent point sur cette ville d'Oechalie dont Eurytus estoit Roy. Les uns la mettent en Thessalie, les autres en Eubée, les autres dans la Messenie, & Pausanias croit que les derniers ont raison. Je m'en estonne, car Homere dans le II. Liv. de l'Iliade la met parmi les villes de Thessalie. *Ceux*, dit-il, *qui habitoient Tricca, l'escarpée Ithome & Oechalie qui estoient de la domination d'Eurytus*. Car toutes ces villes estoient de Thessalie.

Page 18. *Il n'y a que la Course*] Il a desja deffié les Pheaciens à la course, emporté par la colere ; icy il rabat un peu de cette audace, & sentant ses forces affoiblies par tout ce qu'il a souffert, il reconnoist qu'il pourroit estre vaincu à la course.

Mon vaisseau ayant esté brisé après une furieuse tempeste, & les vivres m'ayant manqué] Il me semble qu'Eustathe a fort mal expliqué ce passage, quand il a dit que le mot κομιδὴ, *provision*, estoit pour ναῦς ἔχουσα κομιδίω, pour le navire mesme. κομιδὴ ne signifie icy que la *provision*. Les provisions qu'il avoit pû faire dans l'isle de Circé où la tempeste l'obligea de relascher, furent perduës quand son vaisseau fut brisé par un coup de foudre ; & après qu'il eut regagné son mast, que le flux luy ramena des gouffres de Charibde, il fut dix jours sur ce mast le joüet des vents, sans prendre aucune nourriture, comme Ulysse luy-mesme nous l'expliquera à la fin du douziéme Livre.

Page 19. *Et l'art de conduire des vaisseaux*] Il y a de l'apparence qu'il parle icy des courses & des combats qu'ils faisoient sur l'eau pour s'exercer & pour se dresser à la marine.

Ce sont les festins, la musique & la danse] Voilà, comme dit fort bien Eustathe, la vie d'un Sardanapale ou d'un Epicure, le heraut de la volupté, & nullement d'un peuple vertueux. Mais Homere ne propose pas cela comme un exemple à suivre. Au contraire il le propose comme un exemple à fuir, & c'est ce que l'on verra dans la suite.

Que nos plus excellents danseurs] Il y a dans le Grec, *allons donc, nos plus excellents danseurs*, παίσατε. Et on dispute sur ce mot pour sçavoir s'il vient de παίζειν, *ludere, danser*, ou de παίειν, *ferire, frapper*. L'un & l'autre peuvent se soutenir. S'il vient de παίειν, *ferire*, il faut sousentendre γῆν la *terre*, & *frapper la terre* est le synonyme de *danser*, c'est ainsi qu'Horace a dit *quatiunt terram*. Od. 6. du liv. 1. Et *pepulisse terram*. Od. 18. liv. 3.

Page 21. *Et commencent leurs danses avec une legereté merveilleuse*] Ce passage est remarquable, non en ce qu'il dit que ces danseurs dansoient au son de la lyre & aux chansons du musicien, car il n'y a rien là d'extraordinaire, nous l'avons vû dans l'Iliade, Livre XVIII. Mais en ce qu'il fait voir que dés ce temps-là on dansoit desja des histoires, s'il m'est permis de parler ainsi, c'est à dire, que les danseurs par leurs gestes & par leurs mouvements, exprimoient l'histoire que chantoit le chantre, & que leur danse estoit l'imitation des avantures exprimées dans la chanson. On se rendit ensuite si habile dans cette sorte d'imitation qu'on imitoit ces avantures sans chant & sans paroles.

Le chantre chantoit sur sa lyre les amours de Mars & de Venus] Scaliger a fait un crime à Homere de cette chanson, & par cette raison il luy préfere Virgile. *Demodocus, dit-il, chante les saletez des Dieux dans le festin d'Alcinoüs, & l'Iopas de Virgile chante des choses dignes d'un Roy dans le festin de Didon.* Cette critique est mauvaise de toutes manieres. Scaliger ne s'est pas souvenu de la belle regle qu'Aristote a donnée pour juger si une chose est bonne ou mauvaise, *c'est d'avoir égard à celuy qui parle, & à ceux à qui il s'adresse.* Poëtiq. chap. 26. Cette regle justifie entierement Homere, ce n'est ni luy ni son heros qui chantent ces amours, c'est un musicien qui les chante pendant le festin à un peuple mou & effeminé. Ainsi sans avoir recours à l'allegorie physique & morale que cette fable peut renfermer, comme l'a fort bien remarqué l'Auteur du Traité du Poëme épique, liv. 5. chap. 11. on fait voir que ce sujet est tres convenable aux mœurs des Pheaciens, gens mous & effeminez, qui ne pensoient tous les jours de leur vie qu'aux jeux, aux plaisirs & à l'amour, & qu'Homere sçait parfaitement accommoder ses recits aux genies des peuples dont il parle. Il enseigne par-là que la vie molle & oysive est la source des voluptez criminelles, & que les hommes qui vivent de cette maniere, uniquement occupez de leurs plaisirs, n'aiment que ces contes d'amour libres & licencieux, qui ne seroient pas escoutez à la table des sages, & qu'ils se plaisent à entendre ces recits honteux, & à faire les Dieux aussi vicieux & aussi corrompus qu'eux-mesmes. L'on peut donc conclure que ce recit d'Homere est bien moins un exemple pernicieux d'adultere & d'impieté, qu'un avis tres utile qu'il donne à ceux qui veulent estre honnestes gens, en leur insinuant que pour éviter ces crimes, il faut fuir les arts & les voyes qui y conduisent, & en meslant à ce recit des termes infamants, qui font connoître le jugement qu'on doit porter de cette action honteuse, & qui sont les préservatifs contre le poison de la fiction. C'est ce que Plutarque a bien reconnu, car dans son Traité *comment il faut lire les Poëtes*, il nous avertit que *dans cette fable des amours de Mars & de Venus, l'intention d'Homere est de faire entendre à ceux qui sont capables de reflexion, que la musique lascive, les chansons dissoluës & les discours sur les sujets licencieux, rendent les mœurs desordonnées, les vies lubriques & effeminées, les hommes lasches & sujets à leurs plaisirs, aux délices, aux voluptez & aux amours de folles femmes. Il faut bien des précautions à un Poëte*, dit parfaitement le R. P. le Bossu, *pour traiter des incidents aussi dan-*

gereux que ceux-là, s'il veut faire plus de bien que de mal ; il doit estudier le besoin, l'interest, l'humeur de ses auditeurs & l'effet que ces sujets pourront faire sur leur esprit. Mais à vray dire, nous ne sommes plus dans un temps où la simplicité puisse rendre cette matiere tolerable aux honnestes gens, & ou on puisse la proposer sans corrompre la meilleure partie de ses auditeurs, & sans entretenir la corruption & le vice qui est dans les autres. Ainsi quelque judicieux ou excusable qu'ait esté Homere en cette invention, un Poëte ne seroit aujourd'huy ni judicieux ni excusable, si en cela il osoit imiter cet Ancien. Il est bon d'enseigner ce qu'il a enseigné ; mais il seroit tres mauvais de l'enseigner comme il a fait, & encore plus mauvais d'estaler cette avanture sur nos theatres ; ce seroit fouler aux pieds non seulement les mœurs & les bienséances, mais encore la Religion. Et malgré la licence de nos mœurs, j'ose dire que jamais Poëte ne le feroit avec succés. Homere est bien loüable d'avoir meslé à cette fiction si dangereuse par elle-mesme des instructions qui la corrigent. On peut voir ce Poëte encore mieux justifié dans les Remarques de M. Dacier sur la Poëtique d'Aristote pag. 441. & 442. Au reste ce chant de Demodocus confirme parfaitement ce que j'ay desja dit de nos Cantates.

Et comment il l'avoit comblée de presens] Il y a donc long-temps que les presents ont un grand pouvoir, & sur les Déesses mesmes.

Entre d'abord dans sa forge, l'esprit plein de grands desseins de vengeance; il met son énorme enclume sur son pied, & commence à forger des liens indissolubles] L'Auteur du Parallele n'a pas mieux réussi à critiquer Homere sur les arts, que sur ses idées & sur ses expressions. *On voit*, dit son Abbé, *que Vulcain forge sur une grosse enclume des liens aussi menus que des toiles d'araignée. Le Chevalier se recrie sur cela & dit fort doctement: Le pere de tous les arts peut-il parler ainsi? Est-il besoin d'une grosse enclume pour faire des liens aussi menus que des toiles d'araignées? Le bon homme sçavoit que les orfevres & les forgerons ont de grosses enclumes, il ne faut pas luy en demander davantage.* Voilà une ridicule critique. Homere a grande raison de dire que Vulcain eut recours à son enclume; car quoy-que ces liens fussent aussi déliez que des toiles d'araignée & imperceptibles, ils ne pouvoient estre forgez que sur l'enclume, parce que tout déliez qu'ils estoient, il falloit encore qu'ils eussent beaucoup de force, afin que ceux qu'ils devoient retenir ne pussent les rompre. L'enclume a esté malheureuse à ce Critique, car elle luy a fait desja commettre une faute tres grossiere, comme nous l'avons vû sur le III. Livre.

Page 22. *Qu'il aime plus que toutes les autres terres qui luy sont consacrées*] On a dit que Vulcain aimoit particulierement Lemnos, à cause des feux souterrains qui sortent de cette isle, car le feu est l'ame des forges. Et c'est pourquoy aussi on a feint qu'il estoit tombé dans cette isle quand il fut précipité du ciel.

Page 23. *Et il est allé voir ses Sintiens*] Les Sintiens estoient les peuples de Lemnos, & ils estoient venus de Thrace s'establir dans cette isle. Il dit qu'ils parloient un langage barbare, parce que leur langue estoit un composé de la langue des Thraces, de celle des Asiatiques & de la Grecque fort alterée & corrompuë. Quand Mars dit, *il est allé voir ses Sintiens au langage barbare,* il y a dans ces paroles une sorte de raillerie & de mépris; il veut faire sentir à Venus la sotise d'un homme qui quitte une si belle femme pour aller voir des peuples si grossiers.

Page 24. *Accourez tous pour voir des choses infames*] Il y a dans le texte, tel que nous l'avons aujourd'huy, *accourez pour voir des choses risibles.* Δεῦῤ ἵνα ἔργα γελαςα, &c. Or il n'est ni vraysemblable ni possible que Vulcain appelle cette avanture *risible*, car elle est tres peu risible pour un mary ; j'ay donc crû devoir suivre l'ancienne leçon qu'Eustathe a rapportée, ἔργ' ἀγέλασα, *des choses dont je n'ay pas sujet de rire.* Les Dieux en riront, mais Vulcain n'en rit point.

Et que je suis incommodé] Homere a bien senti que la laideur d'un mary est souvent un surcroist de beauté pour l'amant.

Page 25. *M'ait rendu la dot & tous les presens que je luy ay faits*] Dans mes Remarques sur l'Iliade j'ay assez parlé de cet ancien usage, par lequel il estoit establi que le marié donnoit au pere de la mariée une sorte de *dot*, c'est à dire, qu'il luy faisoit des presens dont il achetoit en quelque façon sa fiancée. Voicy donc la jurisprudence qu'Homere rapporte de ces anciens temps, le pere de la femme surprise en adultere, estoit obligé de rendre au mary tous les presens que le mary avoit faits. A plus forte raison le mary estoit-il en droit de retenir la dot que le pere avoit donnée à sa fille, comme la jurisprudence des siecles suivants l'a décidé.

Mais ses mœurs deshonnorent sa beauté] Homere mesle toujours quelque mot utile qui fait connoistre le veritable jugement qu'il fait des actions qu'il descrit.

Les Déesses par pudeur & par bienséance demeurerent dans leur Palais] Ces Déesses ne devoient ni ne pouvoient assister à un tel spectacle. Homere donne toujours des marques de sagesse dans les fictions mesmes les plus licencieuses.

Les mauvaises actions ne prosperent pas] Voicy de ces instructions cachées qu'Homere mesle adroitement dans ses narrations pour former les mœurs & pour empescher les jeunes gens d'avaler le poison que la fiction presente. Cette fable est d'un pernicieux exemple, mais Homere en corrige autant qu'il peut le venin par cette reflexion tres sage qu'il fait faire aux Dieux, & qui enseigne aux hommes, mesme aux plus puissants, qu'ils ne doivent pas se flatter que leurs mauvaises actions seront toujours heureuses, que ce que l'on croit le plus caché, vient enfin en évidence, & que rien ne demeure impuni.

Page 26. *Mars ne peut s'empescher de payer la rançon que doivent les adulteres pris sur le fait*] Il y avoit donc dans ces anciens temps des peines pecuniaires pour les adulteres qui avoient esté surpris.

Apollon, je m'estimerois tres heureux d'avoir une pareille avanture] On ne pouvoit pas attendre d'autre réponse de Mercure, qui avoit servi à tant de commerces secrets. D'ordinaire les confidents ne sont pas plus sages que ceux qu'ils servent.

Page 27. *Mais prenant son serieux, il prioit instamment Vulcain de délier Mars*] Pourquoy Neptune prend-il plus d'interest à la délivrance de Mars que les autres Dieux? C'est ce que je voudrois que nous eussent expliqué ceux qui ont entrepris de développer l'allegorie de cette fiction, & qui nous disent que l'adultere de Mars avec Venus signifie que quand la planete de Mars vient a estre conjointe avec celle de Venus, ceux qui naissent pendant cette conjonction, sont enclins à l'adultere, & que le Soleil venant à se lever là-dessus, les adulteres sont sujets à estre découverts & pris sur le fait. Que signifie donc Neptune intervenant pour la délivrance de Mars & se rendant mesme caution pour luy? Il ne faut pas esperer de pouvoir rendre raison de toutes les fables.

C'est une méchante affaire que de se rendre caution pour les méchants] On a expliqué ce vers de trois differentes manieres, qu'Eustathe a rapportées pag. 1599. J'ay suivi le sens qui m'a paru le plus naturel. Dans le temple de Delphes on avoit escrit cette sentence, ἐγγύα πάρα δ'ἄτα. *La perte seure suit la caution.* Et les sages ont toujours blamé cette facilité de cautionner. Salomon a dit: *Stultus homo plaudet manibus cum spoponderit pro amico.* Proverb. 17. 18. Mais comme il y auroit de la dureté à refuser en certaines occasions d'estre caution, par exemple, pour un pere, pour un frere, pour un neveu, &c. Homere corrige cette sentence, en disant que *c'est une mauvaise affaire que de se rendre caution pour les méchants*, car il est indubitable qu'on sera obligé de payer pour eux. C'est pourquoy Salomon a dit aussi: *Emportez les meubles & les habits de celuy qui a cautionné pour l'estranger. Tolle vestimentum ejus qui spoponderit pro extraneo.* Proverb. 20. 16. & 27. 13.

Page 28. *Mars prend le chemin de la Thrace, & la mere des jeux & des ris celuy de Cypre*] Homere peint par-là le genie & le naturel de ces deux peuples. Mars va en Thrace, parce que les Thraces sont belliqueux, & Venus va en Cypre, dont les habitants sont mous & effeminez, & adonnez à l'amour.

Page 29. *Ulysse l'entendoit avec un merveilleux plaisir*] Homere enseigne par-là que les sages peuvent quelquefois entendre avec plaisir ces sortes de chansons, mais le plaisir qu'elles leur donnent est bien different de celuy qu'elles font aux fous. *Le sage*, dit fort bien Eustathe, *est charmé de la beauté de la Poësie & de la musique, il sent ce qu'il* y a d'utile & d'instructif, & il démesle mesme par son intelligence les mysteres cachez sous une fiction ingenieuse; au lieu que les autres ne goustent que ce qui favorise leur corruption.

L'un d'eux se pliant & se renversant en arriere, le pousse jusqu'aux nués] C'estoit une sorte de danse où l'un poussoit un balon en l'air, l'autre le repoussoit, & ils se le renvoyoient ainsi plusieurs fois, sans le laisser tomber à terre, & cela se faisoit en cadence. C'estoit une espece de danse haute, c'est pourquoy elle estoit appellée ἀερία & οὐρανία, *aëriene & celeste*. Le medecin Herophile avoit compris parmi les exercices de la Gymnastique cette *danse au balon*. C'est pourquoy l'on avoit adjouté un balon à tous les instruments de la gymnastique dont on avoit orné sa statuë.

Ils finirent cette danse haute, & en commencerent une basse] C'est le veritable sens de ce vers, ὠρχείσθην δή πέλα ποτὶ χθονί. *Ils commencerent à danser à terre.* Il oppose manifestement la *danse à terre* à la danse au balon, dont il vient de parler, qui est la danse haute; & comme celle-cy estoit appelée οὐρανία, *celeste*; l'autre, comme dit Eustathe, pouvoit estre appellée χθονία, c'est à dire, *terrestre*.

Page 30. *Vous m'aviez bien promis*] Le Grec dit: *Vous m'aviez menacé*, ἀπείλησας.

Les Grecs ont dit *menacer* pour *promettre*. Et les Latins les ont imitez : c'est ainsi qu'Horace a dit, *multa & preclara minantem.*

Vous estes icy douze Princes] Il y a dans le Grec : *Il y a icy douze Roys qui regnent sur le peuple, & je suis le treiziéme.* Ces mots, *& je suis*, ne marquent pas l'égalité, mais au contraire la superiorité, car on voit que c'est luy-mesme qui donne les ordres. Ces douze Roys ou Princes estoient les principaux qui gouvernoient sous luy, car, comme je l'ay desja remarqué, c'estoit un estat meslé de Royauté d'oligarchie & de democratie. Ces douze Roys ou Princes estoient à peu prés ce qu'estoient autrefois les douze Pairs en France.

Page 31. *Il presente cette espée à Ulysse*] Il paroist par ce passage que les Pheaciens portoient l'espée, car quoy-qu'Alcinoüs ait dit qu'ils ne manioient ni l'arc ni le carquois, ils ne laissoient pas de porter des armes deffensives.

Page 32. *Et fassent que vous n'ayez jamais besoin de cette espée*] Eustathe a donné un sens tout contraire : *puissay-je n'avoir jamais besoin de cette espée.* Car comme on croyoit que les presens des ennemis estoient funestes, Ulysse pour détourner l'augure, souhaite de n'avoir jamais besoin de recourir à cette espée, mais de la garder comme un dépoſt. Je croy qu'Euſtathe ſe trompe, le ſouhait d'Ulyſſe ne doit pas eſtre en faveur de luy-meſme, il doit eſtre en faveur de celuy qu'il remercie & dont il reçoit le preſent; c'eſt auſſi le ſens naturel que le vers d'Homere preſente : Μηδέ τοι ξίφεος γε ποθή μετόπισθε γένοιτο. *Neque tibi in poſterum deſiderium enſis eveniat.* Ce *tibi* eſt déciſif. *Faſſent les Dieux que vous n'ayez jamais beſoin de cette eſpée.* C'eſt à dire, faſſent les Dieux que vos jours coulent en paix, & que jamais ni guerre eſtrangere ni démeſlé domeſtique ne vous oblige à la tirer, & à regreter celle dont vous m'honorez.

Page 33. *Faites apporter icy le plus beau coffre que vous ayez*] Une des grandes ſomptuoſitez des femmes de ces temps-là conſiſtoit en de beaux coffres, & c'eſt de ces coffres qu'on a voulu expliquer ce verſet du Pſeame 44. *Myrrha & gutta & caſia à veſtimentis tuis à domibus eburneis.* Car les coffres ſont élegamment appellez les *maiſons des habits.* Le gouſt de ces beaux coffres s'eſt conſervé fort long-temps, & ce n'eſt que le dernier ſiecle qui l'a vû finir.

Je luy donneray ma belle coupe d'or] Il a ordonné que chacun des Princes donneroit un talent d'or, & luy il donne ſa coupe. Il faut donc, ou que le talent d'or ne fuſt pas d'un si grand poids que celuy que nous connoissons, car le Roy ne doit pas donner moins que les autres, ou que le travail rendist cette coupe plus précieuse, ou que le Roy la donnast de surcroist, quoy-qu'il n'en parle point, ou enfin qu'elle pesast plus d'un talent.

Page 35. *Et les scella d'un nœud merveilleux dont l'ingenieuse Circé luy avoit donné le secret*] Dans ces anciens temps, avant l'usage des clefs, on avoit accoutumé de fermer avec des nœuds que chacun faisoit à sa fantaisie. Il y en avoit de si merveilleux & de si difficiles, que celuy qui les avoit faits, & qui en sçavoit le secret, estoit le seul qui pust les deflier. Tel estoit par exemple le nœud Gordien.

Page 36. *Je vous promets que tous les jours je vous adresseray mes vœux comme à une Déesse*] Il ne se peut rien adjouter à la politesse d'Ulysse; la Princesse le prie de se souvenir d'elle, & de ne pas oublier les secours qu'elle luy a donnez, & Ulysse luy promet de l'invoquer comme une Déesse.

Alors Ulysse s'adressant au heraut, & luy mettant entre les mains la meilleure partie du dos d'un cochon qu'on luy avoit servi] Il faut estre entierement estranger dans l'Antiquité pour avoir tiré de cet endroit un sujet de mocquerie, comme a fait l'Auteur du Parallele. *Ulysse, dit-il, coupe un morceau de cochon, qu'il donne à manger au musicien, qui estoit derriere luy, lequel en fut bien aise.* Rien n'est plus mal exposé que le fait, & rien n'est plus ridicule que cette critique. Le dos du cochon estoit la partie la plus honorable; on la sert à Ulysse, & Ulysse ne donne pas un morceau de cochon à Demodocus, mais il luy donne une partie de cette portion, & Demodocus la reçoit avec joye comme une marque de distinction & d'honneur.

Page 37. *Car ce sont les Muses, filles du grand Jupiter, qui vous ont instruit, ou plustost c'est Apollon luy-mesme*] Ulysse ne dit pas cela seulement pour loüer la beauté des chants de Demodocus, mais pour faire voir qu'ils sont l'effet de l'inspiration & de l'enthousiasme. Car ce chantre habitant une isle si éloignée de tout commerce, selon la supposition des Pheaciens, il n'estoit pas possible qu'il eust esté instruit par quelqu'un des avantures des Grecs. Il faut donc que ce soit Apollon qui les luy ait revelées. C'est pourquoy il dit ensuite qu'il les chante comme s'il avoit esté present, ou qu'il les eust apprises des Grecs mesmes. Ce passage est fort beau & d'une adresse merveilleuse, car en loüant parfaitement les Poëtes, il fonde la verité de toutes les avantures avec tant de seureté & d'évidence, qu'il est impossible d'en douter.

Page 38. *Vous chantez avec une suite qui marque une connoissance profonde, les malheurs des Grecs*] Il faut remarquer la grande sagesse qu'Homere donne icy à Ulysse. Demodocus a chanté deux fois. La premiere, pendant le festin, & il a chanté les avantures des heros & la celebre dispute d'Ulysse & d'Achille ; & la seconde aprés le festin, pour faire danser les Pheaciens, & il a chanté les amours de Mars & de Venus. On se remet à table, & Demodocus va chanter pour la troisiéme fois. Ulysse ne dit pas un mot de la seconde chanson, il ne la loüe point, il n'en demande point de semblable, mais il témoigne l'admiration qu'il a pour la premiere, & il en demande la suite, qui est l'histoire du cheval de bois : *Continuez, je vous prie,* luy dit-il, *& chantez-nous le stratagesme du cheval de bois.* Voilà une grande instruction qu'Homere donne aux hommes. Les sages peuvent entendre en passant une chanson comme celle des amours de Mars & de Venus, mais ils ne la loüent point, ils n'en demandent point de semblable ; mais pour celles qui chantent les grandes actions des heros, ce sont les seules qu'ils admirent, qu'ils demandent & dont ils ne peuvent se lasser, & en mesme temps il fait entendre que les Poëtes & les Musiciens doivent tirer des actions des hommes sages & temperants les sujets de leurs chansons & de toutes leurs Poësies, comme Plutarque l'a fort bien remarqué.

Avec une suite qui marque une connoissance profonde] C'est ce que signifient ces mots, λίην γὰρ κατὰ κόσμον. Vous chantez avec une grande suite & une grande methode. Ceux qui ne sont pas bien instruits broüillent & confondent les matieres, mais ceux qui sçavent bien les choses, les racontent de suite, chaque chose est dans son lieu.

Et qu'Ulysse, par un artifice assez heureux, fit entrer dans la citadelle] Homere n'a point expliqué la ruse dont Ulysse se servit pour obliger les Troyens à faire entrer cet énorme cheval dans la citadelle. Cela auroit pourtant bien fait icy, Virgile ne l'a pas negligé. Et par l'heureux épisode de Sinon, il a jetté un grand ornement dans son Poëme.

Si vous me chantez bien en détail toute cette avanture, je rendray témoignage] Ulysse ne se contente pas des preuves que Demodocus a desja données, qu'il est veritablement inspiré, puisqu'il a chanté ces avantures des Grecs avec autant de verité que s'il les avoit vûës, il veut s'en asseurer encore davantage, & pour cela il luy propose de chanter l'histoire du cheval de bois, car s'il la chante telle qu'elle eſt, on ne peut plus douter que ce ne ſoit Apollon qui l'inſtruit, en luy revelant les choſes paſſées, & en luy dictant luy-meſme ſa chanſon. Encore une fois quelle adreſſe merveilleuſe pour nous forcer à regarder toutes ces avantures de la guerre de Troye, non comme des fables, mais comme des hiſtoires dont il n'eſt pas permis de revoquer en doute la certitude & la verité. Homere eſt donc veritablement ce Poëte inſtruit par Apollon meſme, & ce qu'il chante eſt auſſi vray que s'il l'avoit vû.

Et le chantre rempli de l'eſprit du Dieu] Homere ne veut pas que nous perdions un moment de vûë cette verité, que ce que chante Demodocus luy eſt revelé par Apollon meſme.

Page 39. *Commençant au moment*] La chanſon qu'a chanté Demodocus ſur les amours de Mars & de Venus eſt rapportée telle qu'il l'a chantée, mais il n'en eſt pas de meſme de celle-cy; Homere n'en rapporte que l'abregé, & comme le canevas, & cela paroiſt manifeſtement par la ſuite, comme lorſqu'il dit, *il chanta comment les Grecs ſaccagerent la ville.* Ce qui n'eſt point détaillé icy. Et *il repreſenta ces braves chefs répandus dans tous les quartiers*, ce qui n'y eſt point repreſenté, non plus que le combat qu'Ulyſſe & Menelas ſoutinrent dans le Palais de Deïphobus. Homere enseigne icy parfaitement l'art de faire des Abregez, comme Eustathe l'a remarqué. Cette histoire estoit trop longue pour la rapporter entiere.

Et les Troyens assemblez tout autour] Virgile, qui a si bien profité de cet endroit, a changé le temps, car il feint que tout cecy se passa avant qu'on eust receu ce cheval dans la ville.

Comme une offrande agreable aux Dieux & capable de les appaiser] Homere ne dit point que cette machine estoit consacrée à Minerve, il dit seulement qu'aprés que les Grecs l'eurent construite, Ulysse par un artifice digne de luy, porta les Troyens à la faire entrer dans leur ville, & que la pluspart furent d'avis qu'il falloit la respecter & la regarder comme inviolable, & la laisser comme une offrande agreable aux Dieux & capable de les appaiser. De-là les Poëtes, qui sont venus dans la suite, ont tiré tout ce qu'ils ont dit du vœu fait à Minerve. Accius avoit traité ce sujet dans sa piece intitulée *Deïphobus*, & je ne doute pas que Virgile n'ait profité des idées de ce Poëte dans l'admirable recit qu'il fait de cette avanture au 11. liv. de son Eneïde.

Page 41. *Il pleuroit aussi amerement qu'une femme qui voit tomber son espoux*] Ceux qui voudroient critiquer cette comparaison, pourroient dire qu'elle n'est pas juste, en ce que la femme a grand sujet de verser des larmes, puisqu'elle tombe dans le plus grand de tous les malheurs, & qu'Ulysse n'a aucun sujet de pleurer, car de quoy pleure t-il! Pleure-t-il de ce que son artifice a eu tout le succés qu'il avoit desiré! mais ce seroit-là une fausse critique. Homere ne compare nullement la fortune d'Ulysse à celle de cette femme si malheureuse; il compare seulement les larmes de l'un aux larmes de l'autre, & fait une image tres touchante. Et quant au sujet des larmes d'Ulysse, c'est bien mal connoistre la nature que de demander ce qui l'obligeoit à pleurer.

Page 42. *Un suppliant & un hoste doivent estre regardez comme un frere*] Voilà une maxime digne d'un Chrestien.

Apprenez-nous quel est le nom que vostre pere & vostre mere vous ont donné, & sous lequel vous estes connu] Alcinoüs specifie cela en détail, pour l'obliger à dire son veritable nom, & non pas un nom supposé, un nom de guerre qu'il pourroit avoir pris pour se cacher & s'empescher d'estre connu. Cela est donc tres sensé. Cependant l'Auteur du Parallele releve cet endroit comme une grande sottise d'Homere. *Alcinoüs*, dit-il, *demande à Ulysse de quel nom son pere, sa* mere & ses voysins l'appellent, car, adjoute-t-il, *il n'y a point d'homme qui n'ait un nom, soit qu'il ait du merite, ou qu'il n'en ait point.* A quoy le Chevalier adioute cette sage Reflexion: *C'estoit dire à Ulysse que quand mesme il seroit le plus grand belistre du monde, comme il en avoit un peu la mine, il ne laisseroit pas d'avoir un nom, &c.* Voilà comment cet Auteur manioit la fine critique.

Page 43. *Car tout homme en ce monde, bon ou méchant*] Cela est vray en general, mais il peut y avoir quelque exception, les Anciens ont marqué des nations barbares où personne n'avoit de nom.

Afin que nos vaisseaux qui sont doüez d'intelligence, puissent vous remener, &c.] Alcinoüs ne s'est pas contenté de dire de ses vaisseaux qu'ils estoient aussi vistes que l'oyseau ou mesme que la pensée, il pousse l'hyperbole jusqu'au dernier excés, en leur attribuant de l'intelligence, & en en faisant presque des personnes animées à qui il ne manque que la parole. Alcinoüs fait ce conte prodigieux pour estonner son hoste, & pour luy faire envisager que s'il ne dit la verité, ses vaisseaux, au lieu de le remener dans sa patrie, le meneront par tout où il aura dit. Mais diront nos judicieux Critiques, cette hyperbole n'est-elle pas insensée, *des navires qui ont de l'intelligence!* Non elle ne l'est point du tout pour ce siecle-là. Ne disoit-on pas que le chesne de Dodone parloit ? Et n'a-t'-on pas dit la mesme chose de la navire Argo !

Page 44. Que le Dieu Neptune estoit irrité contre nous de ce que nous nous chargions de reconduire, &c.] Cela est fondé sur ce qu'il est naturel qu'un Prince ne veüille point que dans son empire il y ait quelqu'un qui ne soit pas soumis à son pouvoir, & qui se tire de sa dépendance. Les Pheaciens ne se contentoient pas d'avoir le privilege de courir les mers sans danger, ils associoient à ce privilege tous ceux qu'ils reconduisoient. Ainsi c'estoient autant de gens contre lesquels Neptune ne pouvoit rien entreprendre, ce qui blessoit beaucoup son autorité. Mais toutes ces fictions si poëtiques & si exagerées, ne sont que pour loüer l'adresse & l'habileté des Pheaciens dans l'art de la marine, & leur generosité pour tous les estrangers, & on ne sçauroit imaginer d'éloge plus parfait & plus magnifique.

Et qu'il nous menaçoit qu'un jour un de nos vaisseaux revenant de conduire un estranger chez luy] Eustathe nous avertit que dans les anciens manuscrits, cet endroit estoit marqué d'une pointe & d'une estoile. De la pointe, pour marquer que tout cet endroit, qui regarde cet ancien oracle, est déplacé icy ; & de l'eſtoile, pour marquer qu'il eſt fort beau. On prétend que ſa veritable place eſt dans le XIII. Livre. Car, diſoit-on, il n'y a pas d'apparence que ſi Alcinoüs s'eſtoit ſouvenu dans cette occaſion de l'ancien oracle & de la menace de Neptune, il euſt eſté aſſez hardi & aſſez imprudent pour remener l'ennemi de ce Dieu. Mais cette critique me paroiſt tres mal fondée, & il me ſemble qu'on en doit juger tout autrement, & que cet oracle eſt tres bien placé icy. Cet endroit renferme une leçon tres importante. Les Pheaciens ſont avertis par un ancien oracle des maux qui leur doivent arriver un jour pour avoir remené chez luy un eſtranger. Ils ne laiſſent pas de faire cette action de charité, & ils laiſſent aux Dieux le ſoin d'effectuer leurs menaces, ou de les changer, perſuadez que c'eſt aux hommes à faire leur devoir, & à laiſſer aux Dieux le ſoin du reſte. Et que ce fuſt-là leur eſprit, ce qu'Alcinoüs adjoute le marque certainement, *Et ce Dieu peut accomplir ſes menaces, ou les rendre vaines.* En effet Dieu peut changer ſes decrets, & on peut eſperer qu'il les changera toujours en faveur de ceux qui font le bien.

Qu'il periroit au milieu de la mer] Cette premiere partie de l'oracle s'accomplit dans le XIII. Liv. ce vaiſſeau eſt changé en rocher. Mais il n'eſt rien dit de la montagne.

Et qu'une grande montagne tomberoit ſur la ville des Pheaciens] On prétend qu'Homere a imaginé la chute de cette montagne, pour empeſcher la poſterité de rechercher où eſtoit cette iſle des Pheaciens, & pour la mettre par-là hors d'eſtat de le convaincre de menſonge ; car qui eſt-ce qui ira chercher une iſle qui n'exiſte peut-eſtre plus, & qui n'eſt qu'un eſcüeil, & au milieu de la mer ? Homere fait tomber cette montagne ſur cette iſle, comme il a fait ruiner par les fleuves, par les vagues de la mer, & par les eaux des cieux la muraille qu'il a feint que les Grecs avoient baſtie au devant de leurs vaiſſeaux.

Page 45. *Afin que la Poëſie en tire des chants utiles à ceux qui viendront aprés eux*] Car voilà la deſtination de la Poeſie ; des choſes qui ſont arrivées, & dont Dieu s'eſt ſervi pour punir le crime & pour recompenſer la vertu, la Poëſie en tire des ſujets utiles pour ſes chants qui inſtruiſent la poſterité. Celle qui n'eſt propre qu'à corrompre les hommes n'eſt pas digne du nom de *Poëſie.* Et voilà pourquoy Homere merite ſur tous les autres le nom de Poëte & de Poëte divin, parce que des malheurs des Grecs & des Troyens il en a tiré des chants utiles à tous les ſiecles.

Avez-vous perdu devant les murs de cette place un beau pere, un gendre] Homere rassemble icy les trois differents liens qui attachent les hommes les uns aux autres, & marque les degrez de preference, le sang le premier, l'alliance le second, & l'amitié le troisiéme. Et ce n'est qu'apres luy que les Philosophes ont distingué ces trois differentes liaisons.

Car un ami qui a ces bonnes qualitez] Je suis charmée de voir qu'Homere, aprés avoir placé l'amitié dans le rang que la nature luy donne, la releve & l'égale au sang mesme.

Argument du Livre IX.

ULysse obligé de se déclarer, raconte aux Pheaciens toutes ses avantures, ses combats contre les Ciconiens, son arrivée chez les Lotophages, & de-là chez le Cyclope Polypheme. Il leur raconte aussi comment ce Cyclope devora six de ses Compagnons, la vengeance qu'il en tira, & la ruse dont il se servit pour sortir de la caverne où il estoit enfermé.

L'ODYSSÉE
D'HOMERE.

LIVRE IX.

LE prudent Ulysse, ne pouvant resister aux prieres d'Alcinoüs, luy répond : Grand Roy, « qui effacez tous les autres Princes, « c'est asseurément une belle chose « que d'entendre un chantre comme « celuy que nous avons entendu, « dont les chants égalent par leur « beauté les chants des Dieux mes- « mes. Et je suis persuadé que la « fin la plus agreable que l'homme « puisse se proposer, c'est de voir « tout un peuple en joye, & dans « toutes les maisons des festins où «

» l'on entende de belle musique, les
» tables bien couvertes & les urnes
» bien pleines de bon vin, d'où un
» eschanson en verse dans toutes les
» coupes pour en donner à tous les
» conviez. Voilà ce qui me paroist
» tres beau. Mais pourquoy m'or-
» donnez-vous de vous raconter tous
» mes malheurs, dont le recit ne peut
» que m'affliger encore d'avantage
» & troubler vostre plaisir ? Par où
» dois-je commencer ces tristes re-
» cits ! par où dois-je les finir ! car
» je suis l'homme du monde que les
» Dieux ont le plus esprouvé par
» toutes sortes de traverses. Il faut
» d'abord vous dire mon nom, afin
» que vous me connoissiez tous, &
» qu'aprés que je seray eschappé de
» tous les malheurs qui me mena-
» cent encore, je sois lié avec vous
» par les liens de l'hospitalité, quoy-
» que j'habite une contrée fort éloi-
» gnée. Je suis Ulysse, fils de Laërte.
» Ulysse si connu de tous les hom-

mes par ses ruses & par ses strata- «
gesmes de guerre & dont la gloire «
vole jusqu'au ciel ; je demeure «
dans l'isle d'Ithaque, dont l'air est «
fort temperé, & qui est celebre par «
le mont Nerite tout couvert de «
bois. Elle est environnée d'isles «
toutes habitées. Elle a prés d'elle «
Dulichium, Samé & plus bas Za- «
cynthe qui n'est presque qu'une «
forest, & elle est la plus prochaine «
du continent & la plus voysine du «
pole : les autres sont vers le midy «
& vers le levant. C'est une isle es- «
carpée, mais qui porte une brave «
jeunesse, & pour moy je ne voy «
rien qui soit plus agréable à l'hom- «
me que sa patrie. La Déesse Ca- «
lypso a voulu me retenir dans ses «
grotes profondes & me prendre «
pour mary. La charmante Circé, «
qui a tant de merveilleux secrets, «
m'a fait les mesmes offres, & n'a «
rien oublié pour me retenir dans «
son Palais, mais inutilement. Ja- «

» mais elle n'a pû me perfuader, car
» nous n'avons rien de plus doux ni
» de plus cher que noſtre patrie &
» nos parents, & pour les revoir
» nous quittons volontiers le pays
» le plus abondant & les eſtabliſſe-
» ments les plus avantageux & les
» plus ſolides. Mais il faut commen-
» cer à vous dire tous les malheurs
» qu'il a plû à Jupiter de m'envoyer
» depuis mon départ de Troye.
» Je n'eus pas pluſtoſt mis à la
» voile avec toute ma flotte, que je
» fus battu d'un vent orageux qui
» me pouſſa ſur les coſtes des Cico-
» niens vis-à-vis de la ville d'Iſmare.
» Là je fis une deſcente ; je battis
» les Ciconiens ; je ſaccageay leur
» ville & j'emmenay un grand butin.
» Nous partageaſmes noſtre proye
» avec le plus d'égalité qu'il fut poſ-
» ſible, & je preſſois mes Compa-
» gnons de ſe rembarquer ſans per-
» dre temps; mais les inſenſez refu-
» ſerent de me croire, & s'amuſe-

rent à faire bonne chere sur le rivage; le vin ne fut pas espargné, ils égorgerent quantité de moutons & de bœufs. Cependant les Ciconiens appellerent à leurs secours d'autres Ciconiens leurs voysins, qui habitoient dans les terres, & qui estoient en plus grand nombre, plus aguerris qu'eux, mieux disciplinez & mieux dressez à bien combattre à pied & à cheval. Ils vinrent le lendemain à la pointe du jour avec des troupes aussi nombreuses que les feüilles & les fleurs du printemps. Alors la fortune commença à se déclarer contre nous par l'ordre de Jupiter, & à nous livrer à tous les malheurs ensemble. Les Ciconiens nous attaquerent devant nos vaisseaux à grands coups d'espées & de piques. Le combat fut long & opiniastré. Tout le matin pendant que la sacrée lumiere du jour croissoit, nous soutinsmes heureusement leurs ef-

» forts, quoy-qu'ils fuſſent tres ſu-
» perieurs en nombre ; mais quand
» le ſoleil commença à pancher vers
» ſon couchant, ils nous enfoncerent
» & nous tuerent beaucoup de monde.
» Je perdis ſix hommes par chacun
» de mes vaiſſeaux, le reſte ſe ſauva,
» & nous nous éloignaſmes avec joye
» d'une plage qui nous avoit eſté ſi
» funeſte. Mais quelque preſſez que
» nous fuſſions, mes navires ne parti-
» rent point que nous n'euſſions ap-
» pellé trois fois à haute voix les
» ames de nôs Compagnons qui
» avoient eſté tuez. Alors le ſouve-
» rain maiſtre du tonnerre nous en-
» voya un vent de nord tres violent
» avec une furieuſe tempeſte ; la
» terre & la mer furent en un mo-
» ment couvertes d'eſpais nuages, &
» une nuit obſcure tomba tout d'un
» coup des cieux. Mes vaiſſeaux eſ-
» toient pouſſez par le travers ſans
» tenir de route certaine ; leurs voi-
» les furent bien-toſt en pieces par

« la violence du vent ; nous les baiſ-
« ſaſmes & les pliaſmes pour éviter
« la mort qui nous menaçoit, & à
« force de rames nous gagnaſmes
« une rade où nous fuſmes à cou-
« vert. Nous demeuraſmes-là deux
« jours & deux nuits accablez de tra-
« vail & devorez par le chagrin. Le
« troiſiéme jour, dés que l'aurore
« eut paru, nous relevaſmes nos mats,
« & déployant nos voiles, que nous
« avions raccommodées, nous nous
« remiſmes en mer. Nos pilotes, ſe-
« condez par un vent favorable, nous
« menoient par le plus droit chemin,
« & je me flattois d'arriver heureuſe-
« ment dans ma patrie ; mais com-
« me je doublois le cap de Malée,
« le violent Borée & les courants de
« cette mer me repouſſerent & m'é-
« loignerent de l'iſle de Cythere.
« De-là je voguay neuf jours entiers
« abandonné aux vents impetueux,
« & le dixiéme jour j'aborday à la
« terre des Lotophages, qui ſe nour-

» rissent du fruit d'une fleur. Nous
» descendismes, nous fismes de l'eau,
» & mes Compagnons se mirent à
» préparer leur disner. Aprés le re-
» pas je choisis deux des plus hardis
» de la troupe, & je les envoyay avec
» un heraut reconnoistre le pays &
» s'informer quels peuples l'habi-
» toient. Ils marchent bien délibe-
» rez & se meslent parmi ces peuples,
» qui ne leur firent aucun mauvais
» traitement ; ils leur donnerent seu-
» lement à gouster de leur fruit de
» lotos. Tous ceux qui mangerent
» de ce fruit ne vouloient ni s'en
» retourner, ni donner de leurs nou-
» velles, ils n'avoient d'autre envie
» que de demeurer-là avec ces peu-
» ples, & de vivre de lotos dans un
» entier oubli de leur patrie. Mais
» je les envoyay prendre, & malgré
» leurs larmes je les fis monter sur
» leurs vaisseaux, je les attachay aux
» bancs, & je commanday à tous mes
» autres Compagnons de se rembar-

quer, de peur que quelqu'un d'entre eux venant à gouter de ce lotos, n'oubliaſt ſon retour. Ils ſe rembarquent tous ſans differer & font eſcumer les flots ſous l'effort de leurs rames. Nous nous éloignons de cette coſte fort affligez, & nous ſommes portez par les vents ſur les terres des Cyclopes, gens ſuperbes qui ne reconnoiſſent point de loix ; & qui ſe confiant en la providence des Dieux, ne plantent ni ne ſement, mais ſe nourriſſent des fruits que la terre produit ſans eſtre cultivée. Le froment, l'orge & le vin croiſſent chez eux en abondance, les pluyes de Jupiter groſſiſſent ces fruits, qui meuriſſent dans leur ſaiſon. Ils ne tiennent point d'aſſemblées pour déliberer ſur les affaires publiques, & ne ſe gouvernent point par des loix generales qui reglent leurs mœurs & leur police, mais ils habitent les ſommets des montagnes,

» & se tiennent dans des antres. Cha-
» cun gouverne sa famille & regne
» sur sa femme & sur ses enfants, &
» ils n'ont point de pouvoir les uns
» sur les autres.
» Vis-à-vis & à quelque distance
» du port de l'isle que ces Cyclopes
» habitent, on trouve une petite
» isle toute couverte de bois & plei-
» ne de chevres sauvages, parce
» qu'elles n'y sont point espouvan-
» tées par les hommes, & que les
» chasseurs, qui se donnent tant de
» peine en brossant dans les forests
» & en courant sur les cimes des
» montagnes, n'y vont point pour
» les poursuivre. Elle n'est frequen-
» tée ni par des bergers qui gardent
» des troupeaux, ni par des labou-
» reurs qui travaillent les terres, mais
» demeurant toujours inculte, elle
» n'a point d'habitants, voilà pour-
» quoy elle est si pleine de chevres
» sauvages. Et ce qui la rend inha-
» bitée, c'est que les Cyclopes ses

voyſins n'ont point de vaiſſeaux, «
& que parmi eux il n'y a point de «
charpentiers qui puiſſent en baſtir «
pour aller commercer dans les au- «
tres villes, comme cela ſe pratique «
parmi les autres hommes qui tra- «
verſent les mers & vont & vien- «
nent pour leurs affaires particulie- «
res. S'ils avoient eu des vaiſſeaux «
ils n'auroient pas manqué de ſe «
mettre en poſſeſſion de cette iſle, «
qui n'eſt point mauvaiſe, & qui «
porteroit toutes ſortes de fruits, «
car tous ſes rivages ſont bordez «
de prairies bien arroſées, toujours «
couvertes d'herbages tendres & «
hauts; les vignes y ſeroient ex- «
cellentes & le labourage tres aiſé, «
& l'on y auroit toujours des moiſ- «
ſons tres abondantes, car le terroir «
eſt fort gras. Elle a deplus un port «
commode & ſûr, où l'on n'a be- «
ſoin d'arreſter les vaiſſeaux ni par «
des ancres ni par des cordages; «
quand on y eſt entré, on peut at- «

» tendre tranquillement que les pi-
» lotes & les vents appellent. A la
» teste du port est une belle source
» d'une eau excellente sous une gro-
» te toute couverte d'aulnes. Nous
» abordasmes à cette isle par une
» nuit fort obscure, un Dieu sans
» doute nous conduisant, car nous
» ne l'avions pas apperceüë ; ma
» flotte estoit enveloppée d'une pro-
» fonde obscurité & la lune n'esclai-
» roit point, car les nuages la cou-
» vroient toute entiere. Aucun de
» nous n'avoit donc découvert l'isle,
» & nous ne nous apperceumes que
» les flots se brisoient contre les ter-
» res que quand nous fusmes entrez
» dans le port. Dés que nous y fus-
» mes, nous pliasmes les voiles, nous
» descendismes sur le rivage, & nous
» abandonnant au sommeil, nous at-
» tendismes le jour. Le lendemain
» l'aurore n'eut pas plustost ramené
» la lumiere que nous commenças-
» mes à nous promener dans cette

isle, dont la beauté nous ravissoit. «
Les Nymphes, filles de Jupiter, «
firent lever devant nous des trou- «
peaux de chevres sauvages, afin «
que nous eussions de quoy nous «
nourrir. Aussi-tost nous allons «
prendre dans nos vaisseaux des «
dards attachez à des courroyes, & «
nous estant partagez en trois ban- «
des, nous nous mettons à chasser. «
Dieu nous eut bien-tost envoyé «
une chasse assez abondante. J'avois «
douze vaisseaux, il y eut pour cha- «
que vaisseau neuf chevres, & mes «
Compagnons en choisirent dix «
pour le mien. Nous passasmes tout «
le reste du jour à table jusqu'au «
coucher du soleil ; nous avions de «
la viande en abondance & le vin «
ne nous manquoit point, car à la «
prise de la ville des Ciconiens, mes «
Compagnons avoient eu soin de «
s'en fournir & d'en remplir de «
grandes urnes. Nous découvrions «
la terre des Cyclopes, qui n'estoit «

» séparée de nous que par un petit
» trajet, nous voyions la fumée qui
» sortoit de leurs cavernes, & nous
» entendions les cris de leurs trou-
» peaux.

» Dés que le soleil se fut couché
» & que la nuit eut répandu ses tene-
» bres sur la terre, nous nous mis-
» mes à dormir sur le rivage, & le
» lendemain à la pointe du jour j'as-
» semblay mes Compagnons, & je
» leur dis, Mes amis, attendez-moy
» icy; avec un seul de mes vaisseaux
» je vais reconnoistre moy-mesme
» quels hommes habitent cette terre
» que nous voyons prés de nous, &
» m'esclaircir s'ils sont insolents,
» cruels & injustes, ou s'ils sont hu-
» mains, hospitaliers & touchez de
» la crainte des Dieux. En achevant
» ces mots je montay sur un de mes
» vaisseaux, & je commanday à un
» certain nombre de mes Compa-
» gnons de me suivre & de délier les
» cables; ils obéïssent, & s'estant assis

sur

sur les bancs ils firent force de rames. En abordant à cette isle, qui
n'estoit pas éloignée, nous apperceumes dans l'endroit le plus reculé
prés de la mer un antre fort ex-
haussé tout couvert de lauriers, où
des troupeaux de moutons & de
chevres faisoient entendre leurs
cris. Tout autour estoit une basse-
cour spacieuse bastie de grosses
pierres non taillées ; elle estoit om-
bragée d'une sustaye de grands pins
& de hauts chesnes. C'estoit-là
l'habitation d'un homme d'une taille prodigieuse, qui paissoit seul ses
troupeaux fort loin de tous les autres Cyclopes, car jamais il ne se
messoit avec eux, mais se tenant
toujours à l'écart, il menoit une
vie brutale & sauvage. C'estoit un
monstre estonnant ; il ne ressembloit point à un homme, mais à
une haute montagne dont le sommet s'éleve au dessus de toutes les
montagnes voysines. J'ordonnay à

» mes Compagnons de m'attendre
» & de bien garder mon vaisseau, &
» aprés en avoir choisi seulement
» douze des plus déterminez, je m'a-
» vançay, portant avec moy un ou-
» tre d'excellent vin rouge, que m'a-
» voit donné Maron, fils d'Evanthes
» & grand Prestre d'Apollon, qui
» estoit adoré à Ismare. Il m'avoit
» fait ce present par reconnoissance
» de ce que touchez de son caractere,
» nous l'avions sauvé avec sa femme
» & ses enfants & garanti du pillage,
» car il demeuroit dans le bois sacré
» d'Apollon. Il me donna encore
» sept talents d'or & une belle coupe
» d'argent, & aprés avoir rempli
» douze grandes urnes de cet excel-
» lent vin, il fit boire tous mes Com-
» pagnons. C'estoit un vin délicieux
» sans aucun mellange, une boisson
» divine. Il ne la laissoit à la dispo-
» sition d'aucun de ses esclaves, pas
» mesme de ses enfants; il n'y avoit
» que sa femme & luy & la maistresse

de l'office qui en euſſent la clef. «
Quand on en beuvoit chez luy, il «
meſloit dans la coupe vingt fois «
autant d'eau que de vin, & malgré «
ce meſlange il en ſortoit une odeur «
celeſte qui parfumoit toute la mai- «
ſon. Il n'y avoit ni ſageſſe ni tem- «
perance qui puſſent tenir contre «
cette liqueur. J'emplis donc un «
outre de ce vin, je le pris avec «
moy, avec quelques autres provi- «
ſions, car j'eus quelque preſſenti- «
ment que nous aurions affaire à «
quelque homme d'une force pro- «
digieuſe, à un homme ſauvage & «
cruel, & qui ne connoiſtroit ni rai- «
ſon ni juſtice. En un moment «
nous arrivaſmes dans la caverne. «
Nous ne l'y trouvaſmes point ; il «
avoit mené ſes troupeaux au paſ- «
turage. Nous entrons & nous ad- «
mirons le bel ordre où tout eſt «
dans cet antre ; les paniers de jonc «
pleins de fromage ; les bergeries «
remplies d'agneaux & de che- «

E ij

» vreaux, & ces bergeries toutes sé-
» parées ; il y en avoit de differentes
» pour les differents âges. Les plus
» vieux estoient d'un costé, ceux
» d'un âge moyen d'un autre, & les
» plus jeunes estoient aussi à part. Il
» y avoit quantité de vaisseaux pleins
» de lait caillé, & on en voyoit d'au-
» tres tous prests pour traire ses bre-
» bis & ses chevres quand elles re-
» viendroient du pasturage. Tous
» mes Compagnons me prioient in-
» stamment de nous en retourner
» sur l'heure mesme, de prendre ses
» fromages, d'emmener ses agneaux
» & ses chevres, & de regagner
» promptement nostre vaisseau. Je
» ne voulus jamais les croire ; c'estoit
» pourtant le meilleur parti : mais
» à quelque prix que ce fust je vou-
» lois voir le Cyclope, & sçavoir
» s'il ne me feroit pas les presens
» d'hospitalité, quoy-que je crusse
» bien que sa vûë ne seroit pas fort
» agréable à mes Compagnons. Nous

allumons du feu pour offrir aux «
Dieux un leger sacrifice, & nous «
nous mettons à manger de ces fro- «
mages, en attendant le retour de «
noſtre hoſte. Enfin nous le voyons «
arriver ; il portoit ſur ſes eſpaules «
une charge horrible de bois ſec «
pour préparer ſon ſouper. En en- «
trant il jette à terre ſa charge, qui «
fit un ſi grand bruit, que nous en «
fuſmes effrayez, & que nous allaſ- «
mes nous tapir dans le fond de «
l'antre. Aprés cela il fit entrer les «
brebis & laiſſa à la porte tous les «
maſles. Il ferma enſuite ſa caverne «
avec une roche que vingt charre- «
tes attelées de bœufs les plus forts «
n'auroient pû remuer, ſi énorme «
eſtoit la maſſe de pierre dont il bou- «
cha l'entrée de ſa caverne. Quand «
il ſe fut bien fermé, il s'aſſit, com- «
mença à traire ſes brebis & ſes «
chevres, mit ſous chacune ſon a- «
gneau & ſon chevreau, fit cailler «
la moitié de ſon lait, qu'il mit dans «

E iij

» des paniers pour en faire du fro-
» mage, & reserva l'autre moitié
» dans des vaisseaux pour le boire à
» son souper. Tout ce menage es-
» tant fini, il alluma du feu, & nous
» ayant apperceus à la clarté du feu,
» il nous cria, Estrangers, qui estes
» vous ? d'où venez-vous en traver-
» sant les flots ? Est-ce pour le nego-
» ce ? ou errez-vous à l'avanture
» comme des pirates qui escument
» les mers, en exposant leur vie pour
» piller tous ceux qui tombent entre
» leurs mains ?
»   Il dit. Nous fusmes saisis de
» frayeur en entendant sa voix es-
» pouvantable & en voyant cette
» taille prodigieuse. Cependant je ne
» laissay pas de luy répondre : Nous
» sommes des Grecs qui aprés le
» siege de Troye avons esté long-
» temps le joüet des vents & des
» tempestes. En taschant de regagner
» nostre patrie nous avons esté es-
» cartez de nostre route, & nous

avons esté portez en divers pays. «
C'est ainsi que l'a ordonné le grand «
Jupiter, maistre de la destinée des «
hommes. Nous sommes sujets du «
Roy Agamemnon, dont la gloire «
remplit aujourd'huy la terre entie- «
re, car il vient de saccager une «
ville celebre & de ruiner un Em- «
pire florissant. Nous venons em- «
brasser vos genoux ; traitez-nous «
comme vos hostes, & faites-nous «
les presens qu'exige l'hospitalité ; «
respectez les Dieux, nous sommes «
vos suppliants, & souvenez-vous «
qu'il y a dans les cieux un Jupiter «
qui préside à l'hospitalité, & qui «
prenant en main la deffense des «
estrangers, punit severement ceux «
qui les outragent. «

    Ces paroles ne toucherent point «
ce monstre ; il me répondit avec «
une dureté impie : Estranger, tu «
es bien dépourvû de sens, ou tu «
viens de bien loin, toy qui m'ex- «
hortes à respecter les Dieux & à «

E iiij

» avoir de l'humanité. Sçache que les
» Cyclopes ne se soucient point de
» Jupiter ni de tous les autres Dieux,
» car nous sommes plus forts & plus
» puissants qu'eux ; & ne te flatte
» point que pour me mettre à cou-
» vert de sa colere, j'auray compas-
» sion de toy & de tes Compagnons
» si mon cœur de luy-mesme ne se
» tourne à la pitié. Mais dis-moy où
» tu as laissé ton vaisseau ? Est-ce prés
» d'icy, où à l'extremité de l'isle ?
» que je sçache où il est.

» Il parla ainsi pour me tendre
» des pieges, mais j'avois trop d'ex-
» perience pour me laisser surpren-
» dre à ses ruses. J'usay de ruse à
» mon tour & je luy répondis : Nep-
» tune, qui esbranle la terre quand
» il luy plaist, a fracassé mon vais-
» seau en le poussant contre des ro-
» ches à la pointe de vostre terre, les
» vents & les flots en ont dispersé
» les débris, & je suis eschappé seul
» avec les Compagnons que vous

voyez devant vous.

A peine eus-je fini ces mots que le barbare se jette sur mes Compagnons, en empoigne deux & les froisse contre la roche comme de petits faons. Leur cervelle rejaillit de tous costez & le sang inonda la terre tout aux environs. Il les met en pieces, les prepare pour son souper, & les devore comme un lion qui a couru les montagnes sans trouver de proye; il mange non seulement les chairs, mais les entrailles & les os. A la vûë de cet horrible spectacle nous fondions en larmes, levant les mains au ciel & ne sçachant que devenir. Aprés qu'il eust rempli son vaste estomac des chairs de mes Compagnons & beu une grande quantité de lait, il se jette par terre en s'estendant dans sa caverne au milieu de ses brebis. Cent fois mon courage m'inspira la pensée de mettre l'espée à la main, de me jetter sur luy & de luy percer le cœur,

» mais une consideration tres forte
» me retint. Si je l'avois fait nous
» aurions tous peri malheureusement
» dans cette caverne, car jamais nous
» n'aurions pû oster de la porte l'es-
» pouvantable roche dont il l'avoit
» bouchée. Nous passasmes ainsi la
» nuit dans la douleur & dans les
» angoisses en attendant le jour. Le
» lendemain dés que l'aurore eut do-
» ré les cimes des montagnes, il allu-
» me du feu, se met à traire ses bre-
» bis les unes aprés les autres & à
» donner à chacune ses agneaux. Sa
» besogne estant faite, il prend en-
» core deux de mes Compagnons
» & en fit son disner. Quand il fut
» rassasié il ouvrit la porte de l'antre,
» fit sortir ses troupeaux, sortit avec
» eux & referma la porte sur nous
» avec cette énorme roche aussi fa-
» cilement qu'on ferme un carquois
» avec son couvercle ; & faisant re-
» tentir toute la campagne du son
» effroyable de son chalumeau, il

mena ses troupeaux vers la monta- «
gne. Je demeuray donc enfermé «
dans cet antre, méditant sur les «
moyens de me venger, si Minerve «
vouloit m'accorder la gloire de «
punir ce monstre. Plusieurs pensées «
me passerent dans la teste, mais en- «
fin voicy le parti qui me parut le «
meilleur. Dans la caverne il y avoit «
une grande massuë de bois d'oli- «
vier encore vert, que le Cyclope «
avoit coupée pour la porter quand «
elle seroit séche ; à la voir, elle «
nous parut comme le mast d'un «
vaisseau de charge à vingt rames, «
qui affronte toutes sortes de mers ; «
elle estoit aussi haute & aussi grosse. «
J'en coupay moy-mesme environ «
la longueur de quatre coudées, & «
la donnant à mes Compagnons, je «
leur ordonnay de la dégrossir. Ils «
la raboterent & l'amenuiserent, & «
moy la retirant de leurs mains, je «
l'aiguisay par le bout, j'en fis aussi- «
tost durcir la pointe dans le feu, & «

» je la cachay dans du fumier dont
» il y avoit grande quantité dans
» cette caverne. Ensuite je fis tirer
» tous mes Compagnons au sort,
» afin que la fortune choisist ceux
» qui devoient avoir la résolution
» de m'ayder à enfoncer ce pieu dans
» l'œil du Cyclope quand il seroit
» enseveli dans un profond sommeil.
» Mes Compagnons tirerent, & heu-
» reusement le sort tomba sur les
» quatre que j'aurois moy-mesme
» choisis à cause de leur intrepidité
» & de leur audace. Je me mis vo-
» lontairement à leur teste pour con-
» duire cette entreprise si perilleuse.
»   Sur le soir le Cyclope revint des
» pasturages à la teste de ses trou-
» peaux, il les fait tous entrer, &
» contre sa coutume il ne laissa au-
» cune beste à la porte, soit qu'il
» craignist quelque surprise, ou que
» Dieu l'ordonnast ainsi pour nous
» sauver du plus grand de tous les
» dangers. Aprés qu'il eut bouché

sa porte avec cet horrible rocher, «
il s'assit & se mit à traire ses brebis «
& ses chevres à son ordinaire, leur «
donna à chacune leurs petits, & «
quand tout fut fait, il prit encore «
deux de mes Compagnons, dont il «
fit son souper. Dans ce moment «
je m'approchay de ce monstre, & «
luy presentant de ce vin, que j'avois «
apporté, je luy dis, Cyclope, tenez, «
beuvez de ce vin, vous avez assez «
mangé de chair humaine ; vous «
verrez quelle est cette boisson, dont «
j'avois une bonne provision dans «
mon vaisseau ; le peu que j'en ay «
sauvé, je l'ay apporté avec moy «
pour vous faire des libations com- «
me à un Dieu, si touché de com- «
passion vous avez la bonté de me «
renvoyer dans ma patrie. Mais vous «
vous estes porté à des excés de «
cruauté indignes de vous. Eh qui «
pensez-vous deshormais qui vou- «
dra venir dans vostre isle, quand «
on sçaura avec quelle inhumanité «

» vous traitez les eſtrangers !
»   Il prit la coupe de mes mains
» ſans me répondre & but. Il trouva
» cette boiſſon ſi délicieuſe, qu'il
» m'en demanda encore. Donne-moy
» un ſecond coup de ce vin ſans l'eſ-
» pargner, me dit-il, & dis-moy tout
» preſentement ton nom, afin que je
» te faſſe un preſent d'hoſpitalité
» dont tu ſois content. Cette terre
» fournit aux Cyclopes d'excellent
» vin que les pluyes de Jupiter nour-
» riſſent, mais il n'approche pas de
» celuy-cy ; ce vin que tu me donnes,
» ce n'eſt pas du vin, c'eſt la mere
» goutte du Nectar & de l'ambroſie
» meſme des Dieux. Je luy en pre-
» ſentay une troiſiéme coupe, & il
» eut l'imprudence de la boire.
» Quand je vis que le vin commen-
» çoit à faire ſon effet & à luy por-
» ter à la teſte, je luy dis avec beau-
» coup de douceur, Cyclope, vous
» me demandez mon nom, il eſt aſſez
» connu dans le monde, je vais vous

l'apprendre puisque vous l'igno- «
rez, & vous me ferez le present «
que vous m'avez promis. Je m'ap- «
pelle *Personne* ; mon pere & ma «
mere me nommerent ainsi, & tous «
mes Compagnons me connoissent «
par ce nom. «

Oh bien, puisque tu t'appelles «
Personne, me répond ce monstre «
avec une cruauté inoüie, Personne «
sera le dernier que je mangeray ; je «
ne le mangeray qu'après tous ses «
Compagnons ; voilà le present que «
je te prépare. «

En finissant ces mots il tombe à «
la renverse, son énorme cou replié «
sur son espaule. Le sommeil, qui «
dompte tous les animaux, s'em- «
pare de luy. Le vin luy sort de la «
gorge avec des morceaux de la «
chair de mes Compagnons qu'il a «
devorez. Alors tirant le pieu que «
j'avois caché sous le fumier, je le «
mis dans la cendre vive pour le faire «
chauffer, & m'adressant à mes Com- «

» pagnons, je leur dis tout ce que je
» crus le plus capable de fortifier leur
» courage, afin qu'aucun d'eux ne
» fuſt ſaiſi de frayeur & ne reculaſt
» dans le moment de l'execution.
» Bien-toſt le pieu fut ſi chaud que
» quoy-qu'encore vert, il alloit s'en
» flammer, & il eſtoit desja tout rou-
» ge. Je le tire donc du feu, mes
» Compagnons tout preſts autour
» de moy. Alors Dieu m'inſpira une
» audace ſurnaturelle. Mes Compa-
» gnons prenant le pieu, qui eſtoit
» pointu par le bout, l'appuyent ſur
» l'œil du Cyclope, & moy m'eſle-
» vant par deſſus, je le faiſois tour-
» ner. Comme quand un charpentier
» perce avec un virebrequin une
» planche de bois pour l'employer à
» la conſtruction d'un vaiſſeau, il
» appuye l'inſtrument par deſſus, &
» ſes garçons au deſſous le font tour-
» ner avec ſa courroye qui va & vient
» des deux coſtez & le virebrequin
» tourne ſans ceſſe; de meſme nous

faisions tourner ce pieu dans l'œil «
de ce monstre. Le sang rejaillit au- «
tour du pieu tout ardent. La va- «
peur, qui s'éleve de sa prunelle, luy «
brusle les paupieres & les sourcils, «
& les racines de son œil embrasées «
par l'ardeur du feu, jettent un sif- «
flement horrible. Comme lors- «
qu'un forgeron, aprés avoir fait «
rougir à sa forge le fer d'une ha- «
che ou d'une scie, le jette tout «
bruslant dans l'eau froide pour le «
durcir, car c'est ce qui fait la bonté «
de sa trempe, ce fer excite un sif- «
flement qui fait retentir la forge; «
l'œil du Cyclope siffla de mesme «
par l'ardeur du pieu. «

 Le Cyclope s'éveillant, jette des «
cris espouventables dont toute la «
montagne retentit. Saisis de frayeur «
nous nous éloignons; il tire de «
son œil ce pieu tout dégoutant «
de sang, le jette loin de luy & ap- «
pelle à son secours les Cyclopes qui «
habitoient tout autour dans les an- «

» tres des montagnes voysines. Ces
» Cyclopes entendant sa voix, arri-
» vent en foule de tous costez &
» environnant l'antre ils luy deman-
» dent la cause de sa douleur : Po-
» lypheme, que vous est-il arrivé?
» Qu'est-ce qui vous oblige à nous
» réveiller au milieu de la nuit, &
» à nous appeller à vostre ayde?
» Quelqu'un emmene-t-il vos trou-
» peaux? Quelqu'un attente-t-il à
» vostre vie à force ouverte ou par
» la ruse? Le terrible Polypheme
» répond du fond de son antre, He-
» las! mes amis, Personne. Plus il
» leur dit ce nom, plus ils sont trom-
» pez par cette équivoque. Puisque
» ce n'est personne qui vous a mis en
» cet estat, luy disent-ils, que pou-
» vons-nous faire? Pouvons-nous
» vous délivrer des maux qu'il plaist
» à Jupiter de vous envoyer? Ayez
» donc recours à vostre pere Neptu-
» ne, & luy adressez vos vœux pour
» le prier de vous secourir.

« Aprés luy avoir donné cette bel-
« le consolation ils se retirent. Je ne
« pus m'empescher de rire de l'erreur
« où ce nom si heureusement trouvé
« les avoit jettez.
« Le Cyclope soupirant & rugis-
« sant de douleur, s'approche à tas-
« tons de l'entrée de sa caverne, en
« oste la pierre & s'assied au milieu,
« ses deux bras estendus pour nous
« prendre quand nous sortirions, car
« il me croyoit assez imprudent pour
« tenter de sortir avec ses troupeaux.
« Mais le peril estoit trop manifeste.
« Je me mis donc à penser aux mo-
« yens que je pourrois trouver pour
« garantir de la mort mes Compa-
« gnons & pour me sauver moy-mes-
« me. Il n'y a point de ruse, point
« de stratagesme qui ne me passast
« alors dans l'esprit, car il s'agissoit
« de la vie & le danger estoit pres-
« sant. Voicy enfin le parti qui me
« parut le plus seur.
« Il y avoit dans ses troupeaux

» des beliers fort grands & fort
» beaux, & dont la laine de couleur
» de violette estoit fort longue &
» fort espaisse. Je m'avisay d'en lier
» trois ensemble, & pour cet effet je
» pris les branches d'ozier qui ser-
» voient de lit à ce monstre abomi-
» nable en toutes sortes d'injustices
» & de cruautez. Avec ces branches
» j'assemble ces beliers & les lie trois
» à trois ; celuy du milieu portoit un
» de mes Compagnons, & les deux
» des costez luy servoient comme de
» rempart. Les voilà donc chacun
» d'eux porté par trois beliers. Il y
» avoit un belier d'une grandeur &
» d'une force extraordinaire, qui
» marchoit toujours à la teste du
» troupeau, je le reservay pour moy.
» M'estendant donc sous luy & em-
» poignant sa laine à pleines mains,
» je me tenois collé fortement à son
» ventre avec beaucoup de résolu-
» tion. Nous passons la nuit en cet
» estat, non sans beaucoup de crainte

& d'inquietude. Le lendemain dés «
que l'aurore eut ramené le jour, le «
Cyclope fit sortir ses troupeaux «
pour le pasturage. Les brebis n'es- «
tant point traittes à leur ordinaire, «
& se sentant trop chargées de lait, «
remplirent de leurs beslements la «
bergerie. Leur berger, qui sentoit «
des douleurs tres aiguës, tastoit «
avec ses mains le dos de ses mou- «
tons qui sortoient, & jamais, in- «
sensé qu'il estoit, il ne soubçonna «
que mes Compagnons estoient es- «
tendus sous le ventre de ceux du «
milieu. Le belier, sous lequel j'es- «
tois, sortit le dernier, chargé d'une «
toison fort espaisse & de moy qui «
estois fort agité & fort inquiet. «
Le terrible Polypheme le taste avec «
ses mains & luy parle en ces termes : «
Mon cher belier, pourquoy sors-tu «
aujourd'huy le dernier de mon an- «
tre ! Avant ce jour ce n'estoit pas «
ta coutume de sortir aprés mes «
moutons, & tous les matins tu «

» marchois le premier à la teste du
» troupeau. Tu estois toujours le
» premier dans les vertes prairies,
» toujours le premier dans les eaux
» des fleuves, & tous les soirs tu re-
» venois le premier dans ma caverne.
» Aujourd'huy tu sors le dernier.
» Qu'est-ce qui peut causer ce chan-
» gement ? Est-ce la douleur de voir
» que tu n'es plus conduit par l'œil
» de ton maistre? Un méchant, nom-
» mé Personne, assisté de ses Com-
» pagnons aussi scelerats que luy, m'a
» rendu aveugle, aprés avoir lié mes
» forces par le vin. Ah, je ne croy
» pas qu'il luy fust possible d'éviter
» la mort, si tu avois de la connois-
» sance & que tu pusses parler & me
» dire ou se cache ce malheureux
» pour se dérober à ma fureur ; bien-
» tost écrasé contre cette roche, il
» rempliroit ma caverne de son sang
» & de sa cervelle dispersée de tous
» costez, & alors mon cœur sentiroit
» quelque soulagement dans les maux

affreux que m'a fait ce miserable, «
ce scelerat de Personne. «

En finissant ces mots il laisse «
passer son belier. Quand nous nous «
vismes un peu loin de la caverne & «
de la cour, je me détachay le pre- «
mier de dessous mon belier, j'allay «
détacher mes Compagnons, & sans «
perdre un moment nous choisismes «
les meilleurs moutons du troupeau «
que nous poussasmes devant nous, «
& nous prismes le chemin de nos- «
tre navire. Nostre arrivée causa «
une grande joye à nos Compa- «
gnons, qui n'esperoient plus de «
nous revoir; mais en mesme temps «
ils se mirent à pleurer ceux qui «
nous manquoient. Je leur fis signe «
de cesser ces larmes, & leur or- «
donnay d'embarquer promptement «
nostre proye & de gagner la haute «
mer. Ils remontent tous dans le «
vaisseau, & remplissant les bancs ils «
font gemir les flots sous l'effort de «
leurs rames. «

» Quand je me vis éloigné de la
» caverne de la portée de la voix, j'a-
» dreſſay ces paroles piquantes au
» Cyclope, & je luy criay de toute
» ma force, Cyclope, tu as eû grand
» tort d'abuſer de tes forces pour de-
» vorer les Compagnons d'un hom-
» me ſans deffenſe, & ces maux ven-
» geurs ne pouvoient pas manquer
» de t'arriver. Malheureux, tu as
» devoré dans ton antre tes ſuppliants
» & tes hoſtes, c'eſt pourquoy Jupi-
» ter & les autres Dieux t'ont puni
» de ton inhumanité.

» Ces paroles augmenterent ſa fu-
» reur. Il détacha la cime d'une haute
» montagne & la jetta avec tant de
» force, qu'elle tomba devant noſtre
» vaiſſeau. La chute de cette maſſe
» énorme excita un mouvement ſi
» violent dans la mer, que le flot en
» reculant repouſſa noſtre vaiſſeau
» contre la terre, comme auroit pû
» faire le flux de l'ocean, & penſa
» le briſer contre le rivage ; mais
moy

moy prenant auſſi-toſt un long avi- «
ron, je le repouſſay & l'éloignay. «
Et exhortant mes Compagnons je «
leur ordonnay d'un ſigne de teſte «
de faire force de rames pour nous «
mettre à couvert du danger qui «
nous menaçoit. Ils rament en meſ- «
me temps ſans ſe menager. Quand «
nous fuſmes une fois auſſi loin, «
j'adreſſay encore la parole au Cy- «
clope, quoy-que tous mes Com- «
pagnons taſchaſſent de m'en em- «
peſcher. Cruel, que vous eſtes, me «
diſoient-ils, pourquoy voulez-vous «
irriter davantage cet homme bar- «
bare, qui en lançant contre nous «
cette énorme maſſe comme un «
trait, a ramené noſtre vaiſſeau con- «
tre le rivage. Nous avons crû n'en «
pas revenir. S'il entend encore vos «
inſultes, ou ſeulement voſtre voix, «
il nous écraſera & briſera noſtre «
vaiſſeau avec quelque maſſe de ro- «
cher encore plus grande, qu'il lan- «
cera contre nous. «

Tome II. . F

» Leurs remonſtrances furent inutiles, j'eſtois trop irrité contre ce monſtre, pour me retenir. Je luy criay donc, Cyclope, ſi un jour quelque voyageur te demande qui t'a cauſé cet horrible aveuglement, tu peux répondre que c'eſt Ulyſſe le deſtructeur de villes, fils de Laërte, qui habite à Ithaque.

» A ces mots ſes hourlements redoublent & il ſe met à crier : Helas ! voilà donc l'accompliſſement des anciens oracles. Il y avoit autrefois icy un celebre devin nommé Telemus fils d'Eurymus, qui avoit le don de prédire l'avenir, & qui a vieilli parmi les Cyclopes en exerçant ſa profeſſion. Il m'avertit un jour que tout ce que je ſouffre m'arriveroit, & me dit en propres termes que je ferois privé de la vûë par les mains d'Ulyſſe. Sur cette prédiction je m'attendois à voir arriver icy quelque homme beau, bien fait, de grande taille &

d'une force bien au dessus de la «
nostre. Et aujourd'huy c'est un pe- «
tit homme, sans force, de méchante «
mine, qui m'a crevé l'œil aprés «
m'avoir dompté par le vin. Ha, je «
t'en prie, Ulysse, approche que je «
te fasse les presens d'hospitalité, & «
que je presse Neptune de favoriser «
ton retour ; je suis son fils & il se «
glorifie d'estre mon pere. S'il veut «
il a le pouvoir de me guerir, & je «
n'attends ma guerison ni d'aucun «
autre Dieu, ni d'aucun homme. «

Ne te flatte point de ta guerison, «
luy répondis-je, & plust à Dieu que «
j'eusse aussi-bien pû te priver de la «
vie, & te précipiter dans le sombre «
Royaume de Pluton, comme il est «
seur que Neptune ne te rendra pas «
l'œil que tu as perdu. «

Le Cyclope piqué de ces paro- «
les, adresse en mesme temps ses «
prieres à Neptune, & luy dit en «
levant les mains au ciel : «

Grand Neptune, qui avez la «
F ij

» force d'esbranfler la terre jufqu'à
» fes fondements, efcoutez les vœux
» que je vous adreffe : fi je fuis veri-
» tablement voftre fils, & fi vous ef-
» tes veritablement mon pere, accor-
» dez-moy ce que je vous demande;
» empefchez Ulyffe, le deftructeur
» de villes, fils de Laërte, qui ha-
» bite à Ithaque, de retourner ja-
» mais dans fon Palais; ou fi c'eft
» l'ordre des Deftinées qu'il revoye
» fa patrie, fa famille & fes amis,
» qu'il n'y arrive qu'aprés longues
» années, qu'il n'y arrive qu'aprés
» avoir perdu les Compagnons, en
» méchant équipage & fur un vaif-
» feau d'emprunt, & qu'il trouve fa
» maifon pleine de troubles.
»   Il fit cette priere, & Neptune
» l'exauça. En mefme temps il leve
» une roche plus grande que la pre-
» miere, & luy faifant faire plufieurs
» tours avec fon bras pour luy don-
» ner plus de force, il la lance; la
» roche tombe derriere noftre vaif-

seau. Il s'en fallut bien peu qu'elle «
ne tombaſt ſur le bout de la poup- «
pe & qu'elle ne fracaſſaſt le gou- «
vernail. La chute de cette maſſe «
énorme fait reculer la mer, & le «
flot agité pouſſe en avant noſtre «
vaiſſeau & l'approche de l'iſle où «
nous avions laiſſé noſtre flotte, & «
où nos Compagnons nous atten- «
doient dans une extreſme affliction. «
Dés que nous fuſmes abordez, «
nous tiraſmes noſtre vaiſſeau ſur le «
ſable, & deſcendus ſur le rivage, «
nous nous miſmes d'abord à parta- «
ger les moutons que nous avions «
enlevez au Cyclope ; tous mes «
Compagnons en eurent leur part, «
& d'un commun conſentement ils «
me firent preſent à moy ſeul du «
belier qui m'avoit ſauvé. Je l'offris «
dés le moment en ſacrifice au fils «
de Saturne qui regne ſur les hom- «
mes & ſur les Dieux. Mais mon «
ſacrifice ne luy fut pas agréable ; «
il me préparoit de nouveaux mal- «

» heurs, & rouloit dans sa teste le
» dessein de faire perir mes vaisseaux
» & tous mes chers Compagnons.
» Nous passasmes tout le reste du jour
» jusqu'au coucher du soleil à faire
» bonne chere & à boire de mon ex-
» cellent vin. Quand le soleil fut
» couché & que la nuit eut répandu
» ses voiles sur la terre, nous nous
» couchasmes sur le rivage mesme, &
» le lendemain à la pointe du jour
» je pressay mes Compagnons de se
» rembarquer & de délier les cables.
» Ils montent tous dans leurs vais-
» seaux, prenent les rames & fendent
» le sein de la vaste mer. Nous nous
» éloignons de cette terre fort joyeux
» d'avoir eschappé la mort, mais fort
» tristes de la perte que nous avions
» faite.

REMARQUES SUR L'ODYSSEE D'HOMERE.

LIVRE IX.

Page 83. *ET je suis persuadé que la fin la plus agréable que l'homme puisse se proposer, c'est de voir tout un peuple en joye*] Le but d'Homere est toujours de donner des instructions utiles, & de faire voir que la volupté est tres opposée à la vertu & toujours tres pernicieuse. C'est ce qu'il fait en toute occasion. Cependant voicy un passage considerable qui, en relevant la volupté, semble avoir pû donner lieu dans les siecles suivants à Epicure d'en faire la principale fin de l'homme. Les Anciens ont beaucoup discouru sur cet endroit, & le resultat de ce qu'ils ont dit, est qu'Ulysse s'accommode au temps, aux coutumes & aux mœurs de ceux à qui il parle, qu'il flate le Prince dont il a besoin, & qu'il loüe ce que ce Prince trouve agréable & aimable. Alcinoüs luy a dit dans le Livre precedent pag. 19. *Nos divertissements de tous les* jours ce sont les festins, la musique, la danse, la galanterie, &c. Ulysse par complaisance fait semblant de trouver cela fort beau. On peut voir Athenée, liv. 12. chap. 1. Je ne nie pas qu'il ne puisse y avoir de la complaisance & de la dissimulation dans ces paroles d'Ulysse, mais je suis persuadée qu'on peut les prendre à la lettre sans que ce sentiment puisse estre blasmé, & sans qu'Homere doive craindre aucun reproche. Ulysse vient d'essuyer des maux infinis; il vient de voir finir une guerre qui a desolé une grande partie de l'Europe & de l'Asie, & aprés tant de malheurs il arrive dans une isle où l'on ne connoist point la guerre, & où le peuple est heureux & passe sa vie dans les plaisirs. Que fait-il sur cela? il loue ce qu'il y a de plus honneste, les festins & la musique, & ne dit pas un mot de la galanterie dont Alcinoüs a parlé, ce qui me paroist tres digne d'attention; ce n'est pas une petite marque de la sagesse d'Homere. De plus il tourne en éloge pour le Prince le bonheur dont ses peuples jouissent sous luy: *Je suis persuadé*, dit-il, *que la fin la plus agréable que l'homme*, c'est à dire le Prince, *puisse se proposer, c'est de voir tout un peuple se divertir.* Certainement on ne peut s'empescher de reconnoistre qu'un Prince est tres digne de loüange, quand il se propose de rendre ses peuples heureux & de les voir dans la joye. Et la plus grande marque du bonheur & de la joye d'un peuple ce sont les festins & la musique, quand on n'en abuse point. Il faudroit estre bien severe pour blasmer ces plaisirs, qui n'ont rien de contraire à l'honnesteté & à la vertu, & qui font un contraste admirable avec toutes les horreurs qu'Ulysse vient de voir regner à Troye, & qui ont produit la ruine de tant d'Estats.

La fin la plus agréable] Le terme Grec τέλος signifie proprement la *fin*. Et je croy que c'est de ce passage d'Homere que les Philosophes ont pris leur mot τέλη, *fines*, dont ils se servent dans la morale, pour dire le but auquel on rapporte toutes ses pensées, toutes ses actions, en un mot la fin où tout le monde tend & que tout le monde se propose. On connoist les beaux livres de Ciceron *de Finibus*.

Page 84. *Quoy que j'habite une contrée fort éloignée*] Ulysse fait bien sa cour à ce Prince, en luy faisant croire par ces paroles qu'il est convaincu de la verité de tout ce qu'il luy a dit de l'éloignement de son isle.

Page 85. *Et plus bas Zacynthe, qui n'est presque qu'une forest*] Zacynthe, Zanthe au midy de Cephalenie ou Samé. C'est une isle de soixante milles de tour, toute pleine de hautes montagnes couvertes de bois, &

F v

c'est ce qui luy fit donner ce nom ; car, comme Bochart l'a remarqué, les Pheaciens la nommerent ainsi du mot *Zachuth*, qui signifie *hauteur*.

Et elle est la plus prochaine du continent & la plus voysine du pole] Strabon nous a avertis que ce vers

Αὐτὴ δὲ χθαμαλὴ πανυπερτάτη εἰν ἁλὶ κεῖται

Πρὸς ζόφον.

a esté mal expliqué par quelques anciens Grammairiens :

Ipsa autem humilis & sublimis in mari sita est

Versus caliginem.

Comment peut-on appeller *basse* une isle qu'Homere appelle encore icy τρηχεῖαν, *escarpée*, & qui est *comme un nid sur des rochers*, pour me servir des paroles de Ciceron ! & il nous en donne la veritable explication. *Ce mot* χθαμαλὴ, dit-il, *ne signifie pas icy* basse, *mais prochaine du continent*. χθαμαλὴ *pour* χαμαλὴ, *voysine de la terre*, & πανυπερτάτη *ne signifie pas* haute, *mais plus septentrionale, plus voysine du pole*, ce qu'il détermine par ce mot πρὸς ζόφον, *versus caliginem* : car par cette obscurité il désigne le nord, comme par l'*aurore* & le *soleil* il marque le costé du monde opposé au septentrion. On peut voir l'endroit dans son liv. 9. Il est vray que pour ces derniers mots, προς ἠῶ τ' ἠέλιόν τε, je me suis éloignée de son sentiment, & je les ay expliquez, *les autres sont vers le midy & vers le levant.* Et je n'ay fait en cela que suivre la situation que nos Cartes mesmes donnent aujourd'huy à ces isles par rapport à Ithaque, qui est la plus voysine du continent de l'Epire & la plus septentrionale. Elle a au levant Dulichium & quelques autres isles, & au midy elle a Samé & Zacynthe.

La charmante Circé] Il y a dans le Grec: *Circé de l'isle d'Aeæa*, & j'expliqueray au commencement du XII. Liv. ce que c'est que cette isle. On peut voir là mes Remarques. Circé est appellée δολόεσσα à cause de ses charmes & de ses enchantements.

Page 86. *Je n'eus pas plustost mis à la voile avec toute ma flotte*] Voicy où il faut prendre le commencement de l'Odyssée, pour la réduire à une narration simple, naturelle, & affranchie du renversement poëtique.

Que je fus battu d'un vent violent qui me poussa sur les costes des Ciconiens] Ces Ciconiens estoient sur les costes de Thrace prés de Maronée, qu'on prétend la mesme qu'Ismare, dont Homere parle icy. Ulysse les attaqua, parce qu'ils avoient envoyé du secours aux Troyens, comme nous l'avons vû dans le 11. Livre de l'Iliade, où Homere dit : *Euphemus, fils de Trœzenus & petit-fils de Ceus, commandoit les belliqueux Ciconiens.*

De se rembarquer sans perdre temps] Le Grec dit, διερῷ ποδὶ, & je ne voy pas comment on a pû expliquer cela d'un vaisseau. διερῷ ποδὶ signifie proprement le *pied encore moüillé*, & c'est pour dire *promptement, sans se rafraischir*.

Page 87. *Et s'amuserent à faire bonne chere*] Comme cela est fort naturel. La bonne chere est le premier fruit que les soldats veulent tirer de leur victoire.

Page 88. *Je perdis six hommes par chacun de mes vaisseaux*] Voicy un des endroits que l'impertinent Zoïle avoit critiquez. Comment est il possible qu'il perisse justement six hommes de chaque vaisseau, & qu'aucun vaisseau n'en perde pas davantage ? Voilà, disoit-il, un partage ridiculement égal. Mais c'est la critique qui est ridicule & non pas le partage. Ulysse avoit douze vaisseaux ; dans ce combat il perdit soixante & douze hommes, ce n'est pas que la perte fust égale pour chaque vaisseau, mais c'est que prenant le total & en le répendant ensuite sur toute la flotte, c'estoit justement six hommes par chaque vaisseau.

SUR L'ODYSSÉE. Livre IX. 135

Que nous n'eussions appellé trois fois à haute voix les ames de nos Compagnons] C'estoit la coutume quand les Payens n'avoient pas le temps d'enterrer les morts dans une terre estrangere, ils se contentoient d'appeller trois fois leurs ames à haute voix, comme pour déclarer qu'il ne tenoit pas à eux qu'ils ne les ramenassent dans leur patrie, & par-là ils croyoient avoir satisfait à la Religion. C'est ainsi que dans le liv. 6. de l'Eneide, Enée dit à Deiphobus,

...... *Et magna manes ter voce vocavi.*

Mes vaisseaux estoient poussez par le travers] C'est ce que signifie ἐπικάρσιαι, *oblique, de costé,* lorsque les vaisseaux ne vont pas droit par la proüe, mais qu'ils sont poussez par le costé.

Page 89. *Nous les baissasmes & les pliasmes pour éviter la mort*] Car quoy-que les voiles fussent déchirées, elles ne laissoient pas de donner encore prise au vent.

Nous gagnasmes une rade où nous fusmes à couvert] Homere ne nomme pas la rade où Ulysse aborda, car comme il ne s'attache pas toujours à l'exacte Geographie, & qu'il imagine une Geographie fabuleuse pour rendre ses contes plus merveilleux, il veut empescher qu'on ne le suive, & qu'on ne découvre par-là les mensonges dont il enveloppe les veritez qu'il a prises pour fondement.

De là je voguay neuf jours entiers abandonné aux vents impetueux, & le dixiéme jour j'aborday à la terre des Lotophages] Il y avoit sur cet endroit une grande dissertation de Polybe, dont Strabon nous rapporte le précis, liv. 1. Ce grand homme soutenoit qu'icy Homere n'avoit pas placé cette terre des Lotophages dans l'ocean Atlantique, comme il y a placé celle de Calypso & celle de Circé, parce qu'il n'estoit pas vraysemblable qu'en si peu de temps, en dix jours, les vents les plus forts eussent poussé Ulysse du cap de Malée dans l'ocean, il faut donc convenir que le Poëte a suivi icy l'exacte Geographie, qu'il n'a point déplacé l'isle des Lotophages, & qu'il l'a laissée où elle est, c'est à dire, dans la mediterranée, car un bon vent peut tres bien porter du cap de Malée à cette isle en dix jours. Et quand Ulysse appelle les vents qui le poussent ὀλοούς, *impetueux, pernicieux*, c'est parce qu'ils l'escartoient de sa route, quoyque d'ailleurs ils le poussassent tout droit. Cela fait voir qu'Homere suit quelquefois la verité sans fiction, & que d'autres fois il adjoute la fiction à la verité.

Et le dixiéme jour j'aborday à la terre des Lotophages] Cette terre des Lotophages est une petite isle qui a trois cents stades de longueur & un peu moins de largeur prés de la petite Syrte sur les costes d'Affrique, dont elle n'est separée que d'environ trois cents cinquante pas. Elle est appellée *Menix*, & par les Arabes *Girba*, nom qui a formé celuy qu'elle conserve aujourd'huy, car on la nomme *Gerbi* ou *Zerbi*. Bochart a découvert que cette isle estoit appellée *Menix* du Phenicien *me-niks*, qui marque des eaux qui se retirent, *aquas defectûs*, parce que le petit bras de mer qui la separe du continent est souvent à sec en esté. Et elle a eû le nom de *Girba*, de l'Arabe *Chirba* qui signifie un *Chameleon*, parce que ce petit animal abonde dans cette isle. *Habet Lepores item multos*, dit M. de Thou, *& Chamæleontes, qui lacertæ magnitudine pares sunt.*

Lotophages] C'est à dire, qui se nourrissent du fruit du Lotos, c'est pourquoy cette isle estoit aussi appellée *Lotophagitis*. Il y a plusieurs especes de Lotos, il y en a une qui est proprement une herbe comme du Sain-foin, qui servoit de pasture aux animaux, c'est de celle-là dont il est parlé dans le XIV. Liv. de l'Iliade & dans le IV. Liv. de l'Odyssée. Il y en a une autre appellée *Lotos Ægyptia*, c'estoit une sorte de Lys, qui selon Herodote naist abondamment dans les eaux du Nil quand il a inondé les terres. *Aprés qu'ils l'ont cüeilli*, dit cet Historien, liv. 2. *Ils le font sécher au soleil, & quand il est sec, ils prennent ce qui est au milieu du Lys & qui ressemble à un pavot, le cuisent & en font du pain.* Cette espece conviendroit assez au passage d'Homere, qui l'appelle le *fruit d'une fleur*. Mais les Anciens prétendent que ce Poëte parle d'une troisiéme espece appellée *Libyca*, dont Polybe, qui l'avoit souvent vûë & examinée, fait cette description selon le rapport d'Athenée qui nous a conservé le passage : *Le Lotos est un petit arbre rude & espineux, qui a la feüille verte comme le buisson, mais un peu plus espaisse & plus large. Son fruit est d'abord semblable en couleur & en grosseur aux baies de Myrte, mais en croissant il devient de couleur de pourpre. Il est de la grosseur de l'olive ronde & a un noyau fort petit. Quand il est mur on le cueille, on le fait broyer avec du bled, & on le conserve dans des pots pour la nourriture des esclaves. Pour les personnes libres, ils en font sans noyau qu'ils gardent de mesme. Cet aliment a le goust de la Figue & des Dates, & une odeur encore plus agréable. En le faisant tremper & broyer dans l'eau, on en tire un vin tres agréable, & qui a le goust du vin meslé avec du miel. On le boit pur, mais il ne se conserve que dix jours, c'est pourquoy on n'en fait qu'à mesure pour le besoin.* On peut voir Pline, liv. 13. ch. 17. C'est cette dernière espece qui parut si agreable aux Compagnons d'Ulysse.

Page 90. *Et je les envoyay avec un heraut*] Il envoye avec eux un heraut pour les rendre plus respectables & inviolables.

Tous ceux qui mangerent de ce fruit] De la maniere dont Homere s'explique icy, il paroist qu'il y eut encore d'autres de ses Compagnons, outre les trois qu'il avoit en-envoyez, qui mangerent de ce fruit. Car en parlant de trois seulement, il n'auroit pas dit, τῶν δ' ὅστις.

Page 91. *Ils se rembarquent tous sans differer*] Ulysse ne dit point combien de temps il sejourna dans cette isle des Lotophages. Il faut pourtant bien qu'il y ait fait quelque sejour, & il n'est pas vraysemblable qu'il en soit parti le jour mesme, car une aprésdinée ne suffisoit pas pour luy faire juger si ses Compagnons avoient perdu l'envie de s'en retourner, & s'ils ne pensoient pas seulement à donner de leurs nouvelles.

Et nous sommes portez par les vents sur les terres des Cyclopes] Voicy encore une Geographie exacte sans meslange de fiction, car de l'isle des Lotophages on peut facilement estre porté dans un jour sur les terres des Cyclopes, qui habitoient la Sicile qui est vis-à-vis. Car les Cyclopes occupoient la partie occidentale de la *Sicile* prés de *Lilybée* & de *Drepane*, & c'est de-là mesme qu'ils ont tiré leur nom, comme Bochart l'a fort bien montré. *Les Cyclopes*, dit-il, *ont esté ainsi nommez du Phenicien* Chek lub, *par contradiction pour* Chek-lclub, *c'est à dire, le golphe de Lilybée, ou le golphe vers Lilybée.* Ainsi les habitants de ces terres furent appellez par les Pheniciens & les Libyens *homines* Chek-lub, c'est à dire, les habitants du golphe de Libye. Et les Grecs, qui ne sçavoient pas cette langue & qui vouloient rapporter à la leur tous les noms, de *Chek-lub* formerent le mot de *Cyclopes*, & donnerent à ce nom une origine Grecque, comme s'ils avoient esté ainsi nommez, parce qu'ils n'avoient, disoient-ils, qu'un œil tout rond au milieu du front.

Gens superbes] Le mot Grec ὑπερφίαλοι peut signifier aussi des *gens d'une taille prodigieuse*. Et c'est dans ce sens qu'Eustathe le prend icy, car ces Cyclopes estoient une espece de Geants. Et c'est de-là sans doute que venoient ces ossements prodigieux qu'on a trouvez de temps en temps dans la Sicile.

Qui ne reconnoissent point de loix] Le mot ἀθέμιστος signifie également celuy qui connoist des loix & qui n'en suit point, & celuy qui n'en a aucune connoissance. Et il est icy dans le dernier sens. Les Cyclopes n'avoient point de loix ; car ils ne vivoient point en police reglée, chacun regnoit chez soy, comme Homere va l'expliquer.

Et qui se confiant en la providence des Dieux] Quoy-que ces Cyclopes soient superbes, sauvages & qu'ils ne reconnoissent point de loix qui reglent leurs mœurs & leur police, Homere ne laisse pas de leur attribuer quelque sentiment de la Divinité; Ils se reposent sur la Providence. Mais peut-estre veut-il faire entendre que c'est plustost par habitude que par sentiment.

Ils ne plantent ni ne sement, mais ils se nourrissent des fruits que la terre produit sans estre cultivée] C'est pour loüer la fertilité de la Sicile. Eustathe compare à cette vie des Cyclopes celle des Anachoretes qui habitent les montagnes & les antres des rochers, qui ne sement ni ne plantent, & qui se nourrissent des fruits que la terre leur fournit d'elle-mesme, ou que la Providence a soin de leur envoyer. Cette comparaison m'a paru plaisante pour un Archevesque.

Ils ne tiennent point d'assemblées pour déliberer sur les affaires publiques, & ne se gouvernent point par des loix generales] Platon establit dans son liv. 3. des Loix, qu'aprés le Déluge il y eut trois formes de vie qui succederent l'une à l'autre. La premiere fut simple & sauvage; les hommes effrayez encore des eaux du Déluge, qu'ils venoient d'éviter, habiterent les sommets des montagnes sans aucune dépendance & chacun regnant dans sa famille. A celle-là succeda la seconde forme, un peu moins sauvage; les hommes commençant à se guerir de la peur, descendirent au pied des montagnes, & commencerent à avoir un plus grand commerce entre eux. De cette seconde vint la troisiéme, plus polie, lorsque la confiance estant pleinement revenuë on commença à habiter la plaine. Les Cyclopes menoient encore du temps d'Ulysse, la premiere vie; comme ils n'avoient jamais eu aucun commerce avec les autres peuples à cause de leur ferocité, leurs mœurs, ni leurs coutumes n'avoient point esté adoucies. Ce que Platon a dit de ces trois sortes de vie se peut justifier par l'Escriture sainte. Aprés le Déluge la vie des premiers hommes fut simple & sauvage; ils s'occupoient à cultiver la terre & à nourrir des troupeaux, & chaque pere de famille regnoit sur sa maison sans aucune subordination des uns aux autres.

Page 92. *Chacun gouverne sa famille, & regne sur sa femme & sur ses enfants*] C'est là la premiere vie que les hommes mené-

SUR L'ODYSSÉE. *Livre IX.* 141

rent après le Déluge, comme je viens de l'expliquer dans la Remarque précedente. Cette vie grossiere & sauvage ne laissa pas de continuer, mesme dans quelques villes Grecques, long-temps après que le commerce eut donné lieu à sa police & aux loix, car Aristote dans le 10. liv. de ses Morales, se plaint que de son temps l'éducation des enfants estoit negligée dans plusieurs villes, & que chacun y vivoit à sa fantaisie, gouvernant sa famille à la maniere des Cyclopes, & regnant sur sa femme & sur ses enfants. Ἐν δὲ ταῖς πλείςαις τῶν πόλεων ἐξημέληται περὶ τῶν τοιούτων, καὶ ζῇ ἕκαςος ὡς βούλεται Κυκλωπικῶς θεμιςεύων παίδων ἠδ' ἀλόχου. Aujourd'huy que nostre police est si reglée, fortifiée par les loix & perfectionnée par la religion, nous ne laisserions pas, si nous voulions, de trouver encore dans des familles quelque reste de cette vie de Cyclopes.

Vis-à-vis à quelque distance du port de l'isle, que ces Cyclopes habitent, on trouve une petite isle] Quand on ne sçauroit pas certainement d'ailleurs que la Sicile estoit le pays des Cyclopes, la position & le voisinage de cette petite isle, dont Homere parle icy, le feroit assez connoistre ; car il est évident qu'il parle de l'isle appellée *Ægusa*, qui signifie l'isle *des chevres*. Elle a des prairies, des fontaines, un port commode,

& son terroir est fort gras. Cluvier, qui l'a visitée, y a observé toutes ces choses, *Prata mollia & irrigua, solum fertile, portum commodum, fontes limpidos*: ce qui fait grand honneur à Homere d'avoir si bien marqué & la situation & la nature du pays. Il ne nomme point l'isle, parce qu'il est vray-semblable que n'estant point encore habitée, elle n'avoit pas encore de nom.

Page 93. *Et que les Cyclopes ses voysins n'ont point de vaisseaux*] C'est ce qui pourroit faire croire que les Cyclopes n'estoient pas venus d'ailleurs, & qu'ils estoient nez dans le pays, car s'ils estoient venus sur des vaisseaux, ils en auroient retenu l'usage, &, comme dit Homere, ils s'en seroient servis pour se rendre maistres d'une isle si bonne, si commode & qui estoit si fort à leur bienseance. Cela n'est pourtant pas concluant. Car ils pouvoient estre arrivez en Sicile sur des vaisseaux estrangers & n'en avoir pas conservé l'usage.

Page 94. *Nous abordasmes à cette isle par une nuit fort obscure, un Dieu sans doute nous conduisant*] Cela est menagé avec beaucoup d'art pour la vraysemblance, car s'il eust fait jour & qu'ils eussent vû à se conduire, ils seroient plustost abordez en Sicile, & par là ils se seroient perdus, & n'auroient jamais pû eschapper des mains des Cyclopes. Au lieu qu'ayant esté portez à cette petite isle, Ulysse s'en servit comme d'un fort, y laissa ses vaisseaux, & n'en retint qu'un sur lequel il passa en Sicile, où il executa tout ce qu'il va nous raconter, & se sauva heureusement. C'est pourquoy il adjoute, *un Dieu sans doute nous conduisant.* Cette remarque est d'Eustathe, & elle m'a paru tres judicieuse.

Page 95. *Les Nymphes, filles de Jupiter, firent lever devant nous*] Le bon air & les pluyes douces font croistre les herbages & les plantes; & les bons herbages & les bonnes plantes nourrissent les animaux. Ces chevres sauvages estoient donc abondantes dans cette isle, à cause de la bonne nourriture qu'elles y trouvoient en abondance, voilà pourquoy il dit, *les Nymphes, filles de Jupiter, firent lever devant nous, &c.* Voilà comme la Poësie fait des Divinitez des vertus & des facultez les plus naturelles. Ἀς νύμφας κόρας Διός, ἀλληγορικῶς δὲ τῶν φυτῶν αὐξητικαὶ δυνάμεις, ἃς ὁ Ζεὺς ποιεῖ, dit fort bien Eustathe.

Dieu nous eut bien-tost envoyé une chasse assez abondante] Homere attribuë la bonne chasse à la benediction de Dieu, & c'est une suite de sa doctrine, car il a reconnu qu'une beste ne sçauroit estre prise par un chasseur si Dieu ne le permet. C'est ainsi que Jacob répondant à son pere, qui s'estonnoit de ce qu'il estoit si-tost revenu de la chasse, & qui luy disoit: *Quomodo tam citò invenire potuisti!* luy dit: *Voluntas Dei fuit ut citò occurreret mihi quod volebam.* C'est la volonté de Dieu qui a fait trouver si promptement devant moy ce que je cherchois. Genes. 27. 20.

Page 96. *Avec un seul de mes vaisseaux je vais reconnoistre moy-mesme quels hommes habitent cette terre*] Il n'envoye plus de ses Compagnons reconnoistre le pays, car il ne se fioit plus à eux, aprés ce qui venoit de luy arriver dans l'isle des Lotophages & dans le pays des Ciconiens, il y va luy-mesme. Tout cela est admirablement bien conduit.

Page 97. *C'estoit-là l'habitation d'un homme d'une taille prodigieuse*] Ce qu'Homere dit icy est fondé sur ce que dans ces siecles là on voyoit des Geants. *Ce siecle-là*, dit Plutarque dans la vie de Thesée, *portoit des hommes d'une taille prodigieuse.* Et cela est confirmé par l'Escriture sainte. Long-temps avant la guerre de Troye ceux que Moïse envoya pour reconnoistre la terre promise, rapporterent que le peuple, qui l'habitoit, estoit de haute stature, & qu'ils y avoient vû des hommes monstrueux de la race des Geants. *Populus quem aspeximus proceræ staturæ est ; ibi vidimus monstra quædam filiorum Enac de genere Giganteo.*

Nombr.

Nombr. 13. 33. 34. Et Dieu luy mesme dit à Moïse en parlant de la terre des fils d'Ammon, *Terra Gigantum reputata est, & in ipsa olim habitaverunt Gigantes, &c.* Deuteron. 2. 2. Og Roy de Basan estoit un de ces Geants. *Solus quippe Og Rex Basan restiterat de stirpe Gigantum; monstratur lectus ejus ferreus qui est in Rabbath filiorum Ammon, novem cubitos habens longitudinis & quatuor latitudinis.* Ibid. 3. 11. Ce lit de neuf coudées de longueur & de quatre de largeur, fait voir quelle estoit la taille de ces Geants. Tel estoit Goliath que David tua ; il avoit six coudées & une paume de haut, sa cuirasse pesoit cinq mille sicles, c'est à dire, prés de cent cinquante livres. Le bois de sa pique estoit comme l'ensuble d'un tisserand, & le fer dont elle estoit armée pesoit six cents sicles, c'est à dire, dix-huit ou dix-neuf livres. Cependant cela n'approche point de la taille qu'Homere donne au Cyclope, qu'il égale à la plus haute montagne. Mais il faut se souvenir que ce Poëte exagere icy sur la taille de ce Geant, parce qu'il parle à des peuples simples & credules, & qui n'aimoient rien tant que ces contes outrez.

Qui paissoit seul ses troupeaux fort loin de tous les autres Cyclopes] Homere a grand soin de nous faire entendre que le Cyclope vivoit éloigné de tous les autres, *son antre estoit dans l'endroit le plus reculé, il paissoit seul ses troupeaux.* Cela ne luy suffit pas, il adjoute, *fort loin de tous les autres.* Ce n'est pas encore assez, il nous dit qu'il *ne se mesloit jamais avec eux*, & il charge cela encore, en adjoutant qu'*il se tenoit toujours à l'escart.* Et pourquoy cela ! pour fonder la vraysemblance de sa fable. Il ne faut pas que nous oublions que le Cyclope est éloigné de tout secours.

Page 98. *Maron, fils d'Evanthes, grand Prestre d'Apollon*] C'est peut-estre de ce Maron que la ville d'Ismare fut appellée *Maronée.*

De ce que touchez de son caractere] C'est ce que signifie ἀζόμενοι. Les gens pieux respectent toujours les ministres de la Religion.

Et une belle coupe d'argent] Le Grec dit, *toute d'argent*, parce qu'il y avoit des coupes d'argent dont les bords estoient d'or.

Il ne la laissoit à la disposition d'aucune de ses esclaves] Voicy un précepte œconomique. Ce qu'on a de plus excellent ne doit estre confié qu'à peu de gens & d'une fidelité connuë. J'ay autrefois connu un homme de qualité qui avoit toujours le plus excelent vin & qui n'en confioit la clef à personne, il l'avoit toujours, & il alloit luy-mesme faire tirer son vin.

SUR L'ODYSSÉE. *Livre IX.* 147

Page 99. *Il mesloit dans la coupe vingt fois autant d'eau que de vin*] Il n'y a point de vin qui puisse porter cette quantité d'eau là. Mais Homere exagere la force de celuy-cy pour préparer ses Lecteurs à l'effet surprenant qu'il va produire sur le Cyclope, qui en sera yvre-mort pour en avoir bû seulement trois coups.

Car j'eus quelque pressentiment que] Les hommes ont quelquefois des pressentiments de ce qui leur doit arriver, & les sages profitent de ces pressentiments & se munissent contre tous les accidents qui les menacent, & qu'ils prévoyent.

Page 100. *Et les plus jeunes*] Pour dire *les plus jeunes*, Homere se sert du mot ἔρσαι, qui signifie *la rosée*. Il appelle donc ἔρσαι les agneaux & les chevreaux *les plus tendres*, c'est à dire, les plus jeunes & qui sont comme la rosée. C'est ainsi qu'Eschyle dans son *Agamemnon* a appellé les petits oyseaux qui viennent d'éclorre, δρόσυς, *de la rosée*. De-là les Grecs ont dit *des chairs de rosée*, pour dire des viandes tendres & délicates. Alciphron a dit, ἧπαρ δρόσῳ προσεοικὸς, *un foye semblable à la rosée*, & comme nous disons, *tendre comme rosée*. C'est une remarque de Casaubon Athen. liv. 9. ch. 8.

Je ne voulus jamais les croire, c'estoit pourtant le meilleur parti] Ulysse ne sait

G ij

pas de difficulté d'avoüer qu'en cette occasion ses Compagnons avoient eu plus de prudence que luy, & par cette sincerité il gagne encore plus de créance sur l'esprit des Pheaciens, & les dispose mieux à croire tous ses contes comme tres veritables.

Page 103. *Nous sommes sujets du Roy Agamemnon, dont la gloire*] Aprés qu'Ulysse a representé ses malheurs pour tascher d'exciter quelque sorte de compassion dans le cœur du Cyclope, il essaye de faire naistre quelque espece de terreur, en luy disant qu'ils sont des sujets du Roy Agamemnon qui vient de ruiner un grand Empire. Par-là il veut luy faire envisager qu'un Prince, qui a destruit un Empire si florissant, pourroit bien venger une injure faite à ses sujets. Mais un monstre qui ne craint pas les Dieux, ne craint guere les hommes.

Ou tu viens de bien loin] C'est à dire, ou tu es bien simple & bien ignorant. Car il faut venir de l'autre monde pour ne pas connoistre les Cyclopes. C'est ainsi que nous disons qu'*un homme est bien de son pays*, ou qu'*il n'est jamais sorti de son pays*, pour dire qu'il est simple & niais.

Page 104. *Si mon cœur de luy-mesme ne se tourne à la pitié*] De luy-mesme, c'est à dire, sans aucune consideration, sans aucun respect ni pour les Dieux dont tu parles, ni pour ton Agamemnon. Ce que le Cyclope adjoute icy fait un bon effet pour le Poëme, car en laissant Ulysse entre la crainte & l'esperance, il y tient aussi son Lecteur.

Il parla ainsi pour me tendre des piéges] C'est icy le sens du mot πειράζων, car il ne signifie pas *pour me tenter*, ni *pour m'éprouver*, mais *pour me tendre des embusches, des pieges*, & je croy qu'Hesychius avoit ce passage en vûë, quand il escrit, πειράζων, ἐνεδρεύων, ληστεύων.

Page 106. *Aussi facilement qu'on ferme un carquois avec son couvercle*] Cette comparaison est tres agreable, elle adoucit le ton horrible de cette narration, & fait voir la force énorme de ce monstre qui n'a pas plus de peine à boucher l'entrée de sa caverne avec cette effroyable masse de rocher qu'un homme en a à fermer son carquois de son couvercle.

Page 107. *Que le Cyclope avoit coupée*] C'est ainsi qu'il y a dans toutes les Editions, τὸ μὲν ἔκταμεν. Mais Eustathe nous avertit que dans les Manuscrits les plus corrects il y a τὸ μὲν ἔσπασε, *que le Cyclope avoit arrachée*. Et c'est à mon avis la leçon qu'il faut retenir. Un Geant de la force du Cyclope ne s'amuse pas à couper un arbre, il l'arrache.

Pour la porter quand elle seroit séche] Car la massuë estoit l'arme ordinaire des Geants, temoin le Geant Periphetes qui fut appellé *Corynetes*, c'est à dire, *porte-massuë*, parce qu'il avoit une massuë d'airain. Thesée le tua, & porta toujours sa massuë. Dans le VII. Liv. de l'Iliade nous avons vû un Areïthoüs appellé aussi *porte-massuë*, parce qu'il avoit une massuë de fer. Par cette arme Homere fait juger de la taille de celuy qui la portoit.

J'en fis aussi-tost durcir la pointe dans le feu] Pour le rendre plus ferme & plus solide en luy donnant une espece de trempe. Cela se pratique encore, car on se sert de bastons bruslez par le bout.

Page 108. *Ensuite je fis tirer tous mes Compagnons au sort*] Pour une entreprise si perilleuse Ulysse ne devoit ni ne pouvoit choisir ceux qu'il auroit voulu ; la prudence & la justice vouloient qu'il en remist le choix au sort, afin qu'aucun ne pust se plaindre ni d'avoir esté preferé, ni de n'avoir pas esté choisi.

Et heureusement le sort tomba sur les quatre que j'aurois moy-mesme choisis] Ulysse fait entendre que les Dieux, qui vouloient le tirer de ce danger, firent tomber le sort sur les quatre qui estoient les plus hardis. Car les hommes tirent au sort, mais c'est Dieu qui regle le sort mesme. *Sortes mit-*

SUR L'ODYSSE'E. Livre IX. 151
tuntur in sinum, sed à Domino temperantur:
Prov. 16. Nous avons vû dans l'Iliade de
quelle maniere estoient ces sorts, c'estoient
des marques, chacun donnoit la sienne.

Je me mis volontairement à leur teste]
Comme la prudence & la justice demandoient qu'Ulysse fist tirer au sort ses Compagnons, l'honneur & la generosité exigeoient qu'il se mist volontairement à leur teste sans tirer au sort. Thesée avoit desja donné l'exemple, quand on eut choisi au sort les sept jeunes garçons & les sept jeunes filles que les Atheniens envoyoient tous les neuf ans à Minos ; Thesée reconnoissant qu'il estoit juste de courir la mesme fortune que ses sujets, s'offrit volontairement luy-mesme sans vouloir tenter la faveur du sort. Cette generosité remplit d'admiration tout le monde, & l'on fut charmé qu'il s'égalast luy-mesme au peuple, & qu'il eust des sentiments, non de Roy, mais de citoyen. *Plutarque dans la vie de Thesée.*

Soit qu'il craignist quelque surprise] C'est ce que signifie icy le mot ὀιασάμενος, *augurant quelque mal.* Ces estrangers qu'il avoit laissez dans son antre, luy faisoient soubçonner qu'il y en avoit d'autres cachez pour le piller.

Ou que Dieu l'ordonnast ainsi] Car tous

les jours il arrive que Dieu fait faire aux méchants des choses pour leur perte & pour le salut des gens de bien. Si Polypheme n'avoit pas fait entrer contre sa coutume les moutons & les boucs dans son antre, jamais Ulysse n'auroit pû se sauver.

Page 109. Cyclope, tenez, beuvez de ce vin] Ce discours d'Ulysse est meslé de remonstrance, de commiseration & de flatterie, comme Eustathe l'a tres bien remarqué.

Je l'ay apporté avec moy pour vous faire des libations comme à un Dieu] Voilà une flatterie bien forte. Ulysse fait semblant de regarder comme un Dieu ce monstre, qui vient de dévorer six de ses Compagnons. Homere veut faire voir par-là à quoy réduit la crainte d'un danger qui paroist inévitable.

Page 110. C'est la mere goute du nectar & de l'ambrosie mesme des Dieux] Ἀπορρώξ est icy ἀπόσταγμα, ἀπόρροια, *ce qui coule sans estre pressé*, c'est ce que nous appellons aujourd'huy la *mere-goute*, ou la *premiere goute*. Ce que ce Cyclope dit icy pourroit paroistre trop poli, si on ne se souvenoit que ce monstre est fils de Neptune, & qu'il estoit vraysemblable qu'il avoit souvent ouï parler du nectar & de l'ambrosie des Dieux. Au reste dans Homere le nectar & l'ambrosie ne sont ja-

SUR L'ODYSSÉE. *Livre IX.* 153
mais confondus : le nectar est dit de la liqueur, & l'ambrosie de la nourriture solide. Mais dans cet endroit il semble que l'un & l'autre soient mis pour la boisson. Homere a peut-estre donné cela à la grossiereté du Cyclope. Les Poëtes qui sont venus aprés Homere ont fait tout le contraire ; ils ont mis le nectar pour la nourriture séche & l'ambrosie pour la liquide. Alexis a escrit,

..... Τὸ νέκταρ ἐσθίω πάνυ
Μάτιαν, διαπίνω τ' ἀμβροσίαν, κὴ τῷ Δὶι
Διακονῶ.

Je mange le nectar & je bois l'ambrosie, j'en verse mesme à Jupiter. Alcman a dit de mesme : τὸ νέκταρ ἔδμεναι. *Les Dieux mangent le nectar.* Et Sapho,

Ἀμβροσίας μὲν κρατὴρ ἐκέκρατο.
L'urne d'ambrosie estoit préparée.

Page 111. *Je m'appelle Personne*] Ce nom est plus heureux en Grec, car afin que le Cyclope ne puisse pas soubçonner la ruse & découvrir que c'est l'adjectif οὔτις composé de la negative οὐ & de τις, il le décline, & dit, *mon pere & ma mere m'ont appellé* οὔτιν, ce qui acheve de tromper le Cyclope, en luy persuadant que c'est un nom propre, car οὖτις nom propre, fait à l'accusatif οὖτιν, au lieu que l'adjectif fait οὔτινα,

G v

Personne sera le dernier que je mangeray] Il y a dans le Grec une grace que l'on ne sçauroit conserver, & qui consiste dans une équivoque que fait l'élision d'une seule lettre,

Οὖτιν' ἐγὼ πύματον ἔδομαι.

οὖτιν' pour οὖτινα par élision. *Je ne mangeray plus personne.* Le Cyclope prophetise sans y penser. On peut voir Eustathe p. 1633.

Voilà le present que je te prépare] C'est ce qui a donné lieu au proverbe, *le present du Cyclope :* & comme nous disons aujourd'huy, *la grace du Cyclope.*

Page 112. *Comme quand un charpentier perce avec un vilebrequin une planche de bois*] On ne sçauroit former une image plus vive ni plus naïve pour representer l'action d'Ulysse & de ses Compagnons qui crevent l'œil du Cyclope, que celle qu'en donne Homere par cette comparaison. On ne lit pas la chose, on la voit.

Page 113. *Le sang rejallit autour du pieu embrasé, la vapeur qui s'éleve de la prunelle, &c.*] Cette description est admirable, & rien n'égale la noblesse & l'harmonie des termes qu'Homere y a employez. Sophocle a bien senti la beauté de ce passage, car il l'a imité dans son Oedipe, lorsqu'il decrit la maniere dont ce Prince se creve les yeux.

Comme lorsqu'un forgeron] Cette comparaison n'eſt ni moins juſte, ni moins vraye que la précedente. Elle met ſi fort l'objet devant les yeux, qu'on ne le verroit pas mieux dans la nature qu'on le voit dans l'image. C'eſt en quoy Homere a excellé. Toutes ſes comparaiſons ſont des images de la nature, mais ſi vrayes, qu'un miroir ne repreſente pas mieux les objects, que ſes comparaiſons repreſentent tout ce qu'elles peignent, & rien ne marque ſi-bien l'eſtenduë & la juſteſſe de l'eſprit.

Page 114. *Pouvons - nous vous délivrer des maux qu'il plaiſt à Jupiter de vous envoyer!*] Cette réponſe des Cyclopes fait voir qu'ils n'eſtoient pas tous ſi impies que Polypheme l'a dit, puiſqu'ils reconnoiſſent que les maladies viennent des Dieux, & qu'il faut leur en demander la guerison. Mais les impies croyent toujours que les autres ſont auſſi impies qu'eux.

Page 115. *Je ne pus m'empeſcher de rire de l'erreur où ce nom ſi heureuſement trouvé les avoit jettez*] Homere nous dit icy deux choſes; la premiere que ce nom équivoque fut heureuſement trouvé & avec beaucoup de ſageſſe & de prudence, & la ſeconde, que c'eſt une invention fort plaiſante. L'Auteur du Parallele, qui avoit un eſprit bien ſuperieur, n'en juge pas de meſme. *Mais voicy quelque chose qui est bien joli*, dit-il, *Polypheme ayant demandé à Ulysse comment il s'appelloit, Ulysse luy dit qu'il s'appelloit Personne, &c.* Et le Chevalier adjoute, *Quand on a douze ans passez, peut-on prendre plaisir à de tels contes?* Pour moy qui ay douze ans passez, j'avouë que ce conte me divertit, & que je le trouve tres heureusement imaginé dans l'occasion presente. Ce Critique n'en sçavoit pas assez pour voir que l'équivoque du mot Grec est mieux fondée & plus naturelle que celle de nostre mot *personne*, qu'on ne peut ajuster sans luy faire violence. Au lieu que le mot οὖτις peut estre fort naturellement un nom propre. On peut voir les Reflexions d'Eustathe sur ce mot.

Page 116. *Il y avoit un belier d'une grandeur & d'une force extraordinaire, je le reservay pour moy*] Ulysse reserve pour luy le plus grand belier, non qu'il eust plus de soin de sa vie que de celle de ses Compagnons, car on voit au contraire qu'il a plus de soin de celle de ses Compagnons que de la sienne, puisqu'il les fait sauver les premiers, mais parce qu'il estoit apparemment plus grand, & que d'ailleurs il n'avoit que le belier seul, car son belier n'estoit point au milieu de deux autres, comme ceux qui portoient les Compagnons.

Page 117. *Les brebis n'estant point trait-*

SUR L'ODYSSÉE. *Livre IX.* 157
es à leur ordinaire, & se trouvant trop chargées de leur lait] Il semble que cette particularité ne fait rien icy, & qu'elle n'y est pas necessaire. Mais il en est de la Poësie comme de la Peinture, l'une & l'autre employent avec succés des circonstances qui ne sont pas proprement ni necessairement du sujet, mais qui en sont les accompagnements, & qui servent à rendre la chose plus vray-semblable & à luy donner un plus grand air de verité.

Le belier sous lequel j'estois, sortit le dernier] Voilà le heros. Ulysse fait sauver ses Compagnons & demeure le dernier. Homere ne manque à rien de tout ce que demandent l'honneur & la generosité la plus heroïque.

Li luy parle en ces termes : Mon cher belier] Il n'y a rien de plus ordinaire, surtout dans la passion, que de parler, non seulement aux bestes, mais aux choses mesme les plus insensibles. Nous en avons des exemples dans l'Iliade & ailleurs. Cependant un Critique moderne en a voulu faire un reproche à Homere, ce Poëte en a esté assez bien justifié.

Page 118. *Un méchant nommé Personne assisté de ses Compagnons aussi scelerats que luy*] Cela est plaisant qu'un monstre comme le Cyclope, qui a devoré six de ses suppliants & de ses hostes, ose appeller quelqu'un méchant & scelerat. Mais voilà la nature bien peinte. Les méchants n'appellent injustice & sceleratesse, que celles qu'ils souffrent, & ils regardent d'un autre œil celles qu'ils font.

Page 119. *Je leur fis signe de cesser ces larmes*] Ulysse dit, *je leur fis signe*, car il n'osoit encore parler, se trouvant trop prés de l'antre, & craignant encore quelque terrible coup de desespoir de ce monstre, & la suite fait bien voir qu'il avoit raison.

Page 120. *Et ces maux vengeurs ne pouvoient pas manquer de t'arriver*] Homere estoit donc persuadé que les crimes attiroient tost ou tard sur ceux qui les commettent, des maux certains & inévitables.

Qu'elle tomba devant nostre vaisseau] Ce vers dans toutes les Editions est suivi de cet autre,

Τυτθὸν ἐδεύσεν δ'οἰήιον ἄκρον ἱκέσθαι.

Il s'en fallut bien peu qu'elle ne tombast sur nostre gouvernail. Et Eustathe avertit que les anciens Critiques avoient marqué ce vers d'une estoile & d'une pointe. D'une estoile pour marquer que le vers est beau & qu'il est d'Homere ; & de la pointe, pour marquer qu'il est déplacé. En effet, il ne convient point icy, car il ne se peut que cette masse qui est tombée devant le vaisfeau, c'est à dire devant la prouë, soit tombée presque sur le gouvernail qui est à la pouppe. Il est inutile de dire, comme quelques anciens Critiques ont fait pour sauver cette contradiction, qu'Ulysse avoit tourné son vaisseau pour parler au Cyclope, car quelle necessité y avoit-il de le tourner? Ne pouvoit-il pas luy parler aussi bien de la pouppe que de la prouë? En un mot, ce vers a esté rapporté icy mal à propos, & repeté sans raison. On l'a tiré de l'endroit qui suit, où Homere parle de la seconde roche que le Cyclope jetta contre Ulysse, c'est-là sa place, comme les premiers Critiques l'ont reconnu.

La chute de cette masse énorme excita un mouvement si violent dans la mer] Quelle force de peinture! & quels peintres pourroient exprimer les images que cette Poësie nous presente?

Page 122. *Il y avoit autrefois icy un celebre devin*] Le Grec adjoute *fort & grand*, pour faire entendre qu'il estoit de la race des Cyclopes, qu'il estoit d'une force & d'une taille prodigieuse comme eux. Puisque les Cyclopes avoient un devin, c'est une marque qu'ils n'estoient pas si barbares.

Et me dit en propres termes, que je serois privé de la vûe par les mains d'Ulysse] Le Poëte a menagé cecy avec bien de l'art, pour faire admirer la sagesse d'Ulysse d'avoir déguisé son nom. Que seroit-il devenu s'il s'estoit nommé ?

Je m'attendois de voir arriver icy quelque homme beau, bien fait, de grande taille] Car quelle apparence y avoit-il qu'un homme ordinaire osast approcher du Cyclope ? Polypheme attendoit un homme beau, bien fait, &c. c'est à dire, un monstre qui n'eust qu'un œil comme luy au milieu du front, &c. car c'estoit la beauté des Cyclopes.

Page 123. *Et aujourd'huy c'est un petit homme, sans force & de mauvaise mine*] Cet homme, que les Pheaciens ont trouvé beau, grand, bien fait & de bonne mine, est traité par le Cyclope d'homme laid, sans force & de méchante mine. Le plus grand homme auprés de ce monstre n'auroit pû passer que pour un nain. Ulysse ne hazarde rien en rapportant aux Pheaciens le mépris que le Cyclope avoit eu pour luy, & il se releve bien en faisant voir combien la prudence est au dessus de la force.

Je t'en prie, Ulysse, approche, que je te fasse les presens d'hospitalité] Le Cyclope n'est pas si insensé de se flatter qu'Ulysse se remettra entre ses mains. Ce sont de ces choses que la rage fait dire, & qui marquent tout le contraire de ce que l'on dit.

Et je n'attends ma guerison d'aucun autre Dieu] Il croit qu'il n'y a aucun Dieu qui le puisse guerir que Neptune, & il le croit parce qu'il est son pere, sans cela il douteroit de son pouvoir comme de celuy de tous les autres Dieux. Ce caractere est bien soutenu.

Comme il est seur que Neptune ne te rendra pas l'œil que tu as perdu] Ce n'est pas qu'Ulysse refuse aux Dieux le pouvoir de rendre la vûë aux aveugles, il est tres persuadé qu'ils peuvent le faire. Mais c'est que Polypheme ayant esté aveuglé par l'ordre des Destinées, & cet aveuglement estant une punition de sa barbarie, les Dieux ne le gueriront jamais.

En levant les mains au ciel] Quoy que Neptune soit le Dieu de la mer, il ne laisse pas d'estre au ciel comme les autres Dieux, & c'est-là que le Cyclope luy adresse ses prieres.

Page 124. *Si je suis veritablement vostre fils, & si vous estes veritablement mon pere*] Cela est specifié avec cette précision, parce qu'on donnoit souvent le nom de pere & celuy de fils à des gens qui ne l'estoient point veritablement.

Ulysse, le destructeur de villes, fils de Laërte, qui habite à Ithaque] Il repete les mesmes titres qu'Ulysse s'est donnez, afin qu'il n'y ait point d'équivoque.

La roche tombe derriere noſtre vaiſſeau] La premiere eſtoit tombée devant le vaiſſeau, parce qu'il n'eſtoit pas encore bien avant dans la mer, mais comme depuis cela il a fait du chemin, celle-cy tombe juſtement derriere.

Page 125. *Il s'en falluſt bien peu qu'elle ne tombaſt*] Voicy l'endroit où ce vers eſt fort bien placé, auſſi dans les anciennes Editions il eſtoit marqué d'une eſtoile.

La chute de cette maſſe énorme fait reculer la mer, & le flot agité pouſſe en avant noſtre vaiſſeau] Comme la premiere roche en tombant devant le vaiſſeau, l'avoit fait reculer vers la Sicile, celle-cy tombant derriere, le doit pouſſer en avant vers l'Iſle d'Æguſa qui eſt vis-à-vis.

Page 126. *Mais fort triſtes de la perte que nous avions faite*] Homere ne manque à aucune bienſéance. Je ſuis charmée de ce ſentiment qu'il donne à Ulyſſe. Combien de gens à qui la joye d'eſtre échappez d'un ſi grand danger, feroit oublier la perte de leurs camarades.

Argument du Livre X.

ULysse arrive dans l'isle d'Eolie où regne Eole Roy & gardien des vents. Eole luy donne le Zephyre pour le conduire heureusement, & luy livre tous les autres vents enfermez & liez dans un outre. Pendant son sommeil, ses Compagnons ouvrent cet outre, pensant que ce fust de l'or. Ces vents déchaisnez repoussent Ulysse sur les costes d'Eole, qui refuse de le recevoir. Ulysse s'éloigne de cette isle & arrive chez les Lestrigons. Il perd là onze de ses vaisseaux; & avec le seul qui luy reste, il part & arrive à l'isle d'Éée, & envoye la moitié de ses Compagnons choisis par le sort avec Euryloque pour reconnoistre le pays & ceux qui l'habitent. Tous ceux qu'il envoye, excepté Euryloque, sont changez en pourceaux par Circé. Ulysse va pour les chercher, Mercure luy donne une plante appellée Moly, *excellent antidote contre les enchantements, qui le garantit de ceux de Circé. Ses Compagnons reprennent leur premiere forme, & Ulysse aprés avoir demeuré un an auprés de Circé, se rembarque par ses ordres pour descendre aux Enfers.*

L'ODYSSÉE
D'HOMERE.

LIVRE X.

» Nous arrivasmes heureuse-
» ment dans l'isle d'Eolie, où
» regnoit Eole fils d'Hippotes & fa-
» vori des Dieux. C'est un isle flot-
» tante, ceinte tout autour d'une
» forte muraille d'airain & bordée
» en dehors de roches escarpées. Ce
» Roy a douze enfants, six garçons
» & six filles. Il a marié les freres
» avec les sœurs, & ces jeunes gens
» passent leur vie auprés de leur pere
» & de leur mere dans des festins con-
» tinuels où ils n'ont rien à desirer
» pour la bonne chere. Pendant le

jour le Palais parfumé de parfums «
délicieux, retentit de cris de joye, «
on y entend un bruit harmonieux, «
& la nuit les maris vont coucher «
prés de leurs femmes sur des tapis «
& sur des lits magnifiques. Nous «
arrivasmes donc dans ce Palais. Le «
Roy me régala pendant un mois, «
& me fit mille questions sur le sie- «
ge de Troye, sur la flotte des Grecs «
& sur leur retour. Je satisfis sa cu- «
riosité & je luy racontay en détail «
toutes nos avantures. Je luy de- «
manday ensuite la permission de «
m'en retourner, & la faveur de «
m'en donner les moyens. Il ne me «
refusa point, & prépara tout ce «
qui m'estoit necessaire pour mon «
voyage. Il me donna un outre fait «
de la peau d'un des plus grands «
bœufs, où il enferma les souffles «
impetueux des vents, car le fils de «
Saturne l'en a fait le dispensateur «
& le garde, ensorte qu'il est le mais- «
tre de les retenir ou de les lascher «

» comme il luy plaiſt. Il lia luy-meſ-
» me cet outre dans mon vaiſſeau
» avec un cordon d'argent, afin qu'il
» n'en eſchapaſt pas la moindre ha-
» leine. Il laiſſa ſeulement en liberté
» le Zephyre, auquel il donna ordre
» de conduire mes vaiſſeaux ; ordre
» qu'il n'executa point, car nous l'en
» empeſchaſmes par noſtre folie, qui
» penſa nous faire tous perir. Nous
» voguaſmes heureuſement pendant
» neuf jours entiers, & le dixiéme
» jour nous découvrions desja noſtre
» chere patrie, & nous voyions les
» feux allumez ſur le rivage pour eſ-
» clairer les vaiſſeaux, mais accablé
» de travaux & de laſſitude, je me
» laiſſay malheureuſement ſurpren-
» dre au ſommeil, car j'avois tou-
» jours tenu le gouvernail, & je n'a-
» vois pas voulu me repoſer de ce
» ſoin ſur d'autres, afin d'arriver
» plus promptement & plus ſeure-
» ment. Pendant que je dormois, mes
» Compagnons ſe mirent à parler en-

semble, dans la pensée que cet ou- «
tre, que j'avois dans mon vaisseau, «
estoit rempli d'or & d'argent qu'- «
Eole m'avoit donné. Ils se dirent «
donc les uns aux autres, Grands «
Dieux, combien Ulysse est cheri «
& honnoré de tous ceux chez qui «
il arrive ! Il emmene de son voyage «
de Troye un riche butin, & nous, «
qui avons esté les compagnons de «
toutes ses courses, & qui avons es- «
suyé les mesmes dangers, nous nous «
en retournons dans nos maisons les «
mains vuides. Voilà encore un sac «
plein d'or, dont luy a fait present «
le Roy Eole pour gage de son ami- «
tié. Allons donc, ouvrons ce sac «
& voyons toutes les grandes riches- «
ses dont il est plein. «

Ainsi parlerent mes Compa- «
gnons, & ce funeste conseil fut «
suivi. Ils ouvrirent le sac ; en mes- «
me temps tous les vents sortirent «
en foule & exciterent une furieuse «
tempeste qui emporta mes vaisseaux «

» & les éloigna de ma chere patrie,
» Reveillé par ce bruit affreux, & par
» les cris & les larmes de mes Com-
» pagnons, je m'abandonnay presque
» au desespoir. Je déliberay en moy-
» mesme si je ne me jetterois point
» dans la mer pour perir dans ses
» gouffres, ou si je supporterois en-
» core ce revers sans me plaindre &
» sans recourir à la mort. Je pris ce
» dernier parti comme le plus digne
» de l'homme, & me couvrant la teste
» de mon manteau, je me couchay
» sur le tillac de mon navire. Toute
» ma flotte est repoussée par la tem-
» peste sur les costes de l'isle d'Eolie
» d'où j'estois parti. Mes Compa-
» gnons ne pouvoient se consoler &
» fondoient en larmes. Nous descen-
» dismes sur le rivage, nous fismes
» de l'eau, & mes Compagnons pré-
» parerent le disner. Aprés un leger
» repas je pris avec moy un heraut
» & un de mes Compagnons, &
» j'allay avec eux au Palais d'Eole,

que

que je trouvay à table avec sa fem- «
me & ses enfants. En entrant dans «
la salle nous nous arrestons à la «
porte & nous nous asseïons sur le «
seüil. Eole & ses fils, estonnez de «
nous revoir, Ulysse, me dirent-ils, «
pourquoy estes-vous revenu? Quel «
Dieu ennemi vous a fait esprouver «
sa colere? nous vous avions donné «
de bonne foy tous les moyens ne- «
cessaires pour vous en retourner «
dans vostre patrie, & pour aller «
par tout où vous auriez voulu. «

Helas! leur répondis-je avec «
toutes les marques d'une verita- «
ble douleur, ce sont mes infidel- «
les Compagnons qui m'ont trahi. «
C'est un moment d'un malheureux «
sommeil qui m'a livré à cette in- «
fortune. Mais ayez la charité, mes «
amis, de remedier encore une fois «
à tous mes malheurs. Les Dieux «
vous en ont donné le pouvoir. «

Je taschois ainsi d'attirer leur «
compassion par la douceur de mes «

Tome II. . H

» paroles. Ils demeurerent tous dans
» le silence. Le Roy le rompt enfin,
» & me regardant avec des yeux d'in-
» dignation : Va, me dit-il, fuy
» promptement de cette isle, le plus
» méchant de tous les mortels. Il ne
» m'est permis, ni de recevoir, ni
» d'assister un homme que les Dieux
» immortels ont déclaré leur ennemi.
» Va, fuy, puisque tu viens dans
» mon Palais chargé de leur haine
» & de leur colere.
» 	Il me renvoya ainsi de son isle
» avec inhumanité, malgré l'estat
» pitoyable où il me voyoit. Nous
» nous éloignasmes donc de cette
» terre fort affligez. Le courage de
» mes Compagnons estoit abbatu de
» la penible navigation à laquelle
» nous nous voyions encore exposez
» par nostre imprudence, car nous
» n'avions plus aucune esperance de
» retour. Cependant nous fismes
» route six jours entiers, & le septié-
» me nous arrivasmes à la hauteur

de la ville de Lamus, de la spa- «
cieuse Lestrigonie qui abonde en «
toutes sortes de troupeaux, car le «
berger qui ramene son troupeau «
de moutons le soir, appelle le pas- «
teur de bœufs, qui entendant sa «
voix, fait sortir aussi-tost ses bœufs «
pour le pasturage. Là un berger, «
qui pourroit se passer de dormir «
la nuit, gagneroit double salaire : «
il meneroit paistre les moutons le «
jour, & la nuit il meneroit les «
bœufs, car ces deux differents pas- «
turages sont fort voysins. Nous «
nous presentasmes pour entrer dans «
le port, qui est fort celebre, mais «
l'entrée n'en est pas facile ; la «
nature l'a environné de roches «
fort hautes, & des deux costez «
le rivage s'avance & fait deux «
pointes qui ne laissent au milieu «
qu'un passage fort estroit. Mes «
Compagnons entrerent dans ce «
port & attacherent leurs vaisseaux «
à terre les uns prés des autres, car «

» la marée eſtoit baſſe & la mer for
» tranquille. Mais moy, je n'y entra
» point, & je tins mon vaiſſeau de-
» hors prés d'une de ces pointes, &
» aprés en avoir attaché le cable à
» un rocher, je montay ſur une émi-
» nence d'où je ne découvris aucuns
» travaux de laboureurs, je vis ſeule-
» ment de la fumée qui s'élevoit &
» qui marquoit que le pays eſtoit ha-
» bité. Auſſi-toſt je choiſis deux de
» mes Compagnons que j'envoyay à
» la découverte, & je leur donnay
» un heraut pour les accompagner.
» Ils prirent le grand chemin par où
» les charrettes portoient à la ville le
» bois des montagnes voyſines. Prés
» de la ville ils rencontrerent une
» jeune fille qui eſtoit ſortie pour al-
» ler puiſer de l'eau à la fontaine
» d'Artacie, & c'eſtoit la fille meſme
» d'Antiphate Roy des Leſtrygons.
» Mes gens s'approcherent & luy
» demanderent qui eſtoit le Roy du
» pays, & quels eſtoient les peuples

qui luy obéïssoient. Elle leur mon- «
tra le Palais de son pere; ils y alle- «
rent & trouverent à l'entrée la fem- «
me du Roy, dont la vûë leur fit «
horreur, car elle estoit aussi gran- «
de qu'une haute montagne. Dés «
qu'elle les vit, elle appella son ma- «
ry Antiphate, qui estoit à la place «
publique, qui leur prépara une «
cruelle mort; car empoignant d'a- «
bord un de mes Compagnons, il «
le mangea pour son disner. Les au- «
tres tascherent de regagner leurs «
vaisseaux par la fuite, mais ce «
monstre se mit à crier & à appeller «
les Lestrygons. Sa voix espouven- «
table fut entenduë de toute la ville. «
Les Lestrigons accourent de par «
tout à milliers sur ce port, sembla- «
bles non à des hommes, mais à des «
Geans, & ils nous accabloient de «
grosses pierres du haut de ces ro- «
ches escarpées. Un bruit confus «
d'hommes mourans & de vaisseaux «
brisez s'éleve de ma flotte. Les «

» Lestrigons enfilant ces malheureux
» comme des poissons, les emportent
» pour en faire bonne chere. Pendant
» qu'on maltraite ainsi mes vaisseaux
» qui sont dans le port, je tire mon
» espée, & coupant le cable qui at-
» tachoit le mien hors du port à la
» pointe d'un rocher, j'ordonnay à
» mes Compagnons de ramer de tou-
» tes leurs forces pour nous dérober
» au danger qui nous menaçoit. Aussi-
» tost la mer blanchit sous l'effort de
» leurs rames, & dans un moment
» mon vaisseau fut hors de la portée
» des roches dont on tafchoit de l'ac-
» cabler. Mais les autres perirent tous
» dans le port fans qu'il en eschapast
» un seul.

» Nous cinglasmes vers la haute
» mer, fort affligez de la perte de nos
» vaisseaux & de la mort de nos Com-
» pagnons, & nous arrivasmes à l'isle
» d'Æœa, qui estoit la demeure de la
» Déesse Circé dont la beauté de la
» voix répondoit à celle de son vi-

« sage. Elle estoit sœur du severe
« Æëtes ; le soleil qui esclaire tous les
« hommes, les avoit eûs tous deux de
« la Nymphe Persa, fille de l'Océan.
« Nous entrasmes dans le port sans
« faire le moindre bruit, conduits
« par quelque Dieu. Nous descendis-
« mes à terre, & nous fusmes-là deux
« jours & deux nuits à nous reposer,
« car nous estions accablez de dou-
« leur & de fatigue.

« Le matin du troisiéme jour dés
« que l'aurore eut doré les sommets
« des montagnes, je pris mon espée
« & ma pique, & j'avançay dans la
« campagne pour voir si je n'enten-
« drois pas quelque voix, ou si je ne
« trouverois point quelques terres
« labourées. Je montay sur un tertre
« élevé, & jettant ma vûë de tous
« costez, j'apperceûs au loin de la
« fumée qui sortoit du Palais de Cir-
« cé, du milieu des bocages & des fo-
« rests qui l'environnent. Aussi-tost
« ma premiere resolution fut d'aller

H iiij

» moy-mesme m'informer ; mais a-
» prés y avoir bien pensé, je trouvay
» qu'il estoit plus à propos de retour-
» ner à mon vaisseau, de faire re-
» paistre mes Compagnons, & de les
» envoyer prendre langue. J'estois
» desja prés de mon vaisseau lorsque
» quelqu'un des Dieux immortels
» eut pitié de me voir dénué de tout
» secours, & envoya sur mon che-
» min un grand cerf qui sortoit de la
» forest pour aller se desalterer dans
» le fleuve, car l'ardeur du soleil avoit
» irrité sa soif. Comme il passoit de-
» vant moy, je le frappay au milieu
» du dos & le perçay de part en part
» d'un coup de pique. Il tombe mort
» sur la poussiere en poussant un
» grand cri. Je courus aussi-tost sur
» luy, & luy mettant le pied sur la
» gorge, j'arrachay ma pique de son
» corps, je la posay à terre, & j'allay
» prendre quelques branches d'ozier
» dont je fis une corde d'environ
» quatre coudées avec laquelle j'atta-

« chay ensemble les quatre pieds de
« ce monstrueux animal & le char-
« geay sur mon cou, ma teste passée
« entre ses jambes; je le portay ainsi
« dans mon vaisseau, m'appuyant sur
« ma pique, car il n'estoit pas possi-
« ble de le porter sur mon espaule
« d'une seule main, il estoit trop
« grand & trop fort. En arrivant je
« jettay mon fardeau à terre, & j'ex-
« citay mes Compagnons en leur
« adressant ces paroles, qui ne leur
« furent pas desagréables : Mes amis,
« quelque douleur qui nous presse
« nous n'irons pas visiter ensemble le
« sombre Royaume de Pluton avant
« le jour marqué par la Destinée.
« Levez-vous, faisons bonne chere,
« puisque nous avons une assez bon-
« ne provision, & chassons la faim
« qui nous livroit desja une cruelle
« guerre. A ces mots ils reviennent
« de leur abbattement, & se décou-
« vrent la teste qu'ils avoient cou-
« verte de leurs manteaux par des-

» espoir. Ils se levent & regardent
» avec admiration ce cerf, qui estoit
» d'une grandeur énorme ; quand
» ils se furent rassasiez du plaisir de
» le contempler, ils laverent les
» mains & se mirent à préparer le
» souper. Nous passasmes le reste du
» jour à boire & a faire bonne chere,
» & dés que le soleil fut couché &
» que la nuit eut répandu ses tene-
» bres sur les campagnes, nous nous
» couchasmes prés de nostre vaisseau
» sur le rivage mesme. Le lendemain
» au point du jour j'assemblay mes
» Compagnons, & leur dis : Mes
» amis, nous voicy dans une terre
» entierement inconnuë, car nous ne
» sçavons en quelle partie du monde
» nous sommes par rapport au sep-
» tentrion & au midy, au couchant
» & au levant. Voyons donc quel
» conseil nous avons à prendre, s'il
» y en a quelqu'un, & je doute qu'il
» y en ait un bon, car estant monté
» sur une éminence, j'ay reconnu

que nous sommes dans une isle fort «
basse & environnée d'une vaste «
mer ; & j'ay vû sortir de la fumée «
du milieu de ses bocages & de ses «
forests. «

Ces paroles abbattirent entiere- «
ment le courage de mes Compa- «
gnons, à qui les cruautez d'Anti- «
phate & celles du terrible Cyclope «
Polypheme ne manquerent pas de «
revenir dans l'esprit. Ils se mirent «
tous à crier & à verser des torrents «
de larmes. Eh, à quoy servent les «
cris & les larmes dans l'affliction ! «
Mais moy, aprés les avoir tous «
passez en revûë & bien comptez, «
je les partageay en deux bandes ; «
je leur donnay à chacune un chef, «
je me mis à la teste de la premiere, «
& Euryloque commanda la secon- «
de. Je jettay en mesme temps deux «
sorts dans un casque pour voir «
quelle compagnie devoit aller à la «
découverte. Le sort d'Euryloque «
sortit le premier. Il se met aussi-tost «

» & où elle avoit meſlé des drogues
» enchantées pour leur faire oublier
» leur patrie. Dés qu'ils eurent ava-
» lé ce breuvage empoiſonné, elle
» leur donna ſur la teſte un coup de
» ſa verge, & les enferma dans l'eſta-
» ble. Ils avoient la teſte, la voix, les
» ſoyes, enfin tout le corps de verita-
» bles pourceaux, mais leur eſprit
» eſtoit encore entier comme aupa-
» ravant. Ils entrerent dans l'eſtable
» en pleurant. Avant que de les en-
» fermer, la Déeſſe remplit leur auge
» de gland & de gouſſes, dont les
» pourceaux ont accoutumé de ſe
» nourrir. Euryloque retourne prom-
» ptement au vaiſſeau pour nous an-
» noncer la malheureuſe & ſurpre-
» nante avanture de mes Compa-
» gnons. Il eſtoit ſi penetré de dou-
» leur qu'il ne pouvoit parler, quel-
» que envie qu'il euſt de nous l'ap-
» prendre, & ſes yeux eſtoient noyez
» de pleurs. Par l'eſtat où nous le
» voyions, il eſtoit aiſé de juger que

« son affliction estoit extresme. En-
« fin nous le pressasmes tant de par-
« ler, qu'ils nous apprit le malheur
« qui venoit d'arriver. Divin Ulysse,
« me dit-il, nous avons parcouru ces
« bois selon vos ordres. Nous avons
« trouvé dans le fond d'une vallée la
« maison de Circé ; là nous avons
« entendu une voix melodieuse ; c'es-
« toit une femme ou plustost une
« Déesse qui chantoit. Nos Compa-
« gnons ont commencé à l'appeller.
« Elle a quitté promptement son sie-
« ge, elle est venuë ouvrir les portes
« & les a convié d'entrer. Ils sont
« entrez par un excés d'imprudence,
« mais moy, soubçonnant quelque
« embusche, je suis demeuré à la por-
« te. Ils sont tous peris dans le Palais,
« aucun d'eux n'a reparu, quoy-que
« j'aye attendu long-temps pour en
« avoir quelques nouvelles.

« A ces mots je pris mon espée
« & un javelot, & j'ordonnay à Eu-
« ryloque de me conduire par le mes-

» en marche à la teste de ses vingt-
» deux Compagnons. Ils ne purent
» nous quitter sans pleurer amere-
» ment, ni nous, les voir partir sans
» fondre en larmes.
» Dans le fond d'une vallée ils
» trouverent le Palais de Circé qui
» estoit basti de belles pierres de taille
» & environné de bois. On voyoit
» à l'entrée des loups & des lions
» qu'elle avoit aprivoisez par ses fu-
» nestes drogues. Ils ne se jetterent
» point sur mes gens, au contraire
» ils se leverent pour les flatter en
» remuant la queuë. Comme des
» chiens domestiques caressent leur
» maistre qui sort de table, car il leur
» apporte toujours quelque douceur;
» de mesme ces lions & ces loups ca-
» ressoient mes Compagnons, qui ne
» laissoient pas d'estre effrayez de leur
» taille énorme. Ils s'arresterent sur
» la porte de la Déesse, & ils enten-
» dirent qu'elle chantoit d'une voix
» admirable, en travaillant à un ou-

vrage de tapisserie, ouvrage immortel, d'une finesse d'une beauté & d'un esclat qui ne se trouvent qu'aux ouvrages des Déesses. Le brave Polites, qui estoit le plus prudent de la troupe & qui m'estoit le plus cher, prit la parole & dit: Mes amis, j'entends quelque personne, qui en travaillant à quelque ouvrage, chante merveilleusement, c'est une femme, ou plustost une Déesse; ne craignons point de luy parler.

En mesme temps ils se mettent à l'appeller. Elle se leve de son siege, ouvre ses portes esclatantes & les convie d'entrer. Ils entrent par un excés d'imprudence. Euryloque, seul soubçonnant quelque embusche, demeura dehors. La Déesse fait d'abord asseoir ces malheureux sur de beaux sieges, & leur sert un bruvage composé de fromage, de farine & de miel détrempez dans du vin de Pramne,

» & où elle avoit meslé des drogues
» enchantées pour leur faire oublier
» leur patrie. Dés qu'ils eurent ava-
» lé ce breuvage empoisonné, elle
» leur donna sur la teste un coup de
» sa verge, & les enferma dans l'esta-
» ble. Ils avoient la teste, la voix, les
» soyes, enfin tout le corps de verita-
» bles pourceaux, mais leur esprit
» estoit encore entier comme aupa-
» ravant. Ils entrerent dans l'estable
» en pleurant. Avant que de les en-
» fermer, la Déesse remplit leur auge
» de gland & de gousses, dont les
» pourceaux ont accoutumé de se
» nourrir. Euryloque retourne prom-
» ptement au vaisseau pour nous an-
» noncer la malheureuse & surpre-
» nante avanture de mes Compa-
» gnons. Il estoit si penetré de dou-
» leur qu'il ne pouvoit parler, quel-
» que envie qu'il eust de nous l'ap-
» prendre, & ses yeux estoient noyez
» de pleurs. Par l'estat où nous le
» voyions, il estoit aisé de juger que

son affliction estoit extreme. Enfin nous le pressasmes tant de parler, qu'ils nous apprit le malheur
qui venoit d'arriver. Divin Ulysse,
me dit-il, nous avons parcouru ces
bois selon vos ordres. Nous avons
trouvé dans le fond d'une vallée la
maison de Circé ; là nous avons
entendu une voix melodieuse ; c'estoit une femme ou plustost une
Déesse qui chantoit. Nos Compagnons ont commencé à l'appeller.
Elle a quitté promptement son siege, elle est venuë ouvrir les portes
& les a convié d'entrer. Ils sont
entrez par un excés d'imprudence,
mais moy, soubçonnant quelque
embusche, je suis demeuré à la porte. Ils sont tous peris dans le Palais,
aucun d'eux n'a reparu, quoy-que
j'aye attendu long-temps pour en
avoir quelques nouvelles.

A ces mots je pris mon espée
& un javelot, & j'ordonnay à Euryloque de me conduire par le mes-

» me chemin qu'il avoit tenu. Mais
» luy se jettant à mes genoux, & les
» embrassant estroitement, me con-
» juroit avec larmes de renoncer à
» ce dessein. Genereux Ulysse, n'al-
» lez point-là, me disoit-il, je vous
» en prie, & ne m'y menez pas mal-
» gré moy. Laissez-moy plustost icy,
» je sçay que vous n'en reviendrez
» point, & que vous ne ramenerez pas
» un seul de vostre troupe. Fuyons
» sans perdre un moment ; peut-estre
» est-il encore temps de nous déro-
» ber au danger qui nous menace &
» d'éviter ce funeste jour.

» Euryloque, luy dis-je, demeurez
» donc icy à faire bonne chere sur
» vostre vaisseau ; pour moy je suis
» résolu d'aller, car c'est une neces-
» sité indispensable. Je le quitte en
» mesme temps, & je m'éloigne du
» rivage.

» J'avois à peine traversé le bois
» & parcouru une partie de la vallée,
» que, comme j'approchois du Palais

« de Circé, Mercure vint à ma rencontre sous la forme d'un jeune homme qui est à la fleur de sa jeunesse, & m'abordant & me prenant par la main, il me dit, Où allez-vous, malheureux, en parcourant ainsi seul ces costeaux, sans avoir aucune connoissance des lieux où vous estes ? Vos Compagnons sont dans ce Palais de Circé, enfermez comme des pourceaux dans des establcs. Venez-vous pour les délivrer ? je ne croy pas que vous en sortiez jamais ; vous ne ferez qu'augmenter le nombre. Mais j'ay pitié de vous, je veux vous garentir de ce danger : prenez le contrepoison que je vais vous donner ; avec ce remede vous pouvez surement entrer dans ce Palais, il éloignera de vous tous les maux qu'on voudroit vous faire. Je vais vous découvrir les pernicieux desseins de Circé. Dés que vous serez arrivé, elle vous préparera une boisson »

» mixtionnée où elle meslera des dro-
» gues plus dangereuses que les poi-
» sons. Mais ses enchantements se-
» ront inutiles sur vous. Le remede
» que je vous donne est un excellent
» preservatif, & voicy de quelle ma-
» niere vous devez vous conduire.
» Quand elle vous aura frappé de sa
» longue verge, tirez promptement
» l'espée, & jettez vous sur elle com-
» me si vous aviez dessein de la tuer.
» Effrayée de cette audace, elle vous
» offrira sa couche, & gardez-vous
» bien de la refuser, afin qu'elle dé-
» livre vos Compagnons, & qu'elle
» vous donne tous les secours qui
» vous sont necessaires. Mais aupa-
» ravant obligez-la de jurer le plus
» grand serment des Immortels,
» qu'elle ne vous tendra aucune sorte
» de piege, afin que quand elle vous
» tiendra desarmé, elle ne vous ren-
» de pas lasche & effeminé.
»   Ce Dieu ayant parlé ainsi, me
» presente cet antidote, qu'il arracha

de terre & dont il m'enseigna les
vertus, c'estoit une espece de plante
dont la racine estoit noire & la fleur
blanche comme du lait. Les Dieux
l'appellent *Moly*. Il est difficile
aux mortels de l'arracher, mais les
Dieux peuvent toutes choses.

En finissant ces mots, il s'éleve
dans les airs & prit son vol vers
l'Olympe. Je continuay mon chemin vers le Palais de Circé, & en
marchant j'estois agité de differentes pensées. Je m'arrestay à la porte de la Déesse, je l'appellay, elle
entendit ma voix, vint elle-mesme
ouvrir les portes & me pria d'entrer. Je la suivis plongé dans une
profonde tristesse. Elle me mena
dans la salle, & aprés m'avoir fait
asseoir sur un beau siege à marche-pied & tout parsemé de clouds d'argent, elle me presente dans une
coupe d'or cette boisson mixtionnée où elle avoit meslé ses poisons,
qui devoient produire une si cruel-

» le metamorphose. Je pris la coupe
» de ses mains & je bus, mais elle
» n'eust pas l'effet qu'elle en atten-
» doit; elle me donna un coup de sa
» verge, & en me frappant elle dit :
» *Va dans l'estable, va retrouver tes*
» *Compagnons, & estre comme eux.*
» En mesme temps je tire mon espée,
» & je me jette sur elle comme pour
» la tuer. Elle se met à crier, & tom-
» bant à mes genoux, elle me dit, le
» visage couvert de larmes, Qui es-
» tes-vous ! d'où estes-vous ! Je suis
» dans un estonnement inexprima-
» ble de voir qu'apres avoir bu mes
» poisons, vous n'estes point chan-
» gé. Jamais aucun autre mortel n'a
» pû resister à ces drogues, non seu-
» lement aprés en avoir bu, mais
» mesme aprés avoir approché la cou-
» pe de ses levres. Il faut que vous
» ayez un esprit superieur à tous les
» enchantements, ou que vous soyez
» le prudent Ulysse, car Mercure
» m'a toujours dit qu'il viendroit icy

au retour de la guerre de Troye. «
Mais remettez vostre espée dans le «
fourreau, & ne pensons qu'à l'a- «
mour. Donnons-nous des gages «
d'une passion reciproque pour esta- «
blir la confiance qui doit regner «
entre nous. «

Elle me parla ainsi. Mais moy «
sans me laisser surprendre à ces dé- «
monstrations trop suspectes, je luy «
répondis : Circé, comment voulez- «
vous que je réponde à vostre pas- «
sion, vous qui venez de changer si «
indignement mes Compagnons en «
pourceaux, & qui me retenant dans «
vostre Palais, m'offrez insidieuse- «
ment de partager avec moy vostre «
couche, afin que quand je seray «
desarmé, je sois à vostre discretion, «
& que vous triomphiez de moy «
comme d'un homme sans vertu & «
sans force. Non, jamais je ne con- «
sentiray à ce que vous me propo- «
sez, si, comme Déesse que vous «
estes, vous ne me faites le plus «

» grand serment des Immortels que
» vous ne me tendrez aucun autre
» piege.
» Elle ne balança point : elle me
» fit le serment que je demandois. Ce
» serment fait tout du long sans au-
» cune ambiguité, je consentis à ce
» qu'elle demandoit de moy.
» Elle avoit prés d'elle quatre
» Nymphes dignes des vœux de tous
» les mortels ; elles la servoient &
» avoient soin de tout dans son Pa-
» lais. C'estoient des Nymphes des
» fontaines, des bois & des fleuves
» qui portent le tribut de leurs eaux
» dans la mer. L'une couvrit les
» sieges de beaux tapis de pourpre,
» & estendit sur le plancher d'autres
» tapis d'une finesse admirable &
» d'un travail exquis. L'autre dressa
» une table d'argent & mit dessus
» des corbeilles d'or. La troisiéme
» versa le vin dans une urne d'argent
» & prépara les coupes d'or. Et la
» quatriéme apporta de l'eau, alluma

du feu & prépara le bain. Quand « tout fut prest, elle me mit au bain « & versa l'eau chaude sur ma teste « & sur mes espaules, jusqu'à ce « qu'elle euſt diſſipé la laſſitude qui « me restoit de tant de peines & de « travaux que j'avois soufferts. Aprés « qu'elle m'eut baigné & parfumé « d'essences, elle me presenta une tu- « nique d'une extresme beauté & un « manteau magnifique, & me reme- « nant dans la salle, elle me placea « sur un beau siege à marchepied, & « me pressa de manger. Mais je n'es- « tois guere en estat de luy obéïr, « j'avois bien d'autres pensées, car « mon cœur ne me préſageoit que « des maux. «

Quand la Déesse s'apperceut « que je ne mangeois point & que « je m'abandonnois à la tristesse, « elle s'approcha de moy & me dit, « Ulysse, pourquoy vous tenez- « vous-là sans manger & sans dire « une seule parole, rongeant vostre «

» cœur ! Craignez-vous quelque
» nouvelle embufche ! Cette crainte
» m'eft trop injurieufe ; ne vous ay-je
» pas fait le plus grand & le plus in-
» violable de tous les ferments !

» Grande Déeffe, luy répondis-je,
» eft-il quelqu'un qui en ma place,
» pour peu qu'il euft de bonté &
» d'humanité, puft avoir le courage
» de manger & de boire avant que
» fes Compagnons fuffent délivrez
» & avant que de les voir luy-mefme
» de fes propres yeux. Si c'eft par un
» fentiment d'amitié que vous me
» preffez de prendre de la nourritu-
» re , délivrez donc mes Compa-
» gnons, que j'aye la confolation de
» les voir.

» A ces mots elle fort, tenant à fa
» main fa verge enchantereffe. Elle
» ouvre la porte de l'eftable, fait for-
» tir mes Compagnons, qui avoient
» la figure de pourceaux, & les ame-
» na dans la falle. Là elle paffe &
» repaffe autour d'eux & les frote

d'une

d'une autre drogue. Auſſi-toſt on «
voit tomber toutes les ſoyes qu'a- «
voit produites la boiſſon empoi- «
ſonnée dont elle les avoit régalez. «
Ils reprennent leur premiere for- «
me, & paroiſſent plus jeunes, plus «
beaux & plus grands qu'aupara- «
vant. Ils me reconnoiſſent à l'inſ- «
tant & accourent m'embraſſer avec «
des ſoupirs & des larmes de joye. «
Tout le Palais en retentit; la Déeſ- «
ſe elle-meſme en fut touchée, & «
s'approchant de moy, elle me dit, «
Divin fils de Laërte, Ulyſſe ſi fe- «
cond en reſſources & en expedients, «
allez promptement à voſtre vaiſ- «
ſeau, retirez-le à ſec ſur le rivage, «
mettez dans les grottes voyſines «
tout voſtre butin, vos armes & les «
agrés, & en revenant amenez-moy «
tous vos autres Compagnons. J'o- «
béïs ſans perdre temps. Arrivé ſur «
le rivage je trouve mes Compa- «
gnons plongez dans une douleur «
tres vive & fondant en pleurs. «

» Comme de tendres genisses qui voyant le soir revenir leurs meres du pasturage, bondissent autour d'elles, & sans que les parcs qui les renferment puissent les retenir, elles accourent au devant & font retentir de leurs meuglements toute la plaine; de mesme mes Compagnons me voyant, accourent & s'empressent autour de moy & m'environnent avec de grands cris & les yeux baignez de larmes. Ils témoignent la mesme joye que s'ils revoyoient leur chere Ithaque, qui les a nourris & élevez. Je n'entends de tous costez que ces paroles, Divin Ulysse, nous avons autant de joye de vostre retour, que si nous nous voyions de retour dans nostre patrie. Mais contez-nous la mort déplorable de nos Compagnons.

» Je taschay de leur redonner courage & de mettre fin à leur douleur, Mes amis, leur dis-je, mettons

promptement noftre vaiffeau à fec, «
retirons noftre butin, nos armes & «
nos agrés dans les grottes voyfines, «
& préparez-vous à me fuivre pour «
voir vos Compagnons dans le Pa- «
lais de Circé merveilleufement bien «
traitez & faifant tres bonne chere; «
ils ont en abondance tout ce qu'on «
fçauroit defirer. «

Ravis de cette bonne nouvelle, «
ils exccutent mes ordres fans ba- «
lancer, & fe difpofent à me fuivre. «
Le feul Euryloque tafchoit de les «
retenir, & leur adreffant la parole, «
il leur difoit, Ah, malheureux, où «
allons-nous! pourquoy courez- «
vous à voftre perte? Quoy! aller «
dans le Palais de Circé, qui nous «
changera tous en pourceaux, en «
loups, en lions, pour nous obliger «
à garder fes portes! Avez-vous «
oublié les cruautez que le Cyclope «
a exercées fur nos Compagnons «
qui fuivirent Ulyffe dans fa caver- «
-ne! leur perte ne doit eftre impu- «

» tée qu'à l'imprudence du chef.

» Je fus si irrité de cette insolen-
» ce, que j'allois tirer mon espée pour
» luy abattre la teste, malgré l'al-
» liance qui l'avoit uni à ma maison,
» si mes Compagnons ne se fussent
» tous mis au devant, & ne m'eussent
» retenu par leurs prieres. Ulysse,
» me dirent-ils, consentez qu'il de-
» meure icy pour garder le vaisseau,
» & menez-nous sans perdre temps
» au Palais de la Déesse.

» Je m'éloigne en mesme temps
» du rivage. Euryloque ne demeura
» point dans le vaisseau, il nous sui-
» vit, car il craignit les terribles re-
» proches que je luy aurois faits.

» Pendant que j'estois allé cher-
» cher mes Compagnons, Circé eut
» grand soin de ceux que j'avois lais-
» sez dans son Palais. Elle les fit bai-
» gner & parfumer d'essences, elle
» leur donna des tuniques & des
» manteaux magnifiques, & en arri-
» vant nous les trouvasmes à table.

« Je ne sçaurois vous peindre l'entrevûë de mes Compagnons. Ils s'embrassent, ils se racontent leurs avantures, & leurs recits sont entrecoupez de sanglots, de larmes & de gemissements qui font retentir tout le Palais. La Déesse s'approche de moy, & me dit : Genereux Ulysse, faites cesser toutes ces larmes & tous ces sanglots. Je sçay tous les maux que vous avez soufferts sur mer, & toutes les cruautez que des hommes inhumains & intraitables ont exercées contre vous sur la terre. Mais presentement ne pensez qu'à vous réjoüir & à faire bonne chere, jusqu'à ce que vos forces & vostre courage soient restablis, & que vous vous trouviez dans le mesme estat où vous estiez quand vous partites d'Ithaque. Le souvenir de toutes vos miseres ne sert qu'à vous abattre encore & à vous affoiblir, & il vous empesche de gouster les

» plaisirs & la joye qui se presentent.
» Ce sage conseil nous persuada.
» Nous fusmes-là une année entiere
» à faire grande chere & à nous ré-
» joüir. Aprés que les quatre saisons
» revoluës eurent consommé l'année,
» mes Compagnons me firent leur
» remontrance, & me dirent, Sage
» Ulysse, il est temps que vous vous
» souveniez de vostre patrie, si les
» Destinées ont résolu de vous y re-
» mener heureusement.
» Je profitay de cet avis. Nous
» passasmes encore tout ce jour-là à
» table. Mais aprés que le soleil fut
» couché & que la nuit eut couvert
» la terre de tenebres, mes Compa-
» gnons se retirerent dans leurs ap-
» partements pour se coucher. Et
» moy me voyant seul prés de Circé,
» je me jette à ses genoux; elle me
» donne une audiance favorable, &
» je luy dis : Grande Déesse, aprés
» les bons traitements que j'ay reçûs
» de vous, la derniere faveur que je

vous demande c'est de me tenir la «
promesse que vous m'avez faite de «
me renvoyer chez moy ; je ne «
soupire qu'aprés ma chere patrie, «
non plus que mes Compagnons, «
qui m'affligent continuellement & «
me percent le cœur par leurs plain- «
tes dés que je ne suis plus prés de «
vous. «

La Déesse me répondit : Ulysse, «
il n'est pas juste que vous demeu- «
riez plus long-temps dans mon Pa- «
lais malgré vous. Mais avant que «
de retourner dans vostre patrie, «
vous avez un autre voyage à faire : «
il faut que vous descendiez dans le «
sombre Royaume de Pluton & de «
la redoutable Proserpine, pour y «
consulter l'ame de Tiresias le The- «
bain. C'est un devin qui est privé «
des yeux du corps, mais en re- «
vanche il a les yeux de l'esprit si «
penetrants, qu'il lit dans l'avenir «
le plus sombre. Proserpine luy a «
accordé ce grand privilege de con- «

» ſerver dans la mort ſon entende-
» ment ; les autres morts ne ſont au-
» prés de luy que des ombres & de
» vains phantoſmes.
» Ces paroles jetterent le deſeſ-
» poir dans mon cœur. Je tombay
» ſur ſon lit que je baignay de mes
» larmes. Je ne voulois plus vivre ni
» voir la lumiere du ſoleil. Aprés
» que j'eus bien pleuré, & que je me
» fus bien tourmenté, je luy dis :
» Circé, qui eſt-ce qui me conduira
» dans un voyage ſi difficile ? Il n'y
» a jamais eu de route ouverte aux
» vaiſſeaux pour arriver dans les En-
» fers.
» Fils de Laërte, me répondit-elle,
» ne vous mettez pas en peine de con-
» ducteur. Dreſſez ſeulement voſtre
» maſt, déployez vos voiles & de-
» meurez en repos ; les ſeuls ſouffles
» de Borée vous conduiront. Et
» quand vous aurez traverſé l'Océan,
» vous trouverez une plage commo-
» de & les bois de Proſerpine tout

pleins d'arbres steriles, comme de « peupliers & de saules. Abordez à « cette plage de l'Océan, & allez de-« là dans le tenebreux Palais de Plu-« ton, à l'endroit où l'Acheron re-« çoit dans son lit le Puriphlegeton « & le Cocyte, qui est un escoulement « des eaux du Styx; avancez jusqu'à « la roche où est le confluant de ces « deux fleuves dont la chute fait un « grand bruit. Là creusez une fosse « d'une coudée en quarré. Versez « dans cette fosse pour tous les morts « trois sortes d'effusions; la premiere, « de lait & de miel; la seconde, de « vin pur, & la troisiéme, d'eau, où « vous aurez détrempé de la farine. « En faisant les effusions, adressez « vos prieres à toutes ces ombres, & « promettez-leur que dés que vous « serez de retour dans vostre Palais, « vous leur immolerez la plus belle « genisse de vos pasturages, qui aura « toujours esté sterile; que vous leur « éleverez un bucher où vous jette- «

» rez toutes sortes de richesses, & que
» vous sacrificrez en particulier à Ti-
» resias seul un belier tout noir & qui
» sera la fleur de vostre troupeau.
» Aprés que vous aurez achevé vos
» prieres, immolez un belier noir &
» une brebis noire, en leur tournant
» la teste vers l'Erebe, & en détour-
» nant vos regards du costé de l'O-
» céan. Les Ames d'une infinité de
» deffunts se rendront en cet endroit.
» Alors pressez vos Compagnons de
» prendre ces victimes que vous au-
» rez égorgées, de les dépoüiller, de
» les brusler & d'adresser leurs vœux
» aux Dieux infernaux, au puissant
» Pluton & à la severe Proserpine.
» Et vous, l'espée à la main, tenez-
» vous là, escartez les ombres & em-
» peschez qu'elles n'approchent de
» ce sang avant que vous ayez enten-
» du la voix de Tiresias. Ce devin ne
» manquera pas de se rendre bientost
» prés de vous, il vous enseignera
» le chemin que vous devez tenir, &

la maniere dont vous devez vous «
conduire pour retourner heureu- «
fement chez vous. «

Elle me parla ainfi. En mefme «
temps l'aurore parut fur fon trofne «
d'or. La Déeffe m'habilla elle-mef- «
me & me donna des habits magni- «
fiques. Elle eut foin auffi de fe pa- «
rer ; elle prit un grand manteau de «
toile d'argent d'une fineffe admi- «
rable & d'un travail exquis , mit «
une belle ceinture d'or & couvrit «
fa tefte d'un voile fait par les Gra- «
ces. «

Je ne fus pas pluftoft habillé , «
que j'allay par tout le Palais éveil- «
ler mes Compagnons pour les pref- «
fer de partir. Mes amis , leur di- «
fois-je, ne goutez pas plus long- «
temps les douceurs du fommeil, «
partons fans differer, la Déeffe nous «
en donne la permiffion. Ils receu- «
rent cette bonne nouvelle avec «
joye & fe préparerent au départ. «
Cependant je ne fus pas affez heu- «

» reux pour les ramener tous. Il y
» avoit parmi eux un jeune homme
» nommé Elpenor, qui n'estoit ni
» d'une valeur distinguée à la guerre,
» ni homme de beaucoup de sens, &
» qui ayant pris trop de vin la veille,
» estoit monté au haut de la maison
» pour chercher le frais & s'estoit
» endormi. Le matin reveillé en sur-
» saut par le bruit & par le tumulte
» que faisoient ses Compagnons, qui
» se préparoient au départ, il se leva,
» & comme il estoit encore à demi
» endormi, au lieu de prendre le
» chemin de l'escalier, il marcha tout
» droit devant luy, tomba du toit en
» bas & se rompit le cou ; son ame
» alla avant nous dans les Enfers.
» Quand tous mes gens furent assem-
» bez, je leur dis : Vous pensez peut-
» estre partir pour retourner dans
» vostre chere patrie, mais Circé m'a
» déclaré que nous avions auparavant
» un autre voyage à faire, & qu'il
» faut que nous descendions dans le

sombre demeure de Pluton & de «
Proserpine pour consulter l'ombre «
du devin Tiresias. «

Ces paroles les penetrerent d'u- «
ne douleur si vive, qu'ils se mirent «
à crier & à s'arracher les cheveux. «
Mais ils avoient beau pleurer & «
gemir, le mal estoit sans remede. «
Quand nous fusmes sur le rivage, «
& sur le point de nous embarquer, «
tous fondant en larmes, la Déesse «
vint attacher à nostre vaisseau deux «
moutons noirs, un masle & une «
femelle, & disparut sans estre ap- «
perceüe, car qui est-ce qui peut «
voir un Dieu, lorsqu'il veut se ca- «
cher & se dérober aux yeux des «
hommes! «

REMARQUES
SUR
L'ODYSSE'E D'HOMERE.

LIVRE X.

Page 164. *Nous arrivasmes heureusement à l'isle d'Eolie*] Entre la Sicile & l'Italie, un peu au couchant du destroit, il y a sept isles qu'on appelle *Eoliennes* & *Vulcaniennes*. Homere ne parle que d'une qu'il appelle *Eolie*, quoy-qu'il n'y en ait point qui porte ce nom. Mais il la nomme ainsi, apparemment du nom de son Roy Eole. C'est sans doute l'isle de *Lipara*. Car tout ce qu'Homere dit icy d'Eolie convient à Lipara, comme nous le verrons dans la suite. De l'isle d'Ægusa, Ulysse pouvoit arriver facilement le jour mesme à l'isle d'Eolie, ou Lipara, qui est au dessus en tirant vers le promontoire de Pelore. Au reste Homere continuë toujours de dépaïser les lieux où Ulysse aborde, & quoy-qu'ils soient tous veritablement dans les mers d'Italie, il les transporte dans l'Ocean. Mais cela n'empesche pas qu'on ne voye toujours qu'il tire de l'Histoire le fond de ses fictions, l'Histoire est le canevas de ses fables, & il le trace & le remplit comme il luy plaist. C'est pourquoy Polybe rejettoit avec raison le bon mot d'Eratosthene, qui disoit assez plaisamment, *qu'on trouveroit tous les lieux où Ulysse avoit esté porté, quand on auroit trouvé celuy qui avoit cousu le sac où tous les vents estoient enfermez.* Et il vouloit qu'on ne prist nullement pour fables ce qu'il dit d'Eole & des erreurs d'Ulysse, soutenant que le fond en est vray, mais qu'il y a mesié les fictions de la Poësie, & c'est-là le sentiment de Strabon, qui dit qu'en se remettant devant les yeux l'histoire ancienne, il faut examiner sur ce pied ce que disent ceux qui soutiennent qu'Ulysse a esté porté dans les mers d'Italie & de Sicile, comme Homere le dit, & ceux qui le nient ; car ces deux opinions ont chacune leur bon & leur mauvais, & l'on peut avoir raison & se tromper des deux costez. On a raison si on croit qu'Homere, bien persuadé qu'Ulysse avoit esté porté dans tous ces lieux, a pris pour le fond de sa fable ce sujet tres vray, mais qu'il l'a traité en Poëte, c'est à dire, qu'il y a adjouté la fiction. Car on trouve des vestiges qu'Ulysse a rodé non seulement sur les costes d'Italie, mais jusqu'en Espagne. Et on se trompe si on prend pour une histoire circonstanciée tout le tissu de la fiction, comme son Océan, ses Enfers, ses Bœufs du Soleil, ses receptions chez des Déesses, ses Metamorphoses, ce qui est dit des Cyclopes & des Lestrigons, la figure horrible de Scylla, les distances des lieux & autres choses semblables, qui sont des contes prodigieux qu'Homere a manifestement inventez; & celuy qui soutiendroit tous ces points comme autant de veritez historiques, ne meriteroit pas plus d'estre refuté que celuy qui asseureroit qu'Ulysse est veritablement arrivé à Ithaque, comme Homere le raconte; qu'il a tué les Poursuivants, & que les peuples d'Ithaque l'ont poursuivi & attaqué dans sa maison de campagne. L'une & l'autre opinion sont ridicules; il faut tenir le milieu & démesler le fond historique d'avec les ornements de la fiction. Nous allons voir qu'Homere estoit encore mieux instruit de la verité, que Polybe & Strabon ne l'ont crû.

C'est une isle flotante] Le mot πλωτή peut signifier icy *qui est dans un lieu accessible & connu*, mais Aristarque l'a expliqué *flotante*, & il prétend qu'Homere luy a donné cette épithete, ou à cause des frequents tremblements de terre qui la remüent de sa place, ou par quelque autre raison. Car on débite que cette isle paroist tantost à droite, tantost à gauche. Il y a de l'apparence qu'Homere a feint cela de cette isle, sur ce qu'il avoit oüi dire qu'il y avoit des isles flotantes comme Delos & comme l'isle d'Echemis prés de l'Egypte. Comment ce Poëte n'auroit-il pas pû feindre cela d'une isle, puisqu'on a feint mesmes des villes ambulantes, comme une certaine ville de Bacchus dans la Libye, qu'on ne trouvoit jamais deux fois dans un mesme endroit.

Ceinte tout autour d'une forte muraille d'airain] Ces quatre mots montrent la profonde connoissance qu'Homere avoit des lieux dont il parle. Il feint que cette isle avoit des murailles d'airain, parce qu'elle estoit pleine de feux sousterrains qui de temps en temps sortoient de ses entrailles. Aristote en parlant de Lipara, qui est la plus considerable de ces isles Eoliennes, dit *que la nuit on voit l'isle de Lipara esclairée par des feux*, & Strabon y reconnoist des soupiraux de feu. C'est pourquoy on a placé dans les carrieres de cette isle les forges de Vulcain & des Cyclopes, & c'est de-là mesme qu'elle a tiré son nom; car, comme Bochart l'a fait voir, elle a esté ainsi nommée du Phenicien *nibaras* ou *nibras*, qui signifie *un flambeau, une torche allumée*, & la raison est que cette isle esclairoit la nuit comme un flambeau. Voilà ce qui me persuade que l'isle d'Eole est la mesme que Lipara. Et ce qui suit m'a encore confirmée dans ce sentiment; aussi Virgile a-t-il dit: *Æoliam Li-*

paren. Æneïd. liv. 8.

Ce Roy a douze enfants, six garçons & six filles] Je suis persuadée qu'il y a dans Homere des fictions qui n'ont point de sens caché, & qui ne renferment que ce que la lettre presente. Mais je croy aussi qu'il y en a d'autres qui cachent quelque mystere, mais la difficulté est de le développer. On recherche icy le sens de cette allegorie d'Eole, qui a douze enfants. Eustathe dit qu'Eole est l'année qui a douze enfants, qui sont les douze mois, &c. mais cette idée ne me paroist pas fort juste. Je croirois plus naturel de dire que le Poete ayant feint un Eole Roy des vents, par la raison que j'expliqueray plus bas, il luy a donné douze enfants, & ces enfants ce sont les douze vents principaux, qui sont toujours dans ces antres dans des festins continuels, parce que les feux & les exhalaisons les entretiennent continuellement, & leur servent comme de nourriture. Les freres se marient avec les sœurs, parce que les vents se meslent, &c.

Page 165. *Pendant le jour le Palais, parfumé de parfums délicieux, retentit de cris de joye, on y entend un bruit harmonieux*] J'ay desja rapporté quelques raisons qui m'ont fait croire qu'icy l'isle d'Eolie est l'isle de *Lipara* : en voicy une nouvelle qui m'a confirmée dans ce sentiment & qui me paroit décisive. C'est ce qu'Homere dit, que le Palais d'Eole *retentit tout le jour de cris de joye, &c.* Ce Poëte n'ignoroit pas ce qu'on disoit des merveilles de cette isle. *Dans une des sept isles d'Eole, appellée* Lipara, dit Aristote dans le livre des *Merveilles, on raconte qu'il y a un tombeau dont on dit des choses prodigieuses, &c. on assure qu'on y entend un bruit de tambours & de cymbales avec des cris esclatants, &c.* Il est aisé de voir que cela est fondé sur le bruit que faisoit ce feu enfermé dans les cavernes de cette isle, & par là Homere fait allusion à l'ancien nom de l'isle qui estoit appellée *Meligounis,* avant que d'avoir le nom de *Lipara,* comme Callimaque nous l'apprend dans l'Hymne à Diane: *Elle alla chercher les Cyclopes, & elle les trouva dans l'isle de Lipara (c'est le nom qu'elle a presentement, mais alors elle estoit appellée* Meligounis*)* *ils travailloient à un gros bloc de fer rouge dont ils estoient pressez de faire un abreuvoir pour les chevaux de Neptune.* Or, comme Bochart l'a fait voir, c'est ce bruit qui luy fit donner ce nom, car elle fut appellée *Meligounis,* du mot Phenicien *Melogmin* ou *Menaggenin,* qui signifie *l'isle de ceux qui joüent des instruments.* Tout ce qu'Homere dit donc icy n'est pas absolument de son invention, il est fondé sur les Traditions anciennes, dont il estoit parfaitement instruit.

Je satisfis sa curiosité] Homere fait bien voir icy qu'il avoit beaucoup de matiere pour amuser son Lecteur, mais il ne s'attache qu'à ce qui regarde Ulysse.

Il me donna un outre fait de la peau d'un des plus grands bœufs, où il enferma les souffles impetueux des vents, car le fils de Saturne l'en a fait le dispensateur] Ni Polybe ni Strabon ne veulent qu'on prenne pour fable tout ce qui est dit icy d'Eole, mais ils veulent qu'on soit persuadé qu'Homere a pris un fait historique qu'il a embelli par une ingenieuse fiction. Le fait historique est que le Roy de ces isles estoit un homme d'esprit tres sage & tres avisé, qui par la longue experience qu'il avoit faite, connoissoit les vents qui devoient regner, & il en jugeoit par le cours de la fumée qui sortoit de son isle, ou mesme par le bruit que faisoient les feux & les vents dans ses cavernes sousterraines. On peut voir Strabon, liv. 6. Servius rapporte de Varron: *Varro autem dicit hunc insularum Regem fuisse, ex quarum nebulis & fumo Vulcaniæ insulæ prædicens futura flabra ventorum, ab imperitis visus est ventos sua potestate retinere.* Mais ce que ces Historiens n'ont pas sceu, & que Bochart a découvert, c'est que le nom d'*Eole*, Homere l'avoit appris des Pheniciens, qui disoient *aol* pour *tourbillon, tempeste, orage*, d'où les Grecs ont fait le mot ἀελλά, tempeſte. Ces Pheniciens voyant le Prince de ces iſles ſi habile à prédire les vents l'appellerent le *Roy Aolin*, c'eſt à dire, le *Roy des vents & des tempeſtes*, & de-là Homere a formé le nom propre de ce Roy & l'a appellé *Eole*. Voilà le vray; ce qu'Homere adjoute de cet outre, &c. c'eſt la fable pour repaiſtre les Pheaciens avides de contes & de contes prodigieux. Ces contes ont donné lieu dans la ſuite à des peuples du Nord de débiter qu'ils vendoient les vents.

Page 166. *Il laiſſa ſeulement en liberté le Zephyre*] C'eſt le vent du couchant, & c'eſtoit le ſeul bon vent pour aller de l'iſle de Lipara à Ithaque.

Nous voguaſmes heureuſement pendant neuf jours entiers] Voicy encore la fable. De l'iſle de Lipara on pouvoit arriver en tres peu de temps à Ithaque, mais pour embellir ſon conte & faire croire que ces iſles Eoliennes eſtoient fort loin dans l'Océan, il dit qu'il vogua heureuſement pendant neuf jours.

Et nous voyions les feux allumez ſur le rivage] Il parle icy des feux que les habitants d'Ithaque tenoient allumez nuit & jour, pour marquer aux vaiſſeaux le lieu le plus ſeur pour la deſcente. Sans cela comme l'iſle eſtoit toute environnée de rochers, tous les vaiſſeaux auroient eſté expoſez à ſe briſer contre le rivage.

Page 167. *Dans la pensée que cet outre que j'avois dans mon vaisseau estoit rempli d'or & d'argent*] Rien ne ressemble moins à un outre plein d'or qu'un outre rempli de vent. Mais le cordon d'argent qui lioit cet outre, les trompa, & l'avarice ne raisonne point, elle a plustost agi que pensé. D'ailleurs Eole luy-mesme avoit attaché cet outre au vaisseau, de maniere qu'ils ne pouvoient le soupeser sans le deslier. Voilà pour la Fable. Mais comme le but d'Homere est de donner dans toutes ses fictions des préceptes utiles, il est bon de développer celuy qui est enfermé dans cet outre de vents que les Compagnons d'Ulysse deslierent par leur folie, car l'allegorie physique, que j'ay expliquée, n'empesche pas qu'il n'y ait une allegorie morale. Les vents donc enfermez dans cet outre marquent, comme l'a fort bien remarqué l'Auteur du Poëme Epique, les mysteres du gouvernement que les Princes tiennent secrets. Ce cordon d'argent qui les lie, c'est l'autorité respectable & legitime qui les scelle, & qui deffend de les sonder. Les tempestes qu'ils excitent quand on les a follement déliez, ce sont les malheurs qui arrivent à ceux qui sottement veulent les penetrer & y prendre part; car, comme Salomon l'a dit dans ses Proverbes, 25. 27. *Sicut qui mel multum comedit, non est ei bonum, sic qui scrutator est majestatis, opprime-*

tur à gloria. Comme celuy qui mange trop de miel en est incomodé, de mesme celuy qui veut sonder la majesté, est opprimé par sa gloire. Les sages sujets laissent les vents enfermez dans leur outre, & se servent de celuy que le Prince a voulu lascher, & qui est le seul qui leur soit propre.

Page 168. *Je déliberay en moy-mesme si je ne me jetterois point dans la mer*] Il ne faut pas inferer de ce passage qu'Homere a crû qu'il estoit permis de se tuer soy-mesme pour éviter un plus grand malheur. On voit bien qu'Ulysse parle icy de ce que luy inspiroit le desespoir, qui combattoit contre la raison, & que la raison demeura victorieuse. En effet, la raison veut que l'homme n'attente jamais sur luy-mesme, & elle dit qu'il n'y a pas une marque plus certaine de petitesse de courage que de se laisser vaincre au desespoir. On peut voir ce que j'ay dit sur cela dans la Préface.

Et me couvrant la teste de mon manteau] C'estoit la coutume dans tous les grands malheurs, on se couvroit la teste de son manteau comme pour dire qu'on n'attendoit plus aucun secours des hommes, & qu'on n'attendoit plus rien que de Dieu.

Page 169. *Nous nous arrestons à la porte & nous nous asseyons sur le seüil*] Comme des suppliants & des pauvres, qui par respect n'osent entrer & s'approcher.

Page 170. Va, me dit-il, fuy promptement de cette isle, le plus méchant de tous les mortels] Eole fait ce jugement d'Ulysse, parce qu'ayant en sa disposition tous les vents, les Dieux luy avoient rendu ce present, non seulement inutile, mais funeste. Ces barbares jugeoient ordinairement des hommes par les biens ou par les maux qui leur arrivoient. C'est ainsi qu'à Malte une vipere s'estant attachée à la main de saint Paul, les barbares se mirent à dire entre eux, *Cet homme est sans doute quelque meurtrier, puisqu'après qu'il s'est sauvé de la mer, la justice divine le poursuit encore & ne veut pas le laisser vivre. Act. 28. 3.*

Il ne m'est pas permis de recevoir ni d'assister un homme que les Dieux immortels ont déclaré leur ennemi] On peut demander icy comment Ulysse ose dire des raisons si fortes devant le Roy des Pheaciens; ne doit-il pas craindre que l'exemple d'Eole ne jette quelque scrupule dans l'esprit de ce Prince, & ne l'oblige à luy refuser le secours dont il a besoin? Non il n'a plus cela à craindre; la colere des Dieux est satisfaite par tout ce qu'il a souffert; & puisqu'il est eschappé seul & qu'il est abordé chez les Pheaciens, c'est

une

une marque seure que les Dieux sont appaisez, & qu'on peut le secourir sans leur déplaire.

Cependant nous fismes route six jours entiers, & le septiéme nous arrivasmes à la hauteur de la ville de Lamus, de la spacieuse Lestrygonie] Il ne falloit pas sept jours pour arriver de l'isle d'Eole à la ville de Lamus, qui estoit l'ancienne *Formies*, sur la coste de la Campanie, mais Homere continuë dans sa Geographie fabuleuse, & il augmente l'éloignement pour rendre ses avantures plus merveilleuses & plus terribles. Tous les Historiens conviennent que la ville de Lamus est Formies, & que Formies estoit l'ancienne habitation des Lestrygons. Ciceron à Atticus liv. 2. epist. 13. *Si verò in hanc* τηλέπυλον *veneris* Λαιϛρυγονίων, *Formias dico.* Plin liv. 3. chap. 5. *Oppidum Formiæ, Hormiæ ante dictum, ut existimavere, antiqua Læstrygonum sedes.* Mais comment peut-on placer sur les costes de la Campanie les Lestrygons, qu'on sçait avoir esté voysins des Cyclopes & avoir habité la Sicile prés des Leontins ! C'est ce qu'il faut expliquer en peu de mots. Il est certain que les Lestrygons dans leur premiere origine ont habité la Sicile sur le fleuve Terias. Plin liv. 3. chap. 8. *Flumina, Symæthus, Terias, intus Læstrygonii campi, oppidum Leontini.* Cela est si vray, que le nom de

Lestrygon & celuy de *Leontin* ne font que le mefme nom ; car, comme Bochart l'a démontré, *Læstrygon* eft un nom Phenicien, *Lais tircam*, *Lion qui devore*, & ce nom a efté rendu en Latin par celuy de *Leontin* qui fignifie la mefme chofe, & qui marque les mœurs feroces & leonines de ces peuples barbares. Il y a donc de l'apparence que comme les Pheaciens avoient quitté la Sicile pour aller à Corcyre, les Leftrygons, ou une partie des Leftrygons, la quitterent de mefme & allerent s'eftablir fur les coftes de la Campanie. On ne peut pas douter que Lamus, qui baftit Formies, ne fuft un Leftrygon, fon nom mefme le témoigne, car *Lamus* fignifie *devorateur*, eftant tiré du Phenicien *Laham* ou *Lahama*, qui fignifie *devorer*. Et de-là mefme a efté tiré le nom de cette fameufe Reyne de Libye appellée *Lamia*, parce qu'elle fendoit le ventre des femmes groffes pour devorer leurs enfants. Horace en parle dans fon Art poëtique.

Page 171. *De la fpacieufe Leftrygonie*] Τηλέπυλος peut fignifier trois chofes, *grande*, *vafte*, ou *fort éloignée*, ou *qui a des portes fort hautes & fort larges*. Le premier fens me paroift le plus naturel & le plus vray.

Qui abonde en toutes fortes de troupeaux, car le berger qui ramene fon troupeau de moutons le soir] Ce passage a paru fort difficile, je ne sçay pas pourquoy, ce n'est pas le défaut d'Homere d'estre obscur. Je croy que la difficulté vient de ce qu'on a voulu y chercher trop de finesse, & que pour en trouver le veritable sens, il ne faut que s'attacher aux termes, car dés que l'on a trouvé ce que les termes presentent naturellement, on peut s'asseurer qu'on a trouvé ce que le Poëte a voulu dire. Nous avons vû que quand il a parlé de la terre des Cyclopes, il a dit qu'il n'y avoit que des moutons & des chevres. Icy pour caracteriser le terroir de Lestrygonie, il fait voir qu'il consistoit en pasturages, & qu'il nourrissoit non seulement des troupeaux de moutons, mais aussi des troupeaux de bœufs. Ces derniers ne se menoient paistre que la nuit à cause des mouches qui sont tres incommodes en ce pays-là; au lieu que les moutons paissoient le jour, parce qu'ils sont garentis par leur laine. Homere descrit cela poëtiquement, & il dit que le berger ramenant son troupeau de moutons le soir, avertit le pasteur de bœufs qu'il est temps de sortir pour les mener au pasturage, & qu'ainsi ce dernier sort quand l'autre rentre. Jusques-là nous ne pouvons pas douter que ce ne soit-là le veritable sens de ce passage. Voyons si la suite sera plus difficile.

Là un berger qui pourroit se passer de

dormir la nuit, gagneroit double salaire] Ce qu'il vient de dire attire naturellement cette réflexion économique ; quand le berger rentre le soir, celuy qui doit mener paistre les bœufs sort & les garde la nuit : ainsi un berger qui pourroit se passer de dormir, gagneroit double salaire. Et pour faire voir que le pays luy donneroit cette commodité, il adjoute, *car les chemins du jour & de la nuit sont voysins.* Il n'y a personne qui ne voye que ce vers est la raison du précedent, comme le fait assez voir la particule *car*, qui marque toujours la raison, la cause. Ce berger pourroit gagner double salaire, car les chemins du jour & de la nuit sont voysins. Homere appelle icy *chemins du jour & de la nuit* les pasturages où l'on menoit les moutons le jour, & ceux où l'on menoit les bœufs la nuit, & il dit qu'ils sont voysins, pour dire qu'ils sont proche, & que par consequent un berger suffiroit pour le jour & pour la nuit. Car si les pasturages du jour & ceux de la nuit estoient éloignez, il ne seroit pas possible que le mesme berger menast le jour les moutons & la nuit les bœufs. Cela est sensible. On a pourtant voulu cherchercher icy un mystere Astronomique & expliquer ce vers *de la brieveté des nuits.* Comme si Homere avoit voulu marquer l'élevation du pole, & par l'élevation, la situation du lieu. *Les chemins du jour & de la nuit font voyſins*, c'eſt à dire, diſent-ils, *la nuit eſt fort courte & le jour fort long.* Crates a eſté le premier Auteur de cette belle explication. Mais c'eſt faire grand tort à Homere de luy imputer une vûë ſi fauſſe & une choſe de ſi mauvais ſens. Qu'eſt-ce que cette brieveté de nuits feroit au berger? en devroit-il eſtre moins de temps aux paſturages? & le jour & la nuit, νυκτήμερον, n'auroit il pas ſes vingt-quatre heures également? Crates a beau dire que les Leſtrygons ſont ſous la queuë du Dragon où il n'y a preſque point de nuit l'eſté, c'eſt pourquoy Aratus a dit,

Μίσγονται δύσιές τε καὶ ἀνατολαὶ ἀλλήλῃσι.

Le couchant & le levant ſe meſlent & ſe confondent. Et Scaliger a beau appliquer à cela le vers de Manille,

Vixque ortus, occaſus erit.

Tout cela ne peut s'accorder ni avec la raiſon ni avec la Geographie. Il ne peut s'accorder avec la Geographie, parce que, comme Bochart l'a remarqué, il eſt faux que la ville de Lamus ſoit ſous la queuë du Dragon, ſi elle y avoit eſté, il auroit fallu à Ulyſſe, non pas ſept jours, mais plus de ſept mois pour aller des iſles Eoliennes à cette ville, & pour revenir de cette ville à l'iſle de Circé, c'eſt à dire, à Circei. Et il ne peut s'accorder avec la raiſon, parce qu'Homere rendroit par-là une raison tres peu sensée, & qui ne seroit nullement une raison, comme je l'ay desja dit. C'est donc une imagination qui n'a nul fondement, & il ne faut pas chercher d'autre sens à ce passage que celuy que je luy ay donné, & qui est le mesme que celuy que Didyme avoit embrassé, αἱ νυκτεριναὶ καὶ ἡμεριναὶ νομαὶ ἐγγύς εἰσι τῆς πόλεως. *Les pasturages du jour & ceux de la nuit sont prés de la ville.*

Pour entrer dans le port qui est fort celebre] C'est le port mesme qui avoit fait donner le nom à la ville ; car, comme Strabon l'a remarqué, la ville de Formies avoit esté appellée *Hormies*, à cause de la commodité de son port. Φορμίαι, ὁρμίαι λεγόμενον πρότερον διὰ τὸ εὔορμον. Liv. 4.

Page 172. *Mais moy je n'y entray point*] Ce qui venoit de luy arriver chez les Cyclopes l'avoit rendu plus prudent. Mais pourquoy souffre-t-il que ses Compagnons y entrent, & que ne se contente-t-il d'envoyer un seul vaisseau ? Apparemment ils estoient entrez avant qu'il eust pû donner un ordre contraire.

D'où je ne découvris aucuns travaux de laboureurs] Il ne vit aucunes terres cultivées, ce n'estoit que des pasturages ; les Lestrygons, non plus que les Cyclopes, ne s'amusoieut pas à labourer & à semer, ils ne faisoient que des nourritures de troupeaux : & c'est pourquoy Bochart a eu raison de croire que leur pays avoit esté appellé le pays des *Auronces* & des *Ausones*, des mots Hebreux *averot* & *vroth*, dont le premier signifie des *parcs de brebis*, & l'autre des *estables à bœufs*.

Et c'estoit la fille du mesme Antiphate Roy des Lestrygons] Comment Ulysse peut-il estre informé de toutes ces particularitez, puisque ceux qu'il avoit envoyez reconnoistre le pays, perirent, que tous les vaisseaux furent escrasez dans le port, & qu'il n'y eut que son vaisseau seul qui se sauva ! On répond que ce fut ou Circé ou Calypso qui l'instruisirent de toute cette avanture, car il paroist qu'elles estoient tres bien informées de tout ce qui luy estoit arrivé.

Page 173. *Elle leur montra le Palais du Roy son pere*] Les Cyclopes n'avoient point de Roy, chacun regnoit dans sa famille, & voicy un Roy qui regne sur les Lestrygons, race des Cyclopes ; & la raison de cette difference est que les Cyclopes n'avoient point changé de demeure, au lieu que les Lestrygons ayant quitté la Sicile pour aller s'establir sur les costes de la Campanie, à *Formies*, ils se firent un Roy & obéïrent à celuy qui les conduisoit.

Page 174. *Les Lestrygons enfilant ces malheureux comme des poissons*] C'est le veritable sens de ce vers, ἰχθῦς δ' ὣς πείροντες. Ulysse ne pouvoit donner une plus grande idée de la taille gigantesque & de la force de ces Lestrygons, qu'en disant qu'avec les instruments dont ils estoient armez, ils enfiloient ses Compagnons, & les ayant enfilez, ils les emportoient sur leurs espaules comme une broche de harangs. Il faut se souvenir qu'Ulysse parle icy aux Pheaciens, c'est à dire, a des gens tres credules & amoureux de fables & de contes les plus remplis du merveilleux le plus incroyable.

Et nous arrivasmes à l'isle d'Æœa, qui estoit la demeure de la Déesse Circé] De la ville de Lamus, qui est Formies, Ulysse arriva le jour mesme à l'isle d'*Æœa*, c'est à dire à *Circeï*, qui est une montagne fort voysine de Formies ; il l'appelle une *isle*, parce que, comme dit Strabon, la mer & les marais, qui l'environnent, en font une presque isle. Là estoit la ville de Circé, & il y avoit un autel consacré a Mercure. Homere luy donne le nom d'*Æœa*, parce qu'il transporte icy tout ce qui est dit d'*Æœa* dans la Colchide, comme je l'expliqueray plus au long sur le commencement du xii. Livre.

Page 175. *Elle estoit sœur du severe*

Æetes] Strabon remarque fort bien qu'Homere connoissant ce qu'on a dit de Colchos, & la navigation de Jason à la ville d'Æa, & de toutes les fables de Medée & de Circé, de leurs enchantements & de la conformité de leurs mœurs, les a fait de la mesme famille, quoy-qu'elles fussent fort éloignées, & que l'une habitast à l'extremité du Pont Euxin, & l'autre sur les costes de l'Italie, & il les a placées l'une & l'autre au milieu de l'Océan. Il sçavoit bien que ceux à qui Ulysse parloit ne découvriroient pas ce mensonge.

Page 176. *Mais aprés avoir bien pensé, je trouvay qu'il estoit plus à propos*] Cela est fort bien menagé pour la vraysemblance de la fable qu'il va débiter, dit Eustathe; l'envoy de ses Compagnons donne lieu au breuvage de Circé & à tous ses sortileges, au lieu que si Ulysse fust allé d'abord, tout cela ne pouvoit plus trouver place.

Page 177. *Et le chargeay sur mon cou, ma teste passée entre ses deux jambes*] C'est ce que signie καταλοφάδια φέρων, *portant sur les deux espaules:* car pour le porter ainsi il falloit que la teste d'Ulysse fust passée entre les jambes de l'animal. Cette maniere de le porter luy laissoit une main libre pour s'appuyer sur sa pique, ce qui le soulageoit & le faisoit marcher plus aisément.

Page 178. *Nous voicy dans une terre entierement inconnuë, car nous ne sçavons en quelle partie du monde nous sommes par rapport au septentrion, &c.*] C'est à mon avis le veritable sens de ce passage, car Ulysse ne veut pas dire qu'il ne sçait pas où est le nord de l'isle, où est le midy, où est le couchant, où est le levant; il luy estoit facile de s'orienter, puisqu'il avoit vû le coucher & le lever du soleil; mais il veut faire entendre que la disposition du ciel est si changée, qu'il est impossible de connoistre à quelle élevation du pole ils sont, & si cette isle est plus ou moins orientale que les terres qu'ils connoissent. Les astres ne sont plus les mesmes, car cette disposition change à mesure qu'on s'approche ou qu'on s'éloigne du pole. Homere parle ainsi pour rendre plus croyable ce déplacement qu'il fait des lieux où Ulysse a abordé, & pour mieux persuader qu'ils sont au milieu de l'Océan. J'ay suivi Strabon, qui escrit, liv. 10. qu'Homere a parlé icy des quatre points du monde, & que ζόφος, *l'obscurité*, est pour le septentrion, & ἠώς, *l'aurore*, pour le midy, ou la plage meridionale, ἡ τῦ ἡλίυ πάροδος, & nous en avons vû desja un exemple. On pourroit croire aussi qu'Ulysse ne parle dans ces trois vers que de deux costez du monde, du couchant & du levant, ζόφος, l'obscurité, pour le *couchant*, & ἠὼς, l'*aurore*, pour le *levant*, & que le reste, *ni où le soleil passe sous la terre, ni où il en sort*, n'est que l'explication de ces deux termes. Et qu'il veut dire simplement qu'il ne sçait à quelle exposition il est par rapport aux autres terres, sur-tout par rapport à Ithaque. En effet, cette ignorance a commencé à paroistre quand il est parti de Formies, car au lieu de prendre à gauche au levant, comme il falloit pour aller à Ithaque, il a pris à droit au couchant & est arrivé à l'isle de Circé, qui est au couchant de Formies. De sorte qu'il a raison de dire qu'il ne sçait plus où il est.

Et je doute qu'il y en ait un bon, car estant monté] Il auroit meilleure esperance si l'isle estoit deserte, mais ayant connu qu'elle estoit habitée, c'est ce qui fait son desespoir, à cause de tout ce qu'il vient d'esprouver des Lestrigons & des Cyclopes.

Page 179. *Eh à quoy servent les cris & les larmes dans l'affliction!*] Le vers Grec veut dire mot à mot, *mais en criant & en pleurant on ne trouve point d'issuë*, de remede à ses affaires. C'est ce qui fonde ce qui suit, *mais moy les ayant tous passez en revuë, &c.* Ulysse ne s'amuse pas à pleurer, il agit, il cherche.

Je jettay en mesme temps deux sorts dans un casque pour voir quelle compagnie devoit aller à la découverte] Les tragiques avantures qui leur estoient arrivées chez les Cyclopes & chez les Lestrygons les avoient tellement effrayez, qu'Ulysse n'estoit pas asseuré d'estre obéi, s'il avoit voulu les envoyer de son autorité. Voilà pourquoy il a recours au sort.

Page 180. *A la teste de ses vingt-deux Compagnons*] Ulysse avoit cinquante hommes sur chacun de ses vaisseaux. Il en avoit perdu six par chaque vaisseau, il en avoit donc encore quarante-quatre sur le sien, vingt deux pour chacune de ces deux bandes.

Et environné de bois] C'est ainsi que j'explique le texte, περισκέπτῳ ἐνὶ χώρῳ, *dans un lieu couvert*, & non pas comme Hesychius, *dans un lieu élevé*. Car comment peut-il estre dans un lieu élevé, & dans une vallée? On peut l'expliquer aussi, *dans un lieu reculé*.

Des loups & des lions qu'elle avoit apprivoisez par ses funestes drogues] Circé est icy l'emblesme de la volupté, & Homere veut faire voir que la volupté dompte les animaux les plus feroces. Peut-estre mesme que par ces lions & ces loups apprivoisez qui gardent la porte du Palais de Circé, le Poëte represente les ministres de ces maisons de débauche qui paroissent doux & polis, & qui dans le fond sont plus feroces & plus dangereux que les lions mesmes. Au reste cet avanture d'Ulysse avec Circé n'est pas une pure fiction, elle a un fondement veritable. Circé estoit une fameuse courtisane qui retint Ulysse chez elle assez long-temps. Ses mœurs corrompuës n'empescherent pas la posterité de luy accorder les honneurs divins. Du temps de Ciceron elle estoit encore adorée par les habitants de Circeï.

Page 181. *Le brave Polites, qui estoit le plus prudent de la troupe*] C'est à dire, le plus prudent de ceux qui estoient commandez, car Euryloque, qui les commandoit, fut plus prudent que luy, puisqu'il n'entra point.

Et leur sert un breuvage composé de fromage de farine & de miel détrempez dans du vin de Pramne] Jusques-là il n'y a rien d'extraordinaire dans ce breuvage. C'estoit la boisson ordinaire que l'on servoit aux personnes de distinction, & sur-tout à ceux qui avoient beaucoup fatigué. Nous avons vû dans l'onziéme Livre de l'Iliade, tom. 2. pag. 206. que la belle Hecamede en servit un pareil à Machaon, qu'on avoit ramené blessé du combat, excepté que le miel n'y estoit pas meslé, mais elle l'avoit servi à part dans un bassin. Circé adjoute à cette boisson des drogues enchantées, & il est aisé d'imaginer ce qu'Homere a entendu par-là.

Page 182. *Elle leur donna sur la teste un coup de sa verge*] Car la verge estoit l'instrument necessaire pour tous les enchantements, & pour toutes les operations miraculeuses, & on ne peut pas douter que les Payens n'ayent tiré toutes ces idées de l'histoire de Moïse.

Enfin tout le corps de veritables pourceaux, mais leur esprit estoit encore entier comme auparavant] C'est à dire, qu'ils estoient vautrez dans l'ordure comme de veritables pourceaux, qu'ils avoient abandonné leur corps à la débauche, mais que leur esprit n'estoit pas absolument changé. Cependant il est certain que l'esprit ne demeure pas entier à ceux qui s'abandonnent au vice.

La Déesse remplit leur auge de gland & de gousses, dont les pourceaux ont accoutumé de se nourrir] Voilà le sort malheureux de ceux qui vivent dans la débauche, leur nourriture n'est plus que la nourriture des pourceaux. Au reste je ne sçay si l'on ne seroit pas bien fondé à croire que c'est ce passage d'Homere, je veux dire cette fiction si ingenieuse, que le vice metamorphose les hommes en bestes brutes, qui a donné lieu à la fameuse Metempsycose ; ou, si cette Metempsycose est plus ancienne qu'Homere, car on prétend qu'avant luy elle avoit esté imaginée par les Egyptiens, je ne sçay si l'on peut s'empescher de croire que c'est de ces peuples qu'Homere l'a tirée. Quoy-qu'il en soit, cette fable favorise tout à fait le sentiment de ceux qui ont soutenu que la Metempsycose n'est qu'une figure, & en mesme temps elle a tout ce qu'il faut pour passer pour une verité simple dans l'esprit des peuples credules & superstitieux.

Page 183. *Nous avons parcouru ces bois selon vos ordres, nous avons trouvé dans le fond d'une vallée la maison de Circé*] Euryloque est si penetré de douleur, qu'il ne parle pas de suite, son discours n'est point continu, il est coupé *per incisa*, comme disent les Rheteurs : & Longin a rapporté ce passage dans le chap. 16. pour montrer que rien ne donne plus de mouvement au discours que d'en oster les liaisons. *En effet*, dit-il, *un discours que rien ne lie & n'embarrasse marche & coule de soy-mesme, & il s'en faut peu qu'il n'aille quelquefois plus viste que la pensée mesme de l'orateur. Ayant approché leurs boucliers les uns des autres, dit Xenophon, ils reculoient, ils combattoient, ils tuoient, ils mouroient ensemble. Il en est de mesme de ces paroles d'Eurylo-*

que à Ulyſſe : nous avons parcouru ces bois ſelon vos ordres ; nous avons trouvé dans le fond d'une vallée la maiſon de Circé, &c. Car ces periodes ainſi coupées, & prononcées néantmoins avec précipitation, ſont les marques d'une vive douleur, qui l'empeſche en meſme temps & le force de parler. C'eſt ainſi qu'Homere ſçait oſter où il faut les liaiſons du diſcours. Euſtathe a bien connu en quoy conſiſte la beauté de ce paſſage : *Les Anciens,* dit-il, *ont loüé le nombre & l'harmonie de ces deux vers, mais il y a une autre beauté, c'eſt le retranchement de liaiſons.* Καλόν δ' ἐν τύποις καὶ ἡ ἀσιωδέτος εἰςβολή.

Page 184. *Mais luy ſe jettant à mes genoux*] Ce caractere d'Euryloque eſt le caractere d'un homme ſage, qui ayant vû ce qui eſtoit arrivé à ſes Compagnons, ſe défie de luy meſme, & croit que le plus ſeur eſt de fuïr le danger ; dans ces occaſions c'eſt eſtre brave que d'eſtre poltron. Mais ce qu'il y a encore de bien remarquable en cet endroit, c'eſt qu'Homere ſe ſert de ce caractere ſagement timide, pour relever celuy d'Ulyſſe qui eſt ſagement audacieux. Car plus Euryloque fait le danger affreux & difficile à éviter, plus on voit eſclater l'intrepidité d'Ulyſſe, qui ſe confiant en ſa ſageſſe & dans le ſecours des Dieux, veut tenter l'avanture pour délivrer ſes Compagnons.

Fuyons sans perdre un moment] C'est ce que doit dire courageusement tout homme que l'idée de la volupté commence à attaquer.

Et d'éviter ce funeste jour] J'ay voulu conserver cette expression qui est précieuse & d'un grand sens. Il n'y a point de jour plus funeste que celuy où l'on succombe à la volupté.

Demeurez donc icy, Euryloque, à faire bonne chere] Cette réponse est pleine d'amertume. Comme Ulysse n'a pas vû ce qu'Euryloque a vû, il croit que c'est par lascheté qu'il refuse de le suivre. Et voilà comme on juge souvent tres mal des actions des hommes, parce qu'on n'en connoist pas les motifs.

Page 185. *Mercure vint à ma rencontre sous la forme d'un jeune homme*] Homere a crû avec raison que sa fiction auroit manqué de vraysemblance, s'il avoit fait qu'Ulysse se tirast de-là par ses seules forces ; & il a voulu enseigner qu'en toutes rencontres, & sur-tout dans celle-cy, les hommes ne peuvent tirer leur force que du secours des Dieux.

Comme des pourceaux] Par ce seul mot *comme* Homere fait voir que cette metamorphose est une allegorie ; les Compagnons d'Ulysse ne sont pas changez effectivement en pourceaux, ils ne sont pourceaux que par la vie qu'ils menent.

Page 186. *Elle vous offrira sa couche, & gardez-vous bien de la refuser*] Voilà un malheureux conseil pour un Dieu. Mais il ne faut pas juger de ces temps-là par les nostres, où l'Evangile a porté par-tout sa lumiere & fait voir la necessité indispensable de la pureté. Dans ces temps-là ces commerces, qui sont aujourd'huy si odieux, estoient non seulement soufferts parmi les Payens, mais encore permis, & mesme loüez. Il n'y avoit que l'adultere qui fust un crime défendu par les loix, & quelquefois puni de mort. Nous avons vû aussi dans le dernier Livre de l'Iliade, que Thetis mesme conseille à son fils de se livrer à l'amour pour se consoler de la mort de Patrocle. On peut voir là ma Remarque, tom. 3. pag. 595. Cette Remarque auroit bien dû empescher l'impertinence d'un malheureux Critique, qui m'a accusée d'avoir introduit le vice dans les maisons, en y introduisant une Traduction Françoise d'Homere. Mais, dira-t-on icy, Ulysse consentant à la passion de Circé ne fait que ce qu'ont fait ses Compagnons. Où est donc la difference, & où est l'utilité du preservatif ? Les Compagnons d'Ulysse se sont livrez à cette volupté pour assouvir leur passion brutale ; ils sont possedez par Circé

& ils croupissent dans cette ordure ; mais Ulysse fortifié par ce preservatif, ne se livre qu'avec quelque sorte de sagesse pour délivrer ses Compagnons & pour obtenir les secours qui luy sont necessaires ; il possede Circé & n'en est point possedé ; il ne boit pas en insensé comme ses Compagnons ; il ne cherche point à assouvir une passion brutale, il a un but qui excuse sa complaisance, & qui, selon ces temps de tenebres, la rend mesme glorieuse pour luy.

Afin que quand elle vous tiendra desarmé, elle ne vous rende pas lasche & effeminé] Aprés qu'il aura quitté ses armes, il faut que la raison & l'instruction luy en servent, & qu'elles l'empeschent de succomber à l'attrait de la volupté.

Ce Dieu m'ayant parlé ainsi, me presente cet antidote qu'il arrache de terre, &c.] Le sens caché sous cette allegorie n'est pas difficile à penetrer, & Eustathe l'a expliqué à merveilles. Mercure est la raison, ou mesme le Dieu des sciences, & la plante qu'il donne pour preservatif & dont la racine est noire & la fleur blanche & douce, c'est l'instruction, la sagesse ; sa racine est noire, parce que les principes de l'instruction sont desagréables & amers, comme Platon dit fort bien en quelque endroit : *Les commencements de l'instruction sont toujours accom-*

pagnez de douleur & de tristesse. Sa fleur est blanche & douce, parce que les fruits de l'instruction sont doux, agréables & nourrissants. Mercure donne cette plante, parce que l'instruction ne peut venir que de Dieu. Mercure ne porte pas avec luy cette plante, mais il la prend dans le lieu mesme où il est, pour marquer que par tout où Dieu se trouve, on peut trouver l'instruction & la sagesse pourvû qu'il veuille nous enseigner, & que nous soyons disposez à l'escouter & à luy obéir.

Page 187. *Les Dieux l'appellent* Moly] On prétend que *Moly* est un mot Egyptien, & qu'il y a une veritable plante qui porte ce nom en Egypte, & qu'elle est bonne contre les enchantements. Pour moy je croy qu'il en est du *Moly* comme du *Nepenthes* dont il a esté parlé sur le quatriéme Livre.

Il est difficile aux mortels de l'arracher] Car l'homme par ses seules forces ne peut parvenir à la sagesse, il faut qu'il la reçoive de Dieu, sans luy tous ses efforts sont inutiles : c'est ce que Platon a fort bien fait voir. *Si Dieu le veut*, dit Socrate à Theages, *vous ferez de grands progrés dans l'estude de la sagesse, mais s'il ne le veut pas, vous travaillerez en vain.*

Page 188. *Je pris la coupe de ses mains*

& je bus] Ulysse boit la coupe, mais il ne la boit pas en fou & en estourdi comme ses Compagnons, il la boit aprés s'estre muni du contrepoison dont il avoit besoin, & qui le met en estat de resister à tous les charmes de son ennemie. C'est ce qu'Horace avoit bien compris, lorsqu'il escrit à Lollius dans sa 11. Epist. du liv. 1.

Sirenum voces & Circæ pocula nosti,
Quæ si cum Sociis, stultus, cupidusque
    bibisset,
Sub domina meretrice fuisset turpis &
    excors,
Vixisset canis immundus, aut amica
    luto sus.

On peut voir les Remarques de M. Dacier.

Page 190. *Ce serment fait tout du long sans aucune ambiguité*] C'est ce que signifie ce vers,

Αὐτὰρ ἐπεί ῥ' ὄμοσεν τε τελεύτησέν τε τὸν ὅρκον.

Mot à mot, *mais aprés qu'elle eut juré & achevé son serment.* Celuy qui exigeoit le serment, le dictoit luy-mesme, & il n'oublioit rien pour le rendre tres précis, tres exprés & sans aucune équivoque. C'est ce que les Latins appelloient *conceptis verbis jurare,* & *jurare in verba alicujus.* Horace, *in verba jurabas mea.*

L'autre dreſſa une table d'argent] Il y a dans le Grec *eſtendit*. Ce qui fait conjecturer que c'eſtoient des tables qui ſe plioient & ſe déplioient comme nous en voyons aujourd'huy.

Page 191. *Elle me placea ſur un beau ſiege à marchepied*] Aprés ce vers il y en a cinq que j'ay retranchez, parce qu'ils ſont d'ailleurs, & répetez mal à propos. Nous avons desja vû une des quatre Nymphes mettre la table, Homere n'a donc garde de faire venir une autre eſclave apporter de l'eau & mettre la table. On voit bien que cela ne peut ſubſiſter, cela oſte meſme une grande beauté à ce paſſage, Homere ne s'amuſe pas icy à rapporter ce qu'on avoit ſervi à ce repas.

Car mon cœur ne me préſageoit que des maux] Voilà la ſageſſe & la prudence d'Ulyſſe, aprés tout ce que Circé fait pour luy plaire & pour le bien traiter, aprés le ſerment qu'elle luy a fait, il eſt encore triſte, & ſon cœur ne luy préſage que des maux, un homme ſage ne ſe croit jamais en ſeureté dans une maiſon comme celle de Circé. Et d'ailleurs ce preſſentiment, qui cauſoit ſa triſteſſe, n'eſtoit que trop fondé; car le commerce qu'Ulyſſe eut avec cette courtiſane fut tres malheureux pour luy, puiſqu'il en eut un fils nommé Telegonus, qui le tua ſans le connoiſtre.

Page 193. *Et paroissent plus jeunes, plus beaux & plus grands qu'auparavant*] Homere marque bien icy le changement admirable qui se fait dans ceux qui quittent le vice pour embrasser la vertu. La joye de se voir délivrez des maux qui accompagnent toujours les vicieux, & en possession des biens que la vertu prodigue à ceux qui la suivent, les rajeunit & les fait paroistre tout autres. Cette Remarque est tirée d'Eustathe, & elle m'a paru digne de luy.

Page 194. *Comme de tendres genisses*] Cette comparaison tirée de ce qu'il y a de plus doux dans la vie rustique, fait icy un tres bon effet, & fait passer agréablement d'un ton triste à un ton plus guay.

Page 195. *Avez-vous oublié les cruautez*] Le Grec dit, *comme a fait le Cyclope*. Et comme le Cyclope n'a rien fait de semblable, les Anciens ont fort bien remarqué qu'Homere fait parler icy Euryloque d'une maniere embarrassée & sans suite, pour mieux marquer le desordre où jette la frayeur. *C'est*, dit fort bien Eustathe, *l'imitation d'un caractere entierement troublé, que de representer Euryloque parlant avec si peu de raison & de suite*. Mais je n'ay pas jugé à propos de laisser ce desordre dans ma Traduction, on me l'auroit attribué, &

d'ailleurs ce desordre ne réussit pas en nostre langue.

Leur perte ne doit estre imputée qu'à l'imprudence du chef] Autant que le premier refus qu'Euryloque a fait de suivre Ulysse a esté sage, autant ce second est insolent & insensé, après le rapport que luy a fait son general du bon estat où il a laissé ses Compagnons. Homere a voulu montrer qu'il y avoit de l'humeur & de l'aigreur dans la sagesse d'Euryloque ; & quand cela est, il n'est guere possible de garder de milieu.

Page 197. *Malgré l'alliance qui l'avoit uni à ma maison*] Car il estoit beaufrere d'Ulysse, ayant espousé sa sœur Ctimené.

Page 199. *Il faut que vous descendiez dans le sombre Royaume de Pluton*] Pourquoy faut-il qu'Ulysse descende dans les Enfers pour aller consulter l'ame de Tiresias ? Circé, qui estoit une Déesse, ne pouvoit-elle pas luy découvrir tout ce qui le regardoit ? Voicy sur cela une remarque d'Eustathe qui me paroist tres sensée. Circé déclare à Ulysse la necessité de ce voyage, afin qu'apprenant de la bouche mesme de Tiresias *que la mort luy doit venir de la mer,* il soit disposé par-là à s'arrester dans son isle à son retour de ce Royaume sombre, & à ne pas s'exposer à la mort dont il se verra menacé;

menacé ; ou s'il ne veut pas demeurer avec elle, qu'il refuse d'adjouter foy aux promesses de Calypso, qui luy promettra l'immortalité. Et elle ne luy découvre pas elle mesme les maux qui l'attendent, parce qu'elle voit bien qu'il ne la croira pas, & qu'il soupçonnera toujours que c'est l'amour qu'elle a pour luy qui la porte à luy prophetiser ces malheurs pour le retenir. Et cela est assez vraysemblable. Car qu'est-ce que l'amour & la jalousie ne peuvent pas inspirer ? Dans le Livre suivant je tascheray de développer sur quoy est fondée cette fiction de la descente d'Ulysse aux Enfers pour consulter l'ame du prophete. Cette fiction fait icy un tres bel effet, en donnant à Homere une occasion tres naturelle d'embellir son Poëme de beaucoup de fables & d'histoires tres capables d'instruire & d'amuser ses Lecteurs.

Mais en revanche il a les yeux de l'esprit si penetrants] Nous avons vû dans le XXIII. Liv. de l'Iliade, tom. 3. pag. 292. qu'Achille sur ce que l'Ame de Patrocle luy apparoist, s'escrie : *Grands Dieux, il est donc vray que les Ames subsistent encore dans les Enfers aprés la mort, mais elles ne sont plus que l'image des corps qu'elles ont animez, & elles sont séparées de leur entendement.* Et la Remarque que j'ay faite sur ce passage, doit servir à esclaircir ce qu'Homere dit icy de l'Ame de Tiresias,

..... Τῷ τε φρένες ἔμπεδοί εἰσι.

Elle conserve son esprit, son entendement entier. Selon la doctrine des Egyptiens, qu'Homere suit, l'Ame est composée d'un corps subtil & lumineux, & de ce qu'on appelle *l'entendement, l'esprit.* Le corps subtil est la partie materielle de l'Ame, & l'entendement ou l'esprit, φρένες, est la partie spirituelle. Aprés la mort, c'est-à-dire, aprés la séparation du corps terrestre & de l'Ame, il se fait une autre séparation des deux parties de cette Ame. Le corps subtil, qui est *l'idole,* l'image du corps terrestre, s'en va dans les Enfers, & l'entendement, l'esprit qui est la partie spirituelle, va dans le ciel. On voit par-là que les Ames de tous les hommes dans les Enfers sont séparées de leur entendement, de leur esprit, c'est à dire, de la partie spirituelle, comme Achille le dit fort bien. Mais l'Ame de Tiresias a eu ce privilege, qu'elle n'a point souffert cette séparation, elle a conservé son entendement, son esprit, & voilà pourquoy elle a tant d'avantage sur les autres Ames, qui ne sont auprés d'elle que de veritables ombres, de vains phantosmes, c'est à dire, des idoles, des images du corps terrestre & mortel.

Et quand vous aurez traversé l'Océan,

vous trouverez une plage commode] De l'iſle de Circé, ou de Circeï, Ulyſſe arrive le meſme jour au lieu où Homere a placé la deſcente des Enfers, & l'endroit par où l'on évoquoit les Ames des morts, c'eſt pourquoy il eſt aiſé de voir qu'il parle d'un lieu qui eſt entre Bayes & Cumes prés du lac Averne; car, comme dit fort bien Strabon, *les Anciens ont placé la Necromantie d'Homere prés de l'Averne.* La deſcription qu'Homere en fait convient avec les Relations des Geographes. C'eſt-là qu'on a placé l'Acheron, le Puriphlegeton, le Cocyte, le Styx. On peut voir Strabon, liv. 5. Mais comme Homere a tranſporté l'iſle de Circé dans l'Océan, il ne faut pas s'eſtonner qu'il continuë cette Geographie fabuleuſe.

Page 201. *La plus belle geniſſe de vos paſturages, & qui aura toujours eſté ſterile*] Car il ne falloit offrir aux morts aucun animal fecond:

... *Sterilemque tibi, Proſerpina vaccam.* Virgile.

Un buſcher où vous jetterez toutes ſortes de richeſſes] Non ſeulement du miel, des fleurs, mais de riches eſtoffes, des armes, comme c'eſtoit la coutume.

Page 204. *Il y avoit parmi eux un jeune homme nommé Elpenor, qui n'eſtoit ni d'une valeur distinguée à la guerre, &c.*] Ces fortes de particularitez ne sont pas inutiles, elles donnent à la narration un air de verité, comme si c'estoit une histoire, car les Historiens caracterisent souvent ainsi ceux dont ils parlent.

Tomba du toit en bas & il se rompit le cou] On alloit sur les toits des maisons, ils estoient tous en terrasse.

Page 205. *Et à s'arracher les cheveux*] C'est la coutume de beaucoup de Nations, & sur-tout des Orientaux, dans les douleurs vives de s'arracher les cheveux. Nous avons vû dans le X. Liv. de l'Iliade, qu'Agamemnon s'arrachoit les cheveux. C'est ainsi qu'Esdras dit : *Cumque audissem sermonem istum, scidi pallium meum & tunicam, & evelli capillos capitis mei & barbæ, & sedi mœrens.* 1. Esd. 9. 13.

Deux moutons noirs, un masle & une femelle] Car ils estoient necessaires, puisqu'il en falloit verser le sang pour les Ames.

Argument du Livre XI.

ULyſſe raconte aux Pheaciens le voyage qu'il fit aux Enfers par l'ordre de Circé; les diſcours que luy tint Tireſias, pour luy enſeigner les moyens de ſe ſauver & de ſauver ſes Compagnons; les heros & les heroïnes qu'il y vit; la converſation qu'il eut avec ſa mere, & avec beaucoup de ceux qui avoient eſté avec luy à la guerre de Troye, & les peines que les méchants ſouffrent dans un endroit ſéparé.

L'ODYSSÉE D'HOMERE.

LIVRE XI.

» QUAND nous fusmes donc
» arrivez à nostre navire, nous
» le mettons à l'eau, nous dreffons
» le maft, nous déployons les voiles,
» & aprés avoir embarqué les victi-
» mes, dont nous avions besoin, nous
» quittafmes le rivage, accablez de
» tristeffe & baignez de pleurs. La
» Déeffe nous envoya un vent favo-
» rable qui enfla nos voiles, & qui,
» secondé par l'effort de nos rameurs
» & par l'adreffe de noftre pilote,
» nous faifoit voguer heureufement.
» Nous courufmes ainfi tout le jour

jusqu'au coucher du soleil, & lors- «
que la nuit répandit ses tenebres «
sur la terre, nostre vaisseau arriva «
à l'extremité de l'Océan. C'est-là «
qu'habitent les Cimmeriens tou- «
jours couverts de nuages & enve- «
loppez d'une profonde obscurité. «
Le soleil ne les esclaire jamais de «
ses rayons, ni lorsqu'il monte dans «
le ciel & qu'il fait disparoistre les «
astres, ni lorsque se précipitant du «
ciel dans l'onde, il laisse à ces astres «
toute leur clarté ; une éternelle «
nuit estend ses sombres voiles sur «
ces malheureux. Nous mismes-là «
nostre vaisseau à sec, nous débar- «
quasmes nos victimes, & nous «
courusmes le long du rivage, jus- «
qu'à ce que nous eussions trouvé «
l'endroit que Circé nous avoit «
marqué. Dés que nous y fusmes «
arrivez, Perimede & Euryloque se «
saisirent des victimes, & moy ti- «
rant mon espée, je creusay une «
fosse d'une coudée en quarré où «

» nous fîsmes à tous les morts les
» effusions qui nous estoient ordon-
» nées ; la premiere de lait & de miel,
» la seconde de vin pur, & la troi-
» siéme d'eau, où nous avions dé-
» trempé de la farine. J'adressay-là
» mes vœux à ces ombres, & je leur
» promis que dés que je serois à Itha-
» que, je leur immolerois une genisse
» sterile, la plus belle de mes pastu-
» rages, que je ferois consumer à
» leur honneur un buscher rempli
» de toutes sortes de richesses, & que
» je sacrifierois en particulier à Ti-
» resias seul, un belier tout noir qui
» seroit la fleur de mes troupeaux.
»   Aprés que j'eus adressé à ces
» morts mes vœux & mes prieres, je
» pris les victimes & je les égorgeay
» sur la fosse. Le sang coule à gros
» boüillons ; les ombres viennent
» de tous costez du fond de l'Erebe.
» On voit pesle mesle de jeunes fem-
» mes, de jeunes hommes, des vieil-
» lards dessechez par de longs tra-

vaux, de jeunes filles décedées à la «
fleur de leur âge, des guerriers «
couverts de larges blessures, victi- «
mes du Dieu Mars, & dont les «
armes estoient encore teintes de «
sang. Ils se pressent tous autour de «
la fosse avec des cris aigus ; une «
frayeur passe me saisit. Je comman- «
de à mes Compagnons de dépoüil- «
ler les victimes que j'avois égor- «
gées, de les brusler, & d'adresser «
leurs prieres aux Dieux infernaux, «
au puissant Pluton & à la severe «
Proserpine. Et moy l'espée à la «
main j'escarte ces ombres & j'em- «
pesche qu'elles n'approchent du «
sang, avant que j'aye entendu la «
voix de Tiresias. «

La premiere ombre qui se pre- «
senta à moy, ce fut celle d'Elpe- «
nor, qui n'avoit pas encore esté en- «
terré ; nous avions laissé son corps «
dans le Palais de Circé sans luy «
rendre les devoirs de la sepulture, «
parce que nous avions d'autres af- «

L v

» faires & que le temps preſſoit.
» Quand je le vis, il me fit pitié, je
» ne pus retenir mes larmes, & luy
» adreſſant le premier la parole, je
» luy dis : Elpenor, comment eſtes-
» vous venu dans ce tenebreux ſe-
» jour? Quoy-que vous ſoyez à pied
» vous m'avez devancé, moy qui ſuis
» venu ſur mon vaiſſeau, & à qui la
» mer & les vents ont eſte favorables.
» Fils de Laërte, me répondit-il
» en ſoupirant, c'eſt mon mauvais
» genie & le vin que j'ay bû avec
» excés qui m'ont mis dans l'eſtat où
» vous me voyez. J'eſtois couché
» tout au haut du Palais de Circé;
» à mon reveil je ne me ſuis pas ſou-
» venu de deſcendre par l'eſcalier,
» j'ay eſté tout droit devant moy,
» je ſuis tombé du toit en bas, &
» je me ſuis rompu le cou, & main-
» tenant mon ombre eſt deſcenduë
» dans ces triſtes lieux. Je vous con-
» jure donc par tout ce que vous avez
» de plus cher, par voſtre femme,

par voſtre pere, qui vous a élevé «
avec tant de ſoin & de tendreſſe, «
par voſtre fils Telemaque, ce fils «
unique, que vous avez laiſſé encore «
enfant dans voſtre Palais, ſouve- «
nez vous de moy dés que vous ſe- «
rez arrivé à l'iſle de Circé, car je «
ſçay qu'en vous en retournant du «
Palais de Pluton vous aborderez «
encore à cette iſle. N'en partez «
point, je vous prie, ſans m'avoir «
rendu les derniers devoirs, de peur «
que je n'attire ſur voſtre teſte la «
colere des Dieux. Bruſlez mon «
corps ſur un buſcher avec toutes «
mes armes, & élevez-moy un tom- «
beau ſur le bord de la mer, afin que «
ceux qui paſſeront ſur cette rive, «
apprennent mon malheureux ſort. «
N'oubliez pas de mettre ſur mon «
tombeau ma rame pour marquer «
ma profeſſion & le ſervice que je «
vous ay rendu pendant ma vie. «

Je l'aſſeuray que j'executerois «
de point en point tout ce qu'il de- «

» firoit. Pendant que nous nous en-
» tretenions ainsi tristement, j'avois
» toujours l'espée nuë pour escarter
» ces ombres & pour les empescher
» de boire de ce sang, dont elles sont
» fort avides. Tout d'un coup je vis
» arriver l'ombre de ma mere Anti-
» clée, fille du magnanime Autoly-
» cus, que j'avois laissé pleine de vie
» à mon départ pour Troye. Je m'at-
» tendris en la voyant & je fondis
» en larmes. Mais quelque douleur
» que je ressentisse en mon cœur, &
» quelque touché que je fusse de sa
» peine, je ne la laissay pas appro-
» cher de ce sang avant l'arrivée de
» Tiresias. Enfin je vis arriver l'a-
» me de ce devin. Il avoit à la main
» son sceptre ; il me reconnut & me
» parla le premier: Genereux Ulysse,
» me dit-il, pourquoy avez-vous
» quitté la lumiere du soleil pour
» venir voir des morts, & cette triste
» demeure! Vous estes bien malheu-
» reux! Mais éloignez-vous un peu

de cette fosse & détournez cette «
espée, afin que je boive de ce sang «
& que je vous annonce ce que vous «
voulez sçavoir de moy. Je m'éloi- «
gne donc de la fosse & je remets «
mon espée dans le fourreau. L'om- «
bre s'approche, boit de ce sang & «
me prononce ses oracles. «

Ulysse, vous cherchez les mo- «
yens de retourner heureusement «
dans vostre patrie, mais un Dieu «
vous rendra ce retour difficile & «
laborieux ; car je ne pense pas que «
Neptune renonce au ressentiment «
qu'il a conceu contre vous, de ce «
que vous avez privé de la lumiere «
son cher fils Polypheme. Cepen- «
dant malgré toute sa colere, vous «
ne laisserez pas d'y arriver aprés «
bien des travaux & des peines, si «
vous pouvez vous retenir & rete- «
nir vos Compagnons lorsque vous «
serez arrivé dans l'isle de Trinacrie, «
& que vous verrez devant vous les «
bœufs & les moutons consacrez au «

» Soleil, qui voit tout & qui entend
» tout. Si vous avez la force de ne
» pas toucher à ses troupeaux dans
» la veuë de menager vostre retour,
» vous pourrez esperer qu'aprés avoir
» beaucoup souffert vous arriverez à
« Ithaque. Mais si vous y touchez,
» je vous prédis que vous perirez,
» vous, vostre vaisseau & vos Com-
» pagnons. Que si par une faveur
» particuliere des Dieux vous eschap-
» pez de ce grand danger, vous ne
» retournerez chez vous de longues
» années & qu'aprés avoir perdu tout
» vostre monde. Vous y arriverez
» seul & sur un navire estranger.
» Vous trouverez dans vostre Palais
» de grands desordres, des Princes in-
» solents qui poursuivent vostre fem-
» me & qui luy font de grands pre-
» sents. Vous punirez leur insolence.
» Mais aprés que vous les aurez mis
» à mort ou par la ruse ou par la
» force, prenez une rame, mettez-
» vous en chemin, & marchez jus-

qu'à ce que vous arriviez chez des «
peuples qui n'ont aucune connoif- «
fance de la mer, qui n'affaifonnent «
point leurs mets de fel, & qui n'ont «
ni vaiffeaux ni rames. Et afin que «
vous ne puiffiez les méconnoiftre, «
je vais vous donner un figne qui «
ne vous trompera point : Quand «
vous rencontrerez fur voftre che- «
min un paffant qui vous dira que «
vous portez un van fur voftre ef- «
paule, alors fans vous enquerir da- «
vantage, plantez à terre voftre ra- «
me, offrez en facrifice à Neptune «
un mouton, un taureau & un ver- «
rat, & retournez dans voftre Palais «
où vous offrirez des hecatombes «
parfaites à tous les Dieux qui ha- «
bitent l'Olympe, fans en oublier «
un feul. Aprés cela, du fein de la «
mer fortira le trait fatal qui vous «
donnera la mort & qui vous fera «
defcendre dans le tombeau à la fin «
d'une vieilleffe exempte de toutes «
fortes d'infirmitez, & vous laifferez «

» vos peuples heureux. Voilà tout
» ce que j'ay à vous prédire.
»   Quand il eut cessé de parler, je
» luy répondis : Tiresias, je veux
» croire que les Dieux ont prononcé
» ces arrests contre moy. Mais expli-
» quez-moy, je vous prie, ce que
» je vais vous demander. Je vois-là
» l'ombre de ma mere, elle se tient
» prés de la fosse dans un profond
» silence sans daigner ni regarder son
» fils ni luy parler, comment pour-
» rois-je faire pour l'obliger à me
» reconnoistre ?
»   Vous me demandez-là une cho-
» se qu'il n'est pas difficile de vous
» esclaircir. Sachez donc qu'il n'y a
» que les ombres ausquelles vous
» permettez d'approcher de cette fos-
» se & d'en boire le sang, qui puissent
» vous reconnoistre & vous prédire
» l'avenir, & que celles à qui vous
» le refuserez s'en retourneront sans
» vous parler.
»   Quand l'ombre de Tiresias m'eût

ainsi parlé & rendu ses oracles, elle se retira dans le Palais de Pluton. Mais moy, je demeuray-là de pied ferme jusqu'à ce que ma mere se sust rapprochée & qu'elle eust bû de ce sang. Dés le moment elle me reconnut, & faisant de grandes lamentations, elle me parla en ces termes : Mon fils, comment estes-vous venu tout en vie dans ce sejour de tenebres ! Il est difficile aux vivants de voir l'empire des Morts, car ils sont séparez par de grands fleuves & par une grande estenduë d'eaux, sur-tout par l'Océan, qu'il n'est pas aisé de traverser. Est-ce qu'à vostre retour de Troye vous avez perdu vostre route, & qu'aprés avoir esté long-temps égaré vous avez esté porté dans ces tristes lieux avec vos Compagnons, & avant que d'estre retourné à Ithaque & d'avoir revû vostre femme & vostre fils ?

Ma mere, repartis je, la necessité

» de consulter l'ombre de Tiresias
» m'a fait entreprendre ce terrible
» voyage. Je n'ay pû encore appro-
» cher de la Grece ni regagner ma
» patrie ; mais accablé de maux, j'er-
» re de plage en plage depuis que j'ay
» suivi Agamemnon pour faire la
» guerre aux Troyens. Mais appre-
» nez-moy, je vous prie, de quelle
» maniere la destinée vous a fait tom-
» ber dans les liens de la mort. Est-
» ce une longue maladie, ou seroit-
» ce Diane qui avec ses douces flé-
» ches auroit terminé vos jours !
» Dites-moy des nouvelles de mon
» pere & de mon fils ; regnent-ils en-
» core dans mes Estats ! ou quelqu'un
» s'en est-il mis en possession, & n'at-
» tend-on plus mon retour ! Appre-
» nez-moy aussi ce que pense ma
» femme & la conduite qu'elle tient.
» Est-elle toujours prés de son fils !
» & a-t-elle soin de sa maison ! ou
» quelqu'un des plus grands Princes
» de la Grece l'a-t-il espousée !

Ma mere me répondit sans ba- «
lancer : Voſtre femme demeure en- «
fermée dans voſtre Palais avec un «
courage & une ſageſſe qu'on ne «
peut aſſez admirer ; elle paſſe les «
jours & les nuits dans les larmes ; «
perſonne ne s'eſt mis en poſſeſſion «
de vos Eſtats ; Telemaque joüit en «
paix de tous vos biens, & va aux «
feſtins publics que les Princes & «
ceux à qui Dieu a confié ſa juſtice «
& ſes loix, doivent honnorer de «
leur preſence, car tout le peuple «
l'invite avec un grand empreſſe- «
ment. Voſtre pere demeure à ſa «
maiſon de campagne & ne va ja- «
mais à la ville. Là ſon lit n'eſt point «
de beaux tapis, de riches eſtoffes, «
de magnifiques couvertures ; mais «
pendant l'hyver il couche à terre «
prés de ſon foyer au milieu de ſes «
domeſtiques, & n'eſt veſtu que de «
méchants habits. Et l'eſté & l'au- «
tomne il couche au milieu de ſa «
vigne ſur un lit de feüilles, tou- «

» jours livré à ses ennuis, qu'entre-
» tient & qu'augmente de plus en
» plus la douleur de vostre absence
» qui le fait encore plus vieillir que
» les années. C'est cette mesme dou-
» leur qui m'a précipitée dans le
» tombeau : ni Diane n'a abregé mes
» jours par ses douces fléches, ni au-
» cune maladie n'est venuë me con-
» sumer par ses langueurs, mais c'est
» le regret de ne vous plus voir, c'est
» la douleur de vous croire exposé
» tous les jours à de nouveaux perils,
» c'est le tendre souvenir de toutes
» vos rares qualitez qui m'ont osté
» la vie.

» A ces mots je voulus embrasser
» cette chere ombre ; trois fois je me
» jettay sur elle, & trois fois elle se
» déroba à mes embrassements, sem-
» blable à une vapeur ou à un songe :
» ce qui redoubla ma douleur. Ma
» mere, m'escriay-je, pourquoy vous
» refusez vous au desir extresme que
» j'ay de vous embrasser ! pourquoy

ne voulez-vous pas que joints tous «
deux par nos tendres embrasse- «
ments, nous meslions ensemble nos «
larmes, & que nous nous rassasions «
de regrets & de deüil! La cruelle «
Proserpine au lieu de cette chere «
ombre ne m'auroit-elle presenté «
qu'un vain phantosme, afin que «
privé de cette consolation, je trou- «
ve dans mes malheurs encore plus «
d'amertume! «

Je luy exprimois ainsi mes re- «
grets. Elle me répondit : Helas, «
mon fils, le plus malheureux de «
tous les hommes, la fille de Jupiter, «
la severe Proserpine, ne vous a «
point trompé, mais telle est la con- «
dition des mortels quand ils sont «
sortis de la vie, leurs nerfs ne sou- «
tiennent plus ni chairs ni os, tout «
ce qui ne compose que le corps «
materiel, est la pasture des flammes «
dés que l'esprit l'a quitté; & l'ame, «
ce corps délié & subtil, s'envole «
de son costé comme un songe. «

» Mais retournez-vous-en prompte-
» ment à la lumiere, & retenez bien
» tout ce que je vous ay appris, afin
» que vous puissiez le redire à vostre
» chere Penelope.

» Pendant que nous nous entre-
» tenions ainsi, je vois arriver les
» femmes & les filles des plus grands
» capitaines, que Proserpine laissoit
» passer. Elles s'assembloient en foule
» autour de la fosse pour boire du
» sang, mais moy qui cherchois les
» moyens de les entretenir chacune
» en particulier, je pris le parti de
» tirer mon espée & de les empescher
» de boire toutes ensemble. Elle ap-
» procherent donc de suite l'une a-
» prés l'autre, & chacune m'appre-
» noit sa naissance. Ainsi j'eus le
» temps de les entretenir toutes & de
» sçavoir leurs avantures.

» La premiere qui se presenta, ce
» fut Tyro, issuë d'un sang tres no-
» ble, car elle me dit qu'elle estoit
» fille du grand Salmonée, & elle

fut femme de Crethée fils d'Eolus. «
Autrefois devenuë amoureuse du «
divin fleuve Enipée, le plus beau «
de tous les fleuves qui arrosent les «
campagnes, elle alloit souvent se «
promener sur ses charmantes rives. «
Neptune prenant la figure de ce «
fleuve, profita de l'erreur de cette «
belle Nymphe à l'embouchure du «
fleuve, dont les eaux s'élevant com- «
me une montagne & se courbant «
comme en voute, environnerent & «
couvrirent ces deux amants. Il eut «
d'elle les dernieres faveurs, aprés «
luy avoir inspiré un doux sommeil «
qui l'empescha de le reconnoistre. «
Aprés que ce Dieu se fut rassasié «
d'amour, il luy prit la main, & «
luy parla en ces termes : Belle «
Nymphe, réjoüissez-vous de l'hon- «
neur que vous venez de recevoir. «
Dés que l'année sera revoluë, vous «
mettrez au monde deux beaux en- «
fants, car la couche des Immortels «
est toujours feconde. Ayez soin de «

» les nourrir & de les élever. Retour-
» nez dans le Palais de vostre pere,
» ne me nommez à personne, & sça-
» chez que je suis Neptune qui ay
» le pouvoir d'esbransler la terre jus-
» qu'à ses fondements. En finissant
» ces mots il se plonge dans la mer.
» Tyro accoucha de deux enfants,
» de Pelias & de Nelée, qui tous deux
» furent ministres du grand Jupiter.
» Car Pelias regna à Jolcos où il fut
» riche en troupeaux, & Nelée fut
» Roy de Pylos sur le fleuve Ama-
» thus. Tyro eut de son mary Cre-
» thée ses autres enfants Æson, Phe-
» res & Amythaon qui se plaisoit à
» dresser des chevaux.
» Aprés Tyro, je vis approcher
» la fille d'Asopus, Antiope, qui se
» vantoit d'avoir dormi entre les
» bras de Jupiter. Il est vray qu'elle
» eut deux fils, Zethus & Amphion,
» qui les premiers jetterent les fon-
» demens de la ville de Thebes, &
» qui éleverent ses murailles & ses
tours,

tours, car quelque forts & vaillants «
qu'ils fuſſent, ils ne pouvoient ha- «
biter ſeurement une ſi grande ville «
ſans ſes tours qui la défendoient. «

Je vis enſuite Alcmene femme «
d'Amphitryon, qui des embraſſe- «
ments de Jupiter eut le fort, le «
patient, le courageux Hercule. «

Aprés elle venoit Megare, fille «
du ſuperbe Creon. Elle fut femme «
du laborieux fils d'Amphitryon, «
du grand Hercule. «

Je vis auſſi la belle Epicaſte «
mere d'Oëdipe, qui par ſon im- «
prudence commit un tres grand «
forfait, en eſpouſant ſon fils, ſon «
propre fils, qui venoit de tüer ſon «
pere. Les Dieux découvrirent cet «
inceſte aux yeux des hommes. Ce «
malheureux accablé de douleurs, «
regna ſur les ſuperbes deſcendants «
de Cadmus, ſelon les funeſtes de- «
crets des Immortels, dans cette meſ- «
me Thebes pleine de malediction. «
La Reyne, qui eſtoit en meſme «

» temps sa mere & sa femme, se
» précipita dans les Enfers, car vain-
» cuë par son desespoir, elle attacha
» au haut de sa chambre un fatal
» cordon, qui fut l'instrument de sa
» mort; & en mourant elle laissa à
» son fils, devenu son mary, un fond
» inespuisable de malheurs, que les
» Furies, qu'elle avoit invoquées, ne
» manquerent pas de remplir.
» 　Aprés Epicaste j'apperceus Chlo-
» ris, la plus jeune des filles d'Am-
» phion fils d'Iasus, qui regna dans
» Orchomene des Minyens; Nelée
» l'espousa à cause de sa parfaite
» beauté, aprés luy avoir fait une in-
» finité de presens tres magnifiques.
» Elle regna avec luy à Pylos & luy
» donna trois fils, Nestor, Chromius
» & le fier Periclymene, & une fille
» nommée Pero, qui par sa beauté
» & par sa sagesse fut la merveille
» de son temps. Tous les Princes
» voysins la recherchoient en maria-
» ge, mais Nelée ne voulut la pro-

mettre qu'à celuy qui luy amene- «
roit de Phylacé les bœufs d'Iphi- «
clus. C'estoit une entreprise tres «
difficile & tres perilleuse; il n'y «
eut qu'un Devin, nommé Melam- «
pus, qui eut l'audace de l'entre- «
prendre. Les arrests des Dieux, les «
bergers qui gardoient ces bœufs & «
les liens, où il fut retenu, l'empes- «
cherent de l'executer. Mais aprés «
que les jours & les mois en s'es- «
coulant eurent achevé l'année, «
Iphiclus délivra Melampus son pri- «
sonnier, pour le récompenser de «
ce qu'il luy avoit expliqué les an- «
ciens oracles. Ainsi s'accomplirent «
les decrets de Jupiter. «

Chloris estoit suivie de Leda, «
qui fut femme de Tyndare dont «
elle eut deux fils qui furent tres «
vaillants, Castor grand dompteur «
de chevaux, & Pollux invincible «
dans les combats du Ceste. Ils «
sont les seuls qui retrouvent la vie «
dans le sein mesme de la mort. Car «

M iij

» dans le séjour des tenebres ils o[nt]
» receu de Jupiter ce grand privilè[-]
» ge, qu'ils vivent & meurent tou[r]
» à tour, & reçoivent des honneu[rs]
» égaux à ceux des Dieux mesmes.
»   Aprés Leda je vis Iphimedé[e]
» femme d'Aloëus, qui se vanto[it]
» d'avoir esté aimée de Neptune. El[-]
» le eut deux fils, dont la vie fut fo[rt]
» courte, le divin Otus & le celebr[e]
» Ephialtes, les deux plus grands &
» les plus beaux hommes que l[a]
» terre ait jamais nourris, car ils e[s-]
» toient d'une taille prodigieuse &
» d'une beauté si grande, qu'elle n[e]
» cedoit qu'à la beauté d'Orion. A[
» l'âge de neuf ans ils avoient neu[f]
» coudées de grosseur & trente-si[x]
» de hauteur. Ils menaçoient les Im[-]
» mortels qu'ils porteroient la guerr[e]
» jusques dans les cieux; & pour ce[t]
» effet ils entreprirent d'entasser l[e]
» mont Ossa sur le mont Olymp[e]
» & de porter le Pelion sur l'Oss[a]
» afin de pouvoir escalader les cieux

Et ils l'auroient executé sans dou- «
te, s'ils estoient parvenus à l'âge «
parfait, mais le fils de Jupiter & «
de Latone les précipita tous deux «
dans les Enfers avant que le poil «
follet eust ombragé leurs joües & «
que leur menton eust fleuri. «

Je vis ensuite Phedre, Procris, «
& la belle Ariadne fille de l'impla- «
cable Minos, que Thesée enleva «
autrefois de Crete & qu'il voulut «
mener dans la sacrée ville d'Athe- «
nes, mais il ne pût l'y conduire, «
car la chaste Diane la retint dans «
l'isle de Dia sur le témoignage «
que Bacchus rendit contre elle. «

Aprés Ariadne je vis Mæra, «
Clymene & l'odieuse Eriphyle, «
qui préfera un collier d'or à la vie «
de son mary. Mais je ne puis vous «
nommer toutes les femmes & tou- «
tes les filles des grands personnages «
qui passerent devant moy, car la «
nuit seroit plustost finie, & les as- «
tres, qui se levent, m'avertissent «

» qu'il est temps de se coucher, ou
» icy dans vostre Palais, ou dans
» le vaisseau que vous m'avez fait
» équipper. Je me repose sur la
» bonté des Dieux & sur vos soins
» de ce qui est necessaire pour mon
» voyage.

Ainsi parla Ulysse, & tous les Princes demeurerent dans un profond silence, enchantez par le plaisir extresme que leur avoit fait son récit. La Reyne Areté le rom-
» pit la premiere, & dit : Princes,
» comment trouvez-vous cet estran-
» ger, & que dites-vous de sa bonne
» mine, de la noblesse de sa taille &
» de son bon esprit ? C'est mon
» hoste, & chacun de vous est riche
» & puissant, c'est pourquoy ne vous
» pressez pas de le renvoyer, & par
» cette diligence n'estropiez point
» les presens que vous luy devez dans
» la necessité où il se trouve. Vous
» avez dans vos maisons des biens
» infinis que vous tenez de la bonté

des Dieux, quel meilleur ufage en «
pourriez-vous faire! «

Le heros Echenée, qui eſtoit le
plus âgé des Pheaciens, prit la parole aprés la Reyne, & dit : Mes «
amis, la vertu & la generoſité de «
la Reyne doivent nous avoir pré- «
parez à ce qu'elle vient de nous «
dire; elle nous a fort bien remon- «
tré noſtre devoir : obéïſſez, & «
qu'Alcinoüs ordonne ce que nous «
avons à faire, & qu'il nous donne «
luy-meſme l'exemple. «

Alcinoüs répondit : Tout ce que «
la Reyne vient d'ordonner fera «
exécuté, ſi Dieu me conſerve la «
vie & le ſceptre. Que noſtre hoſte, «
quelque preſſé qu'il ſoit de partir, «
ait la patience d'attendre ſeulement «
juſqu'à demain, afin que tous les «
preſens qu'on luy deſtine ſoient «
preſts. Mes ſujets prépareront de «
leur coſté ce qui eſt neceſſaire pour «
ſon départ, & moy j'y travailleray «
du mien tout le premier, car je «

» veux bien leur donner l'exemple,
» puisque je tiens icy le premier
» rang.

Ulysse touché de ces honneste-
» tez, répondit : Alcinoüs, que vos
» grandes qualitez distinguent autant
» que vostre throsne, si vous vouliez
» que je demeurasse icy une année
» entiere pour vous donner le temps
» de préparer tout ce qui est neces-
» saire pour mon départ, & de me
» faire des presens magnifiques &
» dignes de vous, j'y consentirois de
» tout mon cœur. Car il me seroit
» bien plus avantageux d'arriver dans
» ma patrie avec des marques si glo-
» rieuses. J'en serois plus honoré &
» mieux receu de ceux qui me ver-
» roient de retour dans Ithaque.

» Alcinoüs répondit : Ulysse, à
» vous voir on ne sçauroit vous
» soubçonner d'estre un imposteur
» ni un fourbe, comme il y en a
» grand nombre qui courent le mon-
» de, & qui pour venir à leurs fins

composent des fables que l'on ne
sçauroit démentir. Pour vous, il est
vray que vos paroles ont tout l'air
de ces contes ingenieusement inventez, mais vous avez un esprit
trop solide pour vouloir tromper. Vous nous avez exposé, comme le meilleur chantre l'auroit
pû faire, l'histoire de tous les
Grecs & celle de vos malheurs.
Mais dites-moy, je vous prie, sans
me rien cacher, si vous avez vû
dans les Enfers quelqu'un de ces
grands hommes, de ces heros
qui ont esté avec vous au siege
de Troye, & qui sont morts dans
cette expedition. Les nuits sont
longues, & il n'est pas encore temps
de se coucher ; contez-moy ces
avantures merveilleuses. Pour moy
j'attendrois avec plaisir l'aurore en
vous escoutant, si vous aviez la
force de me raconter tout ce que
vous avez souffert dans ce voyage. »

Grand Roy, reprit Ulysse, il est

» vray que les nuits sont longues,
» & que j'auray tout le temps de
» vous conter encore plusieurs his-
» toires, & de dormir. Si vous avez
» si grande envie de m'entendre, je
» ne vous refuseray pas cette satisfac-
» tion, & je vous raconteray des avan-
» tures plus pitoyables encore arri-
» vées à mes illustres amis, qui aprés
» avoir eschapé à tous les perils de la
» guerre sous les remparts d'Ilion,
» ont trouvé la mort dans leur Pa-
» lais par la perfidie mesme de leur
» propre femme.
»   Aprés que la chaste Proserpine
» eut fait retirer les ombres de tou-
» tes les femmes dont je viens de
» vous parler, je vis arriver l'ame
» d'Agamemnon toute esplorée, &
» environnée des ames de tous ceux
» qui avoient esté tuez avec luy dans
» le Palais d'Egisthe. Il n'eut pas
» plustost bû du sang dans la fosse
» qu'il me reconnut, & se mit à jet-
» ter des cris perçants, à fondre en

larmes, & à estendre ses mains vers «
moy pour m'embrasser ; mais cette «
ombre estoit destituée de nerfs, & «
n'avoit plus ni vertu ni force. A «
cette vûë je fus saisi de compassion, «
& les larmes aux yeux je luy dis : «
Fils d'Atrée, le plus grand des «
Roys, comment la Parque cruelle «
vous a-t'-elle fait esprouver son «
pouvoir! Neptune vous a-t'-il fait «
perir avec vostre flotte, en excitant «
contre vous ses flots & en déchaisˆ «
nant ses vents & ses tempestes ! Ou «
des estrangers vous ont-ils fait mor- «
dre la poussiere, en courant sur «
vous lorsque vous emmeniez leurs «
troupeaux : ou enfin, avez-vous «
esté tué devant quelque ville, que «
vous eussiez attaquée pour la piller «
& pour emmener ses femmes cap- «
tives ? «

Fils de Laërte, me répondit le «
Roy, ni le Dieu Neptune ne m'a «
fait perir, en excitant contre moy «
ses flots & en déchaisnant ses tem- «

» pestes, ni je n'ay succombé sous
» l'effort des estrangers qui ayent
» voulu repousser mes violences ; ma
» mort est l'ouvrage du traistre Egi-
» sthe & de ma pernicieuse femme,
» qui par le plus noir des attentats
» m'ont assassiné à un festin comme
» on assomme un taureau à sa cre-
» che. Voilà quelle a esté ma fin mal-
» heureuse. Tous mes compagnons
» ont esté égorgez autour de moy
» comme on égorge des moutons
» dans la maison d'un homme puis-
» sant & riche pour un festin de
» nopces, pour quelque grand repas,
» ou pour quelque grande débauche.
» Vous avez bien vû mourir des
» hommes qui ont esté tuez à vos
» yeux, soit en combat singulier, soit
» dans la sanglante meslée, mais cette
» vûë n'a rien qui approche de l'hor-
» rible spectacle de nous voir massa-
» crez autour de l'urne sacrée & de
» la table où nous estions assis, & de
» voir le plancher inondé de sang.

Dans le moment mesme qu'on « m'assassinoit, j'entendis la voix « plaintive de la fille de Priam, de « Cassandre, que la perfide Clytem- « nestre tüoit pour me faire mourir « plus cruellement. A ses cris, quoy- « que je fusse desja à terre & expi- « rant, je fis des efforts pour porter « la main à mon espée, mais cette « impudente me l'avoit ostée. Aprés « ma mort elle n'approcha point de « moy pour me rendre les derniers « devoirs, en me fermant les yeux « & la bouche. Non, il n'y a rien « de plus pernicieux ni de plus im- « pudent qu'une femme capable de « se mettre en teste des actions aussi « abominables que le forfait, que « Clytemnestre a commis, en assas- « sinant son mary, & un mary avec « qui elle avoit passé sa premiere jeu- « nesse. Dans le temps que je pensois « que mon retour feroit la joye de « mes enfants & de ma famille, cette « malheureuse instruite aux crimes, «

» s'est couverte d'une éternelle infa-
» mie qui rejaillira sur toutes les fem-
» mes qui naistront aprés elle, mes-
» me sur les plus vertueuses & sur
» celles qui aimeront le plus tendre-
» ment leurs maris.

» O Dieux! m'escriay-je, le puis-
» sant Jupiter, aux yeux duquel rien
» n'est caché, a donc bien haï la race
» d'Atrée, puisqu'il luy a fait tant de
» maux, & toujours par des femmes.
» A combien de heros Helene par
» un seul crime n'a-t'-elle pas causé
» la mort! & voilà Clytemnestre qui
» vous prépare un piege mortel pen-
» dant vostre absence.

» Mon exemple, reprit prompte-
» ment Agamemnon, doit vous ap-
» prendre à n'avoir pas pour vostre
» femme trop de complaisance, & à
» ne pas luy faire part de tous vos
» secrets. Il y a des choses que vous
» pouvez luy communiquer, mais il
» y en a d'autres qu'il faut luy tenir
» cachées. Quand je dis vous, je parle

à tous les hommes. Car pour vous, «
vous n'avez rien à craindre de fem- «
blable de la fille d'Icarius. Voſtre «
Penelope eſt un modelle de pru- «
dence & de ſageſſe. Quand nous «
partiſmes pour Troye nous la laiſ- «
ſaſmes tres jeune dans voſtre Palais, «
ſon fils eſtoit encore à la mammel- «
le, & preſentement il doit eſtre en «
âge d'homme. Qu'il eſt heureux ! «
ſon pere aura la conſolation de le «
revoir, & il aura le plaiſir d'embraſ- «
ſer ſon pere, qu'il n'a pas encore «
connu. Ma pernicieuſe femme n'a «
pas permis que j'aye eu la ſatisfac- «
tion de voir de mes yeux mon cher «
Oreſte, elle m'a aſſaſſiné aupara- «
vant. Et ſur cela j'ay un avis à vous «
donner, gravez-le bien dans voſtre «
eſprit, c'eſt que vous ne ſouffriez «
pas que voſtre vaiſſeau entre en «
plein jour dans le port d'Ithaque, «
taſchez d'y entrer ſans eſtre connu, «
car en un mot il ne faut plus ſe «
fier aux femmes. Mais dites-moy «

» une chose, & dites-la moy sans dé-
» guisement, avez-vous appris quel-
» que nouvelle de mon fils ? Est-il
» en vie ! s'est-il retiré à Orchome-
» ne, ou à Pylos chez Nestor, ou à
» Sparte chez mon frere Menelas ?
» Car mon cher Oreste n'est pas
» mort, nous ne l'avons pas vû dans
» ce Royaume sombre.
» Fils d'Atrée, luy répondis-je,
» pourquoy me faites-vous ces ques-
» tions ? Je ne sçay si vostre fils est
» mort ou s'il est en vie, & il est in-
» utile de parler de ce qu'on ne sçait
» pas.
» Pendant cette conversation plei-
» ne de tristesse & de larmes, je vois
» arriver l'ame d'Achille, celle de
» Patrocle, celle d'Antiloque & celle
» d'Ajax, qui estoit le plus beau &
» le mieux fait des Grecs aprés le
» fils de Pelée. L'ame d'Achille me
» reconnut, & m'adressant la parole
» avec de grandes lamentations, elle
» me dit : Divin fils de Laërte,

Ulysse si fécond en ressources & «
en expedients, quelle entreprise «
plus hardie que toutes celles que «
vous avez jamais faites, venez-vous «
d'executer ? Comment avez-vous «
eu l'audace de descendre dans ce «
Palais de Pluton, dans cette de- «
meure des morts qui sont privez «
d'entendement, & qui ne sont plus «
que les vaines ombres des hommes «
sortis de la vie ! «

Achille fils de Pelée & le plus «
vaillant des Grecs, luy répondis-je, «
ce qui m'a porté à ce voyage, c'est «
le pressant besoin de consulter Ti- «
resias, pour voir s'il ne pourra pas «
m'enseigner les moyens de retour- «
ner dans ma patrie, car je n'ay pû «
encore approcher de la Grece ni de «
ma chere Ithaque, mais je suis tou- «
jours accablé de malheurs. Pour «
vous, il n'y a jamais eu & il n'y «
aura jamais d'homme si heureux ; «
car pendant vostre vie nous vous «
avons tous honnoré comme un «

» Dieu, & aprés voſtre trepas vous
» regnez ſur toutes ces ombres. C'eſt
» pourquoy, Achille, ne vous plai-
» gnez point tant d'eſtre mort.

» Et vous, genereux Ulyſſe, re-
» partit Achille, ne me parlez point
» de la mort. Je prefererois d'eſtre
» dans le monde le jardinier d'un fer-
» mier, qui ne gagneroit ſa vie qu'à
» la ſueur de ſon front, à regner icy
» ſur toutes les ombres. Mais dites-
» moy, je vous prie, des nouvelles
» de mon fils. Suit-il mes exemples!
» ſe diſtingue-t il à la guerre, & pro-
» met-il d'eſtre le premier des heros!
» Apprenez-moy auſſi ſi vous ſçavez
» quelque choſe de mon pere. Ses
» ſujets luy rendent-ils toujours les
» meſmes honneurs ? ou le mépri-
» ſent-ils à cauſe de ſon grand âge!
» Car ne jouïſſant plus de la lumiere
» du jour, je ne puis le ſecourir. Si
» j'eſtois tel que vous m'avez vû au-
» trefois, lorſque volant au ſecours
» des Grecs je fis mordre la pouſſiere

à un peuple de vaillants hommes, «
& que je paruffe un moment dans «
le Palais de mon pere, je ferois «
bientoft fentir la force de mon bras «
à tous ces rebelles qui veulent le «
maiftrifer, & qui refufent de luy «
rendre les refpects qu'ils luy doi- «
vent. «

Je n'ay appris aucunes nouvel- «
les du fage Pelée, luy répondis-je, «
mais pour ce qui eft de voftre fils «
Neoptoleme, je vous diray la pure «
verité puifque vous me l'ordon- «
nez, car ce fut moy qui le menay «
de l'ifle de Scyros à Troye fur mon «
vaiffeau. Toutes les fois que nous «
tenions confeil fous les remparts de «
cette fuperbe ville il parloit tou- «
jours le premier, & appuyoit fort «
bien fon avis fans s'efcarter en vains «
difcours. Il n'y avoit que le divin «
Neftor & moy qui dans l'art de «
parler remportions fur luy l'avan- «
tage. Mais lorfque nous donnions «
des combats, ne croyez pas qu'il fe «

» tinſt au milieu des bataillons ou des
» eſcadrons, il devançoit toujours les
» troupes & voloit le premier à l'en-
» nemi, ne cedant la gloire du cou-
» rage à aucun de nos heros. Il a tué
» de ſa main une infinité de vaillants
» hommes dans la ſanglante meſlée.
» Je ne ſçaurois vous nommer icy
» tous ceux qui ſont tombez ſous
» ſes coups; je vous diray ſeulement
» que c'eſt à luy que nous devons la
» défaite du heros Eurypyle, & de
» ſes troupes qui ſe firent toutes tüer
» autour de ſon corps. Ces belli-
» queuſes bandes de Cetéens eſtoient
» venuës à cette guerre, attirées par
» des preſens & par l'eſperance d'eſ-
» pouſer des femmes Troyennes ;
» leur general devoit eſtre gendre de
» Priam. Je n'ay jamais vû un ſi beau
» Prince; il n'y avoit que Memnon
» qui fuſt plus beau que luy. Mais
» l'occaſion où voſtre fils ſignala le
» plus ſon courage, ce fut lorſque
» nous nous enfermaſmes dans le

cheval de bois avec l'élite des ge- «
neraux de l'armée. C'estoit moy «
qui conduisois cette entreprise, & «
qui devois retenir les Grecs dans «
cette embuscade, & leur donner «
l'ordre quand il seroit temps d'en «
sortir. Là vous auriez vû les plus «
braves capitaines essuyer en secret «
leurs larmes & trembler de frayeur, «
au lieu que je ne vis jamais vostre «
fils changer de visage ni s'essuyer «
les yeux. Au contraire plein d'une «
noble impatience il me pressoit de «
donner le signal, toujours une «
main sur son espée, & l'autre sur «
sa pique, & se préparant à faire un «
grand carnage des Troyens. Quand «
nous eusmes saccagé la ville, il se «
retira sain & sauf, & emporta dans «
ses vaisseaux sa part du butin & «
un prix honorable dont on récom- «
pensa sa valeur. Il ne fut blessé ni «
par l'espée, ni par les traits, comme «
cela arrive d'ordinaire dans la mes- «
lée où Mars exerce toutes ses fu- «
reurs. «

» A ces mots l'ame d'Achille plei-
» ne de joye du témoignage que j'a-
» vois rendu à la valeur de son fils,
» s'en retourna à grands pas dans la
» prairie d'Asphodele. Les autres
» ames s'arresterent prés de moy
» plongées dans une profonde tris-
» tesse, & elles me racontoient leurs
» peines & leurs douleurs. Mais l'a-
» me d'Ajax fils de Telamon se te-
» noit un peu à l'escart, toujours pos-
» sedée par la fureur où l'avoit jetté
» la victoire que je remportay sur
» luy, lorsqu'on m'adjugea les armes
» d'Achille, ce fut la Déesse sa mere,
» Thetis elle-mesme, qui proposa ce
» prix, & ce furent les Troyens &
» Minerve qui me l'adjugerent. Eh,
» plust aux Dieux que je ne l'eusse
» pas remporté! la terre ne couvri-
» roit pas aujourd'huy un si grand
» personnage, qui en bonne mine &
» en exploits de guerre estoit le pre-
» mier des Grecs aprés le vaillant
» Achille. Luy adressant donc le pre-

mier la parole avec le plus de dou- «
ceur qu'il me fut poffible pour taf- «
cher de l'appaifer : Fils de Tela- «
mon, luy dis-je, ne voulez-vous «
point mefme aprés la mort oublier «
la colere que vous avez conceüe «
contre moy à caufe de ces malheu- «
reufes armes que les Dieux ont «
rendu fi fatales aux Grecs ! Car «
vous, qui eftiez leur plus fort rem- «
part, vous eftes mort à caufe d'elles. «
Nous fommes tous auffi affligez de «
voftre perte que de celle du grand «
Achille. Il n'y a perfonne de nous «
qui foit caufe de ce malheur ; c'eft «
Jupiter feul qui a pris en haine «
toute l'armée des Grecs, & qui «
pour la punir plus vifiblement, a «
terminé voftre vie. Mais appro- «
chez, grand Prince, afin que vous «
entendiez ce que j'ay à vous dire ; «
furmontez voftre colere & domp- «
tez voftre fierté. «

Mes paroles ne purent le fléchir, «
il ne daigna pas me répondre, & il «

» s'en alla retrouver les autres om-
» bres dans le fond de l'Erebe. Si
» je l'avois suivi, quelque irrité
» qu'il fust contre moy, il n'auroit
» pû refuser de me parler, ou de
» m'entendre, mais je voulus voir
» les autres ombres, & ma curiosité
» l'emporta.

» Là je vis l'illustre fils de Jupi-
» ter, Minos, assis sur son throsne,
» le sceptre à la main, & rendant la
» justice aux Morts. Toutes les om-
» bres comparoissoient devant son
» tribunal pour estre jugées : les unes
» estoient assises & les autres debout.

» Un peu plus loin j'apperceus le
» grand Orion qui poursuivoit dans
» cette vaste prairie les bestes qu'il
» avoit tuées sur les montagnes. Il
» avoit une massuë toute d'airain.

» Au de-là je vis Tityus, ce fils
» de la Terre, tout estendu, & qui de
» son vaste corps couvroit neuf ar-
» pents. Deux vautours attachez in-
» cessamment à cette ombre, luy dé-
chirent

chirent le foye fans qu'il puiffe «
les chaffer, car il avoit eu l'info- «
lence de vouloir violer Latone «
femme de Jupiter, comme elle tra- «
verfoit les délicieufes campagnes «
de Panope pour aller à Pytho. «

Auprés de Tityus je vis le cele- «
bre Tantale en proye à des dou- «
leurs qu'on ne fçauroit exprimer ; «
confumé par une foif bruflante, il «
eftoit au milieu d'un eftang, dont «
l'eau plus claire que le cryftal mon- «
toit jufqu'à fon menton fans qu'il «
puft en prendre une goute pour fe «
defalterer ; car toutes les fois qu'il «
fe baiffoit pour en boire, l'eau dif- «
paroiffoit tout autour de luy, & il «
ne voyoit à fes pieds qu'un fable «
aride qu'un Dieu ennemi deffe- «
choit. Ce n'eftoit-là que la moitié «
de fon fupplice ; également devoré «
par la faim, il eftoit environné de «
beaux arbres, d'où pendoient fur «
fa tefte des fruits délicieux, des «
poires, des grenades, des oranges, «

» des figues, des olives. Mais toutes
» les fois que ce malheureux levoit
» les bras pour en cüeillir, un vent
» jaloux les élevoit jufqu'aux nuës.

» Le tourment de Sifyphe ne me
» parut pas moins terrible ; il avoit
» dans fes mains un gros rocher qu'il
» tafchoit de pouffer fur le fommet
» d'une montagne en grimpant avec
» les pieds & avec les mains ; mais
» lorfqu'aprés des efforts infinis il
» eftoit prefque parvenu jufqu'à la
» cime, & qu'il alloit placer fon
» rocher, une force majeure le re-
» pouffoit, & cette énorme pierre
» retomboit en roulant jufques dans
» la plaine. Ce malheureux la repre-
» noit fur l'heure & recommençoit
» fon travail ; des torrents de fueur
» couloient de tous fes membres, &
» fa tefte élevoit des tourbillons de
» pouffiere en pouffant fon rocher
» contre le mont.

» Aprés Sifyphe j'apperceus le
» grand Hercule, c'eft à dire fon ima-

ge, car pour luy, il est avec les « Dieux immortels, & assiste à leurs « festins, & il a pour femme la char- « mante Hebé fille de Jupiter & de « Junon. Autour de cette ombre on « entendoit des cris aigus de morts « qui fuyoient devant elle comme « des oyseaux devant le chasseur. Il « ressembloit parfaitement à une nuit « obscure. Son arc toujours tendu & « la fléche appuyée sur la corde, il « jettoit de terribles regards, comme « prest à tirer ; son estomac estoit « couvert d'un large baudrier d'or, « horrible à voir, car il est tout rem- « pli d'ouvrages admirables pour le « travail, mais effroyables à la veuë ; « on y voyoit des ours, des sangliers, « des lions, des combats, des batail- « les, des défaites, des meurtres. Que « l'ouvrier qui l'a fait n'en puisse « jamais faire de semblable, qu'il ne « puisse jamais employer si malheu- « reusement son art. «

Cette ombre n'eut pas plustost «

» jetté les yeux sur moy, qu'elle me
» reconnut, & qu'en poussant de pro-
» fonds soupirs, elle me parla en ces
» termes : Ah, malheureux Ulysse,
» es-tu aussi persecuté par le mesme
» Destin qui m'a poursuivi pendant
» ma vie ? J'estois fils du grand Ju-
» piter, mais ma naissance n'a pas em-
» pesché que je n'aye passé mes jours
» dans des peines & des traverses
» continuelles. J'ay esté soumis à un
» homme fort inferieur à moy, qui
» m'a ordonné des travaux tres dif-
» ficiles. En dernier lieu il me com-
» manda de descendre dans cet em-
» pire des Morts & d'emmener le
» chien qui en gardoit l'entrée, car
» il pensoit que c'estoit un labeur au
» dessus de mes forces & que je ne
» pourrois jamais executer. J'en vins
» pourtant à bout, j'emmenay ce
» monstre, car Mercure & Minerve
» me conduisoient.

» Aprés avoir ainsi parlé, il s'en-
» fonça dans le tenebreux sejour sans

attendre ma réponse. Je demeuray « là de pied ferme pour voir s'il ne « viendroit point encore quelque « ombre importante, quelqu'autre « des heros de ce temps-là. Et peut- « eſtre que j'aurois eu la ſatisfaction « de voir ces grands perſonnages ſi « dignes de ma curioſité, Pirithoüs « & Theſée, ces illuſtres deſcendants « des Dieux ; mais des legions de « Morts s'aſſemblerent autour de « moy avec des cris perçants. La « frayeur me ſaiſit, & j'eus peur que « la ſevere Proſerpine n'envoyaſt du « fond de l'Erebe la terrible teſte de « la Gorgone pour l'expoſer à mes « yeux. C'eſt pourquoy regagnant « promptement mon vaiſſeau, j'or- « donnay à mes Compagnons de « s'embarquer & de délier les cables. « Ils obéïſſent, & s'eſtant aſſis ſur les « bancs, ils fendent auſſi-toſt les flots « de l'Océan à force de rames, & un « vent favorable vint bien-toſt les « ſoulager. «

REMARQUES
SUR
L'ODYSSE'E D'HOMERE.

LIVRE XI.

CE Livre est appellé Νεκυομαντεία & Νέκυα, la *Necromantie*, parce qu'Ulysse descend dans les Enfers pour y consulter l'Ame d'un mort. Et avant que de passer plus avant, il est necessaire d'expliquer le fondement de cette fiction. L'opinion de l'immortalité de l'Ame est tres ancienne, & c'est sur cette opinion qu'est fondée la plus ancienne de toutes les sortes de Divination, je veux dire, celle qui se faisoit par l'évocation des morts. Nous en voyons un exemple bien remarquable dans l'Escriture sainte cent ou six vingts ans avant Homere. Saül se sert d'une Pythonisse pour évoquer Samuel, qui forcé par la vertu des charmes magiques, comparoist & annonce à Saül ce qui va luy arriver. *1. Roys 28.* Je ne me mesleray point de décider icy si c'estoit veritablement l'Ame de Samuel, ou si c'estoit l'esprit de mensonge qui avoit pris la figure de ce Prophete. L'une & l'autre opinion ont des deffenseurs respectables ; je diray seulement que je panche plus du costé de ceux qui croyent que c'estoit une imposture du Demon. Quoy-qu'il en soit, on voit par-là que cette Divination, Νεκυία, est fort ancienne, & qu'Homere ne l'a pas inventée. Elle estoit née long-temps avant luy dans la Chaldée, & elle se répandit dans tout l'Orient où elle se conserva long-temps. Dans une Tragedie d'Eschyle, intitulée *les Perses*, l'ame de Darius, pere de Xerxes, est évoquée de mesme que celle de Samüel, & vient déclarer à la Reyne Atossa tous les malheurs qui la menacent. Voilà le fondement de cette fiction. Elle est bastie sur une pratique constante & veritable, mais Homere l'a ajustée à sa maniere avec tous les ornements que la Poësie sçait emprunter de la fable.

Page 247. *Jusqu'au coucher du Soleil, & lorsque la nuit répandit ses tenebres sur la terre*] Il n'y a peut-estre pas dans Homere un plus beau vers, ni un vers plus harmonieux que celuy-cy :

Δύσετ῾ τ' ἠέλιος, σκιόωντ῾ τε πᾶσαι ἀγυιαί.

Mot à mot : *le soleil se coucha, & tous les chemins furent obscurcis par les ombres de la nuit.* Cependant c'est ce beau vers que l'Auteur du Parallele défigure par cette Traduction tres ridicule : *Le foleil fe coucha, & on ne vit plus goutte dans les ruës, Dans les ruës !* reprend le Chevalier : & le Prefident, encore plus fot que le Chevalier, répond, *C'eft une maniere poëtique d'exprimer la venuë de la nuit.*

Noftre vaiffeau arriva à l'extremité de l'Océan] Homere appelle icy l'*extremité de l'Océan*, le bout de la mer occidentale où le foleil fe couche ; & ce qui a donné lieu à cette fiction, c'eft qu'Homere avoit appris dans fes voyages qu'Ulyffe avoit efté poué jufques aux coftes occidentales de l'Efpagne, car, comme dit Strabon, on trouve jufqu'à l'extremité de l'Efpagne des veftiges des Erreurs d'Ulyffe.

C'eft-là qu'habitent les Cimmeriens, toujours couverts de nuages] Ulyffe part le matin de Circeï, & arrive le foir fur les coftes des Cimmeriens. Il faut donc chercher quels peuples ce font que les Cimmeriens & où il les place. Strabon, pour faire voir qu'Homere tire toutes fes fictions d'un fondement vray, ne fait pas difficulté de s'appuyer fur cet exemple. *Ce Poete*, dit-il, *a connu les Cimmeriens du Bofphore, qui habitent vers le feptentrion dans un lieu toujours couvert d'efpais nuages. Et il ne pouvoit les ignorer, car c'eft vers le temps de la naiffance de ce Poete, ou peu d'années au-*

paravant que ces Cimmeriens firent des courses jusques dans l'Ionie. Ce Poëte connoissant donc non seulement le nom de ces peuples, mais aussi leur climat, les a transportez sur les costes de la Campanie, & il les y a transportez avec toutes les tenebres dont ils sont envelopez, comme nous verrons dans le Livre suivant, qu'il a transporté à Circeï la ville d'Æa de la Colchide avec toutes ses proprietez. Il a bien vû que ces tenebres & cette obscurité des Cimmeriens convenoient à un lieu où il placeoit la descente des Enfers. Ces Cimmeriens au reste, si l'on en croit les Pheniciens, avoient eu leur nom de ces tenebres mesmes, car ils avoient esté ainsi appellez du mot *cimrir*, qui, selon Bochart, signifie la *noirceur des tenebres*.

Page 248. *J'adressay-là mes vœux à ces ombres*] Il leur adresse ses vœux avant qu'elles viennent & qu'elles puissent l'entendre, à moins qu'on ne veüille inferer de ce passage qu'Homere a crû que les Ames des Morts entendent sans estre presentes & quoy qu'eloignées. Mais je ne trouve ailleurs aucun fondement de cette opinion.

Les ombres viennent de tous costez du fond de l'Erebe] Eustathe nous avertit que les anciens Critiques ont rejetté les six vers qui suivent celuy-cy. Parce, disoient-ils,

N v

qu'il n'eſt pas encore temps que ces Ames viennent, & que d'ailleurs il n'eſt pas poſſible que les bleſſures paroiſſent ſur les Ames. Mais cette critique me paroiſt tres fauſſe, Pourquoy n'eſt-il pas temps que ces Ames viennent, Homere ne dit-il pas que *les ombres des morts viennent de tous coſtez du fond de l'Erebe?* & ne reçoivent-ils pas ce vers? Les ſix qui le ſuivent n'en ſont que l'explication. Quant aux bleſſures, il eſt bien vray qu'elles ne peuvent paroiſtre ſur la partie ſpirituelle de l'Ame, auſſi n'eſt-ce pas de celle-là dont Homere parle, puiſque les Morts ne l'avoient plus; il parle du corps ſubtil de l'Ame, & tout ce qui avoit bleſſé le corps terreſtre, avoit auſſi bleſſé le corps ſubtil, & y avoit laiſſé ſa marque. Voilà pourquoy il eſt dit que dans les ſonges on voit les Ames dans le meſme eſtat où ſont les corps, & voilà auſſi d'où vient la difference qu'Ulyſſe remarque dans ces ombres. Ce qui me paroiſt le plus ſurprenant icy, c'eſt ce qu'Ulyſſe adjoute, que ces Ames avoient encore leurs armes, & que *ces armes eſtoient encore teintes de ſang.* Comment ces ames, ces ombres, qui n'eſtoient que le corps ſubtil de l'ame, pouvoient-elles conſerver leurs armes? Je croy que c'eſt un point nouveau qu'Ulyſſe adjoute icy à la Theologie receüe, & qu'il l'adjoute, parce qu'il parle aux Pheaciens, peuple peu inſtruit. Cependant cette opinion s'est si bien establie, que Virgile s'y est conformé, & n'a pas dédaigné de la suivre.

Page 249. *Ce fut celle d'Elpenor qui n'avoit pas encore esté enterré*] Et qui par consequent n'avoit pas encore esté receue dans les Enfers. Elle erroit à l'entrée, c'est pourquoy elle vient la premiere & par un autre chemin que les autres.

Page 250. *Quoy-que vous soyez à pied vous m'avez devancé*] Ulysse, quoy qu'attendri en voyant l'ame d'Elpenor, mesle pourtant la plaisanterie à ses larmes. Le caractere d'Elpenor ne demandoit pas un plus grand serieux. Ulysse plaisante donc sur sa diligence. Et Eustathe dit fort bien que le Lecteur espanoui rira de cette idée d'une Ame à pied qui descend plus viste aux Enfers qu'un homme vivant qui va par mer & qui a eu les vents favorables. Mais cette plaisanterie ne laisse pas d'avoir un tres bon sens, quand on vient à l'examiner. En effet, c'est une chose tres merveilleuse qu'une Ame se trouve dans les Enfers dés le moment qu'elle a quitté le corps. Qui est-ce qui expliquera comment se fait ce vol si rapide ? C'est dans ce moment qu'on peut dire de l'Ame ce que les Pheaciens disoient de leurs vaisseaux, *qu'elle va aussi viste que la pensée.*

Page 251. *Car je sçay qu'en vous en re-*

tournant du Palais de Pluton] C'estoit un point de la Theologie payenne, qu'après la mort les Ames estoient plus esclairées que pendant la vie.

N'oubliez pas de mettre sur mon tombeau ma rame] Selon la coutume tres ancienne de mettre sur le tombeau les instruments qui marquoient la profession du mort.

Page 253. *Dans l'isle de Trinacrie*] La Sicile estoit appellée *Trinacrie*, à cause de ses trois promontoires *Pachine*, *Pelore* & *Lilybee*.

Page 254. *Que si par une faveur particuliere des Dieux vous eschapez à ce danger*] Autant que ce qu'Ulysse a dit de la colere de Neptune pouvoit allarmer les Pheaciens, en leur faisant craindre de déplaire à ce Dieu s'ils favorisoient Ulysse, autant ce qu'il dit icy doit les rassurer, en leur faisant envisager qu'en le renvoyant sur un de leurs vaisseaux, ils ne feront que servir à l'accomplissement des Destinées, & estre l'instrument de la faveur des Dieux.

Et qui luy font de grands presens] Ils ne s'aviserent que tard de la vouloir gagner par leur liberalité, comme nous le verrons dans le XVIII. Livre.

Ou par la ruse ou par la force] Il pouvoit n'employer que la ruse, mais comme ce moyen seul n'est pas assez noble pour un grand guerrier, aprés la ruse il aura recours à la force comme à un moyen plus heroïque & plus digne de luy.

Prenez une rame, mettez-vous en chemin] Voicy un plaisant pelerinage que Tiresias fait faire à Ulysse, en luy ordonnant de prendre une rame sur ses espaules, & d'aller faire reconnoistre Neptune dans des lieux où il n'estoit point connu, car c'est ainsi que le Scholiaste l'a expliqué.

Page 255. *Qui n'assaisonnent point leurs mets de sel*] Il semble qu'Homere ait voulu caracteriser par là les peuples qui ne connoissent pas la mer, & qu'il ait crû qu'ils ne se servoient pas de sel, & de-là on peut conjecturer que ce Poëte ne connoissoit que le sel de la mer.

Quand vous rencontrerez sur vostre chemin] Homere fait bien garder icy à Tiresias le caractere des oracles, qui designoient toujours par quelques circonstances les lieux ou devoient s'accomplir les choses qu'ils predisoient.

Qui vous dira que vous portez un van sur vostre espaule] Car de prendre une rame pour un van, c'est une marque seure d'un peuple qui ne connoist pas la mer, mais bien l'agriculture, car le *van* est un instrument dont on se sert pour separer la paille & les ordures du bon grain ; mais il falloit que de ce temps-là le van fust tout autrement qu'il n'est aujourd'huy ; c'estoit comme une espece de pelle, & c'est ainsi qu'estoit le van des Hebreux. C'est pourquoy saint Jean-Baptiste dit de nostre Seigneur *Qu'il a le van à la main, & qu'il netoyera son aire.* Matth. 3. 12. Luc. 3. 17. Et ce qui confirme cette conjecture, c'est qu'aprés Homere on a appellé ἀθηρολοιγον, *van, cochlear,* κώπην, la *cuillere* dont on se sert à remuer la bouillie, parce qu'elle est faite comme une espece de pelle. Sophocle la nomme ἀθηρόερωτον.

Ὤμοις ἀθηρόερωτον ὄργανον φέρων.

En faisant allusion à ce passage d'Homere.

Offrez en sacrifice à Neptune un mouton, un taureau & un verrat] Un mouton pour marquer la douceur de la mer quand elle est tranquille ; le taureau, pour marquer sa fureur & ses mugissements quand elle est irritée, & le verrat, pour marquer sa fecondité, διὰ τὸ ὑγροῦ γόνιμον, dit Eustathe. Ces sacrifices de trois victimes de differente espece estoient appellez τριττύα.

Du sein de la mer sortira le trait fatal qui vous donnera la mort] Voilà un oracle dont il estoit impossible à Ulysse de penetrer le sens, & qui marque bien que l'avenir estoit present aux yeux du Prophete.

En effet Ulysse fut tué par son propre fils Telegonus qu'il eut de Circé. Car ce fils ayant esté envoyé par sa mere pour se faire connoistre à son pere, il fut poussé par la tempeste sur les costes d'Ithaque, il descendit dans l'isle dont il ignoroit le nom, & fit quelque dégast. Ulysse & Telemaque accoururent, il y eut là un combat où Telegonus tua son pere sans le connoistre, & il le tua d'un javelot dont le fer estoit de l'os d'un poisson appellé *Turtur marina*, de sorte que voilà bien clairement l'accomplissement de l'oracle. Qui est-ce qui l'auroit deviné ? Dictys conte cette histoire un peu autrement. On peut voir là les Remarques. Je ne parle pas icy de l'équivoque qui est dans le texte, ἐξ ἁλός, car il peut estre separé en deux mots, ἐξ ἅλες, *du sein de la mer*. Et il peut n'estre qu'un mot, ἔξαλος, qui signifie tout le contraire, *hors de la mer*. Je ne croy point du tout qu'Homere ait pensé à cette équivoque qui ne me paroit pas digne de luy. L'obscurité de l'oracle est assez grande, il ne faut pas chercher à l'augmenter par l'équivoque du terme.

Page 256. *Et vous laisserez vos peuples heureux*] Quelle promesse pour un bon Roy !

Scachez donc qu'il n'y a que les ombres auxquelles vous permettrez d'approcher de cette fosse] Mais ne vient-on pas de voir le contraire ? Elpenor a reconnu Ulysse sans avoir bû de ce sang. Tiresias l'a reconnu de mesme avant que d'en avoir bû. Cela est tout different. Elpenor n'estoit pas encore enterré, ainsi son Ame estoit encore entiere. Elle conservoit son entendement. Et pour Tiresias, Homere nous a avertis que son ombre conservoit aussi son entendement. Voilà pourquoy ils avoient toute leur connoissance.

Page 257. *Sur-tout par l'Océan, qu'il n'est pas aisé de traverser*] Homere fait voir icy bien clairement, comme l'a remarqué Eustathe, que cette descente aux Enfers se fait au bout de l'Océan, car il est naturel de penser que le seul endroit pour y descendre, c'est celuy par lequel le soleil & les autres astres y descendent eux-mesmes, lorsqu'ils regagnent le dessous de la terre, & qu'ils se plongent dans la nuit. Par là Homere veut confirmer sa Geographie fabuleuse, & faire croire que les lieux dont il parle, & qui sont veritablement dans la mer mediterranée, sont au milieu de l'Océan.

Page 259. *Vostre femme demeure enfermée dans vostre Palais*] Ulysse a fait à sa mere trois questions principales. Et sa mere luy répond en commençant par la derniere, qui estoit peut estre celle qui tenoit le plus au cœur à son fils. Quel éloge pour Penelope!

Et va aux festins publics, que les Princes & ceux à qui Dieu a confié sa justice & ses loix, doivent honorer de leur presence] C'estoit une coutume ancienne, les peuples dans tous les festins publics invitoient tousjours les Roys & les principaux magistrats. Et les Roys & les magistrats honnoroient ces repas de leur presence. Cela entretenoit l'union des peuples avec leurs chefs, & faisoit que les Roys regardoient leurs sujets comme leurs enfants, & que les sujets regardoient les Roys comme leurs peres. Les Roys & les magistrats estoient-là comme les Dieux, & joüissoient du plaisir de se voir regardez comme les auteurs du bonheur & de la joye des peuples par la sagesse de leur gouvernement.

Il couche au milieu de sa vigne sur un lit de feuilles, toujours livré à ses ennuis] C'est de cet endroit d'Homere, & de deux autres que je marqueray dans la suite, que paroist avoir esté tiré le caractere admirable de l'*Heautontimorumenos* de Terence, de ce pere qui se punit luy-mesme de l'absence de son fils, qui se prive de toutes les douceurs de la vie, & qui se rend malheureux pour égaler en quelque sorte la misere de ce fils. Ce n'est donc pas sans raison qu'Aristote a dit qu'Homere avoit fourni des idées & des caracteres de toutes les sortes de Poésie.

Page 260. *Qui le fait encore plus vieillir que les années*] Car rien ne fait tant vieillir que la douleur, & sur-tout la douleur causée par le regret, *desiderium*, des personnes cheres qu'on a perduës. Penelope dit fort bien dans le XIX. Liv.

Ἀῖψα γὰρ ἐν κακότητι βροτοὶ καταγηράσκουσι.

Les mortels vieillissent tres promptement dans la douleur. Ce qui a fait dire à quelqu'un, οἱ ποθοῦντες ἐν ἅματι γηράσκουσι. *Ceux qui desirent vieillissent dans un seul jour.* Non seulement ils vieillissent, mais ils meurent, comme Anticlée va nous le faire voir.

Page 261. *Leurs nerfs ne soutiennent plus ni chairs ni os*] C'est pour dire qu'ils ne conservent plus ni nerfs, ni chairs, ni os. Les nerfs sont les liens & comme le ciment de tout cet assemblage.

Tout ce qui ne compose que ce corps materiel est la pasture des flammes, dés que l'esprit l'a quitté, & l'Ame] Voicy les trois parties de l'homme bien expliquées. Le corps materiel & terrestre, qui est réduit en cendres sur le buscher. L'esprit, θυμὸς & φρένες, c'est à dire, la partie spirituelle de l'Ame, qui retourne au ciel, lieu de son origine, & l'Ame, c'est a dire, le corps délié

& subtil dont l'esprit est revestu. C'est cette derniere partie qui descend dans les Enfers, & qui est appellée *idole* & *image*, comme je l'ay desja expliqué.

Page 262. Ainsi j'eus le temps de les questionner toutes] Homere ne se contente pas de faire passer en revûë des femmes & des filles, il y fait passer aussi des heros, & toujours avec une varieté admirable. Quel tresor d'histoires & de fables ce Poëte n'a-t-il pas jetté dans son Poëme par cette invention de la descente d'Ulysse dans les Enfers? Combien de differents caracteres! Quelle abondance d'idées capables de fournir chacune un Poëme parfait, & quel riche supplement au Poëme de l'Iliade! Virgile en avoit bien connu la beauté, puisqu'il l'a imité dans son Eneïde. Et si Virgile a sçû interesser les Romains par les grandes choses qu'il dit de leur Empire, Homere a aussi interessé la Grece, en parlant des histoires des principales familles, de la pluspart desquelles il restoit encore alors des descendants.

Qu'elle estoit fille du sage Salmonée] Cette épithete, qu'Homere donne à Salmonée, prouve que ce qu'on a dit de ce Prince, qu'il estoit un impie, qui s'égaloit à Jupiter, qui imitoit ses tonnerres & qui en fut foudroyé, est une fable inventée aprés luy.

Page 263. Autrefois estant devenuë amou-

reuſe du divin fleuve Enipée] Les Anciens ne ſont pas d'accord ſur le fleuve dont Homere parle icy; les uns veulent que ce ſoit du fleuve Enipée dans la Theſſalie, lequel deſcendant du mont Othrys, reçoit l'Apidanus dans ſon ſein. Apollodore & Properce aprés luy, ont eſté de ce ſentiment. Les autres prétendent que c'eſt du fleuve Enipée qui eſt en Elide, & qui coulant d'une ſource qui eſt prés de la ville de Salmone, ſe jette dans l'Alphée. Je ſuis perſuadée qu'Homere parle de ce dernier. La ville de Salmone & le voyſinage de la mer ſemblent appuyer ce ſentiment.

Neptune prenant la figure de ce fleuve] Comme les jeunes perſonnes alloient ſouvent ſe baigner dans les fleuves, cela donnoit lieu de leur faire mille fâcheuſes ſupercheries, dont elles ſe conſoloient, dans l'opinion que c'eſtoit le Dieu du fleuve qui les avoit aimées.

Page 264. *Qui tous deux furent miniſtres du grand Jupiter*] Le Grec dit, les ſerviteurs de Jupiter, Θεράποντας Διὸς, Homere appelle les Roys les *ſerviteurs de Jupiter*, comme Dieu luy-meſme appelle Moiſe *ſon ſerviteur*, Θεράπων μοῦ Μωυσῆς.

Car Pelias regna à Jolcos] Dans la Magneſie, qui faiſoit partie de la Theſſalie ſur le golphe Pelaſgique. C'eſt de-là que partirent les Argonautes, Pelias ayant envoyé son neveu Jason à la Colchide pour la conqueste de la toison.

Je vis approcher la fille d'Asopus] Asopus estoit un fleuve de la Beotie au dessous de Thebes.

Zethus & Amphion, qui les premiers jetterent les fondements de la ville de Thebes] On peut conjecturer surement de ce passage, que la fable de Thebes bastie par Amphion au son de sa lyre, n'a esté faite qu'aprés Homere, si ce Poëte l'avoit connuë, il n'auroit pas manqué d'en orner son Poeme.

Page 265. *Car quelque forts & vaillants qu'ils fussent, ils ne pouvoient habiter seurement une si grande ville sans ses tours*] Plus une ville est grande, plus il faut qu'elle soit forte. Zethus & Amphion, qui bastirent Thebes, furent obligez de la fortifier, parce qu'ils avoient des ennemis redoutables, & sur-tout les Phlegiens.

Je vis ensuite Alcmene, femme d'Amphitryon] Voicy deux femmes de suite dont Homere ne dit qu'un mot, quoy-qu'il ne manquast pas de matiere. Mais en cela il faut louer la sagesse du Poëte, qui a cru ne devoir rien adjouter à l'éloge qu'il leur donne, en disant que l'une fut mere & l'autre femme d'Hercule.

Je vis aussi la belle Epicaste mere d'Oedi-

pe] Il appelle *Epicaste* celle que ceux qui sont venus aprés luy ont appellée *Jocaste*.

Qui commit un tres grand forfait, en espousant son fils, son propre fils, qui venoit de tuer son pere] Homere, pour mieux peindre l'horreur de cette action, insiste sur le mot *espousa*, car aprés l'avoir dit de la mere, il le dit du fils. J'ay crû que je conserverois toute cette horreur, en insistant sur le mot *fils, son fils, son propre fils*. Sophocle a fait sur ce sujet une Tragedie, qui est peut-estre la plus parfaite piece qui ait jamais esté mise sur le Theatre.

Ce malheureux Prince accablé de douleur, regna sur les superbes descendants de Cadmus] Tout ce qu'on a donc adjouté à l'histoire d'Oëdipe, qu'il se creva les yeux, qu'il fut chassé; que conduit par sa fille Antigone, il arriva à Athenes dans le temple des Furies, & qu'il mourut au milieu d'une violente tempeste, qui le fit descendre dans les Enfers; tout cela a esté inventé aprés Homere par les Poëtes tragiques. Car Homere nous dit icy qu'Oëdipe aprés ses malheurs continua à regner à Thebes.

Page 266. *D'Amphion fils d'Iasus*] Pour le distinguer de l'autre Amphion dont il vient de parler, qui estoit frere de Zethus, & fils de Jupiter & d'Antiope. Apollodore a confondu ces deux Amphions.

Qui regna dans Orchomene des Minyens] C'estoit une ville tres considerable & tres riche, entre la Beotie & la Phocide sur le fleuve Cephise. Et elle est appellée ville des *Minyens*, parce que les Minyens, ancien peuple, y avoient regné. Une colonie de ces Minyens alla à Jolcos. C'est pourquoy les Argonautes furent appellez *Minyens*.

Et luy donna trois fils] Apollodore en compte onze. Homere ne nomme que les trois plus considerables.

Et le fier Periclymene] Homere l'appelle *fier*, parce que Neptune luy avoit donné le pouvoir de se changer en toutes sortes de formes, & que cela le rendoit d'une fierté insupportable. Neptune ne laissa pas de le tuer malgré ce beau present.

Page 267. *Qu'à celuy qui luy ameneroit de Phylacé les bœufs d'Iphiclus*] Ce n'estoit pas par un esprit d'injustice & de rapine que Nelée vouloit qu'on luy amenast les bœufs d'Iphiclus. C'estoit pour recouvrer le bien de sa femme Tyro, qu'Iphiclus, fils de Dejonée oncle de Tyro, retenoit injustement. Phylacé estoit une ville de la Thessalie. Cecy est conté plus au long dans le xv. Liv.

C'estoit une entreprise tres difficile & tres perilleuse] Car outre que ces bœufs estoient indomptables, ils estoient gardez par des chiens dont personne n'osoit approcher.

Il n'y eust que le devin Melampus] Il estoit fils d'Amythaon fils de Crethée & de Tyro, ainsi Melampus estoit obligé de faire restituer à sa grande-mere le bien que son cousin germain Iphiclus luy retenoit injustement. Melampus travailloit en mesme temps pour son frere Bias qui devoit espouser Pero.

Les arrests des Dieux] Car il estoit dans les Destinées que celuy qui entreprendroit d'enlever ces bœufs, seroit pris, & gardé un an entier dans une estroite prison; qu'aprés l'année finie il seroit délivré, & emmeneroit sa proye. Cette histoire est racontée au long par Apollodore, liv. 1.

Pour le recompenser de ce qu'il luy avoit expliqué les anciens oracles] Car il luy avoit expliqué ce que les anciennes propheties avoient annoncé qu'il n'auroit des enfans que par le secours d'un Devin, qui, instruit par un vautour, luy en donneroit le moyen. *Voyez Apollodore.*

Dont elle eust deux fils] Ceux qui sont venus aprés Homere ont dit qu'elle n'eut de Tyndare qu'un fils, qui estoit Castor, & que de Jupiter elle eut Pollux.

Page 268. *Je vis Iphimedée femme d'Aloëus*] Cet Aloëus estoit fils de Canacé & de Neptune, & il espousa Iphimedée fille
de

SUR L'ODYSSÉE. Livre XI. 313
& son frere Tityos.

Dont la vie fut fort courte] Comme l'est ordinairement la vie de ceux qui font la guerre aux Dieux.

A l'âge de neuf ans ils avoient neuf coudées de grosseur & trente-six de hauteur] Homere dit,

Ἐννέωροι γὰρ τοί γε καὶ ἐννέα πήχεες ἦσαν
Εὖρος, ἀτὰρ μῆκός γε γενέσθην ἐννεόργυιοι.

Mot à mot : *Car à l'âge de neuf ans ils avoient neuf coudées de grosseur, & neuf orgyes, ou brasses de hauteur.* Et sur cette mesure j'ay suivi le sentiment de Didyme, qui marque que le corps bien proportionné, est celuy dont la grosseur est la quatriéme partie de la hauteur. Il a donc compté que l'orgye contenoit quatre coudées. Eustathe dit pourtant qu'elle n'en contenoit que trois: *Les Anciens*, dit-il, *loüent la mesure exacte de cette proportion, car ils disent que le corps est bien proportionné, & qu'il y a une juste symmetrie lorsque sa grosseur est la troisiéme partie de sa hauteur.* Ainsi, à son compte, ces Geants croissoient toutes les années d'une coudée en grosseur & de trois coudes en hauteur.

Ils menaçoient les Immortels qu'ils porteroient la guerre jusques dans les cieux, & pour cet effet ils entreprirent] Eustathe nous apprend qu'il y a eu des Critiques, qui traite-

Tome II. O

avoit prophané son temple, la retint dans cette isle où elle mourut.

Dans l'isle de Dia] Entre l'isle de Crete & l'isle de Thera.

Je vis Mæra, Clymene] Mæra, fille de Proëtus & d'Antée, ayant fait vœu de garder une perpetuelle virginité, elle viola son vœu, & fut punie par Diane, qui la fit mourir. Clymene fille de Minyas & mere d'Iphiclus.

Et l'odieuse Eriphyle, qui prefera un colier d'or à la vie de son mary] Eriphyle fille de Talaüs & de Lysimaché, qui fut mariée à Amphiaraus, & qui gagnée par un colier d'or, que luy donna Polynice, obligea son mary d'aller à la guerre de Thebes, quoy-qu'elle sçût bien qu'il y devoit mourir. Voilà pourquoy il luy donne cette épithete *d'odieuse*, Homere ne manque jamais de caracteriser ainsi les vertus ou les vices des personnes dont il parle. Eriphyle fut tuée par son fils Alcmæon.

Page 270. *Ou dans le vaisseau que vous m'avez fait équipper*] Comme nous l'avons vû dans le VIII. Liv.

C'est mon hoste, & chacun de vous est riche & puissant] Voilà deux raisons dont la Reyne Areté se sert pour porter ces Princes à faire à Ulysse, qu'elle voit réduit à la derniere necessité, des presens qui répondent & à leurs richesses & à la dignité de celle qui l'a pris sous sa protection.

Et par cette diligence n'estropiez pas les presens que vous luy devez dans la necessité où il se trouve] C'est le veritable sens de ce passage. La Reyne prévient icy une pensée que l'avarice pouvoit dicter à ces Princes, qui estoit de renvoyer promptement Ulysse, & de prendre pour prétexte l'envie de luy faire plaisir, & de satisfaire pluſtost son impatience, lorsqu'en effet ils ne chercheroient qu'une raison plausible de ne pas luy faire de plus riches presens, que le temps trop court ne permettroit pas de luy préparer ; elle leur défend cette précipitation faussement obligeante & veritablement interessée. Cela renferme un sentiment tres fin.

Page 271. *Et qu'il ne donne luy-mesme l'exemple*] Cela est admirablement bien dit. C'est au Roy d'ordonner, mais c'est aussi à luy a donner l'exemple. C'est ce qui fonde la réponse genereuse d'Alcinoüs.

Page 272. *Si vous vouliez que je demeuraſſe icy une année entiere pour vous donner le temps de préparer*] Il semble d'abord que cette réponse d'Ulysse est trop interessée, mais ce n'est nullement l'interest qui le fait parler, c'est l'envie de répondre aux honnestetez d'Alcinoüs & des autres Printant cette entreprise de puerile à cause de son impossibilité, marquoient ces vers comme des vers qui devoient estre rejettez. Voilà des Critiques bien prudents & bien sages de regler les idées des Poëtes sur la possibilité. Mais est-il possible qu'il y ait eu des Critiques qui n'ayent pas senti la grandeur & la beauté de cette idée ? Longin n'en a pas jugé comme eux dans son *chap. 6.* où il traite des *sources du grand*, il rapporte ces mesmes vers d'Homere pour prouver que le grand se trouve souvent sans le pathetique, & que souvent il se rencontre quantité de choses grandes & sublimes, où il n'entre point du tout de passion. *Et tel est,* adjoute-t-il, *ce que dit Homere avec tant de hardiesse, en parlant d'Aloeus:* Ils menaçoient les Immortels, &c. *Ce qui suit est encore plus fort:* Et ils l'auroient executé sans doute. En effet il n'y a rien de plus grand & de plus beau.

Et pour cet effet ils entreprirent d'entasser le mont Ossa sur le mont Olympe & de porter ensuite le Pelion sur l'Ossa] Strabon nous fait remarquer icy la grande sagesse d'Homere dans cette idée. Ces Geants entreprirent de mettre l'Ossa sur l'Olympe & le Pelion sur l'Ossa, parce que de ces trois montagnes, qui sont dans la Macedoine, l'Olympe est la plus grande des trois, l'Ossa plus grande que le Pelion, & le Pelion la plus petite ; ainsi la plus grande est la base, comme la raison le veut ; sur cette base on doit mettre la plus grande en suite, & la plus petite doit estre sur les deux comme la pyramide. Voilà donc pour ce qui regarde la grandeur. Il y a encore une autre sagesse d'Homere dans ce qui regarde la suite. L'Olympe est la premiere montagne en descendant vers le midy, l'Ossa la seconde, & le Pelion la troisiéme. Ainsi le mont Ossa doit estre mis sur l'Olympe comme le plus voysin, & le mont Pelion ne peut estre mis que sur l'Ossa. Virgile a pris tout le contrepied, & sans avoir aucun égard pour la grandeur, il a suivi seulement l'ordre, parce qu'en remontant du midy au nord de la Macedoine le Pelion est le premier, l'Ossa le second, & l'Olympe le troisiéme ; ainsi il a mis le Pelion pour la base, sur le Pelion l'Ossa, & sur l'Ossa l'Olympe. Mais l'ordre d'Homere est le meilleur, parce qu'il est le plus raisonnable.

Page 269. *Et qu'il vouloit mener dans la sacrée ville d'Athenes, mais il ne put l'y conduire*] Homere justifie icy Thesée de l'infidelité qu'on luy a reprochée d'avoir quitté Ariadne, aprés les obligations essentielles qu'il luy avoit. Selon ce Poëte, Thesée n'est ni ingrat ni infidelle, il vouloit la conduire à Athenes pour vivre toujours avec elle ; mais Diane offensée de ce qu'elle avoit prophané son temple, la retint dans cette isle où elle mourut.

Dans l'isle de Dia] Entre l'isle de Crete & l'isle de Thera.

Je vis Mæra, Clymene] Mæra, fille de Proëtus & d'Antée, ayant fait vœu de garder une perpetuelle virginité, elle viola son vœu, & fut punie par Diane, qui la fit mourir. Clymene fille de Minyas & mere d'Iphiclus.

Et l'odieuse Eriphyle, qui préfera un colier d'or à la vie de son mary] Eriphyle fille de Talaüs & de Lysimaché, qui fut mariée à Amphiaraüs, & qui gagnée par un colier d'or, que luy donna Polynice, obligea son mary d'aller à la guerre de Thebes, quoy-qu'elle sçût bien qu'il y devoit mourir. Voilà pourquoy il luy donne cette épithete *d'odieuse*, Homere ne manque jamais de caracteriser ainsi les vertus ou les vices des personnes dont il parle. Eriphyle fut tuée par son fils Alcmæon.

Page 270. *Ou dans le vaisseau que vous m'avez fait équipper*] Comme nous l'avons vû dans le VIII. Liv.

C'est mon hoste, & chacun de vous est riche & puissant] Voilà deux raisons dont la Reyne Areté se sert pour porter ces Princes à faire à Ulysse, qu'elle voit réduit à la derniere necessité, des presens qui répondent & à leurs richesses & à la dignité de celle qui l'a pris sous sa protection.

Et par cette diligence n'estropiez pas les presens que vous luy devez dans la necessité où il se trouve] C'est le veritable sens de ce passage. La Reyne prévient icy une pensée que l'avarice pouvoit dicter à ces Princes, qui estoit de renvoyer promptement Ulysse, & de prendre pour prétexte l'envie de luy faire plaisir, & de satisfaire plustost son impatience, lorsqu'en effet ils ne chercheroient qu'une raison plausible de ne pas luy faire de plus riches presens, que le temps trop court ne permettroit pas de luy préparer; elle leur défend cette précipitation faussement obligeante & veritablement interessée. Cela renferme un sentiment tres fin.

Page 271. *Et qu'il ne donne luy-mesme l'exemple*] Cela est admirablement bien dit. C'est au Roy d'ordonner, mais c'est aussi à luy a donner l'exemple. C'est ce qui fonde la réponse genereuse d'Alcinoüs.

Page 272. *Si vous vouliez que je demeurasse icy une année entiere pour vous donner le temps de préparer*] Il semble d'abord que cette réponse d'Ulysse est trop interessée, mais ce n'est nullement l'interest qui le fait parler, c'est l'envie de répondre aux honnestetez d'Alcinoüs & des autres Princes, c'est pourquoy il leur fait entendre que quelque impatience qu'il ait de partir, il demeureroit-là un an pour leur faire plaisir, en leur donnant le temps de luy faire des presens dignes d'eux. Car comme c'estoit une gloire pour les Princes de s'estre acquittez honorablement des devoirs de l'hospitalité, c'estoit une politesse à leurs hostes de leur donner pour cela tout le temps necessaire. Et pour les mieux asseurer qu'il le feroit de tout son cœur, il leur fait voir l'avantage qui luy en reviendroit à luy-mesme, c'est qu'il en seroit plus estimé & plus honoré chez luy quand on le verroit revenir comblé de presens si riches.

J'en serois plus honoré & mieux receu] Il ne considere pas ces presens à cause de leur richesse, mais à cause de l'idée avantageuse qu'ils donnent de celuy qui les a receus. Ils luy attirent l'estime, le respect & l'amitié de tout le monde. Et c'est de ces presens qu'on peut dire avec raison ce qu'Hesiode dit des richesses,

..... Πλούτῳ δ'ἀρετὴ καὶ κῦδος ὀπηδεῖ.

Les richesses sont suivies de l'honneur & de la vertu. Comme Didyme l'a remarqué.

Qui pour venir à leurs fins, bastissent des fables que l'on ne sçauroit démentir] Ce passage fait voir que l'art des fables est fort ancien, les hommes y sont portez naturellement, & leur interest adjoute souvent beaucoup à cette pente naturelle.

Page 273. *Pour vous il est vray que vos paroles ont tout l'air de ces contes ingenieusement inventez, mais vous avez un esprit trop solide pour vouloir tromper*] C'est à mon avis le veritable sens de ce vers,

Σοὶ δ' ἐπὶ μὲν μορφὴ ἐπέων, ἐπὶ δὲ φρένες ἐσθλαί.

Par μορφὴ ἐπέων, *forma verborum*, il entend le tour ingenieux de sa composition, qui en effet a tout l'air du tissu d'une fable, mais cela est corrigé par φρένες ἐσθλαί, par *un bon esprit*, car cette solidité d'esprit, qui esclate par tout, fait croire qu'il ne trompe point & qu'il ne dit rien que de vray, car un esprit solide ne ment point & ne trompe point. Ce passage est tres ingenieux. Homere fait donner à ses contes par Alcinoüs le plus grand de tous les éloges. Ils ont tout l'agrément de la fable, Σοὶ μορφὴ ἐπέων; mais en mesme temps ils ont toute la verité & toute la solidité de l'histoire, φρένες ἐσθλαί. Et par-là ils sont bien au dessus de toutes les fables communes & vulgaires qui ne sont faites que pour tromper, comme la plusrart de celles que nous voyons aujourd'huy. Et voilà ce qui fait le veritable caractere des

Poëmes d'Homere. Ils ont tout le merveilleux de la fable & tout l'utile de la verité. C'est ce qu'Aristote a si bien connu & si admirablement démeslé. On peut voir le 2⁴. chap. de sa Poëtique, & les Remarques de M. Dacier, à qui j'ay l'obligation de celle cy.

Vous nous avez exposé, comme le meilleur chantre l'auroit pû faire, l'histoire] Voilà la suite & l'effet de ce qu'il vient de dire ; ce merveilleux de la narration, qui ressemble au tissu d'une fable, & cette verité, cette solidité d'esprit qui paroissent par tout, font que ces contes ressemblent aux chants de ces chantres, qui estant divinement inspirez, ne disent que de grandes veritez, parce qu'ils parlent d'aprés la verité mesme. Avec quelle noblesse Homere releve icy l'art des grands Poëtes !

Les nuits sont longues] Homere fait entendre icy qu'on estoit alors en automne. Il ne faut pas pousser cela plus loin, car il n'y a que peu de jours qu'Ulysse est arrivé chez les Pheaciens, & on a vû que la Princesse Nausicaa & ses femmes se baignoient encore dans la riviere.

Pour moy j'attendrois avec plaisir l'aurore] Qui est-ce qui ne l'attendroit pas !

Page 274. *Par la perfidie mesme de leur propre femme*] Comme il n'y a qu'Agamemnon qui ait trouvé la mort dans son Palais par la perfidie de sa femme, & que le Poëte parle au pluriel, on a voulu expliquer ce passage autrement, & par γυναικός, *par cette femme,* entendre ou Helene ou Cassandre, mais tout cela est forcé. Homere en parlant au pluriel, porte d'abord sa vûë sur ce qu'il y a de plus tragique, & c'est la premiere histoire qu'il va conter.

Page 275. *Lorsque vous emmeniez leurs troupeaux*] C'est ce que signifie le mot περιβαινόμενον, Hesychius l'a fort bien expliqué, περιβαινόμενον, περιελαύνοντα, μεταφορικῶς ἀπὸ τῶν γυναικῶν. Le mot περιβαινόμενον signifie *emmenant,* par une metaphore tirée des campagnes où l'on fait le dégast.

Ou enfin avez-vous esté tué devant quelque ville, que vous eussiez attaquée pour la piller & pour emmener ses femmes] Car un Prince qui revenoit victorieux avec sa flotte, pouvoit bien profiter de cette occasion & faire des descentes dans quelque pays ennemi, pour emmener des troupeaux & pour piller quelque ville sans deffense, & en emmener les femmes & les enfants, comme c'estoit alors la coutume.

Page 276. *Comme on assomme un taureau à sa creche*] J'ay assez parlé de cette comparaison dans les Remarques sur le IV. Livre. Mais comme je me suis imposé la

O v

foy de suivre pied à pied l'Auteur du Parallele pour faire voir le ridicule de ses critiques, & de relever celles dont M. Despreaux n'a point parlé, je rapporteray icy la maniere dont il rend ce passage pour le rendre impertinent: *Agamemnon dit à Ulysse qu'il fut assommé comme un bœuf par Egisthe, & que ceux qui l'accompagnoient furent tuez comme des cochons qu'un homme riche fait tuer pour une nopce ou pour une feste, ou pour un festin où chacun apporte son plat.* A quoy le Chevalier adjoute, *Je veux bien que les gens d'Agamemnon soient tuez comme des cochons, quoy-que la comparaison ne soit pas fort noble, mais qu'importe pourquoy ces cochons sont tuez ?* Tout se trouve là, une Traduction plate & basse, & une tres ignorante critique. Le mot Grec ὕες n'estoit point ignoble, & l'usage continuel qu'on faisoit de cet animal pour les sacrifices, l'avoit maintenu en honneur, & il est encore relevé icy par cette épithete harmonieuse ἀργιόδοντες. Homere ne pouvoit pas deviner l'idée basse que nous aurions en nostre langue des mots *pourceaux* & *cochons*, c'est pourquoy il a fallu les changer dans la Traduction pour s'accommoder à cette délicatesse de nostre siecle. Du reste, l'idée est tres belle & tres juste, & la circonstance qu'Homere adjoute n'est nullement inutile, puisqu'elle sert à marquer le grand nombre de ceux qui furent tuez avec Agamemnon.

Soit en combat singulier] Car il arrivoit souvent que l'on choisissoit deux combatants pour se battre en duel pour les deux partis; souvent mesme dans les batailles il arrivoit de ces combats singuliers. Nous avons vû des exemples de l'une & de l'autre espece dans l'Iliade. Il ne faut pas se servir de ce passage pour establir l'ancienneté de ces duels que nous avons vûs de nos jours, qu'une fureur diabolique a inspirez, & que la pieté du feu Roy a abolis. Les Grecs ni les Romains n'en ont jamais connu l'usage.

Page 277. *A ses cris, quoy-que je fusse desja à terre & expirant, je fis des efforts*] Homere conserve icy le caractere d'Agamemnon, qui estoit un homme fort enclin à l'amour. Les cris de la personne qu'il aimoit, font plus sur luy que le soin de sa propre vie.

Instruite aux crimes] Elle y avoit esté instruite par l'adultere, grand artisan de crimes.

Page 278. *Qui rejaillira sur toutes les femmes qui naistront aprés elle, mesme sur les plus vertueuses*] De quelles noires couleurs Homere sçait peindre le crime! Y a-t-il rien de plus horrible & qui doive faire plus d'impression sur l'esprit d'une personne qui va commettre un crime, que de penser que par cette action elle va se deshonorer éternellemeut, & deshonnorer toutes celles de son sexe qui naistront dans tous les siecles & qui le meriteront le moins?

Et toujours par des femmes] Il ne s'explique pas davantage, Agamemnon l'entendoit bien ; il veut parler d'Aërope femme d'Atrée, qui ayant esté corrompuë par Thyeste, plongea toute cette famille dans les plus espouventables de tous les malheurs.

A n'avoir pas pour vostre femme trop de complaisance, & à ne pas luy faire part de tous vos secrets] Je ne dis pas que ce conseil ne soit fort sage ; mais on peut répondre à Agamemnon que ce ne sont pas les complaisances qu'il a euës pour sa femme qui l'ont perduë, & qui l'ont rendu capable de commettre le plus grand des forfaits. Agamemnon parle en homme irrité, qui voudroit que tous les hommes punissent leurs femmes du crime que la sienne a commis. Mais je voudrois bien sçavoir ce que pensoit la Reyne Areté de ce discours d'Agamemnon, car il semble autant fait pour son mary que pour Ulysse. Au reste Ulysse profitera si bien de ces avis d'Agamemnor, qu'il entrera inconnu à Ithaque ; & qu'il ne se découvrira à sa femme qu'aprés avoir achevé son entreprise, & s'estre vû dans une entiere seureté.

Qu'il est heureux! son pere aura la consolation de le revoir, & il aura le plaisir d'embrasser son pere] Il n'y a rien de plus tendre & de plus touchant que ce sentiment que fournit à Agamemnon son propre malheur, en comparant son sort à celuy d'Ulysse, & celuy de Telemaque à celuy d'Oreste.

Car en un mot il ne faut plus se fier aux femmes] Il vient de luy dire qu'il ne doit rien craindre de si tragique de Penelope, cependant il ne laisse pas de luy conseiller d'arriver inconnu & de ne pas se fier à elle; car dans ces sortes d'occasions une femme sans aucun mauvais motif peut par imprudence laisser échaper quelque mot capable de nuire & de faire eschouer le dessein le mieux concerté.

S'est-il retiré à Orchomene ou à Pylos chez Nestor, ou à Sparte chez Menelas!] Agamemnon nomme icy les trois retraites qu'un homme peut avoir. Chez ses parents, *est-il allé à Sparte chez Menelas!* Chez ses amis, *s'est-il retiré à Pylos chez Nestor!* Enfin dans quelque ville forte, qui soit un asyle inviolable, & telle estoit la ville d'Orchomene dans la Beotie à cause de ses grandes richesses. Agamemnon ne sçavoit pas que son fils l'avoit vengé, qu'il avoit tué Egisthe

& Clytemnestre, & qu'il estoit paisible possesseur de ses Estats.

Page 280. *Je vois arriver l'Ame d'Achille, celle de Patrocle, celle d'Antiloque & celle d'Ajax*] Avec quel art & quel naturel Homere sçait ranimer l'attention & la curiosité de ses Lecteurs.

Page 282. *Je prefererois d'estre dans le monde le jardinier d'un fermier, qui ne gagneroit sa vie qu'à la sueur de son front, à regner icy sur toutes les ombres*] Voicy un des passages que Platon a condamnez dans le 3. liv. de sa Republique, & qu'il trouve tres dangereux pour les mœurs. Il ne peut souffrir que le Poëte fasse dire à Achille qu'il prefereroit la misere & la servitude à la mort, car ce sentiment ne peut que rendre la mort effroyable aux jeunes gens, & les disposer à tout souffrir pour l'éviter. Cela est fort bon dans la morale; mais la Poësie a d'autres regles qui la menent au mesme but. Elle met avec succés dans la bouche d'un heros comme Achille une sentence tirée du sentiment commun, & pourtant contraire à l'exacte morale, quand cette sentence est directement opposée à ses sentiments qui sont connus. Il ne faut pas craindre qu'Achille persuade à quelqu'un qu'il faut preferer la servitude à la mort, luy qui a mieux aimé mourir que de ne pas venger Patrocle. Il ne nous persuadera pas plus icy qu'il nous a persuadez dans le IX. Liv. de l'Iliade, quand il a dit que *la vie est d'un prix infini que rien n'égale ; que tous les tresors du monde ne peuvent luy estre comparez, & qu'il prefere une longue vie à une gloire immortelle, &c.* Ces paroles démenties & par les sentimens & par les actions de celuy qui parle, font au contraire un tres bon effet.

Page 282. *Apprenez-moy aussi si vous sçavez quelque chose de mon pere*] Voilà le caractere d'Achille conservé tel qu'Homere le presente dans l'Iliade, car nous avons vû que ce heros estoit un tres bon fils, & plein de tendresse pour son pere.

Page 283. *Car ce fut moy qui le menay de l'isle de Scyros à Troye*] Ulysse dit cecy, parce qu'Achille n'avoit pas vû Neoptoleme au siege, il n'y arriva qu'aprés sa mort.

Et appuyoit fort bien son avis sans s'escarter en vains discours] Voilà un grand précepte pour l'éloquence en general , & sur-tout pour celle qui convient quand on parle dans les assemblées où il s'agit de déliberer.

Il n'y avoit que Nestor & moy qui dans l'art de parler remportions sur luy l'avantage] C'est ainsi qu'Ulysse doit parler, en comparant Nestor & luy à un jeune homme comme Neoptoleme.

Page 284. *Ces belliqueuses bandes de Cetéens estoient venuës à cette guerre, attirées par des presens & par l'esperance d'espouser des femmes Troyennes*] Il y a mot à mot dans le Grec, *Ses compagnons Cetéens se firent tuer autour de luy pour des presens de femmes*. Et c'est ce qu'il faut expliquer. Voicy d'abord ce que Strabon a pensé de ce passage dans son XIII. Liv. *Homere nous propose plustost icy un enigme qu'il ne nous expose un point d'histoire clair & net. Car nous ne sçavons, ni quels peuples ce sont que ces Cetéens, ni ce qu'il faut entendre par ces presens de femmes, & les Grammairiens en nous débitant leurs fables, nous débitent leurs imaginations bien plus qu'ils ne tranchent la difficulté*. Aprés cela n'y aura-t-il point de la temerité à moy d'entreprendre d'expliquer ce qu'un si sçavant homme a trouvé trop difficile. Cependant je ne puis m'empescher de l'essayer. Il y a donc icy deux difficultez : la premiere, c'est de sçavoir qui sont ces *Cetéens* ; & l'autre, ce qu'il faut entendre par *ces presens de femmes*. Commençons par la premiere. Il est certain que le Royaume de Telephus pere d'Eurypyle, estoit dans la Mysie Asiatique, dans la Teutranie prés du fleuve Caïque, Strabon en convient, & il dit que c'est le sentiment d'Homere. Il convient encore que dans le Caïque va se décharger un gros torrent qui est comme un fleuve, & qui est appellé Cetée, Κήπον. Je ne voy donc pas pourquoy ces peuples, qui estoient aux environs du Caïque & de ce gros torrent, ne pouvoient pas avoir esté appellez *Cetéens*, du nom de ce torrent ; c'est mesme le sentiment d'Hesychius, Κήπιοι, γένος Μυσῶν ἀπὸ τῦ παραῤῥέοντος ποταμοῦ Κήπος. *Les Cetéens sont des peuples de Mysie, ainsi appellez du fleuve Cetée qui passe dans leur pays.* Il y a peu de noms de peuples dont l'origine soit mieux marquée & plus certaine. Venons à l'autre difficulté qui est sur *ces presens de femmes*. Je suis persuadée que la fable nous donne le moyen de l'esclaircir. Elle nous dit que Priam, pour obliger Astyoche sa sœur à envoyer à son secours son fils Eurypyle, luy fit de magnifiques presens, & luy envoya entre autres choses une vigne d'or que Jupiter avoit donnée autrefois à Tros. Par ces presens de femmes on peut donc entendre ces presens envoyez à Astyoche, & qui furent la cause de la perte d'Eurypyle & de ses troupes. Priam ne se contenta pas de cela, il promit de donner à Eurypyle sa fille Cassandre, & Eurypyle, dans l'esperance d'espouser cette Princesse, marcha à Troye avec ses troupes. Voilà donc ces presens de femmes qui l'attirerent. C'est ainsi que ce Poëte a meslé l'amour dans l'Iliade, quand il a dit d'Othryonée qu'il estoit venu de Thrace à ce siege, poussé par la gloire & par l'amour, car il demandoit en mariage cette mesme Cassandre, Liv. XIII. tom. 2. pag. 276. Et quand il dit icy *par des presens de femmes*, il peut avoir embrassé les deux histoires dont je viens de parler, c'est à dire, les presens faits à Astyoche mere d'Eurypyle, & le beau present promis à Eurypyle mesme. Dictys les a embrassées toutes deux. *Inter quæ nuncius Priamo supervenit Eurypylum Telephi ex Moësia adventare quem Rex multis antea illectum præmiis, ad postremum oblatione desponsæ Cassandræ confirmaverat*. Lib. 4. pag. 95. Je l'ay suivi, & je me flatte qu'on ne trouvera plus icy d'énigme.

Page 285. *Là vous auriez vû les plus braves capitaines essuyer en secret leurs larmes & trembler de frayeur*] Il y a des occasions où les plus braves peuvent trembler. Et je ne doute pas que dans celle-cy il n'y eust bien des moments où les plus résolus auroient bien voulu n'estre pas enfermez dans cette machine.

Page 286. *Dans la prairie d'Asphodele*] J'ay conservé ce mot, parce que c'estoit le nom de la prairie, à cause d'une plante fleurie dont elle estoit pleine.

Par la fureur où l'avoit jetté la victoire que je remportay sur luy lorsqu'on m'adjugea les armes d'Achille] Quel devoit estre l'eſtonnement des Pheaciens de voir un inconnu parler ainſi de ſes grandes avantures! & quelqu'un pourroit-il eſtre ſurpris de la grande attention qu'ils luy donnoient?

Ce fut la Déeſſe ſa mere, Thetis elle-meſme, qui propoſa ce prix] Pourquoy ne pas garder les armes d'Achille pour ſon fils? Ces armes divines ne devoient pas eſtre poſſedées par un jeune homme qui n'avoit encore rien fait, il eſtoit meſme trop jeune & elles ne luy auroient peut eſtre pas convenu. Et d'ailleurs Thetis vouloit honorer la memoire de ſon fils, en faiſant diſputer ces armes par les deux plus grands heros de l'armée.

Et ce furent les Troyens & Minerve] Comment les Troyens furent-ils juges de ce different? Agamemnon & les autres generaux trouvant ce jugement tres difficile, & ne voulant pas s'expoſer au reproche d'avoir favoriſé l'un de ces heros, firent venir des priſonniers Troyens qu'ils avoient à l'armée, leur demanderent duquel des deux ils avoient receu le plus de mal; ils répondirent que c'eſtoit d'Ulyſſe, & ſur cela ils luy adjugerent le prix. Il adjoute que ce fut auſſi Minerve, car on ne peut pas douter que cette Déeſſe ne préfere toujours la prudence à la force. Quel éloge cela ne fait-il point d'Ulyſſe, & quel reſpect cela ne devoit-il pas luy attirer de la part des Pheaciens?

Eh plust aux Dieux que je ne l'eusse pas remporté!] Ce sentiment est grand & digne d'Ulysse. Il voudroit avoir esté vaincu, afin qu'Ajax ne fust pas mort.

Page 287. *Fils de Telamon, luy dis-je*] Il n'y a rien de plus poli ni de plus flateur pour Ajax que ce discours, cependant il n'en est point touché, & il ne daigne pas seulement répondre. Homere a parfaitement connu ce qu'il faut donner à ces Ames atroces. Il n'y a que le silence qui leur convienne. Qu'auroit-il dit!

Et qui, pour la punir plus visiblement, a terminé vostre vie] Quelle grandeur dans ce seul trait. Toute l'armée des Grecs punie & affoiblie par la mort d'un seul homme! Qui est-ce qui sçait ainsi loüer!

Page 288. *Les unes estoient assises & les autres debout*] Celles qui estoient debout, c'estoient celles qui plaidoient pour accuser ou pour défendre; & celles qui estoient assises, c'estoit celles pour lesquelles ou contre lesquelles on plaidoit, & qui alloient estre jugées.

Qui poursuivoit dans cette vaste prairie les bestes qu'il avoit tuées] Cela est heureusement imaginé, pour faire entendre, selon la theologie payenne, que les hommes portent dans l'autre vie les mesmes passions qui les ont agitez dans celle-cy.

Au de-là je vis Tityus, ce fils de la Terre] Ce Tityus est l'image de ceux qui sont devorez par les passions, & sur-tout par l'amour, dont les Anciens plaçoient le siege dans le foye. *Le veritable Tityus*, dit Lucrece, liv. 3. *est celuy dont le cœur est déchiré par l'amour, qui est devoré par de cuisantes inquietudes, ou tourmenté par d'autres cuisants soucis.*

Page 289. *Comme elle traversoit les délicieuses campagnes de Panope pour aller à Pytho*] Panope est dans la Phocide au dessous du Parnasse prés de Delphes. Strabon écrit qu'Apollon allant d'Athenes à Delphes, passa a Panope, où il tua Tityus qui y regnoit, & qui estoit un homme violent & injuste. Cependant nous avons vû dans le VII. Liv. de l'Odyssée, que les Pheaciens conduisirent autrefois Rhadamanthe en Eubée, où il estoit allé voir Tityus qui estoit né dans cette isle; & Strabon nous asseure que de son temps encore l'on y montroit un antre appellé *Elara*, du nom de la mere de ce Geant, & une chapelle où l'on rendoit à ce monstre une espece de culte. Ces deux traditions, qui paroissent si contraires, peuvent aisément se concilier. Jupiter estant devenu amoureux d'Elara fille d'Orchomene, qui regnoit dans la ville de ce nom, peu eloignée de Panope, eut d'elle ce Tityus ; mais pour dérober à Junon la connoissance de cette intrigue, il alla cacher cet enfant sous la terre dans l'Eubée, & l'en retira ensuite. Voilà pourquoy on dit qu'il estoit fils de la terre. Cet enfant devenu grand, retourna enfin dans le pays de sa mere, qui estoit sa veritable patrie, & où il fut tué par Apollon. Les Eubéens, pour faire honneur à leur isle d'avoir esté comme son berceau, montroient l'antre où il avoit esté caché, & une chapelle où on luy rendoit quelques honneurs comme à un fils de Jupiter ; car les peuples profitent de tout pour honorer leur pays. Voilà pourtant un plaisant saint que Tityus.

Je vis le celebre Tantale] C'est la veritable image des avares qui meurent de faim & de soif au milieu de la plus grande abondance. Horace a bien employé cette image dans la sat. 1. du liv. 1.

Page 290. *Le tourment de Sisyphe ne me parut pas moins terrible*] Sisyphe est l'emblesme des ambitieux. Homere ne nous fait voir qu'un criminel puni pour chaque vice, mais par-là il nous fait envisager le supplice de tous ceux qui ont vescu dans le mesme déreglement.

Une force majeure le repoussoit] On peut entendre aussi que la propre force de ce rocher le repoussoit, car il anime ce rocher, c'est pourquoy il adjoute, *& cette pierre impudente retomboit en roulant, &c.* Je n'ay osé hazarder la mesme épithete, & j'ay craint les oreilles trop délicates & peu accoutumées à ces figures hardies, dont l'audace fait la beauté.

C'est à dire, son image, car pour luy] Voicy une confirmation bien claire de ce que j'ay desja dit plus d'une fois sur ce partage de l'Ame aprés la mort. L'ombre d'Hercule, qui est dans les Enfers, c'est l'image de son corps, εἴδωλον, c'est à dire, le corps délié & subtil dont son Ame estoit revestuë. Et luy, c'est l'entendement, l'ame spirituelle qui estoit revestuë de ce corps subtil. Cette Theologie a esté assez expliquée.

Page 291. *Et il a pour femme la charmante Hebé, fille de Jupiter & de Junon*] Cette fable qui donne à Hercule aprés sa mort Hebé pour femme, me paroist heureusement inventée, pour faire entendre qu'une perpetuelle jeunesse, c'est à dire, une réputation qui ne vieillit jamais, est la récompense des heros, qui comme Hercule ont fait servir leur valeur & leur force au soulagement des hommes.

Des cris aigus de morts qui fuyoient devant elle] Ceux qu'il avoit domptez & punis en cette vie, ou qui pour se dérober à la vengeance, s'estoient cachez dans des cavernes, le craignoient & le fuyoient encore aprés la mort.

Son estomac estoit couvert d'un large baudrier d'or] Dans le XIV. Liv. de l'Iliade, Homere nous a donné la ceinture de Venus admirablement bien travaillée & chargée d'ouvrages tres exquis. Voicy le pendant d'oreille, s'il m'est permis de parler ainsi, c'est le baudrier d'Hercule chargé aussi d'ouvrages admirables, mais qui sont aussi terribles que les autres sont gracieux. Et c'est cette opposition qui en fait toute la beauté. Comme ce Poëte a mis sur cette ceinture de Venus tous les artifices dont elle se sert pour surprendre les hommes & pour les perdre, il a mis sur le baudrier d'Hercule tout ce que des heros comme luy font pour les secourir & pour les sauver. Ils domptent les monstres, ils s'exposent aux plus grands dangers. Quelle grandeur & quelle finesse dans ce contraste!

On y voyoit des ours, des sangliers, des lions, des combats] Il y a bien de l'esprit & du goust à avoir mis sur ce baudrier toutes les actions d'Hercule, au lieu de les raconter.

Que l'ouvrier qui l'a fait n'en puisse jamais faire de semblable] Cet endroit d'Homere ne m'a pas paru difficile: cependant il faut

faut bien que les Anciens y ayent trouvé de la difficulté, puisqu'ils en ont donné deux explications tres differentes. Les uns l'ont expliqué ainsi: *Celuy qui l'a fait, n'en avoit jamais fait de semblable, & il n'en fera jamais de pareil, car il a employé à celuy-là toute sa vie.* Ou bien: *Il y a espuisé toute la force de son art.* Et les autres: *Que celuy qui l'a fait, qui en a imaginé le dessein, n'en fasse jamais de semblable.* La premiere explication fait une tres grande violence au texte, & d'ailleurs elle ne dit pas grand chose & ne fait que l'éloge de l'ouvrier. J'ay donc suivi la derniere; car outre qu'elle s'ajuste mieux avec les paroles d'Homere & qu'elle est plus naturelle, elle renferme un sentiment tres passionné, & tres digne d'un homme sage & vertueux comme Ulysse; car bien loin que ce soit une imprécation contre l'ouvrier, comme l'ont crû les Auteurs de la derniere explication, au rapport mesme d'Eustathe, ἕτεροι δὲ, dit-il, τὸν λόγον εἰς ἀρὰς δεξάμενοι σχῆμα, *les autres prenant ce discours pour une sorte d'imprécation,* c'est au contraire un souhait qui renferme une sorte de benediction, & c'est ce qu'il faut faire entendre. Ulysse vient de dire que ce baudrier estoit effroyable à voir, & il paroist qu'il en a eu peur; remarquons en passant quel éloge c'est pour Hercule que cette peur d'Ulysse; car si un heros comme luy, qui a destruit la superbe Troye, qui a affronté tant de perils avec tant de fermeté, & qui a eu le courage de descendre aux Enfers, est effrayé de l'image seule des monstres qu'Hercule a domptez, quel heros n'estoit point Hercule d'avoir attaqué ces monstres mesmes & de les avoir défaits! Que produit cette peur d'Ulysse! un sentiment plein d'humanité, il s'escrie, *Que celuy qui a fait ce baudrier, n'en fasse jamais de semblable.* Que jamais l'Histoire ne luy fournisse le sujet d'un pareil dessein. C'est à dire, qu'il souhaite qu'il n'y ait plus de Geants à vaincre, plus de monstres à dompter, qu'il n'y ait plus de combats, de batailles, de meurtres, & qu'on voye regner par toute la terre, la pieté, la justice & la paix. Faisons le mesme souhait. Que le grand Prince à qui les loix & les vœux des peuples viennent de confier la Regence de l'Estat, nous fasse joüir long-temps de cet avantage, & que le jeune Roy instruit par ses grands exemples, ait l'heureuse ambition de n'estre grand que par la paix.

Page 292. *Es-tu aussi persecuté par le mesme Destin qui m'a poursuivi pendant ma vie*] Il y a dans le Grec: *Traisnes tu aussi avec toy un mauvais destin comme celuy que j'ay apporté en venant au monde!* Et cette expression est remarquable.

J'estois fils du grand Jupiter, mais ma naissance n'a pas empesché que je n'aye passé mes jours] Homere donne icy une instruction indirecte, qui me paroist d'une grande beauté & d'une grande utilité. Hercule estoit fils de Jupiter, & il n'a pas laissé d'estre assujeti à des traverses infinies. Toute sa vie n'a esté qu'un tissu de peines & de travaux. Les hommes ordinaires, qui ont dans la vie quelques malheurs, oseroient-ils se plaindre?

J'ay esté soumis à un homme fort inferieur à moy] Un fils de Jupiter peut donc estre soumis aux hommes. Grande verité & en mesme temps grande leçon. M. Dacier m'a fourni sur cela une reflexion d'Epictete que je trouve divine: *Hercule, exercé par Eurysthée, ne se disoit point malheureux, & executoit tout ce que ce tyran luy ordonnoit de plus penible, & toy exercé par un Dieu qui est ton pere, tu cries, tu te plains, & tu te trouves malheureux!*

En dernier lieu il me commanda de descendre dans cet empire des morts] Puisqu'Hercule estoit desja descendu dans les Enfers, Homere n'a donc rien fait d'extraordinaire ni d'incroyable en y faisant descendre Ulysse. C'est ainsi que ce Poëte fonde la vraysemblance de sa fable. Cela est fort adroit.

Page 293. *Et peut-estre que j'aurois eu*

la satisfaction de voir ces grands personnages] Homere fait encore voir icy qu'il n'auroit pas manqué de matiere pour continuer cet épisode s'il avoit voulu, mais il se contente de faire voir cette grande richesse sans s'y amuser.

N'envoyast du fond de l'Erebe, la terrible teste de la Gorgone, pour l'exposer à mes yeux] Cela est plaisant, comme si l'ombre mesme de la Gorgone avoit pû faire dans les Enfers ce que la Gorgone elle-mesme faisoit dans cette vie, qui estoit de rendre immobiles & de convertir en pierres ceux qui la regardoient. Mais toute cette idée n'est que pour dire poëtiquement qu'il eut peur que ce sujet si agreable ne l'amusast trop long-temps, & ne luy fist oublier son retour.

La terrible teste de la Gorgone] Athenée dans son liv. 5. nous rapporte un passage d'Alexandre de Myndes du 11. de son histoire des Animaux, qui nous découvre l'origine de cette fable de la Gorgone. Cet Historien dit que dans la Libye il naissoit un animal, que les Nomades appellent *Gorgone*, qui ressembloit à une brebis sauvage ou à un veau, & dont l'haleine estoit si empoisonnée, qu'elle tuoit sur le champ tous ceux qui l'approchoient. Une espece de criniere luy tomboit du front sur les yeux, & si pesante, qu'elle avoit bien de la peine à la secoüer & à l'escarter pour voir. Mais quand elle l'avoit escartée, elle tuoit sur l'heure tous ceux qui la regardoient. Il adjoute que quelques soldats de Marius en firent une triste experience dans la guerre contre Jugurtha, car ayant rencontré une de ces Gorgones, & luy ayant couru sus pour la tuer, elle escarta sa criniere & les prévint par ses regards. Aprés ces premiers, d'autres eurent le mesme sort; enfin quelques cavaliers Nomades ayant fait une enceinte, la tuerent de loin à coups de fleches. Sur ce fondement il n'a pas esté difficile à la Poësie de bastir cette fable de la Gorgone.

Les flots du grand fleuve] Homere donne à l'Ocean le nom de *fleuve*. Et l'on peut voir sur cela Strabon au commencement de son premier livre.

Argument du Livre XII.

Ulysse raconte au Roy des Pheaciens & aux Princes de sa cour comment à son retour des Enfers il arriva pour la seconde fois chez Circé dans l'isle d'Ææa; comment il eschappa à la voix melodieuse des Sirenes, & évita les Roches mouvantes de Scylla & de Charybde. Il fait ensuite le détail de son naufrage, & de la perte de ses Compagnons qui avoient tué quelques-uns des bœufs consacrez au Soleil; & il represente ensuite les dangers qu'il courut dans ce naufrage, & la maniere dont il se sauva dans l'isle de Calypso sur une partie du mast de son vaisseau.

L'ODYSSÉE D'HOMERE.

LIVRE XII.

« QUAND noſtre vaiſſeau eut ſurmonté les courants du grand Océan & qu'il eut gagné la haute mer, nous arrivaſmes à l'iſle d'Æœa, où ſont les chœurs & les danſes de l'aurore & qui voit naiſtre le ſoleil. Nous entraſmes dans le port, nous tiraſmes le vaiſſeau ſur le ſable, & ayant mis pied à terre, nous nous couchaſmes ſur le rivage en attendant le jour. Le lendemain, dés que l'aurore eut annoncé le retour du ſoleil, j'envoyay une partie de mes Compa-

» gnons au Palais de Circé pour
» m'apporter le corps d'Elpenor, qui
» eſtoit mort le jour de mon départ.
» Nous coupaſmes du bois pour le
» buſcher, que nous dreſſaſmes ſur
» un cap élevé qui avançoit dans la
» mer. Quand le corps fut bruſlé
» avec ſes armes, nous enterraſmes
» ſes cendres avec toutes les mar-
» ques d'une veritable douleur. Nous
» luy élevaſmes un tombeau, ſur le-
» quel nous dreſſaſmes une colom-
» ne, & nous plaçaſmes ſa rame
» ſur le haut du tombeau. A peine
» avions-nous achevé de nous ac-
» quitter de ce triſte devoir, que
» Circé, avertie de noſtre retour, ar-
» riva. Elle eſtoit ſuivie de ſes fem-
» mes qui nous apportoient toutes
» ſortes de rafraiſchiſſements. La
» Déeſſe s'eſtant avancée au milieu,
» nous dit : Malheureux, qui tout
» vivants eſtes deſcendus dans l'Em-
» pire des ombres, deux fois victi-
» mes de la mort, au lieu que les au-

tres hommes ne meurent qu'une « fois; passez le reste du jour à vous « rejoüir & à faire bonne chere; de- « main à la pointe du jour vous vous « rembarquerez pour continuer vos- « tre route : je vous enseigneray « moy-mesme le chemin que vous « devez tenir, & je vous donneray « toutes les instructions necessaires, « afin que vous évitiez les malheurs « dont vous estes encore menacez & « sur terre & sur mer, & où vous « ne manqueriez pas de perir par « vostre imprudence. «

Elle parla ainsi, & nous persua- « da sans peine. Nous passasmes donc « le reste du jour à boire & à man- « ger, & quand le soleil eut fait pla- « ce à la nuit, mes Compagnons se « coucherent prés du vaisseau, & la « Déesse me prenant par la main, me « tira à l'escart, & s'estant assise prés « de moy, elle voulut sçavoir tout « ce qui m'estoit arrivé dans mon « voyage. Je luy en fis le détail, «

» & je n'eus pas pluſtoſt ſatisfait ſa
» curioſité, qu'elle me dit: Ulyſſe,
» voilà donc une affaire finie, vous
» vous en eſtes heureuſement tiré.
» Mais eſcoutez ce que j'ay encore à
» vous dire, quelque Dieu favora-
» ble vous en fera ſouvenir dans l'oc-
» caſion. Vous trouverez ſur voſtre
» chemin les Sirenes; elles enchan-
» tent tous les hommes qui arrivent
» prés d'elles. Ceux qui ont l'impru-
» dence de les approcher & d'eſcou-
» ter leurs chants, ne peuvent éviter
» leurs charmes, & jamais leurs fem-
» mes ni leurs enfants ne vont au-
» devant d'eux les ſaluer & ſe rejoüir
» de leur retour. Les Sirenes les re-
» tiennent par la douceur de leurs
» chanſons dans une vaſte prairie où
» l'on ne voit que monceaux d'oſſe-
» ments de morts, & que cadavres
» que le ſoleil acheve de ſécher. Paſ-
» ſez ſans vous arreſter, & ne man-
» quez pas de boucher avec de la
» cire les oreilles de vos Compa-

gnons, de peur qu'ils ne les en- «
tendent. Pour vous, vous pouvez «
les entendre si vous voulez, mais «
souvenez-vous de vous faire bien «
lier auparavant à vostre mast tout «
de bout avec de bonnes cordes, «
qui vous attacheront par les pieds «
& par les mains, afin que vous «
puissiez entendre sans danger ces «
voix délicieuses. Que si transporté «
de plaisir, vous ordonnez à vos «
Compagnons de vous détacher, «
qu'ils vous chargent alors de nou- «
veaux liens, & qu'ils vous lient «
plus fortement encore. Quand vos «
Compagnons vous auront tiré de «
ce danger, & qu'ils auront laissé «
assez loin derriere eux ces enchan- «
teresses, je ne vous diray pas préci- «
sément quelle est la route que vous «
devez tenir, c'est à vous de choisir «
& de prendre conseil de vous-mes- «
me. Tout ce que je puis, c'est de «
vous marquer ce que vous trou- «
verez à droit & à gauche. Il y a «

» deux roches fort hautes contre lef-
» quelles les flots d'Amphitrite vont
» se briser avec un horrible mugif-
» fement. Les Dieux immortels les
» appellent les roches errantes. Les
» oyseaux des cieux ne volent point
» par dessus, & les colombes mesmes,
» qui portent l'ambrosie à Jupiter,
» ne les passent point impunément,
» car le sommet de ces roches en
» abat toujours quelqu'une, mais
» Jupiter a soin d'en envoyer tou-
» jours une autre à la place, afin que
» le nombre soit toujours complet.
» Si quelque vaisseau en approche
» malheureusement, il n'y a plus
» pour luy d'esperance; il est d'abod
» fracassé, & ses debris & les hom-
» mes qui le montoient, sont empor-
» tez pesle mesle par les vagues &
» par les tempestes meslées de tour-
» billons de feu. Il n'y a jamais eu
» qu'un seul vaisseau qui se soit tiré
» de ces abysmes, c'est la celebre na-
» vire Argo qui, chargée de la fleur

des heros de la Grece, paſſa par-là «
en revenant de la Colchide, où «
regnoit le Roy Aëtés; & il ne faut «
pas douter que les courants ne «
l'euſſent portée contre ces roches, «
ſi Junon ne l'euſt conduite elle-«
meſme, & ne l'euſt fait paſſer ſans «
danger, parce qu'elle aimoit & pro-«
tegeoit Iaſon. De ces deux eſcüeils «
dont je vous parle, l'un porte ſa «
cime juſqu'aux cieux; il eſt envi-«
ronné de nuages obſcurs qui ne «
l'abandonnent en aucun temps; ja-«
mais la ſerenité ne dévoile ſon ſom-«
met ni en eſté ni en automne, & «
il n'y a point de mortel qui y puſt «
monter ni en deſcendre quand il «
auroit vingt mains & vingt pieds, «
car c'eſt une roche unie & liſſe, «
comme ſi elle eſtoit taillée & po-«
lie. Au milieu il y a une caverne «
obſcure dont l'ouverture eſt tour-«
née vers le couchant & vers l'Ere-«
be; & cette caverne eſt ſi haute, «
que le plus habile archer paſſant «

» prés de-là sur son vaisseau, ne
» pourroit pousser sa fleche jusqu'à
» son sommet ; passez le plus viste
» qu'il vous sera possible, car c'est la
» demeure de la pernicieuse Scylla,
» qui pousse des hurlements horri-
» bles ; sa voix est semblable au ru-
» gissement d'un jeune lion, c'est un
» monstre affreux, dont les hommes
» ni les Dieux mesmes ne peuvent
» soutenir la vûë. Elle a douze grif-
» fes qui font horreur, six cols d'une
» longueur énorme, & sur chacun
» une teste espouvantable avec une
» gueule beante garnie de trois rangs
» de dents qu'habite la mort. Elle a
» la moitié du corps estendu dans sa
» caverne, elle avance dehors ses six
» testes monstrueuses, & en allon-
» geant ses cols elle sonde toutes les
» cachetes de sa caverne, & pesche
» habilement les dauphins, les chiens
» marins, les baleines mesmes &
» les autres monstres qu'Amphitrite
» nourrit dans son sein. Jamais Pi-

lote n'a pû se vanter d'avoir passé «
impunément prés de cette roche; «
car ce monstre ne manque jamais «
de chacune de ses six gueules tou- «
jours ouvertes d'enlever un hom- «
me de son vaisseau. «

L'autre escüeil n'est pas loin de «
là, mais il est moins élevé, & vous «
pousseriez fort aisément jusqu'au «
sommet une fleche. On y voit un «
figuier sauvage dont les branches «
chargées de feüilles s'estendent fort «
loin. Sous ce figuier est la demeure «
de Charybde, qui engloutit les flots, «
car chaque jour elle les engloutit «
par trois fois, & par trois fois elle «
les rejette avec des mugissements «
horribles. Qu'il ne vous arrive pas «
de vous trouver-là quand elle ab- «
sorbe ces vagues, car Neptune mes- «
me ne pourroit vous tirer de ce «
danger, & vous seriez immanqua- «
blement entraisné dans cet abysme; «
taschez plustost de passer du costé «
de Scylla le plus promptement «

» qu'il vous sera possible, car il vaut
» encore mieux que vous perdiez six
» de vos Compagnons que de les
» perdre tous & de perir vous-mes-
» me.

» Mais, grande Déesse, luy ré-
» pondis-je, dites-moy, je vous prie,
» si je fais tant que de m'éloigner de
» Charybe & d'approcher de Scylla,
» ne pourray-je pas venger sur cette
» derniere la mort de mes six Com-
» pagnons qu'elle aura devorez!

» Ah, mon cher Ulysse, reprit-
» elle, quoy mesme en l'estat où vous
» estes, vous ne pouvez vous resou-
» dre à renoncer à la guerre & aux
» travaux, & vous ne voulez pas
» mesme ceder aux Dieux! Sçachez
» que ce n'est pas une creature ordi-
» naire & mortelle que vous vous
» proposez de combatre, mais un
» monstre terrible, inhumain, invin-
» cible & immortel; toute la valeur
» humaine ne sçauroit luy resister.
» Le plus seur est de se dérober à sa

fureur par la fuite. Car pour peu «
que vous arreſtiez prés d'elle pour «
prendre vos armes, je crains bien «
qu'elle ne vous enleve ſix autres «
de vos Compagnons, & vous au- «
rez encore la douleur de les voir «
devorer en voſtre preſence. Paſſez «
viſte, vous dis-je, & appellez à «
voſtre ſecours la Déeſſe Cratée, «
qui a mis au monde ce monſtre «
horrible, elle arreſtera ſa violence «
& l'empeſchera de ſe jetter ſur vous. «
Vous arriverez à l'iſle de Trinacrie «
où paiſſent un grand nombre de «
bœufs & de moutons. Il y a ſept «
troupéaux de bœufs, autant de «
troupeaux de moutons, & chaque «
troupeau eſt de cinquante beſtes, «
qui ne ſe continüent point par la «
generation, mais qui durent tou- «
jours les meſmes ſans jamais finir, «
& tous ces troupeaux ont pour ber- «
geres deux Déeſſes, la belle Phaë- «
tuſe & la charmante Lampetie, tou- «
tes deux le fruit des amours de la «

» Déesse Nécré & du Soleil. La mere
» aprés les avoir nourries & élevées,
» les envoya habiter bien loin dans
» l'isle de Trinacrie, & leur donna le
» soin des troupeaux de leur pere. Si
» vous voulez vous procurer un heu-
» reux retour, vous laisserez-là ces
» troupeaux sans y toucher & sans
» leur faire aucun mal, & il est seur
» que vous arriverez à Ithaque, quel-
» ques traverses que vous ayez à es-
» suyer. Mais si vous y touchez, je
» vous prédis la perte certaine de
» vostre vaisseau & de vos Compa-
» gnons; & si vous estes assez heu-
» reux pour eschaper, vous n'arrive-
» rez chez vous qu'aprés un long
» temps, & aprés avoir vû perir tous
» vos Compagnons jusqu'au der-
» nier.

» Elle parla ainsi, & l'aurore vint
» annoncer le jour. La Déesse reprit
» le chemin de son Palais, & je re-
» tournay à mon vaisseau. J'ordonne
» à mes Compagnons de s'embar-

quer, de délier les cables & de pren- «
dre les avirons. Ils obéïssent & se «
mettent à ramer. La belle Circé «
nous envoya un vent favorable, «
qui donna le temps à nos rameurs «
de se soulager, car avec ce bon «
vent, l'adresse seule de nostre pi- «
lote suffit pour nous conduire. A- «
lors, quoy-qu'accablé de douleur, «
je pris ce moment pour parler à «
mes Compagnons. «

Mes amis, leur dis je, il n'est «
pas juste que nous ne soyons icy «
qu'un ou deux qui sçachions les «
avantures que Circé m'a prédites. «
Je vais vous en informer tous, «
afin que, comme elles vous regar- «
dent tous également, vous en «
soyez aussi tous également ins- «
truits, soit que nous devions tous «
perir, ou que nous puissions espe- «
rer d'eschaper aux dangers qui «
nous menacent. Premierement la «
Déesse nous ordonne d'éviter la «
voix des Sirenes & de fuir loin de «

» la prairie qu'elles habitent. Elle ne
» permet qu'à moy seul d'entendre
» leurs chants, mais auparavant il
» faut que vous m'attachiez tout de
» bout au mast de mon vaisseau avec
» des liens tres forts. Que si trans-
» porté du plaisir de les entendre, je
» vous ordone de me détacher, gar-
» dez-vous bien de m'obéïr, & liez-
» moy plus fortement encore.
»   Pendant que je leur parlois ainsi,
» nostre vaisseau poussé par un bon
» vent arrive à l'isle des Sirenes, le
» vent s'appaise dans le moment, les
» vagues tombent & le calme regne.
» Aussitost mes Compagnons se le-
» vent, plient les voiles, reprennent
» leurs rames & font escumer la mer
» sous l'effort de leurs avirons. Je
» prends en mesme temps un grand
» pain de cire, je le mets en pieces
» avec mon espée, & tournant ces
» morceaux dans mes mains, je les
» amolis. La cire est bientost amolie
» & cede à la force de mes mains &

à la chaleur du soleil qui estoit fort «
grande. J'en remplis les oreilles de «
mes Compagnons, qui aprés cela «
me lierent par les pieds & par les «
mains tout debout au mast du «
vaisseau, & s'estant remis sur les «
bancs, ils recommencerent à ra- «
mer. «

Quand nostre vaisseau ne fut «
plus éloigné du rivage que de la «
portée de la voix, & que sans abor- «
der nous poursuivions nostre rou- «
te, les Nymphes nous aperceurent, «
& aussi-tost élevant leurs voix, el- «
les se mirent à chanter, & à me «
dire: Approchez de nous, gene- «
reux Ulysse, qui meritez tant d'é- «
loges, & qui estes l'ornement & la «
gloire des Grecs, arrestez vostre «
vaisseau sur ce rivage pour enten- «
dre nostre voix. Jamais personne «
n'a passé ces lieux sans avoir au- «
paravant admiré la douce harmo- «
nie de nos chants. On continuë sa «
route aprés avoir eu ce plaisir, & «

« aprés avoir appris de nous une in-
» finité de choses, car nous sçavons
» tous les travaux que les Grecs &
» les Troyens ont essuyez par la vo-
» lonté des Dieux sous les remparts
» de Troye, & rien de tout ce qui se
» passe dans ce vaste univers ne nous
» est caché.
»   Voilà ce qu'elles me dirent avec
» une voix pleine de charmes. J'en
» fus si touché, que je voulois ap-
» procher pour les entendre, & que
» je fis signe à mes Compagnons de
» me délier. Mais ils se mirent à faire
» force de rames, & en mesme temps
» Perimede & Euryloque s'estant le-
» vez, vinrent me charger de nou-
» veaux liens & m'attacher plus for-
» tement. Quand nous eusmes passé
» ces lieux charmants, mais trop dan-
» gereux, & que nous fusmes assez
» loin pour ne pouvoir plus enten-
» dre ni les sons, ni la voix de ces
» enchanteresses, alors mes Compa-
» gnons osterent la cire dont j'avois

bouché leurs oreilles, & vinrent «
me délier. Mais nous n'eusmes pas «
pluſtoſt quitté cette iſle, que j'ap- «
perçûs une fumée affreuſe, que je «
vis les flots s'amonceler & que j'en- «
tendis des mugiſſements horribles. «
Mes Compagnons furent ſi ef- «
frayez, que les rames leur tombe- «
rent des mains; tous les environs «
retentiſſoient de ces mugiſſements «
eſpouventables. Noſtre vaiſſeau eſ- «
toit arreſté ſans pouvoir faire au- «
cun mouvement, car mes Com- «
pagnons n'avoient plus la force de «
donner un coup de rame. Je cou- «
rois par tout le vaiſſeau; je leur «
parlois à tous les uns aprés les au- «
tres, & je taſchois de les ranimer. «
Mes chers amis, nous ne ſommes «
point novices à ſoutenir de grands «
maux; celuy qui ſe preſente n'eſt «
pas le plus grand que nous ayons «
eſſuyé. Avez-vous oublié quand «
le Cyclope nous tenoit enfermez «
dans ſon affreuſe caverne. Par ma «

» prudence, par mon courage & par
» mon adreſſe nous nous tiraſmes de
» ce terrible danger ; j'ay peine à
» croire que cela ſoit ſorti de voſtre
» memoire. Executez ſeulement les
» ordres que je vais donner. Vous,
» rameurs, ne vous menagez point
» & que les flots blanchiſſent ſous
» vos rames ; Jupiter veut peut-eſtre
» que noſtre vie ſoit le prix de vos
» grands efforts. Et vous, Pilote,
» puiſque vous avez en main le gou-
» vernail, & que c'eſt à vous à nous
» conduire, éloignez toujours voſ-
» tre vaiſſeau de l'endroit où vous
» voyez cette fumée & les flots amon-
» celez, ayez toujours la vûë atta-
» chée ſur le rocher qui eſt à gau-
» che, taſchez d'en approcher, &
» prenez bien garde que les courants
» ne vous entraiſnent inſenſiblement
» de l'autre coſté, & que par-là vous
» ne nous précipitiez dans une mort
» certaine.

» Ils obéïrent tous avec un merveilleux

veilleux courage, mais je me gar- «
day bien de leur nommer Scylla, «
de peur que ce seul nom ne les «
jettast dans le desespoir, & qu'a- «
bandonnant leurs rames ils n'allas- «
sent tous se cacher. Alors je ne me «
souvins plus de l'ordre trop dur «
que Circé m'avoit donné; j'en- «
dossay mes armes, & prenant en «
main deux bons javelots, je m'a- «
vançay sur la prouë, & là de pied «
ferme j'attendois de voir paroistre «
cette monstrueuse Scylla qui devoit «
devorer mes Compagnons, mais «
je ne pûs jamais l'appercevoir. «
J'estois si appliqué à regarder dans «
toutes les ouvertures de cette ca- «
verne obscure, que mes yeux en «
estoient fatiguez. Nous passasmes «
ainsi ce petit destroit entre Scylla & «
Charybde. Cette derniere englou- «
tissoit avidement les flots. Quand «
elle les rejettoit, le boüillonnement «
de ces eaux, semblable à celuy d'u- «
ne cuve pressée par un feu violent, «

Tome II. . Q

» faisoit retentir les rivages, & l'éf-
» cume montoit jufqu'à la cime de
» ces affreux rochers, & quand elle
» les retiroit, on entendoit des mu-
» giffements terribles, tout le rocher
» en retentiffoit, & l'on voyoit à
» découvert le fable noir de ces abyf-
» mes. Mes Compagnons font faifis
» de frayeur. Pendant que nous
» avions les yeux attachez fur cette
» monftrueufe Charybde pour évi-
» ter la mort dont elle nous mena-
» çoit, la cruelle Scylla enleva de
» mon vaiffeau fix de mes Compa-
» gnons qu'elle choifit les meilleurs
» & les plus forts ; attiré par le bruit
» je tournay la vûë de leur cofté. Je
» vis encore leurs pieds & leurs mains
» qui s'agitoient en l'air comme elle
» les enlevoit, & je les entendis qui
» m'appelloient à leur fecours. Mais
» ce fut pour la derniere fois que je
» les vis & que je les entendis. Com-
» me un pefcheur, qui fe tenant fur
» la pointe d'un rocher avancé, jette

dans la mer sa ligne dont il a garni «
l'hameçon d'un appast trompeur, «
au dessous de la corne qui le couvre, «
& enleve un petit poisson tout pal- «
pitant qu'il jette sur le sable, Scylla «
enleve de mesme mes six Compa- «
gnons dans son rocher & les de- «
vore à l'entrée de sa caverne. Ces «
malheureux jettoient des cris qui «
me perçoient le cœur, & ils me «
tendoient les mains pour implorer «
mon assistance. Vous pouvez juger «
de mon estat. De tout ce qui m'est «
arrivé de plus sensible & de plus «
affligeant dans mes courses, voilà «
ce que j'ay trouvé de plus cruel. «

Quand nous eusmes passé ces «
cruelles roches, Scylla & Charyb- «
de, nous arrivasmes incontinent à «
l'isle du Soleil où paissoient les «
bœufs & les moutons de ce Dieu. «
Avant que d'aborder, j'entendis «
les meuglements & les bellements «
de ces troupeaux. Je me ressouvins «
d'abord de ce que m'avoit dit le «

» devin Tirésias, & de l'ordre que
» m'avoit donné la Déesse Circé, qui
» m'avoit recommandé sur toutes
» choses d'éviter l'isle du Soleil qui
» fait la joye des hommes. Je me re-
» solus donc de parler à mes Com-
» pagnons quoyque j'eusse le cœur
» serré de tristesse : Mes amis, leur
» dis-je, escoutez l'avis que j'ay à
» vous donner, & que les fatigues
» dont vous estes accablez ne vous
» rendent pas indociles. J'ay à vous
» declarer les oracles que j'ay receus
» de Tirésias & de Circé. Ils m'ont
» ordonné d'éviter sur-tout l'isle du
» Soleil qui fait la joye & le bon-
» heur des hommes, & ils m'ont
» prédit que si j'y entrois, il nous y
» arriveroit à tous un tres grand mal-
» heur. Eloignez-en donc le vaisseau
» le plus qu'il vous sera possible.
» . Ces paroles leur abattirent le
» courage & les remplirent de dou-
» leur. Euryloque se levant avec
» précipitation, me répondit d'un

ton fort aigre : Ulysse, vous estes «
le plus impitoyable & le plus dur «
de tous les hommes, vous n'estes «
jamais las de travaux, rien ne vous «
fatigue, il faut que vos entrailles «
soient toutes de fer. Vous voyez «
vos Compagnons accablez de som- «
meil & de lassitude, & vous ne pou- «
vez souffrir qu'ils relaschent à une «
isle où ils touchent desja, & où «
ils pourroient trouver quelque re- «
pos & les rafraischissements qui «
leur sont necessaires, mais vous «
voulez qu'ils s'abandonnent encore «
à la mer, & qu'ils errent pendant «
la nuit en s'éloignant d'une terre «
qui leur offre un asyle. C'est pen- «
dant la nuit que se levent les vents «
les plus orageux ; si nous sommes »
accüeillis d'une tempeste, où vou- «
lez-vous que nous nous retirions! «
Que le vent de midy, ou le violent «
Zephyre se levent, nous sommes «
perdus sans ressource, car ces vents «
là regnent dans ces mers avec tant «

» d'empire, que les meilleurs vaisseaux ne peuvent leur resister, & qu'ils perissent tous malgré les Dieux mesmes. A l'heure qu'il est obéïssons à la nuit, descendons à terre, préparons le souper prés de nostre vaisseau sur le rivage, & demain dés la pointe du jour nous nous remettrons en mer.

» Ce discours fut approuvé de tous ses Compagnons. Je reconnus alors qu'un Dieu ennemi me préparoit de nouveaux malheurs. Reprenant donc la parole, je luy dis : Euryloque, je ne puis vous resister, car je suis seul contre tous. Mais avant que nous abordions, promettez-moy & confirmez vostre promesse par le plus grand des sermens, que si vous trouvez à terre des bœufs & des moutons, aucun de vous n'aura la folie d'en tuer un seul, & que vous vous contenterez de manger les provisions que Circé nous a données.

Ils jurent tous en mesme temps. «
Ce serment fait nous entrons dans «
le port, nous arrestons nostre vais- «
seau prés d'un lieu qu'arrosoit une «
belle fontaine. Mes Compagnons «
descendent & commencent à pré- «
parer leur souper. Quand ils eu- «
rent soupé, le souvenir de la perte «
de leurs Compagnons, que Scylla «
avoit enlevez & devorez à nos «
yeux, leur arracha des larmes qu'un «
doux sommeil vint bientost tarir. «

La nuit estoit fort avancée, & «
les astres penchoient vers leur cou- «
cher, lorsque Jupiter excita une «
furieuse tempeste meslée d'horri- «
bles tourbillons, & couvrit la terre «
& la mer d'espais nuages, qui en «
nous dérobant la clarté des astres, «
redoublerent l'obscurité de la nuit. «
Quand l'aurore nous eut rendu la «
lumiere, nous cherchasmes un abri «
pour nostre vaisseau sous un antre «
avancé qui estoit dans le port, & «
dans lequel les Nymphes de la mer «

» se retiroient & faisoient leurs dan-
» ses. Là j'assemblay mes Compa-
» gnons, & je leur dis: Mes amis,
» nous avons dans nostre vaisseau
» toutes les provisions de bouche qui
» nous sont necessaires, ne touchons
» donc ni aux bœufs ni aux moutons
» de cette isle, de peur qu'il ne nous
» arrive quelque grand malheur, car
» ils appartiennent à un Dieu terri-
» ble, au Soleil qui voit tout & qui
» entend tout.

» Touchez de mes paroles, ils me
» promirent tout ce que je voulois.
» La tempeste excitée par le vent de
» midy continua un mois entier sans
» relasche, & à ce vent de midy se
» joignit le vent du levant qui ren-
» doit la tempeste plus furieuse. Pen-
» dant que mes Compagnons ne
» manquerent ni de pain ni de vin,
» ils s'abstinrent de toucher aux trou-
» peaux du Soleil, car ils ne vou-
» loient que conserver leur vie. Mais
» quand toutes nos provisions furent

consumées, alors se dispersant par « necessité, ils se mirent à chasser & « à pescher à la ligne les poissons, les « oyseaux marins & tout ce qui pou- « voit tomber entre leurs mains, car « ils estoient pressez d'une faim tres « violente. Cependant je m'enfonçay « dans l'isle pour faire mes prieres aux « Dieux & pour les supplier de vou- « loir m'ouvrir quelque voye de re- « tour. Quand je me vis donc assez « loin de mes Compagnons & dans « un lieu qui estoit à l'abry des vents, « je lavay mes mains, & j'adressay « mes prieres à tous les Dieux qui « habitent l'Olympe. J'avois à peine « fini que les Dieux m'envoyerent « un doux sommeil. «

Euryloque profita de l'occasion « pour donner à ses Compagnons un « conseil funeste: Mes amis, leur dit- « il, qui avez essuyé tant de travaux « & tant de miseres, tous les genres « de mort sont terribles, mais le plus « terrible de tous c'est de mourir de «

Q v

» faim. Choisissons donc parmi les
» bœufs du Soleil les plus beaux &
» les meilleurs, & faisons un sacrifice
» aux Dieux immortels; & si nous
» sommes assez heureux pour arriver
» à Ithaque nostre chere patrie, nos-
» tre premier soin sera d'élever au
» Pere du jour un beau temple, que
» nous enrichirons de quantité d'of-
» frandes tres magnifiques. Que si ce
» Dieu irrité de ce que nous aurons
» pris ses bœufs, veut faire perir
» nostre vaisseau & que tous les au-
» tres Dieux y consentent, j'aime
» mieux encore mourir au milieu des
» flots que de languir miserablement
» dans cette isle deserte & d'y estre
» consumé par la faim.

» Ainsi parla Euryloque, & ce
» pernicieux conseil fut loüé & sui-
» vi. Sans perdre un moment ils
» vont choisir dans les troupeaux les
» bœufs les meilleurs & les plus gras,
» & ils n'allerent pas les chercher
» bien loin, car comme ces bœufs

n'estoient point effarouchez, ils «
paissoient prés de nostre vaisseau «
mesme. Ils les immolerent en fai- «
sant leurs prieres aux Dieux, & «
comme ils n'avoient point d'orge «
pour les consacrer selon la coutu- «
me, ils prirent des feüilles de chef- «
ne; leurs prieres estant finies & les «
victimes égorgées & dépoüillées, «
ils couperent les cuisses, les enve- «
loperent d'une double graisse, mi- «
rent par dessus, des morceaux de «
toutes les autres parties, & les pose- «
rent sur le feu. Ils manquoient de «
vin pour faire les aspersions; dans «
cette necessité ils employerent l'eau, «
qu'ils verserent sur ces parties fu- «
mantes. Quand les cuisses furent «
consumées par le feu, & qu'on eut «
gouté aux entrailles, on coupa les «
restes des victimes par morceaux, «
& on les fit rostir. Le sommeil me «
quitta dans ce moment, & je re- «
pris le chemin de mon vaisseau. «
Comme j'approchois, une odeur «

» agreable de fumée de sacrifice se
» respandit autour de moy. Je ne
» doutay point de mon malheur, &
» m'adressant aux Dieux, je m'es-
» criay avec de profonds soupirs:
» Grand Jupiter, & tous les autres
» Immortels qui habitez aussi l'O-
» lympe, c'est donc pour ma perte
» que vous m'avez fait fermer les
» paupieres par ce malheureux som-
» meil ; car mes Compagnons de-
» venus audacieux & rebelles par
» mon absence, ont commis un ter-
» rible forfait.
»   En mesme temps la belle Lam-
» petie alla porter au Soleil la nou-
» velle de cet horrible attentat de
» mes Compagnons. Le Soleil ou-
» tré de colere, dit aux Dieux:
» Grand Jupiter, & tous les autres
» Immortels qui habitez aussi ce
» brillant Olympe, vengez-moy
» des Compagnons d'Ulysse fils de
» Laërte, qui avec une insolence di-
» gne de tous vos chastiments, ont

égorgé mes bœufs que je voyois «
toujours avec un nouveau plaisir «
quand je montois au ciel pour es- «
clairer les hommes, ou quand je «
descendois du ciel sous la terre «
pour faire place à la nuit. Si ces «
insolents ne portent bien-tost la «
peine que merite leur sacrilege, je «
descendray dans l'Erebe & je n'es- «
claireray plus que les morts. «

Le maistre du tonnerre luy ré- «
pond : Soleil, continuez de faire «
part de vostre lumiere aux Dieux, «
& aux hommes qui sont respandus «
sur la surface de la terre, & repo- «
sez-vous sur moy de la punition «
de ces audacieux. Bien-tost je bri- «
seray leur vaisseau d'un coup de «
foudre au milieu de la vaste mer. «

Et cette conversation des Dieux, «
je l'appris de la belle Calypso, qui «
me dit la tenir de Mercure mes- «
me. «

Quand j'eus regagné mon vais- «
seau, je fis à mes Compagnons de «

» tres severes réprimandes. Mais tout
» cela n'apportoit aucun remede à
» nos maux, les bœufs du Soleil es-
» toient tuez. Les Dieux ne tarde-
» rent pas d'envoyer à ces malheu-
» reux des signes de leur colere ; les
» peaux de ces bœufs se mirent à
» marcher ; les chairs, qui rotissoient
» sur les charbons, commencerent à
» mugir ; celles qui estoient encore
» cruës répondoient à leurs mugisse-
» ments, & nous croyions entendre
» les bœufs mesmes.

» Malgré ces prodiges mes Com-
» pagnons passerent six jours entiers
» à faire bonne chere, & dés que Ju-
» piter eut fait luire le septiéme jour,
» la tempeste, qui jusques-là avoit
» esté si furieuse, cessa tout d'un
» coup. Pour ne pas perdre un temps
» si favorable, nous nous rembar-
» quasmes sur l'heure, & aprés avoir
» dressé le mast & déployé nos voi-
» les, nous nous mismes en mer.

» Dés que nous eusmes perdu l'Is-

le de vûë, que nous ne découvrions «
plus aucunes terres & que nous ne «
pouvions plus voir que la mer & «
le ciel, alors Jupiter fit lever au «
deſſus de noſtre vaiſſeau un nuage «
noir, qui couvrit tout à coup la «
mer d'eſpaiſſes tenebres. Ce nuage «
ne courut pas long-temps, car bien- «
toſt de ſes flancs ſortit le violent «
Zephyre accompagné d'un déluge «
de pluye & d'affreux tourbillons. «
L'effort du vent rompit d'abord «
les deux cordages du maſt, qui «
tomba avec ſes voiles & ſes anten- «
nes dans la Sentine, & en tombant «
il fracaſſa la teſte à noſtre pilote «
qui tenoit le gouvernail. Ce mal- «
heureux tomba de ſa pouppe dans «
la mer la teſte la premiere comme «
un plongeur. En meſme temps Ju- «
piter fit retentir les airs du bruit «
d'un horrible tonnerre & lança ſa «
foudre ſur noſtre vaiſſeau. La ſe- «
couſſe, que cauſa le trait de ce Dieu, «
fut ſi violente, que tout le vaiſſeau «

» en fut esbranflé, une odeur de
» foulfre le remplit & tous mes Com-
» pagnons furent précipitez dans les
» flots. Ils flottoient fur les vagues
» comme des oyfeaux marins, faifant
» tous leurs efforts pour regagner
» leur navire; mais toute voye de
» falut leur eftoit fermée par l'ordre
» de Jupiter. Dans cette extremité
» je courois d'un bout à l'autre du
» vaiffeau pour tafcher de le gou-
» verner, mais un horrible coup de
» vent ayant emporté les deux cof-
» tez, il n'y eut plus que le fonds qui
» refta entier & qui eftoit le joüet
» des flots & de la tempefte. Un fe-
» cond coup de vent, beaucoup plus
» fort, vint brifer mon maft par le
» pied; mais comme il eftoit garni
» d'une efpece de cable fait de cuir
» de bœuf, je me fervis de ce cable
» pour lier ce maft avec la quille du
» vaiffeau & le rendre plus ferme &
» plus folide, & porté fur cette quille
» fortifiée par le maft, je m'abandon-

« vay au gré des vents. Dans ce mo-
« ment le violent Zephyre tomba
« tout d'un coup & fit place au vent
« de midy, qui estoit mille fois plus
« terrible pour moy, car il me por-
« toit dans les gouffres de Charybde.
« Toute la nuit se passa ainsi dans un
« danger continuel de ma vie. Le
« lendemain, comme le soleil se le-
« voit, je me trouvay entre Scylla &
« la terrible Charybde, & ce fut
« justement dans le moment que cel-
« le-cy engloutissoit les flots. Ce
« reflux m'auroit entraisné dans ses
« gouffres, si en me haussant sur les
« pieds je ne me fusse pris à ce fi-
« guier sauvage dont je vous ay par-
« lé, je me tins fortement attaché à ses
« branches avec les mains comme un
« oyseau de nuit, le reste du corps
« suspendu en l'air, sans pouvoir
« trouver à appuyer les pieds, car ses
« racines estoient fort loin dans le
« rocher & ses branches longues &
« fortes estoient avancées dans la mer

» & ombrageoient tout cet abyſme.
» Je demeuray donc ainſi ſuſpendu
» en attendant que le monſtre en
» rejettant les flots me renvoyaſt
» mon maſt. Enfin mon impatience
» fut ſatisfaite, car dans le temps que
» le juge, aprés avoir jugé quantité
» de procés, quitte ſon tribunal pour
» aller diſner, je vis ſortir mon maſt
» de cet abyſme ; comme il paſſoit
» ſous moy je me laiſſay aller, je tom-
» bay un peu à coſté avec un grand
» bruit, & l'ayant accroché, je m'aſ-
» ſis au milieu & je nageay avec les
» pieds & les mains qui me ſervoient
» de rames. Le Pere des Dieux &
» des hommes ne permit pas que je
» repaſſaſſe prés de Scylla, car jamais
» je n'aurois pû éviter la mort. Je
» fus porté en cet eſtat au gré des
» flots & des vents neuf jours entiers,
» & la dixiéme nuit les Dieux me
» firent aborder à l'iſle d'Ogygie,
» où habite la belle Calypſo, qui me
» receut avec beaucoup de bonté &

de politesse. Mais pourquoy vous «
redirois-je presentement ce qui se «
passa dans son Palais, je vous en «
fis hier le recit, à vous, grand Roy, «
& à la Reyne; la repetition ne «
pourroit que vous estre ennuyeu- «
se, & je n'aime point à redire ce «
qui a esté desja dit. «

REMARQUES
SUR
L'ODYSSEE D'HOMERE.

LIVRE XII.

Page 343. *Quand nostre vaisseau eut surmonté les courants du grand Océan*] Je ne suis pas assez habile pour entendre ce que Crates dit sur ce passage dans le 1. liv. de Strabon, que par ces courants de l'Océan, ρόον ωκεανοῖο, il faut entendre un marais, un golphe qui s'estend depuis le tropique d'hyver jusqu'au pole meridional, *Car*, dit-il, *quand on est sorti de ce golphe, on est encore dans l'Océan, au lieu que quand on est sorti de l'Océan, on ne peut pas dire qu'on entre dans l'Océan*, θάλασσα, la mer, & ωκεανὸς, l'Océan, *estant icy une seule & mesme chose*. A mon avis c'est embroüiller & obscurcir le texte au lieu de l'expliquer. Il ne faut point chercher tant de finesse pour ce passage, & il peut estre entendu tout simplement, il ne faut que se representer le lieu d'où Ulysse part ; il vient des Enfers, c'est à dire, du bout du monde, des lieux où le soleil se couche. Dans cette pente les courants de l'Océan devoient estre tres violents & tres rapides, il fallut les surmonter. Quand cela fut fait, qu'Ulysse eut *quitté ces courants*, ῥόον ὠκεανοῖο, *il arriva au flot de la mer*, ἵκετο κῦμα θαλάσσης, c'est à dire, qu'*il arriva en pleine mer, qu'il gagna la haute mer*. Cela me paroist sensible.

Nous arrivasmes à l'isle d'Æœa, où sont les chœurs & les danses de l'Aurore] Homere estoit parfaitement instruit du voyage de Jason dans le pays d'Æœa, c'est à dire, dans la Colchide où regnoit Æëtes pere de Medée, car il en va parler tout à l'heure dans ce mesme Livre. Comme Medée & Circé estoient deux fameuses enchanteresses, sur cette conformité de mœurs & de profession, il les fait parentes, car il feint que Circé estoit sœur d'Æëtes, comme il l'a dit dans le x. Liv. quoy-qu'elles habitassent des pays bien éloignez, car Circé habitoit sur les costes de l'Italie, & Medée dans la Colchide au bout du Pont Euxin. Mais comme il n'estoit ni vraysemblable ni possible qu'Ulysse à son retour de Troye, estant arrivé à la ville de Lamus, qui est Formies, eust esté de-là porté dans la Colchide, Homere selon sa coutume déplace ces pays à sa fantaisie. Il transporte Æœa sur les costes d'Italie, au promontoire Circeï, car tout ce qu'il dit icy convient dans la verité à ce promontoire, & non content de cela, il dépaïse encore davantage ce pays d'Æa, ce promontoire de Circeï, & le place dans l'Océan. Deux choses luy ont servi à faire tout ce remüement avec quelque sorte de vraysemblance. La premiere, la Tradition constante que Jason avoit esté sur les costes d'Italie. Voilà la raison du transport d'Æa de la Colchide au promontoire de Circei. Et la seconde, l'opinion qui regnoit alors que le Pont Euxin passoit pour l'Océan, & que ceux qui avoient esté jusques-là estoient regardez comme sortis de nostre mer, aussi bien que ceux qui avoient passé les colomnes d'Hercule, c'est pourquoy mesme on luy avoit donné le nom de *Pont*, qui veut dire l'Océan. Et voilà la raison du transport de cette prétenduë isle d'Æa dans l'Océan, comme je l'ay desja dit. Ainsi pour bien entendre ce passage, il faut reporter cette isle en son veritable lieu, qui est le promontoire de Circei sur les costes du Latium où Ulysse pût aborder veritablement. Mais, dira-t-on, comment accorder ce qu'Homere dit icy des chœurs & des danses de l'Aurore & du lever du soleil, avec la situation de ce promontoire, qui est absolument tourné au couchant ? Cela n'est pas bien difficile : Homere transporte à Circei l'Æa de la Colchide avec toute sa lumiere

& sa clarté, comme il a transporté sur les costes de la Campanie les Cimmeriens du Bosphore avec toutes leurs tenebres. D'ailleurs ce Poëte paroist parfaitement instruit des contes des Pheniciens. Il va nous dire qu'Ulysse enterra Elpenor, un de ses Compagnons, sur le rivage de cette isle à la pointe du promontoire. Or il est constant qu'il fut enterré au promontoire de Circeï, & que ce promontoire fut appellé de son nom *Elpenor*. Sur cela, comme Bochart l'a découvert, les Pheniciens, qui vouloient rapporter à leur langue tous les noms, dirent que ce promontoire n'estoit pas appellé *Elpenor*, du nom de ce Compagnon d'Ulysse, mais du mot *hilbinor*, qui signifie, *ubi albescit lux matutina*, ou *l'aube du jour paroist*. Parce que comme ce promontoire est fort avancé, la premiere pointe de l'aube y paroist, & il reçoit les premiers rayons de l'Aurore. Cette tradition, dont Homere estoit sans doute informé, luy a fourni cette idée des danses & des chœurs de l'Aurore & des premiers rayons du soleil, & cette idée est d'autant plus heureuse, qu'elle ne convient pas moins à la veritable Ææa de la Colchide qu'à l'isle d'Ææa prise pour le promontoire de Circeï. Car comme les Anciens avoient pris le Phase, fleuve de la Colchide, pour les dernieres bornes de la terre habitable vers l'Orient, Ææa qui estoit la capitale du Roy Æëtes sur le Phase a esté prise avec raison pour le lieu où le soleil se leve, & par consequent pour un lieu situé sur l'Océan, puisqu'ils convenoient que l'Océan environne la terre. C'est pourquoy Mimnerme a escrit,

Αἰήταω πόλιν, τόθι τ' ὠκέος ἠελίοιο
Ἀκτῖνες χρυσέῳ κείαται ἐν θαλάμῳ
Ὠκεανοῦ παρὰ χείλεσ᾽ ἵν᾽ ᾤχετο θεῖος
Ἰήσων.

A la ville d'Aëtes où les rayons du soleil paroissent dans un lit d'or sur les bords de l'Océan, où aborda autrefois le divin Jason. Cela prouve qu'Homere avoit une profonde connoissance de l'Antiquité, & que, comme Strabon l'a establi en plusieurs endroits, ses fictions les plus estonnantes ont toujours une verité pour fondement.

Nous nous couchasmes sur le rivage] Comme ils estoient arrivez en un jour de Circeï chez les Cimmeriens, ils retournerent le lendemain du pays des Cimmeriens à Circeï. Et la nuit, qui separa ces deux jours, fut remplie par ce qu'il vient de raconter.

Page 344. *Deux fois victimes de la mort*] Le Grec dit en un seul mot δισθανέες. Et Eustathe remarque que comme les longues plaisanteries ne conviennent point à une

personne

SUR L'ODYSSE'E. *Livre XII.* 385
personne grave & de dignité dans des occasions serieuses, Circé ne dit qu'un seul mot, & finit la plaisanterie, ἀςυσμα, sur cette double mort.

Page 346. *Vous trouverez sur vostre chemin les Sirenes*] C'estoient des courtisanes qui habitoient trois petites isles appellées de leur nom *Sirenusæ*, prés de Caprées vis-à-vis de Surrentum, & qui attiroient les passants par le charme de leur voix & les retenoient toujours auprés d'elles. J'en ay parlé plus au long dans mes Remarques sur Dictys.

Où l'on ne voit que monceaux d'ossements de morts & que cadavres que le soleil acheve de secher] Quelle heureuse fiction pour marquer le danger qu'il y a d'approcher de ces personnes perduës ! la mort habite auprés d'elles. Je ne connois rien au dessus de cette peinture que celle que Salomon fait de la mesme chose dans le 9. chap. de ses Proverbes. *Ces femmes insensées appellent ceux qui passent prés d'elles & qui continüent leur chemin: Que les petits, disent-elles, se détournent pour venir à nous. Elles chantent aux fous, les eaux dérobées, c'est à dire les plaisirs dérobez, sont plus douces, & le pain qu'on mange en secret est le plus agreable. Et ces fous ignorent que prés d'elles sont les Geants, & que leurs convives sont dans le plus profond de l'En-*

Tome II. R

fer. Ne diroit-on pas que cette image d'Homere a esté tirée de celle de ce sage Roy?

Page 347. *Pour vous, vous pouvez les entendre*] Le sage, que les bons préceptes ont muni contre l'appast de la volupté, peut entendre en passant le chant des Sirenes, pourvû qu'il ait eu la précaution de se faire bien lier les pieds & les mains, c'est à dire, pourvû qu'il soit asseuré qu'il est incapable de faire ni la moindre action ni la moindre démarche contre les regles de la sagesse. Les autres, que la Philosophie n'a pas fortifiez, n'ont d'autre parti à prendre que de se bien boucher les oreilles, c'est à dire, de se mettre hors d'estat d'entendre ce qui les perdroit infailliblement.

Page 348. *Il y a deux roches fort hautes*] Scylla & Charybde à l'entrée du destroit de la Sicile du costé du Pelore. Scylla sur la coste d'Italie, & Charybde sur la coste de Sicile. Par la description qu'Homere fait de ces deux roches, il paroist qu'il estoit instruit de la tradition des Pheniciens, car l'un fut appellé *Scylla*, du mot Punique *scol* qui signifie *ruine, perte*. Et l'autre fut appellé *Charybde*, du mot *chorobdam* qui signifie *abysme de perdition*. Dans ces anciens temps ces escüeils estoient fort dangereux, à cause de la qualité des vaisseaux qu'on avoit alors. Mais aujourd'huy nos vaisseaux se mocquent de ces monstres, comme des Officiers de Marine me l'ont asseuré.

Les Dieux immortels les appellent les roches errantes] C'est, à mon avis, pour dire qu'en les voyant de loin elles semblent jointes, & qu'en approchant on les trouve separées par le destroit, ainsi il semble qu'elles aillent & viennent; mais ce n'est pas encore-là tout. Strabon a fort bien vû qu'Homere attribuë icy aux roches de Scylla & de Charybde ce qu'on avoit dit avant luy des roches Cyanées, qui sont deux petites isles vis-à-vis l'une de l'autre à l'entrée du Pont Euxin au Bosphore de Thrace, l'une du costé de l'Asie & l'autre du costé de l'Europe & qui estoient appellées *Symplegades*, parce qu'on disoit qu'elles s'approchoient & se froissoient, apparemment par la raison que je viens de dire. *Homere*, dit cet excellent Geographe, *a imaginé ces roches errantes sur les roches Cyanées, tirant toujours le fonds de sa fable de quelque histoire connuë. Car il feint que ces roches estoient difficiles & dangereuses, comme on le disoit des Cyanées qui estoient appellées* Symplegades *par cette raison.* Et ce transport, que le Poëte fait de ces roches Cyanées aux escüeils de Scylla & de Charybde, estoit d'autant plus aisé, que la tradition portoit que Jason, qui avoit passé entre ces deux roches Cyanées, estoit venu aussi dans la mer d'Italie, & Homere a suivi cette tradition.

Et les colombes mesmes qui portent l'ambroisie à Jupiter, ne les passent point impunément] Cette fiction des colombes qui portent l'ambrosie à Jupiter & qui passent sur ces roches qui en abattent toujours quelqu'une, a paru fort singuliere & fort mysterieuse, & on a fort souhaité d'en découvrir le sens. Je suis charmée qu'une femme ait la premiere aprofondi cette fiction, & qu'elle en ait développé tout le myftere. C'est une femme de Byzance appellée Mœro. Elle dit donc au rapport d'Athenée, liv. 11. chap. 12. que dans le vers d'Homere le mot *peleïades*, qu'on a toujours expliqué *colombes*, est pour *pleïades*, pour les Pleiades filles d'Atlas. Cette constellation par son lever & par son coucher marque les saisons, le temps des semences, de la recolte & de la maturité des fruits, c'est pourquoy Homere a dit qu'elles portoient l'ambrosie à Jupiter, car ce sont les saisons & la recolte des fruits qui fournissent les libations & les sacrifices. Quand le Poëte adjoute que ces roches abattent toujours quelqu'une de ces estoiles, c'est une hyperbole poëtique pour faire croire que quand ces estoiles se couchent, ce sont ces roches qui à cause de leur excessive hauteur les ont abattuës, & que quand elles reparoissent, c'est Jupiter qui en substitué d'autres, car leur nombre est toujours complet. Il faut avoüer que cette explication est aussi ingenieuse que l'idée d'Homere est poëtique. Elle est mesme d'autant-plus vraysemblable, que Simonide, Pindare, Eschyle & Theocrite ont dit comme nostre Poëte *peleïades* pour *pleïades*. Je sçay bien que Bochard a prétendu que c'est une fable Phenicienne née des mots *heman* & *emam*, dont le premier signifie des *colombes*, & l'autre, un *prestre*, une *prestresse*. Ainsi quand ils disoient que des colombes nourrissoient Jupiter, ils parloient des prestres & des prestresses qui luy offroient des sacrifices, que l'Escriture sainte mesme appelle la viande, la *nourriture de Dieu*, *cibum Dei*. Mais de cette maniere que deviendra le reste de la fiction ? Comment ces roches abattent-elles de ces prestresses, & comment Jupiter en substituë-t-il d'autres en leur place ! Il faut que cela deméure sans explication, à moins que l'on ne dise qu'Homere a joint les deux idées, comme ce sont les Pleiades qui nourrissent Jupiter par les raisons qu'on a luës, il les a appellées *peleïades, colombes*, en faisant allusion à l'équivoque Phenicienne, & en la confirmant mesme dans sa langue, car la mesme équivoque qui est entre *heman, colombes*, & *emam, prestresses*, est entre *pleïades* & *peleïades*. Ainsi il ne faut rien changer dans la Traduction. Je suis eſtonnée que Longin ait traitté une fiction ſi grave & ſi noble de niaiſerie qui marque l'affoibliſſement de l'eſprit d'Homere. Cette critique n'eſt pas digne de luy. J'en ay parlé dans la Préface.

C'eſt la celebre navire Argo, qui chargée de la fleur des heros de la Grece] J'ay voulu rendre toute la force & toute l'eſtenduë du ſens que renferme l'épithete qu'Homere donne à la navire Argo πασιμέλουσα, proprement, *qui fait le ſoin de tout le monde*, ce qui ſignifie deux choſes, *qui eſt celebre par tout le monde, & à laquelle tout le monde prend intereſt.* Comme elle portoit la fleur des heros de la Grece, tout le monde avoit intereſt à ſa conſervation.

Page 349. *Si Junon ne l'euſt conduite*] Car Junon eſtant la patrone des Roys, elle ne pouvoit pas manquer d'avoir ſoin d'un vaiſſeau qui portoit tant de Princes. D'ailleurs, comme Junon c'eſt l'air, Homere dit poëtiquement que les Argonautes eurent un beau temps pour paſſer ces roches. Apollodore dit que la navire Argo eſchapa par le ſecours que Thetis & les Nereïdes luy donnerent à la priere de Junon.

L'un porte ſa cime juſqu'aux cieux]. La peinture que fait Homere de ces deux rochers comme de deux monſtres affreux ſont admirables. Mais, dit-on, tous ces épiſodes de Circé, des Sirenes, d'Antiphate, de Polypheme, de Scylla & de Charybde ſont-ils vrayſemblables ? Le merveilleux doit regner dans le Poëme Epique, cela eſt vray, mais il ne doit pas deſtruire la vrayſemblance, quoy-qu'il paſſe les bornes de la raiſon. Ariſtote nous donne une regle pour juſtifier tous ces endroits, & pour nous faire entendre la grande adreſſe d'Homere. *Le Poëte*, dit-il, *doit pluſtoſt choiſir les choſes impoſſibles, pourvû qu'elles ſoient vrayſemblables, que les poſſibles qui ſont incroyables avec toute leur poſſibilité.* Poëtiq. chap. 15. Je ne fais qu'employer icy la Remarque de M. Dacier ſur cet endroit de la Poëtique. L'Iliade, l'Odyſſée & l'Eneïde ſont pleines de choſes humainement impoſſibles, & qui ne laiſſent pas d'eſtre vrayſemblables. Or il y a deux ſortes de ces impoſſibilitez qui ſont pourtant dans les regles de la vrayſemblance. Les premieres, qu'on peut appeller les plus grandes & les plus incroyables, ſont celles qui exigent toute la vrayſemblance Divine, comme le cheval qui parle dans l'Iliade, la metamorphoſe du vaiſſeau d'Ulyſſe en une pierre dans l'Odyſſée, & celle des vaiſſeaux d'Enée en autant de Nymphes, dans l'Eneïde. Celles-là ne doivent pas eſtre trop frequentes dans le Poëme, &

un Poëte n'en doit pas abuser. Les autres sont celles qui estant impossibles, ne laissent pas d'estre vraysemblables humainement, soit par elles-mesmes, soit par la credulité de ceux à qui on les debite.

C'est de cette derniere maniere qu'Homere a fait rentrer dans la vraysemblance humaine ce qui n'est point vraysemblable humainement comme l'histoire de Circé, d'Antiphate, de Polypheme, de *Scylla*, de Charybde, des Sirenes, &c. Car Homere a feint tres ingenieusement qu'Ulysse debite ces avantures aux Pheaciens, qui estoient des peuples sans esprit, simples & credules, & qui plongez dans une grande molesse & dans une grande oysiveté, n'aimoient rien tant que les fables. Ce Poëte nous a marqué par avance le caractere de ces peuples, en nous avertissant au commencement du Liv. VI. qu'*ils habitoient loin des demeures des gens d'esprit*. Mais comme cette vraysemblance, qui se tire de la simplicité de ces peuples, ne devoit pas dispenser ce Poëte de conserver dans ces mesmes fables une autre sorte de vraysemblance pour les Lecteurs raisonnables & pour les sçavants, c'est à quoy il a pourvû avec beaucoup d'adresse, en cachant des veritez physiques ou morales sous ces allegories miraculeuses, & par-là il a réduit dans la verité & dans la vraysemblance poétique toutes ces merveilles. Horace l'avoit bien compris, car il les appelle *des miracles esclatants*. Art. poëtiq. V. 144.

... Ut speciosa dehinc miracula promat,
Antiphaten, Scyllamque, & cum Cyclope
Charybdin.

Longin les appelle *des songes, mais des songes de Jupiter*. Eustathe a fort bien parlé sur la beauté de cette Poësie.

Dont l'ouverture est tournée vers le couchant & vers L'Erebe] C'est à dire, vers l'Empire des Morts, & c'est pour faire entendre qu'on ne peut passer prés de-là sans se perdre.

Page 350. *Ni les Dieux mesmes ne peuvent soutenir la vûë*] C'est une hyperbole poétique pour rendre la chose plus terrible.

Et pesche habilement les dauphins, les chiens marins] Polybe avoit fait voir qu'Homere en descrivant cette pesche de Scylla, a en vûë une pesche qui se faisoit effectivement dans ce destroit prés de cette roche, & qu'on appelloit la *pesche des Galeotes*, ou *chiens marins*. On peut voir Strabon liv. I. qui rapporte la description mesme que ce grand Historien en avoit faite, & qui a beaucoup de rapport avec ce qu'Homere dit icy.

Page 351. *On y voit un figuier sauvage*

dont les branches chargées de feüilles] Ces particularitez, qui ne paroissent d'aucune consequence, servent beaucoup à la vraysemblance, & font croire que ce qu'on dit n'est pas une fable, mais une verité. Car qui est-ce qui s'aviseroit de placer-là un figuier sauvage s'il n'y estoit pas effectivement ! Homere se sert admirablement de cette adresse. Je l'ay desja fait remarquer ailleurs. Au reste ce figuier n'est pas imaginé icy en vain. Il sera d'un fort grand secours à Ulysse. Le Poëte dit que ses branches sont chargées de feüilles, pour faire entendre que la saison n'estoit pas encore fort avancée & qu'on estoit en automne, comme je l'ay desja dit.

Car chaque jour elle les engloutit par trois fois, & par trois fois elle les rejette] Strabon se sert avec raison de ce passage, pour faire voir qu'Homere a connu le flux & reflux de l'Océan. *Une marque du soin qu'Homere a eu de s'instruire de toutes choses, dit-il, c'est qu'il n'a pas ignoré le flux & reflux de l'Océan, car il l'appelle ἀψορρον, qui s'en retourne, & il dit icy de Scylla que trois fois elle engloutit les eaux, & que trois fois elle les rejette. Ce qui ne se peut entendre que des marées reglées. Et quand il dit qu'elle les engloutit & les rejette trois fois, quoy-qu'on sçache qu'il n'y a par jour que deux marées, c'est ou une faute de co-*

pise qui a mis τεὶς, trois fois, *pour* δὶς, deux fois, *ou un oubli*. On pourroit croire aussi que c'est une exageration de la Déesse, qui pour rendre la chose plus terrible adjoute à la verité.

Taschez plustost de passer du costé de Scylla] C'est à dire, qu'au passage de ce destroit il vaut mieux costoyer l'Italie que la Sicile, parce qu'il y a moins de danger.

Page 352. *Ne pourray-je pas venger sur cette derniere la mort de mes six Compagnons?*] Voilà toujours le heros qui se déclare. Circé a beau luy dépeindre le plus affreux danger, il cherche à l'affronter pour venger ses Compagnons. Aussi la Déesse ne manque pas de relever cette intrepidité & cette magnanimité d'Ulysse.

Page 353. *Appellez à vostre secours la Déesse Cratée*] On prétend que cette Déesse Cratée est la mesme qu'Hecate ; or Hecate est la Déesse des sorciers & des enchanteurs, elle preside aux enchantements & aux sortileges. Je m'imagine donc que lorsque Circé dit à Ulysse que pour eschapper à ce monstre, il faut recourir à celle qui l'a enfanté, elle luy dit énigmatiquement que comme c'est la magie qui forme ce monstre, c'est aussi à la magie à l'affoiblir & à en garentir. Cette magie, c'est la Poësie d'Homere, la plus grande enchantereſſe qui fut jamais, elle crée des monſtres, mais quand elle eſt bien entenduë, elle les deſtruit, ou elle les affoiblit, car quand on ſepare la verité d'avec l'enchantement que l'art y a adjouté, ces monſtres n'ont plus rien de redoutable.

Où paiſſent un grand nombre de bœufs & de moutons] La fable qu'Homere conte icy de ces troupeaux immortels conſacrez au ſoleil, eſt fondée ſur deux veritez conſtantes. La premiere, qu'il y avoit dans ces anciens temps des troupeaux entiers qui eſtoient conſacrez aux Dieux, & qui par-là eſtoient ſacrez & inviolables; & la ſeconde, que cette partie de la Sicile du coſté du Pelore autour de Myles eſtoit un terroir tres gras qui avoit d'excellents paſturages. Comme les troupeaux, qui y paiſſoient, eſtoient fort eſpargnez & fort reſpectez, Homere a tiré de-là l'idée de leur immortalité. Bochard a crû que cette fable de ces bœufs conſacrez au Soleil eſt encore une fable Phenicienne, née de la conformité de ces deux mots Hebraïques *cheres*, qui ſignifie le *ſoleil*, & *chores* qui ſignifie *laboureur*. Car ſur cette conformité les Pheniciens ſe ſervoient apparemment du meſme mot, pour dire *bœuf qui laboure*, & *bœuf du Soleil*, & cette deffenſe de toucher aux bœufs du Soleil, n'eſt que l'ancienne loy qui deffendoit de sacrifier le bœuf qui servoit au labourage.

La belle Phaëtuse & la charmante Lampetie] L'une est pour signifier la lumiere du Soleil, & l'autre la lumiere de la Lune, ce sont les deux bergeres de ces troupeaux, parce qu'ils paissoient & le jour & la nuit. Elles sont filles du Soleil & de la Déesse Néeré, qui signifie la *jeunesse*, parce qu'elles ne vieillissent jamais, & que la lumiere est toujours la mesme & a toujours le mesme esclat.

Page 354. *La Déesse reprit le chemin de son Palais, & moy je retournay à mon vaisseau*] Homere ne s'amuse point icy à rapporter les adieux de Circé & d'Ulysse en se separant.

Page 355. *Un vent favorable qui donna le temps à nos rameurs de se soulager*] Je n'ay pû conserver le terme de l'original, il a fallu me contenter d'en rendre le sens. Le Grec dit : *Nous envoya un vent à pleines voiles, brave compagnon.* ἐσθλὸν ἑταῖρον. Et cela est heureusement dit, le bon vent est un bon rameur & vaut mieux qu'un grand nombre de rameurs.

Je vais vous en informer tous] Il y a pourtant une chose qu'il leur cachera. Il ne leur dira rien de ce que Circé luy a prédit, que Scylla luy engloutiroit six de ses Compagnons, car cela ne serviroit qu'à les jetter dans le desespoir.

Page 357. *Et aussi-tost élevant leur voix elles se mirent à chanter*] Car ces bonnes personnes estoient fort sçavantes & grandes musiciennes. Et c'est de-là mesme qu'elles ont esté appellées *Sirenes*. Car selon Bochart *sir* est un mot Punique qui signifie *chant*, de sorte que *Sirene* signifie proprement un *monstre qui chante, monstrum canorum*. Ce qui convient fort bien aux personnes dont il parle.

Approchez de nous, genereux Ulysse] Elles nomment Ulysse par son nom, pour luy faire voir qu'elles sçavent toutes choses. Homere veut monstrer par-là que la Poësie est une divination, une inspiration. Il y a un naturel merveilleux dans ce chant des Sirenes, & on doit appliquer à la Poësie d'Homere ce que ces Nymphes disent de leurs chants, *Jamais personne ne les a entendus sans les admirer, & sans y avoir appris une infinité de choses.* On peut voir sur cet endroit une Remarque de M. Dacier dans ses Commentaires d'Horace, epist. 11. liv. 1. tom. 8. pag. 156. Je n'en rapporteray que la fin. *Ciceron estoit si touché,* dit-il, *de la beauté de cet endroit, qu'il l'a voulu traduire dans son 5. liv. de finibus, où il nous fait remarquer une grande adresse du Poëte, qui voyant que sa fiction ne seroit jamais approuvée s'il faisoit qu'un aussi grand homme qu'Ulysse pust estre re-*

tenu par la seule douceur de quelques petites chansons, luy fait promettre la science, qui sans miracle pouvoit faire oublier à Ulysse l'amour qu'il avoit pour son pays, car il n'y a rien de si fort dans l'esprit des hommes que la curiosité & l'envie de tout sçavoir. Au reste, si quelqu'un veut se donner la peine de conferer la Traduction, que Ciceron a faite en vers de ce passage d'Homere, avec les vers de l'original, je suis presque seure qu'il avoüera qu'il est difficile, mesme aux plus grands hommes, car quel plus grand homme que Ciceron! de traduire en vers ces excellents originaux, & d'opposer Poësie à Poësie.

Page 358. Pour ne pouvoir plus entendre ni les sons, ni la voix de ces enchanteresses] C'est ainsi, à mon avis, qu'il faut expliquer ces deux mots du texte οὐδέ φθογγῆς, οὐδέ ἀοιδῆς. φθογγή se dit du son des instruments, & ἀοιδή de la voix. Car de ces Sirenes, l'une chantoit, l'autre joüoit de la flute, & la troisiéme joüoit de la lyre. *Harum una voce, altera tibiis, alia lyra canebat:* dit Servius.

Mes amis, nous ne sommes point novices a soutenir de grands maux] Naturellement il auroit fallu dire, *mes amis, leur disois-je, &c.* mais Ulysse supprime ce mot *leur disois-je*, qui fait languir le discours. Homere s'accommode toujours au temps, & bien-loin d'employer des paroles inutiles, il en retranche à propos de necessaires pour suivre le mouvement de celuy qu'il fait parler. Ce discours d'Ulysse est parfait, il y a une grande éloquence dans ce qu'il dit, & beaucoup d'adresse dans ce qu'il supprime.

Page 360. *Par ma prudence, par mon courage & par mon adresse nous nous tirasmes de ce terrible danger*] Plutarque en parlant des occasions où il est permis aux grands hommes, aux hommes d'estat, qui manient de grandes affaires, de se loüer & de parler magnifiquement d'eux-mesmes, n'oublie pas celle où se trouve icy Ulysse. *Il voit*, dit-il, *ses Compagnons effrayez de la fumée & des vagues, & du grand bruit qui sortoient des gouffres de Charyde & de Scylla. Il les rasseure en les faisant ressouvenir de sa prudence, de son courage & de son adresse qui luy avoient fait trouver de si grandes ressources dans des dangers encore plus grands. Ce n'est point par vanité qu'il se donne ces grands éloges, c'est pour rendre le courage à ceux qu'il voit estonnez, & il leur donne sa vertu, sa capacité, son courage pour gages de la confiance qu'ils doivent avoir en luy.* Voilà comme parle un homme sensé. J'ay donné à cette matiere un plus grand jour dans mon Traité *des Causes de la Corruption du Goust*, pag. 116. &c.

Eloignez toujours vostre vaisseau de l'endroit où vous voyez cette fumée] Il veut qu'ils s'éloignent de la roche de Charybde qui est à la droite sur la coste de Sicile, & qu'ils s'approchent de Scylla qui est à la gauche sur la coste d'Italie.

Page 361. *Alors je ne me souvins plus de l'ordre trop dur que Circé m'avoit donné, j'endossay mes armes*] Circé luy avoit dit de ne pas prendre ses armes contre ce monstre de Scylla, parce qu'il estoit immortel & invincible. Mais un heros oublie cet ordre, & ne suit que ce que luy inspire son courage, qui veut qu'il se mette en estat de deffendre ses Compagnons menacez d'un si grand peril. Il se met mesme à l'endroit le plus exposé.

Quand elle les rejettoit, le boüillonnement de ces eaux, semblable à une cuve pressée par un feu violent] Je voy que ce passage a fait de la peine aux anciens Critiques, car pour l'expliquer ils ont voulu violenter les termes. Il n'y a rien de plus naturel que ce qu'Homere dit icy. Il attribuë la cause du flux & reflux de la mer à Charybde. Expliquons ces termes, afin qu'il ne reste aucune difficulté. ὅτ' ἐξεμέσειε, *quand Carybde rejete, revomit les eaux*, c'est à dire, dans le flux, lorsque la mer monte, c'est alors que les vagues s'élevent jusqu'à la cime des rochers de Scylla, car la mer s'éleve sur la coste, & alors le boüillonnement de ces eaux est fort bien comparé à celuy de l'eau d'une cuve que le feu fait monter & déborder; voilà le flux. ὅτ' ἀναβρόξειε, *lorsque cette mesme Charybde attire & engloutit les eaux qu'elle avoit revomies.* C'est à dire, lorsque la mer s'en retourne, qu'elle descend & se retire, alors on entend des mugissements horribles, & le sable des environs de Scylla paroist à découvert, car le sable ne paroist que quand la mer se retire. Et voilà le reflux fort bien expliqué. Il faut toujours se souvenir qu'Homere parle comme tous ces lieux estant dans l'Océan. Il n'y a rien de plus fort ni de mieux peint que tous ces tableaux, & on n'y apperçoit nullement la vieillesse d'Homere.

Page 362. *Attiré par le bruit, je tournay la vüe du costé de mes Compagnons*] Car comme il estoit sur la proüe & qu'il avoit toujours les yeux attachez sur la roche de Charybde, il ne voyoit pas ce qui se passoit derriere luy.

Comme un pescheur, qui se tenant sur la pointe d'un rocher avancé] Cette comparaison douce empruntée d'un art agréable & employée pour une avanture horrible, fait icy un tres bon effet, & adoucit heureusement le ton atroce qui regne dans cette narration. Homere sçait varier ses tons avec une adresse merveilleuse.

Page 363. *Dont il a garni l'hameçon d'un appast trompeur au dessous de la corne qui le couvre*] Ce passage est assez expliqué par ce que j'ay dit sur un passage tout semblable du XXIV. Liv. de l'Iliade, tom. 3. pag. 594.

Nous arrivasmes incontinent à l'isle du Soleil] C'est à dire en Sicile, du costé du Pelore aux environs de Messine.

Page 365. *Vous estes le plus impitoyable & le plus dur de tous les hommes*] Homere est, je croy, le premier qui ait trouvé l'art de faire servir les reproches aux plus grands éloges. Ce qu'Euryloque en colere dit icy à Ulysse renferme un éloge parfait. Et un éloge que fait un homme en colere ne peut pas estre soupçonné de faux. Nous avons vû un exemple semblable dans le III. Liv. de l'Iliade où Paris dit à Hector que *la trempe de son cœur est comme celle du fer, &c.*

Il faut que vos entrailles soient toutes de fer] Nous disons encore de mesme qu'*un homme a un corps de fer, que c'est un corps de fer*, quand il resiste à de grands travaux sans en paroistre fatigué.

Page 368. *Car ils ne vouloient que conserver leur vie*] C'est, à mon avis, le seul veritable sens de ce mot ἀλλαιόμενοι βιότοιο. Et c'est ce mesme passage qu'Hesychius avoit en vûë quand il efcrivoit, βιότιο, τῆς ζωῆς. Pendant qu'ils purent conferver leur vie, fans toucher à ces troupeaux, ils obéïrent à Ulyffe, mais dés que les provifions leur manquerent, & qu'ils fe virent en eftat de mourir de faim, la tentation fut fi violente, qu'ils ne purent y refifter. Cependant cette extremité ne les juftifia point. Il n'y a point d'eftat qui difpenfe d'obéïr aux ordres des Dieux.

Page 369. *Les poiffons, les oyfeaux marins*] Ces *oyfeaux marins* peuvent eftre regis par le mot *chaffer*. On peut les faire regir auffi par le mot *pefcher*, car les oyfeaux, & fur-tout les oyfeaux marins, comme l'a remarqué Euftathe, fe prennent fort bien à l'hameçon, à caufe de l'appaft dont ils font friands.

Cependant je m'enfonçay dans l'ifle] Il falloit bien trouver un prétexte vrayfemblable pour faire éloigner Ulyffe, car s'il euft efté prefent, fes Compagnons n'auroient jamais ofé luy defobéïr en face, & le prétexte le plus raifonnable, c'eftoit d'aller faire fes prieres aux Dieux.

Page 370. *Et faifons un facrifice aux Dieux immortels*] Euryloque veut porter fes Compagnons à commettre un facrilege, & pour y réüffir il donne à ce crime une couleur de pieté; *Faifons*, dit-il, *un facrifice aux Dieux immortels.* Euryloque ignore que

Dieu aime mieux l'obéïssance que le sacrifice. Homere connoissoit bien les hommes, ils cherchent des prétextes pour autoriser leurs crimes, & ils se flatent que Dieu sera satisfait de ces vaines couleurs.

Aux Dieux immortels] Il ne veut pas sacrifier au Soleil seul, mais à tous les Dieux, afin que les autres Dieux gagnez par ce sacrifice, s'opposent au Soleil s'il veut les punir.

Nostre premier soin sera d'élever au Pere du jour un beau temple] Aprés avoir tasché de gagner tous les Dieux par un sacrifice, il veut prendre le Soleil mesme par l'interest, il luy voue un temple, car tout est à bon marché pour les hommes quand il ne leur en coute que des vœux pour satisfaire leur passion.

Que nous enrichirons de quantité d'offrandes tres magnifiques] Eustathe a fort bien vû qu'icy ἀγάλματα ne signifie pas des statues, mais des offrandes, ἀναθήματα qui sont les ornements des temples, car ἄγαλμα signifie ἀγαλλιάματα, ἀγλαϊσματα, toutes les choses dont on se pare, comme dans ce passage du IV. Liv. de l'Iliade, où en parlant de l'ivoyre teint en pourpre, Homere dit, βασιλῆϊ κεῖται ἄγαλμα. *Il est reservé pour la parure d'un Roy.* Sur quoy Hesychius a tres bien dit, ἄγαλμα, πᾶν ἐφ᾽ ᾧ τις ἀγάλμαται, οὐχ ὡς ἡ συνήθεια τὸ ξόανον. κ´. γάλμα ſignifie *tout ce dont on ſe pare*, & non pas *une ſtatuë, comme on l'employe ordinairement*.

Page 371. *Et comme ils n'avoient point d'orge pour le conſacrer, ſelon la coutume, ils prirent des feüilles de cheſne*] Quand on manquoit de quelque choſe neceſſaire pour le ſacrifice, on y ſuppleoit en faiſant ſervir au meſme uſage les choſes les plus communes qu'on avoit ſous la main.

Page 372. *En meſme temps la belle Lampetie alla porter au Soleil la terrible nouvelle*] Puiſque le Soleil voit tout, qu'eſt-il beſoin qu'un courrier aille luy porter cette nouvelle ? Mais ce courrier n'eſt autre que ſa lumiere meſme.

Vengez-moy des Compagnons d'Ulyſſe fils de Laërte] Le Soleil prie les autres Dieux de le venger, parce qu'il ne peut pas ſe venger luy-meſme, car il n'a d'autres armes que ſa lumiere & ſa chaleur, qui luy ſont inutiles contre ces ſacrileges.

Page 373. *Je deſcendray dans l'Erebe & je n'eſclaireray plus que les morts*] Ce paſſage me paroiſt conſiderable. Il ſemble qu'Homere avoit attendu parler du miracle de Joſué, lorſqu'à ſa parole le ſoleil s'arreſta au milieu du ciel. *Stetit itaque ſol in medio cœli: & non feſtinavit occumbere ſpatio unius dici.* Jof. 10. 13. Si le soleil peut s'arrester un jour entier au haut du ciel, ne pourra-t-il pas s'arrester aussi sous la terre?

Et cette conversation des Dieux, je l'appris de la belle Calypso] Il faut que dans le Poëme Epique il n'y ait rien sans fondement. Ce qu'Ulysse rapporte icy de cette conversation des Dieux auroit parû une fable incroyable & hors de toute vraysemblance, s'il n'avoit dit de qui il la tenoit, car Ulysse ne pouvoit pas estre informé par luy-mesme de ce qui se passoit dans le ciel. Voilà pourquoy il nomme ses auteurs. Et par cette adresse le Poëte donne à sa fable tout l'air de la verité.

Qui me dit la tenir de Mercure mesme] Car Calypso, toute Déesse qu'elle estoit, ne pouvoit pas sçavoir cette conversation, si quelqu'un des grands Dieux ne la luy avoit apprise.

Page 374. *Les chairs qui rotissoient sur les charbons commencerent à mugir*] Voicy un grand prodige, mais que ne peut pas se permettre la Poësie sur le fait des prodiges, lorsque l'Histoire mesme en rapporte de tout pareils. Herodote à la fin de son dernier livre nous raconte que les Grecs ayant mené à Seste quelques prisonniers qu'ils avoient faits de l'armée de Xerxés, & entre autres un de ses generaux appellé Attayetes

& son fils ; un de ceux qui les gardoient faisant griller un jour des poissons pour son disner, tout à coup ces poissons se mirent à bondir & à palpiter comme des poissons vivants. Ceux qui estoient presents estant estonnez, Attayetes appella son garde, & luy dit : *Ne t'allarme point de ce prodige, il ne te regarde point, il ne regarde que moy, c'est Protesilas qui m'avertit que quoyque mort & embaumé, il a le pouvoir de me punir.* Si ce prodige arrive pour Protesilas, dont Attayetes avoit pillé le temple, que ne doit il pas arriver pour le Soleil contre lequel on a commis un si grand sacrilege !

Mes Compagnons passerent six jours entiers à faire bonne chere] Il dit : *Mes Compagnons passerent, &c.* pour faire entendre qu'il ne prit aucune part à cette bonne chere, pour ne pas participer au sacrilege dont cette bonne chere estoit le fruit.

Page 376. *Mais toute voye de salut leu estoit fermée par l'ordre de Jupiter*] Tout ce passage presente une leçon cachée qu'il est bon de développer. Tous les Compagnons d'Ulysse estoient coupables, ils perirent tous ; Ulysse estoit seul innocent, il fut seul sauvé.

Un second coup de vent beaucoup plus fort vint briser mon mast par le pied] Et ce
fut

fut le falut d'Ulyſſe, car ce maſt eſtant briſé, il s'en ſervit pour fortifier & pour doubler, s'il eſt permis de parler ainſi, la quille de ſon vaiſſeau, qui par-là fut plus en eſtat de reſiſter à l'effort des vagues.

Page 377. *Et ce fut juſtement dans le moment que celle-cy engloutiſſoit les flots*] C'eſt à dire, dans le temps que la mer baiſſoit & qu'elle ſe retiroit des coſtes de Scylla, & c'eſt à dire, pendant le reflux. On s'eſt infiniment trompé à ces paſſages où il eſt parlé des marées. On a pris icy le reflux pour le flux, & plus bas on a fait tout le contraire.

Comme un oyſeau de nuit] Car on prétend que cet oyſeau de nuit, νυκτερὶς, *la chauve-ſouris*, ne ſe perche pas ſur les branches, mais qu'elle s'y pend, comme on le verra à la fin de ce Poëme.

Page 378. *En attendant que le monſtre, en rejettant les flots*] Comme dans le paſſage rapporté dans la Remarque qui eſt avant la précedente, on a pris le reflux pour le flux, icy en continuant la meſme faute on a pris le flux pour le reflux. Ce fut dans le temps du reflux, c'eſt à dire, lorſque la mer baiſſoit, qu'Ulyſſe ſe trouva entre Scylla & Charybde, & qu'il penſa eſtre entraiſné dans cette derniere par le courant, alors il ſe prit aux branches du figuier, & ainſi ſuſpendu il attendit que Charybde revomiſt les flots, c'est à dire, que la mer remontast vers les costes de Scylla, & par consequent il attendit le flux.

Car dans le temps que le juge aprés avoir jugé quantité de procés] Rien ne fait plus d'honneur à Homere que les fausses critiques qu'on a faites contre luy. Cet endroit en a fourni une qui merite d'estre rapportée. L'Auteur moderne, qui entre autres grands desseins avoit entrepris de rendre Homere ridicule, n'a fait que se couvrir de ridicule luy-mesme. Ce grand Critique a crû trouver icy une tres grosse impertinence, mais elle n'y est que dans sa Traduction. *Ulysse*, dit-il, *estant porté sur son mast brisé vers la Charybde, justement dans le temps que l'eau s'élevoit, & craignant de tomber au fond, quand l'eau viendroit à redescendre, il se prit à un figuier sauvage qui sortoit du haut du rocher, où il s'attacha comme une chauvesouris, où il attendoit ainsi suspendu que son mast, qui estoit allé à fond, revinst sur l'eau,* adjoutant *que lorsqu'il le vit revenir, il fut aussi aise qu'un juge qui se leve de dessus son siege pour aller disner, aprés avoir jugé plusieurs procés.* Il triomphe de cette comparaison bizarre de la joye d'Ulysse avec la joye d'un juge qui va disner. Il deffie ses adversaires de luy montrer qu'il n'a pas fidellement traduit le texte d'Homere. *Est-ce que je ne traduis pas fi-*

dellement le texte d'Homere! A quoy le Président répond: *C'en est bien la substance, mais il faudroit voir comment cela est énoncé dans le Grec.* Le Chevalier, aussi fin que le Président, adjoute, *N'y a-t-il pas dans le Grec des mots Grecs qui répondent aux mots François?* Et aprés quelques railleries tres fades, le mesme Chevalier finit par cette belle conclusion: *Dés le moment qu'Homere, tout Homere qu'il est, veut trouver de la ressemblance entre un homme qui se réjoüit de voir son mast revenir sur l'eau, à un juge qui se leve pour aller disner aprés avoir jugé plusieurs procés, il ne sçauroit dire qu'une impertinence.* Il a raison, mais l'impertinence ne vient pas d'Homere, elle vient de luy, comme M. Despreaux l'a fort bien fait voir dans ses Reflexions sur Longin, Reflex. 6. *Ce mauvais Critique,* dit-il, *fait icy une des plus énormes beveües qui ayent jamais esté faites, prenant une date pour une comparaison.* En effet il n'y a aucune comparaison dans ce passage, & il n'y a personne qui ne voye que c'est une date toute simple, *Dans le temps que le juge aprés avoir jugé plusieurs procés.* C'est comme s'il disoit, vers les deux heures aprés midy. Ce pauvre Critique ne sçavoit pas que dans ces anciens temps le jour n'estoit pas encore partagé en heures, car on ne connoissoit les heures que pour les saisons, & que l'on datoit par les

S ij

fonctions de la journée, *quand le juge entroit à son tribunal, quand il en sortoit, &c.* En voicy une preuve bien claire, par un passage d'Hippocrate que M. Dacier m'a fourni, & qui est précisément la mesme date que celle d'Homere. Ce grand personnage parle d'un homme qui ayant esté blessé le matin d'un javelot dans le foye, mourut le jour mesme un peu avant le temps dont Homere parle; ἔθανε, dit-il, πριν' ἀγορὴν λυθῆναι. *Il mourut avant que le juge levast le siege, avant que l'assemblée fust congediée.* Ou comme d'autres l'expliquent, *avant que le marché fust fini.* On trouve une pareille date dans Xenophon. καὶ ἤδη τε ἦν ἀμφὶ ἀγοραν' πλήθουσαν. lib. 1. de exped. Cyr. *Dans le temps que le marché estoit plein de gens.* Mais ce n'est pas la seule bevûë que cet Auteur ait faite sur ce passage, il a encore confondu les marées. *Ulysse*, dit-il, *porté sur son mast brisé justement dans le temps que l'eau se levoit.* Cela est faux & ne sçauroit estre, ce ne fut point dans le temps du flux, mais dans celuy du reflux qu'Ulysse porté sur ce mast craignit d'estre entraisné dans la Charybde, le flux au contraire l'en éloignoit, & *il ne craignit pas non plus de tomber au fond quand l'eau viendroit à redescendre.* Ce n'est qu'un pur galimatias. Ulysse pour éviter que le reflux ne l'entraisnast dans le gouffre de Charybde, se prit au figuier, &

ainsi suspendu il attendit, non que *l'eau vinst à redescendre*, mais au contraire que *l'eau vinst à remonter*, c'est à dire, qu'il attendit que Charybde revomist les eaux, & c'estoit-là le flux. Je suis faschée que M. Despreaux n'ait pas relevé ces fautes, & plus encore, que luy-mesme y soit tombé, car il a pris aussi le flux pour le reflux. *Dans l'esperance*, dit-il, *que le reflux venant, la Charybde pourroit enfin revomir le débris de son vaisseau*. Il falloit dire le *flux venant*. En effet le flux estoit lorsque la Charybde revomissoit les eaux, car c'estoit alors que la mer montoit vers la coste. Cela est assez prouvé, & j'espere qu'il paroistra sensible à tout le monde.

Je vis sortir mon mast] On ne peut pas déterminer précisément le temps qu'Ulysse demeura suspendu à son figuier, car cela dépend du moment du reflux où il s'y attacha. Dans un jour lunaire il y a deux marées, c'est à dire, que la mer monte & descend deux fois par jour. Ainsi elle est environ six heures à monter, & autant à descendre. Ulysse s'attacha à son figuier quand elle descendoit, & y demeura jusqu'à ce qu'elle remontast. Il suffit qu'Homere nous dit que ce fut justement lorsque le juge quittoit son siege, & ce n'estoit que vers la huitiéme heure du jour, c'est à dire, vers nos deux heures aprés midy.

Et je tombay un peu à costé avec un grand bruit] La prudence n'abandonne jamais Ulysse. Il ne se laisse pas tomber sur le mast, car il pouvoit s'y blesser, mais il tombe un peu à costé, παρέξ, vis-à-vis du milieu, & à portée de l'accrocher.

Le pere des Dieux & des hommes ne permit pas que je repassasse prés de Scylla] C'estoit une faveur bien évidente, car le flot, c'est à dire, la mer qui montoit, le portoit sur cette coste.

Je fus porté en cet estat au gré des flots & des vents neuf jours entiers, & la dixième nuit les Dieux me firent aborder à l'isle d'Ogygie] Il fut donc balotté sur ce mast dix jours entiers, & par consequent sans prendre aucune nourriture. Longin a trouvé cela si peu vraysemblable, qu'il le traite de badinerie qui marque que l'esprit d'Homere commençoit à s'esteindre. En quoy il s'est infiniment trompé, comme je l'ay monstré dans la Préface, où j'ay fait voir que des hommes battus de la tempeste ont esté plus de dix jours sans manger.

Argument du Livre XIII.

ALcinoüs & toute sa cour ont pris tant de plaisir à entendre le recit des avantures d'Ulysse, qu'ils luy font de nouveaux presens. Ils mettent en foule dans son vaisseau tout ce qui est necessaire pour son voyage. Ulysse prend congé du Roy, & s'embarque. Ceux qui le conduisent le descendent à terre sur le rivage d'Ithaque pendant qu'il est endormi, & s'en retournent. A leur retour Neptune change en pierre leur vaisseau. Minerve s'apparoist à Ulysse sur le rivage; elle luy donne ses conseils sur la maniere dont il doit se conduire pour tuer les Poursuivants, l'oblige à retirer dans une grotte voisine toutes ses richesses, & le metamorphose en vieillard.

L'ODYSSÉE
D'HOMERE.

LIVRE XIII.

ULYSSE finit ainsi le recit de ses avantures. Le silence regne dans l'assemblée des Pheaciens, & tous ceux qui sont dans cette salle magnifique ne sont occupez que du plaisir qu'ils ont eû à l'entendre. Enfin Alcinoüs prenant la
» parole, dit : Ulysse, puisque vous
» estes venu dans mon Palais, je ne
» croy pas qu'à vostre départ de cette
» isle vous vous égariez de vostre
» chemin, & que vous esprouviez les
» mesmes traverses que vous avez es-
» prouvées avant que d'y arriver. Et

s'adressant ensuite aux Princes de sa cour, il leur dit : Princes, qui « estes receûs tous les jours à ma ta- « ble, & qui avez le plaisir d'enten- « dre ce chantre divin, escoutez l'or- « dre que j'ay à vous donner. Nous « avons desja régalé nostre hoste d'ha- « bits magnifiques, de beaucoup d'or « en masse & de plusieurs autres pre- « sens que vous, qui par vos conseils « m'aydez à gouverner mes peu- « ples, luy avez donnez liberalement. « Mais que chacun de nous luy don- « ne encore un trepied & une cu- « vette, & dans la premiere assem- « blée du peuple nous retirerons « par une imposition generale la dé- « pense que nous aurons faite, car « il n'est pas juste qu'elle tombe sur « un seul. «

Tous les Princes approuverent l'ordre d'Alcinoüs & l'expedient qu'il ouvroit, & en mesme temps ils se retirerent chacun dans son Palais pour aller prendre quelque repos. Le lendemain dés que l'estoile du matin eut fait place à l'aurore, ils vont tous porter leurs cuvettes & leurs trepieds dans le vaisseau. Le Roy s'y rendit aussi, & il voulut prendre la peine de placer & de ranger luy-mesme tous ces vases sous les bancs, afin que les rameurs n'en pussent estre incommodez dans leur manœuvre. L'assemblée retourne ensuite au Palais, où l'on prépara un grand festin. Alcinoüs offrit en sacrifice un taureau au Dieu qui regne sur les Dieux & sur les hommes. Quand on eut fait brusler les cuisses sur l'autel selon la coutume, on se mit à table, & le chantre Demodocus, que les peuples honnoroient comme un Dieu, rendit le repas délicieux par les chants admirables. Mais Ulysse tournoit souvent la teste pour voir le soleil dont la course luy paroissoit trop lente. Il auroit souhaité que cet astre eust hasté son coucher pour seconder l'impatience qu'il avoit de partir. Comme un laboureur, qui du soc de sa charrue a fendu le sein d'un gueret, & y a tracé de penibles sillons toute la journée, voit avec plaisir le soleil se précipiter dans l'Océan & amener l'heure du souper, il s'en retourne avec joye, la lassitude luy faisant presque manquer les genoux; le coucher du soleil fait le mesme plaisir à Ulysse. Sans perdre un moment il adresse la parole aux Pheaciens, & sur-tout au Roy, à qui il parle en ces termes: Alci- « noüs, que l'esclat de la majesté fait « aisément reconnoistre pour le maistre « de ces peuples, & vous, Prin- « ces des Pheaciens, faites prompte- « ment, je vous prie, vos libations, « afin que vous me renvoyiez dans « l'heureux estat où vous m'avez mis, « & que je vous dise les derniers « adieux. Tout ce que je desirois de « vous est executé, & vostre genero- «

» sité a surpassé toutes mes esperan-
» ces. Non seulement vous me four-
» nissez tout ce qui est necessaire pour
» mon voyage, mais vous m'avez
» comblé de presens, veüillent les
» Dieux les rendre heureux pour
» moy. Que je retrouve dans mon
» Palais ma femme telle que je la de-
» sire, & tous mes amis en parfaite
» santé. Et pour vous, puissiez-vous
» estre icy long-temps la consolation
» & la joye de vos femmes & de vos
» enfans, & que les Dieux vous
» donnent toutes les vertus, qu'ils
» répandent sur vous à pleines mains
» toutes sortes de prosperitez, &
» qu'ils détournent tous les maux de
» dessus vos peuples.

Ce compliment plut merveilleusement au Roy & à toute sa
cour. Sur l'heure on donne ordre
que tout fust prest pour le départ.
Et le Roy s'adressant au heraut
» Pontonoüs, luy dit : Pontonoüs,
» remplissez une urne du plus excel-

lent vin & presentez-en dans des «
coupes à tous ceux qui sont icy «
presents, afin qu'aprés qu'ils auront «
tous fait les libations, nous laif- «
sions partir nostre hoste, & qu'il «
s'embarque sans perdre un moment «
pour s'en retourner dans sa chere «
patrie. «

Pontonoüs obéït. Il remplit une urne de vin & en verse dans les coupes à toute l'assemblée ; chacun sans se lever de son siege fait les libations aux Dieux immortels qui habitent le brillant Olympe ; Ulysse seul se leva, & presentant sa coupe à la Reyne, il luy parla en ces termes : Grande Princesse, soyez «
toujours heureuse au milieu de vos «
Estats, & que ce ne soit qu'au bout «
d'une longue vieillesse que rassasiée «
de jours vous payiez le tribut que «
tous les hommes doivent à la Na- «
ture. Je m'en retourne dans ma pa- «
trie comblé de vos bienfaits. Que «
la joye & les plaisirs n'abandon- «

» nent jamais cette demeure, & que
» toujours aimée & estimée du Roy
» vostre espoux & des Princes vos
» enfants, vous receviez continuelle-
» ment de vos sujets les marques d'a-
» mour & de respect qu'ils vous doi-
» vent.

En achevant ces mots, Ulysse sortit de la salle. Alcinoüs luy donna un heraut pour le conduire à son vaisseau, & la Reyne Areté luy donna plusieurs de ses femmes pour porter les presens & les provisions. L'une estoit chargée des tuniques & des manteaux, l'autre portoit la cassette, une troisiéme portoit le pain & le vin.

Quand on fut arrivé au port, ceux qui devoient conduire Ulysse, embarquent les provisions & dressent un lit pour luy sur le tillac, où ils estendent des peaux & des estoffes pour servir de couvertures. Ulysse monte & se couche, les rameurs se placent sur leurs bancs en bon ordre, détachent le cable qui arreſtoit le vaiſſeau à un rocher, & en ſe courbant & ſe renverſant, ils font blanchir la mer ſous l'effort de leurs rames.

Cependant le ſommeil s'empare des paupieres d'Ulyſſe, mais un ſommeil ſi doux & ſi profond, que ce Prince reſſembloit moins à un homme endormi qu'à un homme mort. Comme on voit un quadrige partir de la barriere au premier ſignal, & fendre rapidement les airs, la teſte des chevaux toujours relevée; le vaiſſeau d'Ulyſſe fendoit la mer avec la meſme rapidité, la pouppe toujours haute, & laiſſoit derriere luy de longs ſillons de flots tout blancs d'eſcume; le vol de l'eſpervier meſme, qui eſt le plus viſte des oyſeaux, n'auroit pû égaler ſa viſteſſe, ſi grande eſtoit la legereté de ce vaiſſeau, qui portoit un homme dont la ſageſſe eſtoit égale à celle des Dieux. Juſques là ce Prince avoit essuyé des maux infinis, soit dans les guerres qu'il avoit heureusement terminées, soit sur la mer; mais alors plongé dans un profond sommeil il oublioit toutes ses peines. Quand la brillante estoile qui annonce l'arrivée de l'aurore se leva, le vaisseau aborda aux terres d'Ithaque. Il y a dans cette coste un port qu'on appelle le port du vieillard Phorcyne un des Dieux marins; il est entre deux grandes rades herissées de rochers qui avancent extremement dans la mer, & qui le mettent à l'abri des vents. Dés que les vaisseaux y sont entrez, ils n'ont rien à craindre, & ils y sont en seureté sans estre attachez. Ce port est couronné d'un bois d'oliviers, qui par leur ombre y entretiennent une fraischeur agreable, & prés de ce bois est un antre profond & délicieux consacré aux Nymphes qu'on appelle Nayades. Tout autour de l'antre en dedans on voit de grandes urnes & des cruches de belle pierre qui servent de ruches à des essains d'abeilles qui y font leur miel. On y voit aussi de grands mestiers taillez dans la pierre, sur lesquels les belles Nymphes travaillent à des estoffes de pourpre qui font la merveille des yeux. Ce lieu charmant est arrosé par des fontaines dont l'eau ne tarit jamais. Pour y entrer il y a deux portes, l'une au septentrion toujours ouverte aux hommes, & l'autre au midy plus divine, car elle n'est ouverte qu'aux Dieux.

Les rameurs d'Ulysse entrent dans ce port qu'ils connoissoient depuis long-temps, & leur vaisseau avance dans les terres jusqu'à la moitié de sa longueur, si grand estoit le mouvement qu'ils luy avoient imprimé par la force de leurs rames. Ils descendent à terre, enlevent Ulysse tout endormi avec son lit, & l'exposent sur le rivage sans qu'il s'éveille. Ils prennent toutes les hardes & tous les beaux presens que les Pheaciens luy avoient faits, par l'inspiration de la genereuse Minerve. Ils les mettent au pied d'un olivier hors du chemin, de peur qu'ils ne fussent exposez au pillage si quelque voyageur venoit à passer par-là avant son réveil. Cela estant fait, ils se rembarquent & reprennent le chemin de Scherie.

Neptune n'oublia pas les menaces qu'il avoit faites à Ulysse, & s'adressant à Jupiter, comme pour interroger sa providence, il luy dit:
» Grand Jupiter, pere des Dieux &
» des hommes, je ne seray donc plus
» honoré parmi les Dieux immor-
» tels, puisque des mortels comme
» les Pheaciens, qui mesme sont des-
» cendus de moy, me méprisent. Je
» me persuadois qu'Ulysse ne re-
» tourneroit dans sa patrie qu'aprés

avoir souffert encore bien des pei- «
nes & soutenu les nouveaux tra- «
vaux que je luy préparois, car je «
ne luy avois pas absolument fermé «
toutes les voyes de retour, depuis «
que vous luy aviez promis qu'il ar- «
riveroit chez luy & que vous luy «
aviez confirmé cette promesse par «
un signe de teste, qui est le sçeau «
asseuré de l'infaillibilité de tout ce «
que vous promettez. Bien-loin «
qu'il ait souffert à ce retour le «
moindre travail, la moindre peine, «
les Pheaciens l'ont conduit sur la «
vaste mer, l'ont posé tout endormi «
sur les costes d'Ithaque & l'ont «
comblé de presens, car ils luy ont «
donné tant d'airain, tant d'or & «
une si grande quantité d'habits, «
qu'il n'en auroit jamais tant em- «
porté de Troye, s'il estoit arrivé «
heureusement dans son Palais avec «
tout son butin. «

Le maistre du tonnerre luy répond : Dieu puissant, qui esbrans-

» lez quand il vous plaît les fondc-
» ments de la terre, quels difcours
» venez-vous de tenir ! Les Dieux
» immortels ne cefferont jamais de
» vous honnorer. Il feroit difficile
» de méprifer un Dieu auffi ancien
» que vous, auffi grand & auffi ref-
» pectable. Que s'il y a-quelque mor-
» tel qui malgré fa foibleffe ait l'in-
» folence de vous refufer l'honneur
» qui vous eft dû, les voyes de la
» vengeance ne vous font-elles pas
» toujours ouvertes ! Faites donc ce
» que vous trouverez à propos ; fa-
» tisfaites-vous & que rien ne vous
» retienne.

» Je me fatisferay tres prompte-
» ment, repartit Neptune, comme
» vous m'en donnez la permiffion.
» Mais je crains toujours de vous
» offenfer, & je redoute voftre co-
» lere. Pour plus grande feureté je
» vais donc vous communiquer mon
» deffein. Je veux faire perir ce beau
» vaiffeau des Pheaciens au milieu de

la mer pendant qu'il s'en retourne, «
afin qu'inftruits par cet exemple, «
ils renoncent à remener deformais «
les hommes qui aborderont chez «
eux, & je veux couvrir leur ville «
d'une haute montagne qui mena- «
cera toujours de l'efcrafer. «

Eh bien, répondit le maiftre des «
Dieux, voicy de quelle maniere je «
croy que vous devez executer cette «
vengeance; Quand tout le peuple «
fera forti de la ville pour voir ar- «
river ce beau vaiffeau, & qu'on le «
verra voguer à pleines voiles, chan- «
gez-le tout à coup en un grand ro- «
cher prés de la terre, & confervez- «
luy la figure de vaiffeau, afin que «
tous les hommes foient émerveil- «
lez & eftonnez de ce prodige; en- «
fuite couvrez leur ville d'une haute «
montagne, qui ne ceffera jamais de «
les effrayer. «

Neptune n'eut pas pluftoft entendu cet avis, qu'il fe rendit tres
promptement à l'ifle de Scherie,

qui est la patrie des Pheaciens, & attendit-là le retour du vaisseau. Il n'eut pas le temps de s'impatienter, car dans le moment on vit ce vaisseau qui fendoit les ondes avec une merveilleuse legereté. Neptune s'en approche, & le poussant du plat de la main, il le change en un grand rocher auquel il donne de profondes racines, qui en l'arrestant sur les flots, appuyent ses fondemens dans les abysmes. Ce Dieu s'éloigna en mesme temps. Les Pheaciens, qui estoient tous sortis de la ville, estonnez de ce prodige,
» se disoient l'un à l'autre : Grands
» Dieux, qui est-ce qui a lié nostre
» vaisseau sur la mer à la fin de sa
» course ! car le vaisseau paroissoit
» tout entier. Ils tenoient tous le mesme langage & aucun ne sçavoit comment cela estoit arrivé, lorsqu'Alcinoüs s'avançant au milieu d'eux, leur parla en ces termes.
» Mes amis, voicy l'accomplisse-

« ment des anciens oracles que mon
« pere m'avoit annoncez. Il me di-
« soit toujours que Neptune estoit
« irrité contre nous de ce que nous
« estions les meilleurs pilotes qu'il y
« eust au monde, & que nous ne re-
« levions point de luy. Et il adjou-
« toit qu'un jour ce Dieu feroit pe-
« rir au milieu des flots un de nos
« meilleurs vaisseaux qui reviendroit
« de conduire un mortel dans sa pa-
« trie, & qu'il couvriroit nostre ville
« d'une montagne qui nous effraye-
« roit toujours. Voilà les anciennes
« propheties que m'annonçoit ce bon
« vieillard, & les voilà à moitié ac-
« complies. Mais allons executons
« tous l'ordre que je vais donner ;
« renoncez tous deshormais à con-
« duire les estrangers qui arriveront
« chez nous, promettez que vous
« n'en conduirez jamais aucun, &
« immolons à Neptune douze tau-
« reaux choisis pour tascher de l'ap-
« paiser, & pour l'empescher d'ache-

» ver sa vengeance, en couvrant nos-
» tre ville de cette haute montagne
» dont nous sommes encore menacez.

Ainsi parla le Roy. Les peuples furent saisis de frayeur & préparerent le sacrifice.

Pendant que les Princes & Chefs des Pheaciens faisoient leurs prieres à Neptune autour de son autel, Ulysse, qui estoit profondement endormi sur sa terre natale, se reveilla de son somme ; il ne reconnut point du tout cette terre cherie, il en estoit absent depuis trop long-temps, & la Déesse Minerve l'enveloppa sur le champ d'un espais nuage, afin qu'il ne pust la reconnoistre, & qu'elle eust le temps de l'avertir de tout ce qu'il avoit à faire. Car il falloit qu'il ne fust reconnu ni de sa femme ni de ses amis, ni de ses citoyens, avant qu'il eust tiré vengeance de l'injustice & de l'insolence des Poursuivants. Voilà pourquoy cette

Déesse

Déesse fit que toute la face du pays luy parut changée, les grands chemins, les ports, la plage, les rochers qui s'avançoient dans la mer, & les arbres mesmes ; en un mot, rien n'estoit reconnoissable pour luy. Il se leva plein d'estonnement, jettant sa vûë de tous costez, & frappant ses cuisses, il dit avec de profonds soupirs: Ah ! malheureux « que je suis, dans quel pays me « trouvay-je ! Vais-je tomber entre « les mains d'hommes cruels & sau- « vages, ou entre les mains d'hom- « mes hospitaliers & pieux ? Où vais- « je porter toutes les richesses que « j'ay avec moy ! Où vais-je moy- « mesme m'égarer & me perdre ? « Plust aux Dieux que je fusse de- « meuré parmi les Pheaciens, ou que « j'eusse esté à la cour de quelqu'au- « tre Prince qui m'auroit bien receu « & m'auroit renvoyé dans mes Es- « tats. Presentement je ne sçay où « cacher tous ces presens pour les «

Tome II. . T

» mettre en seureté, car il n'y a pas
» d'apparence de les laisser icy, ils de-
» viendroient bien-tost la proye du
» premier passant. Grands Dieux!
» les Princes & les Chefs des Phea-
» ciens n'estoient donc pas si sages ni
» si justes que je pensois. Ils m'a-
» voient promis de me remener à ma
» chere Ithaque, & ils m'ont exposé
» sur une terre estrangere! Que Ju-
» piter protecteur des suppliants, &
» dont les yeux sont toujours ou-
» verts sur les voyes des hommes
» pour punir ceux qui font mal,
» punisse la perfidie de ces malheu-
» reux qui m'ont trompé. Mais il
» faut que je compte tous mes tre-
» sors, & que je voye si ces perfides,
» en se retirant, ne m'en ont pas em-
» porté une partie.

En finissant ces mots il fait une revûë exacte de ses trepieds, de ses cuvettes, de ses barres d'or & de ses habits, & il trouve qu'il n'y manquoit rien. Delivré de cette inquietude, il ne fait plus que foupirer aprés fa chere patrie, en parcourant le rivage de la mer. Pendant qu'il eſt plongé dans ſes triſtes penſées, Minerve s'approche de luy ſous la figure d'un jeune berger, beau, bien fait, de bonne mine, & tel que peuvent eſtre les fils des plus grands Roys. Il avoit ſur ſes eſpaules un manteau d'une belle eſtoffe tres fine, à ſes pieds de beaux brodequins & un long javelot à la main. Ulyſſe fut ravi de ſa rencontre, & l'abordant, il luy parla ainſi :

Berger, puiſque vous eſtes le premier que je trouve dans cette terre eſtrangere, je vous ſaluë de tout mon cœur, & je vous prie de ne point former contre moy de mauvais deſſeins ; ſauvez-moy toutes ces richeſſes & ſauvez-moy moy-meſme, je vous adreſſe mes prieres comme à un Dieu, & j'embraſſe vos genoux comme voſtre

T ij

» suppliant. Mais avant toutes cho-
» ses dites-moy, je vous prie, sans
» me rien déguiser, quelle est cet-
» te terre, quel est son peuple, &
» quels sont les hommes qui l'habi-
» tent? Est-ce une isle! ou n'est-ce
» icy que la plage de quelque con-
» tinent?

» Il faut que vous soyez bien peu
» instruit, luy répondit Minerve, ou
» que vous veniez de bien loin, puis-
» que vous me demandez quelle est
» cette terre. Ce n'est pas un païs
» inconnu. Il est celebre jusques dans
» les climats qui voyent lever le so-
» leil, & dans ceux qui le voyent se
» précipiter dans l'onde. Veritable-
» ment c'est un pays aspre & qui n'est
» pas propre à nourrir des chevaux,
» mais s'il n'a pas de plaines fort spa-
» cieuses, il n'est pas non plus sterile
» & sec. Cette terre porte du fro-
» ment & du vin en abondance, elle
» a les pluyes necessaires dans les sai-
» sons & les rosées qui rejoüissent les

plantes. Les chevres & les bœufs «
y trouvent des pasturages excel- «
lents ; il y a toutes sortes de bois «
& de forests, & elle est arrosée de «
quantité de sources dont les Nym- «
phes ne laissent jamais tarir les eaux «
dans la plus grande sécheresse. En- «
fin, estranger, le nom d'Ithaque est «
par-tout connu dans les campagnes «
de Troye, quoyque cette isle soit «
fort loin de l'Achaïe. «

A ces paroles Ulysse sentit une joye qu'on ne peut exprimer, de se retrouver dans sa patrie, selon le rapport que luy venoit de faire la fille de Jupiter. Il répondit à cette Déesse, non pas dans la pure verité, mais en forgeant sur le champ une fable, & en conservant toujours le caractere d'homme rusé & dissimulé : J'ay fort entendu parler «
d'Ithaque, luy dit-il, dans l'isle de «
Crete, qui est fort éloignée & au «
milieu de la mer. Je suis venu icy «
avec toutes ces richesses, j'en ay «

T iij

» laiſſé autant à mes enfants, & je
» cherche icy un aſyle, ayant eſté
» obligé de prendre la fuite, à cauſe
» d'un meurtre que j'ay commis, en
» tuant le fils d'Idomenée, le brave
» Orſiloque, qui eſtoit ſi leger à la
» courſe, que dans les plaines de
» Crete il ſurpaſſoit ceux qui avoient
» acquis le plus de réputation. Noſ-
» tre querelle vint de ce qu'il vou-
» loit m'oſter ma part du butin qui
» m'eſtoit eſchûë à Troye, & que
» j'avois acquiſe par tant de travaux
» & de dangers que j'avois eſſuyez
» & à la guerre & ſur la mer, car
» il conſervoit contre moy quelque
» reſſentiment de ce qu'à Troye je
» refuſois d'obéïr à ſon pere, &
» que je voulois commander ſeparé-
» ment mes Compagnons. Je le per-
» çay d'un coup de pique dans un
» chemin où je luy avois dreſſé une
» embuſcade aſſiſté d'un de mes amis.
» La nuit eſtoit fort obſcure, per-
» ſonne ne nous vit, & je le tuay ſans

« estre apperceu. Dés le lendemain à
« la pointe du jour je trouvay heu-
« reusement un vaisseau de Phœni-
« cie qui estoit prest à faire voile, je
« priay ces Phœniciens de me rece-
« voir & de me rendre ou à Pylos,
« ou en Elide, où regnent les Epé-
« ens, & pour les y engager je leur
« donnay une partie de mon butin,
« mais les vents contraires les éloi-
« gnerent toujours de ces costes,
« quelques efforts qu'ils fissent pour
« y aborder, car ils n'avoient aucu-
« ne mauvaise intention; nous fus-
« mes jettez hier pendant la nuit sur
« cette plage; nous avons eû beau-
« coup de peine à gagner ce port, &
« nous estions si accablez de travail
« & de lassitude, que nous ne pensas-
« mes pas seulement à prendre un le-
« ger repas, quoyque nous en eus-
« sions grand besoin, mais estant tous
« descendus du vaisseau nous nous
« couchasmes sur le rivage. J'estois
« si las que je fus bien-tost enseveli

» dans un profond sommeil. Les
» Phœniciens, pour profiter du vent
» qui venoit de changer, ont débar-
» qué ce matin toutes mes richesses,
» les ont fidellement mises prés du
» lieu où j'estois endormi, & s'estant
» rembarquez ils ont fait voile vers
» Sidon. C'est ainsi que je suis de-
» meuré seul dans cette terre estran-
» gere, livré à de cruelles inquietu-
» des, dont je n'attends le soulage-
» ment que de vostre secours.

Ainsi parla Ulysse. La Déesse
sousrit de voir sa dissimulation,
elle le prit par la main, ce n'estoit
plus sous la figure d'un pasteur,
mais sous celle d'une femme d'une
excellente beauté, d'une taille ma-
jestueuse & telle que sont les personnes qui ont esté bien élevées.
Elle luy parla en ces termes :

» Celuy-là seroit bien fin & bien
» subtil qui vous surpasseroit en tou-
» tes sortes de dissimulations & de ru-
» ses. Un Dieu mesme y seroit em-

barrassé. O le plus dissimulé des «
mortels, homme inespuisable en «
feintes, en détours & en finesses. «
Dans le sein mesme de vostre pa- «
trie vous ne pouvez vous empes- «
cher de recourir à vos fables & à «
vos déguisements qui vous sont fa- «
miliers dés vostre naissance. Mais «
laissons-là les tromperies, que nous «
connoissons si bien tous deux; car «
si vous estes le premier des mortels «
pour imaginer des fables pleines «
d'invention & de prudence, je puis «
dire que parmi les Dieux j'ay la «
réputation d'exceller dans ces res- «
sources que la sagesse peut fournir. «
Ne reconnoissez-vous point enco- «
re la fille de Jupiter, la Déesse Mi- «
nerve, qui vous assiste, qui vous «
soutient & qui vous conserve dans «
tous vos travaux, & qui vous a ren- «
du si agréable aux yeux des Phea- «
ciens, que vous en avez receu tou- «
tes sortes d'assistances ! Presente- «
ment je suis venuë icy pour vous «

» donner les conseils dont vous avez
» besoin, & pour mettre en seureté
» tous ces beaux presens dont les
» Pheaciens vous ont comblé à vos-
» tre départ par mes inspirations se-
» cretes. Je veux aussi vous appren-
» dre tous les chagrins & tous les
» perils auxquels la destinée va en-
» core vous exposer dans vostre pro-
» pre Palais. C'est à vous de vous
» munir de force pour les supporter
» courageusement puisque c'est une
» necessité. Gardez-vous bien sur-
» tout de vous faire connoistre à per-
» sonne, ni à homme ni à femme, &
» de découvrir vos desseins. Souf-
» frez dans le silence tous les maux,
» tous les affronts & toutes les inso-
» lences que vous aurez à essuyer des
» Poursuivants & de vos sujets mes-
» mes.

» Grande Déesse, repartit Ulysse,
» il seroit bien difficile à l'homme
» le plus clairvoyant de vous recon-
» noistre quand vous voulez vous ca-

cher, car vous prenez comme il «
vous plaist toutes sortes de figures. «
Je sçay fort bien, & je ne l'oublie- «
ray jamais, que vous m'avez esté «
toujours favorable pendant que «
nous avons combattu sous les murs «
d'Ilion. Mais dés le moment qu'a- «
prés avoir saccagé cette superbe «
ville nous nous fusmes embarquez «
& que Dieu eut dispersé tous les «
Grecs, vous ne vous estes plus «
montrée à moy, & je ne vous ay «
plus vûë sur mon vaisseau vous «
tenir prés de moy pour me garan- «
tir des maux dont j'estois conti- «
nuellement assailli ; mais abandon- «
né à moy-mesme, j'ay esté errant «
toujours accablé de travaux & le «
cœur rongé de chagrins, jusqu'à «
ce moment que les Dieux ont en- «
fin daigné me délivrer de toutes «
ces miseres. Il est vray que lorsque «
je gagnay les costes des Pheaciens, «
vous m'encourageastes par vos pa- «
roles, & vous eustes la bonté de «

» me conduire vous-mesme jusques
» dans le Palais d'Alcinoüs. Aujour-
» d'huy j'embrasse vos genoux, & je
» vous conjure au nom de vostre
» pere de me dire s'il est vray que je
» sois de retour dans ma patrie, car
» je me deffie de ce bonheur, & je
» crains que ce ne soit encore icy
» quelque terre estrangere, & que
» vous ne m'ayez parlé comme vous
» avez fait que pour vous mocquer
» de moy & pour m'abuser par de
» vaines esperances ; dites-moy donc,
» je vous prie, s'il est bien vray que
» je sois sur les terres d'Ithaque.

» Vous estes toujours le mesme,
» repartit Minerve, & voilà de vos
» soubçons. Mais je ne veux pas
» vous abandonner & vous précipi-
» ter par-là dans des malheurs inévi-
» tables. Car je voy que vous estes
» un homme sage, d'un esprit tou-
» jours present & plein de modera-
» tion & de prudence, & voilà les
» gens qui sont dignes de ma pro-

tection. Tout autre qui reviendroit d'un voyage aussi long, auroit de l'impatience de revoir sa femme & ses enfants. Et vous, bien-loin d'avoir cette impatience, vous ne voulez pas seulement aller apprendre de leurs nouvelles avant que d'avoir esprouvé la fidelité de vostre femme. Sa conduite est telle que vous pouvez la desirer, car elle est toujours enfermée dans vostre Palais, & passe tristement les jours & les nuits à soupirer & à répandre des larmes. Si je ne vous ay pas secouru depuis vostre embarquement, c'est que je n'ignorois pas que vous vous tireriez de tous ces dangers ; je sçavois fort bien qu'aprés avoir perdu tous vos Compagnons, vous retourneriez enfin dans vostre patrie, & je n'ay pas voulu sans necessité m'opposer au Dieu de la mer qui est mon oncle, & qui a conceu contre vous une haine implacable, parce que

» vous avez aveuglé son cher fils.
» Mais pour vous faire voir que je
» ne vous trompe point, je vais vous
» faire reconnoistre les lieux & vous
» montrer Ithaque telle que vous
» l'avez laissée. Voilà le port du
» vieillard Phorcyne un des Dieux
» marins ; le bois d'oliviers qui le
» couronne, c'est le mesme que vous
» y avez toujours vû ; voilà prés de
» ce bois l'antre obscur & délicieux
» des Nymphes qu'on appelle Naya-
» des, c'est le mesme où vous avez
» offert tant de fois à ces Nymphes
» des hecatombes parfaites ; cette
» montagne couverte d'une forest,
» c'est le mont Nerite.

En achevant ces mots, la Déesse
dissipa le nuage dont elle l'avoit
environné, & dans l'instant il reconnut la terre qui l'avoit nourri.
On ne sçauroit exprimer les trans-
ports de joye qu'il sentit en re-
voyant cette terre cherie, il la bai-
sa, & en élevant les mains, il adressa

aux Nymphes cette priere. Belles «
Nayades, filles de Jupiter, je n'es- «
perois pas d'estre assez heureux «
pour vous revoir de ma vie; puis- «
que j'ay ce bonheur, contentez- «
vous presentement, douces Nym- «
phes, des vœux sinceres que je «
vous presente. Bien-tost, si la «
grande Minerve, qui préside aux «
assemblées des peuples, continuë de «
me favoriser & qu'elle conserve ma «
vie & celle de mon fils, je vous of- «
friray, comme je faisois autrefois, «
des sacrifices qui vous marqueront «
ma joye & ma reconnoissance. «

Ne doutez point de mon se- «
cours, repartit Minerve, & qu'au- «
cune deffiance ne vous inquiete. «
Retirons d'abord dans le fond de «
l'antre toutes ces richesses, afin «
que vous les conserviez, & nous «
délibererons ensuite sur le parti «
que nous devons prendre. «

En parlant ainsi elle entre dans
cette caverne obscure, & cherche

dans tous les coins une cache fidelle. Ulysse la suivoit & portoit tout l'or, le cuivre & les habits que les Pheaciens luy avoient donnez. Il les met dans l'endroit que Minerve luy montra, & en sortant, la Déesse ferma elle-mesme l'entrée de la caverne avec une grosse pierre. Ils s'assirent tous deux ensuite au pied d'un olivier, & se mirent à consulter sur les moyens qu'ils devoient choisir pour punir l'insolence des Poursuivants. Minerve parla la premie-
» re, & dit : Divin fils de Laerte,
» sage Ulysse, c'est icy qu'il faut
» employer tout vostre esprit pour
» trouver les moyens de faire mordre
» la poussiere à ces insolents, qui
» depuis trois années regentent dans
» vostre Palais, & poursuivent vostre
» femme, en luy offrant tous les
» jours de nouveaux presents. Elle
» ne fait que soupirer aprés vostre
» retour ; elle les amuse tous, & se

promet à chacun, en leur en- «
voyant tres souvent des messages. «
Mais ses pensées ne répondent «
guere à ces démonstrations. «

Grands Dieux ! s'escria Ulysse, «
un sort aussi funeste que celuy d'A- «
gamemnon m'attendoit donc dans «
mon Palais, si vous n'aviez eu la «
bonté de m'avertir de tout ce qui «
se passe ! continuez-moy, grande «
Déesse, vostre protection. Ensei- «
gnez-moy comment je dois me «
prendre à chastier ces insolents, «
tenez-vous prés de moy, inspirez- «
moy la mesme force & le mesme «
courage que vous m'inspirastes «
lorsque nous saccageasmes la su- «
perbe ville de Priam. Car si vous «
daignez m'assister de mesme, gran- «
de Minerve, fussent-ils trois cents, «
je les attaqueray seul, & je suis «
seur de les vaincre. «

Je vous assisteray sans doute, re- «
prit Minerve, & je ne vous per- «
dray pas de vûë un moment quand «

» nous executerons ce grand exploit,
» & je pense que bien-tost quelqu'un
» de ces Poursuivants, qui consu-
» ment vostre bien & qui se nourris-
» sent de vaines esperances, inonde-
» ra de son sang la salle du festin.
» Mais avant toutes choses je vais
» vous rendre méconnoissable à tous
» les mortels. Je vais dessecher & ri-
» der vostre peau, faire tomber ces
» beaux cheveux blonds, vous cou-
» vrir de haillons si vilains, qu'on
» aura de la peine à les regarder, &
» ces yeux si beaux & si pleins de
» feu, je vais les changer en des yeux
» esteints & esraillez, afin que vous
» paroissiez difforme à ces Poursui-
» vants, à vostre femme & à vostre
» fils. Ainsi changé, la premiere cho-
» se que vous devez faire, c'est d'al-
» ler trouver vostre fidelle Eumée à
» qui vous avez donné l'intendance
» d'une partie de vos troupeaux; c'est
» un homme plein de sagesse, & qui
» est entierement dévoüé à vostre fils

à la sage Penelope. Vous le trouverez au milieu de ses troupeaux
qui paissent sur la roche Coracienne prés de la fontaine d'Arethuse,
où ils se nourrissent du fruit des
chesnes, qui est la nourriture la
plus propre pour les engraisser.
Demeurez-là prés de luy, & faites-
vous instruire de tout ce que vous
devez sçavoir, pendant que j'iray à
Sparte pour faire venir vostre fils,
qui est allé chez Menelas pour tascher d'apprendre de vos nouvelles,
& de découvrir si vous estes encore vivant.

Mais, sage Minerve, répondit
Ulysse, permettez-moy de vous
demander pourquoy vous ne l'a-
vez pas informé de ce qui me regarde, vous qui sçavez toutes choses. Est-ce pour le faire errer comme moy sur la vaste mer avec des
peines infinies, pendant que ses ennemis, profitant de son absence,
consumeront son bien ?

» Ne soyez point en peine de vo-
» tre fils, répondit la sage Minerve,
» je luy ait fait entreprendre ce voya-
» ge, & je l'ay conduit moy-mesme,
» afin qu'il se fist une bonne répu-
» tation. Il n'est exposé à aucun dan-
» ger ; il est en repos dans le Palais
» du fils d'Atrée, où il est traité avec
» beaucoup de magnificence, & où
» il a tout à souhait. Il est vray que
» ces jeunes Princes qui commettent
» tant de desordres dans vostre mai-
» son, l'attendent au passage sur un
» vaisseau, & luy ont dressé une em-
» buscade pour le tuer à son retour,
» mais leur pernicieux dessein leur
» sera funeste.

En finissant ces mots elle le tou-
cha de sa verge, & d'abord sa peau
devint ridée, ses beaux cheveux
blonds disparurent, ses yeux vifs
& pleins de feu ne parurent plus
que des yeux esteints, en un mot
ce ne fut plus Ulysse, mais un vieillard accablé d'années & hideux à

voir. La Déesse changea ses beaux habits en vieux haillons enfumez & rapetassez qui luy servoient de manteau, & par dessus elle l'affubla d'une vieille peau de cerf dont tout le poil estoit tombé, elle luy mit à la main un gros baston, & sur ses espaules une besace toute rapiecée, qui attachée à une corde, luy pendoit jusqu'à la moitié du corps. Aprés que la Déesse & luy eurent pris ensemble ces mesures, ils se separerent, & Minerve prit le chemin de Sparte pour luy ramener son fils.

REMARQUES
SUR
L'ODYSSE'E D'HOMERE.

LIVRE XIII.

Page 416. *Ne sont occupez que du plaisir qu'ils ont eu à l'entendre*] Car le plaisir que donnent ces contes bastis avec tant d'art sur la verité, dure encore long-temps aprés qu'on les a entendus.

Je ne croy pas qu'à vostre départ de cette isle vous vous égariez de vostre chemin] Car il a desja establi dans le VIII. Liv. que les vaisseaux des Pheaciens sont doüez d'intelligence, qu'ils sçavent le chemin de toutes les villes, & qu'ils sont les seuls à qui il n'arrive jamais aucun mal dans les plus longues courses.

Page 417. *Princes, qui estes receus tous les jours à ma table*] Il y a dans le Grec: *Princes, qui beuvez tous les jours à ma table*. Les Grecs se servoient du mot πίνειν, comme nous nous servons de nostre mot *boire* pour dire manger. *Quand boirons-*

nous ensemble! nous venons de boire avec luy, &c.

Et qui avez le plaisir d'entendre ce chantre divin] Il parle de Demodocus: la table d'Alcinoüs n'estoit jamais sans musique.

Que vous, qui par vos conseils m'aydez à gouverner mes peuples] Alcinoüs fait bien voir encore icy la superiorité qu'il avoit sur les douze Princes qui composoient son conseil. Ils ne gouvernoient que sous luy, & Alcinoüs avoit la principale autorité, comme je l'ay expliqué sur le VIII. Livre.

Mais que chacun de nous luy donne encore un trepied & une cuvette] En verité les contes qu'Ulysse vient de faire valent bien un present en particulier. Homère sçait bien relever le merite de la Poësie. Il n'y a rien que ces fables, si ingenieusement inventées, n'arrachent à de fins connoisseurs, mais pour ces gens grossiers dont les oreilles par une cire naturelle sont bouchées à cette douce harmonie, & pour qui les Graces mesmes n'ont point d'apast, ils ne daignent pas les recevoir, ou s'ils les reçoivent par vanité, ils les renvoyent sans honneur par ignorance, comme dit Theocrite, ἀδώρητος ἀποπέμπει, & chacun dit,

Αὐτῷ μοί τι γένοιτο, Θεοὶ τιμῶσιν ἀοιδούς.

Amaſſons du bien, & que les Dieux beniſ-ſent les Poëtes. On peut voir ſur cela la 16. Idylle de Theocrite, qui ſemble plus faite pour noſtre ſiecle que pour le ſien. Alcinous fait icy le procés à tous ces barbares qui n'honorent pas les Poëtes, car aprés avoir comblé Ulyſſe de preſents, comme ſon hoſ-te, il luy en fait de nouveaux en particulier pour honorer ſes Fables & ſa Poëſie, & il veut que les preſens ſe faſſent aux dépens du public, & que tout le monde y contribuë, car comme la Poëſie eſt un bien public, il faut auſſi que le public l'honore & la récom-penſe.

Nous retirerons par une impoſition ge-nerale la dépenſe que nous aurons faite. Quand il n'a eſté queſtion que de faire à Ulyſſe les preſens d'hoſpitalité, le Roy & les Princes de ſa cour les ont faits à leurs dé-pens ſans rien exiger du peuple; mais quand il eſt queſtion d'honorer un homme d'un eſprit admirable & qui a des talents mer-veilleux, le Roy veut que cela ſe faſſe aux dépens du public, qui eſt inſtruit & diverti par ſes fables. Car ces preſens qu'on fait à Ulyſſe, c'eſt à Homere meſme qu'on les fait, c'eſt ſa Poëſie qu'on honore. Ce paſſage pré-ſente une coutume bien remarquable pour la forme du Gouvernement. Alcinoüs & les Princes de ſa cour font à Ulyſſe des preſens dont ils font payer au peuple ſa part ſans le consulter,

consulter, & qu'ils retirent ensuite par une imposition generale.

Page 418. *Rendit le repas délicieux par ses chants*] Homere ne s'amuse pas à rapporter ces chants, comme il auroit fait en une autre occasion, car le temps presse, & cela ne pouvoit s'accorder avec l'impatience qu'Ulysse avoit de partir.

Page 420. *Veüillent les Dieux les rendre heureux pour moy*] Homere a donc connu cette verité, que les Princes ont beau nous faire des presens & nous donner tout ce qui nous est necessaire, tout cela ne nous sert de rien si Dieu n'y répand sa benediction, & ne les rend heureux pour nous, autrement ils nous seroient funestes.

Et que les Dieux vous donnent toutes les vertus, qu'ils répandent sur vous à pleines mains toutes sortes de prosperitez] Homere dit cecy en quatre mots, Θεοὶ δ' ἀρετὴν ὀπάσειαν παντοίην. Que les Dieux vous donnent toute sorte de vertu. Sous le nom de vertu, ἀρετῆς, il comprenoit toutes les sortes de prosperitez, παντοίην, parce qu'ils les regardoient comme le fruit de la vertu. Je croy que Callimaque a expliqué & estendu cet endroit, quand il a dit dans son Hymne à Jupiter,

Οὔτ' ἀρετῆς ἄτερ ὄλβος ἐπίσταται ἄνδρας ἀέξειν,

Οὔτ' ἀρετὴ ἀφένοιο. Δίδου δ' ἀρετὴν τε καὶ ὄλβον.

Ni les richesses ne peuvent rendre les hommes heureux sans la vertu, ni la vertu sans les richesses. Donnez-nous donc, grand Dieu, les richesses & la vertu.

Page 421. *Ulysse seul se leva, & presentant sa coupe à la Reyne*] Ulysse se leve, & aprés avoir fait sa libation debout, il presente sa coupe à la Reyne pour la prier de boire la premiere, comme c'estoit la coutume, & c'est ce qu'ils appelloient προπίνειν. Je croy l'avoir desja remarqué.

Page 422. *En achevant ces mots Ulysse sortit de la salle*] Je me souviens que la premiere fois que je lûs Homere, & j'estois alors fort jeune, je fus un peu faschée qu'Ulysse eust oublié la Princesse Nausicaa, & qu'il n'y eust pas icy un petit mot pour elle. Mais j'ay bien connu depuis que la Princesse n'estant pas presente, car elle n'assistoit point à ces festins, Ulysse n'en devoit pas parler, de peur de donner quelque soupçon. D'ailleurs les vœux qu'il fait pour elle sont renfermez dans ceux qu'il fait pour le Roy & pour la Reyne dans le compliment admirable qu'on vient de lire.

Page 424. *Quand la brillante estoile, qui annonce l'arrivée de l'aurore se leva, le vais-*

SUR L'ODYSSÉE. Livre XIII. 459
seau d'Ulysse aborda aux terres d'Ithaque] Ce vaisseau arrive de Corcyre à Ithaque en une nuit, & la veritable distance des lieux fait voir que cela est possible. Homere estoit donc bien instruit. Mais comme il a dépaïsé cette isle des Pheaciens, & qu'il l'a transportée dans l'Océan, cette diligence seroit incroyable s'il ne l'avoit sauvée, en nous avertissant que les vaisseaux des Pheaciens voloient plus viste que l'épervier, & qu'ils égaloient la rapidité de la pensée.

Appellé le port du vieillard Phorcyne] Phorcyne, ou Phorcys, estoit fils de l'Océan & de la Terre; ce port d'Ithaque luy estoit consacré & il y avoit peut-estre un temple. Ce port existoit sans doute du temps d'Homere, & s'il n'est plus aujourd'huy, il en faut accuser les siecles qui changent tout.

Et prés de ce bois est un antre profond & delicieux] On prétend que cet antre des Nymphes est une allegorie qui renferme un mystere tres profond & tres merveilleux. Le sçavant Porphyre s'est occupé à l'expliquer dans un Traité qu'il a fait exprés, & je croy que c'est l'antre de Platon qui luy a donné cette idée. Il dit donc que cet antre c'est ce monde; il est appellé *obscur & agréable*, ἠεροειδὲς, ἐπήρατον, *obscur*, parce qu'il est fait d'une matiere qui estoit tenebreuse

V ij

& sans forme, & *agréable*, parce qu'il est devenu agréable par l'ordre & par l'arrangement que Dieu y a mis; *Il est consacré aux Nymphes*, c'est à dire, qu'il est destiné pour l'habitation des ames qui viennent à la naissance; *Ces urnes & ces cruches de belles pierres*, ce sont les corps qui sont pastris de terre; *Les abeilles qui y font leur miel*, ce sont ces ames qui y font toutes leurs operations, & qui animant ces corps, les empeschent de se corrompre; *Cet ouvrage merveilleux que ces Nymphes font sur leurs mestiers*, c'est ce tissu admirable de veines, d'arteres & de nerfs qu'elles estendent sur les os comme sur des mestiers; *Les fontaines qui arrosent cet antre*, ce sont les mers, les rivieres, les estangs, & *les deux portes*, ce sont les deux poles; celle qui est au septentrion est ouverte aux ames qui descendent à la vie, & celle du midy est ouverte à ces mesmes ames qui s'en retournent au ciel. Voilà un précis de l'explication de Porphyre; elle est tres ingenieuse & tres vraysemblable. Je suis pourtant tres persuadée qu'il y aura bien des gens qui diront que jamais Homere n'a pensé à de si grandes merveilles, & qu'il n'a fait icy que son mestier de peintre. Qui ne sçait que les peintres peignent souvent d'imagination sans autre dessein que de plaire aux yeux? Cela est vray, mais ce n'est pas la methode d'Homere. Pour fonder cette explication de Porphyre on peut dire qu'il est certain que dans ces anciens temps, ces sortes d'allegories estoient fort en vogue, nous n'en pouvons pas douter, puisque Salomon luy-mesme dans le dernier chapitre de l'Ecclesiaste, en a fait une tres belle sur l'estat où l'homme se trouve dans sa vieillesse. Toutes les parties du corps sont designées par des figures tres justes & qui les expriment parfaitement.

Page 425. *Et leur vaisseau avance dans les terres jusques à la moitié de sa longueur*] Et voilà une grande marque qu'ils connoissoient ce port, car s'ils ne l'avoient pas connu, ils n'auroient osé pousser si fort leur vaisseau contre terre pendant la nuit.

Ils descendent à terre, enlevent Ulysse tout endormi, & l'exposent sur le rivage sans qu'il s'éveille] Cette exposition d'Ulysse tout endormi a esté blasmée des Anciens comme peu vraysemblable. Plutarque dans son Traité *comment il faut lire les Poëtes*, nous apprend que les Tyrrheniens, pour la fonder en quelque sorte, faisoient des histoires par lesquelles il paroissoit qu'Ulysse estoit naturellement grand dormeur, ce qui faisoit qu'on avoit souvent de la peine à luy parler. Mais comme cela ne leur paroissoit pas encore suffisant pour justifier ce conte, ils disoient que ce sommeil d'Ulysse estoit un sommeil feint, car ayant honte de renvoyer les Pheaciens sans les recevoir chez luy & sans leur faire des presens, & ne pouvant le faire sans estre reconnu, il fit semblant de dormir pour éviter tous ces inconvenients. Mais de tous les Critiques qui ont parlé de ce passage d'Homere, Aristote est celuy qui en a le mieux jugé. *Dans l'Odyssée*, dit-il, Poëtiq. chap. 25. *l'endroit où Ulysse est exposé par les Pheaciens sur le rivage d'Ithaque, est plein de ces absurditez qui ne seroient pas supportables si un méchant Poëte nous les eust données, mais ce grand homme les cache toutes sous une infinité de choses admirables dont il assaisonne toute cette partie de son Poëme, & qui sont comme autant de charmes qui nous empéschent d'en appercevoir le défaut.* Et il propose cela pour un exemple du précepte qu'il vient de donner, que le Poëte en dressant le plan de son sujet, doit éviter tout ce qui paroist déraisonnable ; mais que si le sujet est fait de maniere qu'on ne puisse éviter quelqu'un de ces endroits qui paroissent absurdes, il faut le recevoir, sur-tout s'il peut contribuer à rendre le reste plus vraysemblable, & il faut l'embellir par tous les ornements qu'il est capable de recevoir. Et c'est ce qu'Homere fait icy. Il a bien vû que cette exposition avoit quelque chose d'absurde, mais il n'a pourtant pas esté rebuté de cette abfurdité, & ne pouvant la changer, il s'en eft fervi pour rendre le refte vrayfemblable; car il falloit neceffairement qu'Ulyffe abordaft feul à Ithaque, afin qu'il puft y eftre caché. S'il euft efté éveillé, les Pheaciens auroient efté obligez de le fuivre, ce qu'Ulyffe n'auroit pû ni refufer honneftement, ni accepter avec feureté. Homere n'avoit pas d'autre moyen pour dénouer heureufement fa fable. Et pour cacher cette abfurdité il ramaffe tout ce qu'il a de force & d'adreffe, & jette dans cette partie de fon Poëme tant de chofes merveilleufes, que l'efprit du Lecteur enchanté ne peut plus en aucune maniere s'appercevoir de ce défaut, il eft fur cela auffi rendormi qu'Ulyffe, & il ne fçait non plus que luy comment on l'a mis-là. C'eft l'endroit d'Homere le plus orné par les fictions, & le plus travaillé pour le ftyle. Si j'avois pû conferver dans ma Profe les beautez de fes vers & faire fentir leur harmonie, je fuis feure qu'il n'y auroit point de Lecteur qui n'avoüaft qu'Homere eft le plus grand enchanteur qui fut jamais. Pour y fuppléer, on n'a qu'à lire les Remarques de M. Dacier fur cet endroit de la Poëtique, où il raffemble toutes les merveilles qui y font, & fait tres bien fentir toute l'adreffe du Poëte en cet endroit. Le jugement d'Ariftote eft admirable, & le précepte qu'il tire de cette pratique d'Homere est tres important & d'une tres grande utilité ; *Il faut reserver*, dit-il, *tous les ornements de la diction pour les endroits foibles ; ceux qui renferment de beaux sentiments ou des mœurs n'en ont aucun besoin, une expression esclatante & lumineuse leur nuit au contraire, & ne sert qu'à les cacher.*

Page 429. *Quand tout le peuple sera sorti de la ville pour voir arriver ce vaisseau*] Il y a un air de verité merveilleux dans la maniere dont se fait ce prodige ; c'est Jupiter qui ordonne luy-mesme comme il doit se faire, & c'est à la vûë de tout un peuple que Neptune fait cette metamorphose. Peut-on douter d'une chose qui a un si grand nombre de temoins ? Voilà l'adresse du Poëte pour rendre croyables ces contes. Il y a de l'apparence que cette fable est fondée sur ce qu'il y avoit peut-estre prés de Corcyre quelque rocher qui avoit à peu prés la figure d'un vaisseau.

Et conservez-luy la figure de vaisseau, afin que tous les hommes dans tous les temps] Car c'est cette figure qui le mettra en estat d'estonner & d'instruire toute la posterité, parce que tous ceux qui le verront, frappez de cette figure, ne manqueront pas d'en demander la raison.

Et le poussant du plat de la main, il le

change en un grand rocher] Voicy une metamorphose bien merveilleuse, mais est-elle vraysemblable ? oüy sans doute, aprés toutes les mesures qu'Homere a prises pour en fonder la vraysemblance & pour en establir la verité. Aristote, Poëtiq. chap. 25. nous apprend que dans le Poëme Epique on a la liberté de pousser le merveilleux au de-là des bornes de la raison. *Il faut,* dit-il, *jetter le merveilleux dans la Tragedie, mais encore plus dans l'Epopée, qui va en cela jusqu'au déraisonnable.* Et il en adjoute la raison, *Car comme dans l'Epopée on ne voit pas les personnes qui agissent, tout ce qui passe les bornes de la raison est tres propre à y produire l'admirable & le merveilleux.* Si un Poëte tragique exposoit à nos yeux un vaisseau changé en rocher, cela seroit ridicule, car nos yeux le démentiroient dans le moment. Mais dans l'Epopée il n'est point démenti, parce qu'on ne voit pas la chose & qu'on ne l'apprend que par le recit. Il ne faut pourtant pas s'imaginer, comme M. Dacier l'a remarqué dans ses Commentaires, qu'Aristote conseille aux Poëtes de mettre dans le Poëme Epique des choses évidemment impossibles ou incroyables, & qu'il leur donne une pleine licence de les porter à un excés qui détruise ouvertement la vraysemblance & qui choque la raison. Comme dans la Tragedie le vraysemblable doit l'emporter sur le merveilleux, sans l'en bannir, dans le Poëme Epique le merveilleux doit l'emporter sur le vraysemblable sans le destruire, & il ne le destruit point si le Poëte a l'adresse de conduire son Lecteur, & de le préparer à ce merveilleux par une longue suite de choses qui tiennent elles-mesmes du miracle, & qui l'empeschent de s'apperccvoir de la tromperie qu'on luy fait, & c'est ce qu'Homere a fort bien observé. Virgile, qui escrivoit dans un siecle plus approchant du nostre, n'a pas fait difficulté de l'imiter, car comme Homere fait changer le vaisseau des Pheaciens en rocher, il fait changer les vaisseaux d'Enée en autant de Nymphes de la mer. Il y a de l'apparence que la Tradition des metamorphoses miraculeuses que nous lisons dans l'Escriture sainte, comme d'une baguette changée en serpent & de ce serpent changé en baguette, de la femme de Lot convertie en statuë de sel, s'estant répanduë en Grece, avoit donné aux Payens une grande idée de la Divinité, & à Homere l'audace d'imiter dans sa fiction une verité qui avoit pour fondement le pouvoir infini de Dieu mesme. Mais quoyque la nature de l'Epopée permette & souffre ces sortes de metamorphoses, le Poëte ne doit pas en abuser, & elles doivent estre rares. Il me semble qu'il n'y en a qu'une dans Homere, & une dans

Virgile. Il faut encore, comme l'a fort bien remarqué l'Auteur du Traité du *Poëme Epique*, que toutes ces machines, qui exigent la vraysemblance divine, soient dégagées de l'action du Poëme, de telle sorte que l'on puisse les en retrancher sans destruire cette action; mais celles qui sont necessaires à l'action & qui en font des parties essencielles, doivent estre fondées sur la vraysemblance humaine & non sur la simple puissance de Dieu.

Page 431. *Et les voilà à moitié accomplies. Mais allons, executons tous l'ordre que je vais donner*] Voicy un oracle formel qui contient deux menaces. La premiere est accomplie par le changement du vaisseau en rocher. L'autre n'est pas moins sure, mais Alcinoüs croit qu'on pourra la prevenir, en desarmant la colere du Dieu qui est irrité. Alcinoüs, c'est à dire Homere, connoissoit donc cette verité certaine, que Dieu n'accomplit pas toujours ses menaces, & qu'il se laisse fléchir par le repentir de ceux qui l'avoient offensé.

Page 432. *Pendant que les Princes & Chefs des Pheaciens faisoient leurs prieres à Neptune autour de son autel*] Homere ne nous dit point icy si le sacrifice de ces Princes fut agréé, si leurs prieres furent exaucées, & si Neptune fut appaisé, mais il le fait entendre par son silence: il ne nous dit point que la seconde menace fut effectuée, & il nous l'auroit dit si elle l'avoit esté. Il fait entendre que Dieu se laisse fléchir, & que lors mesme qu'il a commencé à punir, par un retour à luy on peut arrester son bras prest à frapper les derniers coups de sa vengeance. Les Payens avoient ces sentiments, comme l'Escriture mesme nous l'apprend par l'exemple des Ninivites, & cette histoire est à peu prés du temps d'Homere. Quand Jonas leur eut annoncé de la part de Dieu que dans quarante jours leur ville seroit destruite, ils firent penitence, s'humilierent, & dirent, *Quis scit si convertatur & ignoscat Deus, & revertatur à furore iræ suæ, & non peribimus. Qui sçait si Dieu ne se repentira point, s'il ne pardonnera point, s'il ne renoncera point à la fureur de sa colere, & s'il ne nous empeschera pas de perir.* Jon. 3. 9.

Il en estoit absent depuis trop long-temps] Vingt ans ne suffisent pas pour rendre une terre méconnoissable à un homme qui y est né, & qui avoit desja quelque âge quand il l'a quittée. Mais cela rend le miracle de ce changement plus aisé & plus vraysemblable.

La Déesse Minerve l'enveloppa sur le champ d'un espais nuage, afin qu'il ne pust la reconnoistre] Il me paroist que ces derniers mots, *afin qu'il ne pust la reconnoistre*, ont esté mal pris par les Interpretes : le Grec dit, ὄφρά μιν αὐτὸν ἄγνωστον τεύξειεν. Et on l'a expliqué, *afin de l'empescher d'estre reconnu. Et illum ipsum ignotum faceret.* Ce n'est point du tout là le sens. Minerve n'enveloppe point Ulysse d'un nuage pour le rendre inconnu, mais pour luy rendre sa terre méconnoissable, pour l'empescher luy de la reconnoistre. Ce nuage estoit pour luy comme un verre qui changeoit la face des objets. Les Interpretes ont fait cette faute, pour ne s'estre pas apperceus qu'icy ἄγνωστος n'est pas seulement passif, mais aussi actif, c'est à dire, qu'il ne signifie pas seulement *qui n'est point connu*, mais aussi *qui ne connoist point*; ἄγνωστος est comme ἀγνώς, qui est actif & passif, comme nous l'asseure le Scholiaste de Sophocle sur l'Oëdipe, ἰστέον δὲ ὅτι τὸ ἀγνὼς καὶ ἀντὶ τῦ μὴ γινωσκόμενος εὕρηται, καὶ ἀντὶ τῦ μὴ γινώσκων. *Il faut sçavoir*, dit-il, *que le mot* ἀγνὼς *se trouve employé pour dire celuy qui est inconnu, & pour celuy qui ne connoist point*. Et une marque seure que ἄγνωστος a icy la signification active, c'est qu'Homere nous dira dans la suite, *La Déesse dissipe le nuage dont elle l'avoit enveloppé, & à l'instant il reconnoist la terre qui l'avoit nourri.* On a fait des fautes infinies en cette langue pour n'avoir pas pris garde à cette double signification de certains mots.

Voilà pourquoy cette Déesse fit que toute la face du pays luy parut changée.] Car s'il l'avoit reconnuë, il seroit peut-estre allé droit à la ville sans aucun ménagement, & sans prendre les mesures necessaires pour tirer vengeance des Poursuivants. Il auroit esté reconnu, & par-là ses affaires estoient ruinées.

Page 434. *Grands Dieux, les Princes & Chefs des Pheaciens n'estoient donc pas si sages ni si justes!*] Le Grec dit, *n'estoient pas si prudents ni si justes*, νοήμονες οὐδὲ δίκαιοι. Et cela me paroist remarquable, Homere fait toujours entendre que la prudence veut toujours que l'on soit juste. En effet on n'est jamais injuste que par ignorance, par imprudence.

Mais il faut que je compte tous mes tresors, & que je voye si ces perfides] Ulysse ne compte pas ses tresors par un esprit d'avarice dans la crainte d'en avoir perdu une partie, cela seroit trop miserable, sur-tout dans l'estat où il est. Mais il fait cette revûë pour avoir des preuves certaines de la mauvaise foy ou de la fidelité des Pheaciens, car s'ils ont emporté une partie de ces richesses, il n'a plus à douter de son malheur, & s'ils ne luy ont rien pris, il doit suspendre son jugement, & attendre d'estre esclairci d'un mystere qu'il n'entend point, *En quoy*, dit Plutarque, *il n'use pas de mauvais in-*

dices, & sa prudence en ce fait est digne de grande loüange.

Page 435. *Sous la figure d'un jeune berger, beau, bien fait, de bonne mine, & tel que peuvent estre les fils des plus grands Roys*] Cette image n'est point outrée pour un siecle comme celuy-là, où les fils des Roys paissoient les troupeaux, comme nous l'avons vû dans l'Iliade.

Il avoit sur ses espaules un manteau d'une belle estoffe tres fine] Homere adjoute δίπλυχον, ce qui ne signifie pas double, mais assez ample pour estre mis en double en le portant, car les Grecs appelloient διπλοίδα, δίπλακα, διπλῦν, & δίπλυχον χλαῖναν, *lanam duplicem*, un habit d'une grande ampleur, & qui en cas de besoin pouvoit estre mis en double; car, comme je l'ay remarqué sur le x. Liv. de l'Iliade, tom. 2. pag. 481. il ne paroist pas que les anciens Grecs ayent connu l'usage de doubler les habits. Hesychius pour empescher qu'on ne se trompast à ce mot, l'a fort bien expliqué. Δίπλακα, dit-il, διπλῦν, μεγάλην διπλοίδα, ὥστε διπλῆ χρῆσθαι. On appelle δίπλακα & διπλῦν *un manteau double, un manteau fort ample & qu'on peut porter en double.* Il dit la mesme chose sur διπλοίδα, car il définit par διπλωμένην χλαμίδα ἐν τῷ φορεῖσθαι, *un manteau qu'on peut mettre en double en le portant.* Cela paroist incontestablement par un passage du XXII. Liv. de l'Iliade, où Homere dit qu'Andromaque travailloit fur le meſtier à un ouvrage de broderie, & il appelle cet ouvrage δίπλακα μαρμαρέλω, *double & brillant.* Un ouvrage ſur le meſtier eſt-il double!

Quelle eſt cette terre, quel eſt ſon peuple, & quels ſont les hommes qui l'habitent] *Quelle eſt cette terre,* c'eſt à dire, eſt-elle de l'Europe ou de l'Aſie! *Quel eſt ſon peuple,* c'eſt à dire, quelle nation eſt-ce! *Quels ſont les hommes!* ſont-ce des hommes polis ou ſauvages, juſtes ou injuſtes! &c.

Page 437. *Les chevres & les bœufs y trouvent des paſturages excellents*] Minerve exagere un peu en parlant de la bonté de l'iſle, & cette peinture eſt flattée. Il y avoit de bons paſturages pour les chevres, car elles paiſſent ſur les rochers, mais il n'y en avoit point pour les bœufs, & il falloit que ceux d'Ulyſſe fuſſent dans le continent voiſin.

Enfin, eſtranger, le nom d'Ithaque eſt ſurtout connu dans les campagnes de Troye] Quelle politeſſe il y a icy, & quelle loüange fine pour Ulyſſe!

Quoyque cette iſle ſoit fort loin de l'Achaie] Car elle eſt au couchant du Peloponneſe. Quoyque cette iſle fuſt preſque la plus éloignée par rapport à Troye, elle eſtoit pourtant plus celebre que tous les

utres pays qui avoient envoyé des troupes
à cette expedition, si grande estoit la gloire
d'Ulysse.

Page 438. *A cause d'un meurtre que j'ay commis, en tuant le fils d'Idomenée*] Les Anciens font remarquer icy une grande finesse d'Ulysse, qui dans la vûë de s'attirer la protection des Poursuivants, feint qu'il a tué le fils d'Idomenée, grand ami d'Ulysse, car les Poursuivants ne manqueront pas de proteger un homme qu'Ulysse doit haïr. Mais il me semble qu'Ulysse s'attribuë icy une action bien horrible, un assassinat. Est-ce pour peindre les mœurs de Crete?

Car il conservoit contre moy quelque ressentiment de ce qu'à Troye je refusois d'obéir à son pere] Il y a apparence qu'à Troye il s'estoit passé quelque chose entre Ulysse & Idomenée pour le rang des troupes. Comme les Cretois se piquoient d'avoir l'empire de la mer, Idomenée avoit sans doute prétendu avoir quelque superiorité sur les autres commandants des troupes des isles, & leur donner l'ordre comme le General des Atheniens le donnoit à ceux qui commandoient les vaisseaux de Salamine.

Page 440. *Les ont fidellement mises prés du lieu où j'estois endormi*] Il vante la fidelité de ces Pheaciens pour piquer d'honneur ce berger.

Et parfaitement bien élevée] Le Grec dit : *Et instruite dans les plus beaux ouvrages*. Mais comme cela ne peut pas paroître à une premiere vûë, & que ce n'est qu'une présomption, j'ay mis *parfaitement bien élevée*, car la bonne éducation ne laisse pas de paroître à un premier abord.

Page 441. *Mais laissons-là ces tromperies que nous connoissons si bien tous deux, car si vous estes le premier des mortels*] Homere, pour faire entendre que cette dissimulation perpetuelle d'Ulysse qui se cache toujours, est une dissimulation de prudence, & que ce caractere est tres estimable & tres loüable, fait que Minerve elle-mesme le loüe & qu'elle le prend, car elle se déguise icy en berger, comme Ulysse se déguise en Cretois. La Déesse se découvre la premiere, & loüe Ulysse de ce que ces déguisements luy estoient si aisez & si naturels. Tous les déguisements, que la prudence fournit, & qui sont d'une nature à estre autorisez & loüez par la Déesse mesme de la sagesse, font honneur à celuy qui s'en sert. Il y a dans ce passage beaucoup d'adresse, & ce qui me paroist icy tres admirable, c'est l'éloge le plus ingenieux & le plus adroit qu'on ait jamais fait de ces fables, de ces contes, car c'est Minerve elle-mesme qui dit que ce sont des inventions que la sagesse & la prudence suggerent, qui font d'une grande utilité, & dans lesquelles cette Déesse se vante de surpasser tous les Dieux, comme Ulysse y surpasse tous les hommes. Qui ne voit qu'Ulysse est icy Homere luy-mesme, & que cet éloge luy appartient veritablement!

Page 444. *Car je voy que vous estes un homme sage, d'un esprit toujours present & plein de moderation & de prudence*] Voilà donc selon Homere les gens que Minerve cherche pour leur accorder sa protection, ceux qui ont de la sagesse, de la prudence & un esprit vif & present, les autres ne doivent pas prétendre aux faveurs de cette Déesse.

Page 445. *Tout autre qui reviendroit d'un voyage aussi long*] Voilà une grande marque que Minerve donne de la sagesse & de la prudence d'Ulysse, le peu d'impatience qu'il a d'aller apprendre des nouvelles de sa maison aprés une si longue absence.

Sa conduite est telle que vous pouvez la desirer, car elle est toujours enfermée dans vostre Palais] Homere est le premier homme du monde pour faire des éloges simples & naturels, qui sont à mon avis les plus grands de tous les éloges. Quel éloge de Penelope! & par qui! par Minerve elle-mesme.

Page 446. *En achevant ces mots, la*

Déesse dissipa le nuage dont elle l'avoit environné, & dans l'inſtant il reconnut ſa terre] Il paroiſt donc par-là que le nuage dont Minerve avoit enveloppé Ulyſſe, n'eſtoit pas pour l'empeſcher d'eſtre reconnu, mais pour l'empeſcher de reconnoiſtre le pays d'Ithaque, & cela confirme ma remarque ſur le vers. ὄφρά μιν αὐτὸν ἄγνωςον τεύξειεν, *pour l'empeſcher de reconnoiſtre cette terre.*

Page 449. *Car ſi vous daignez m'aſſiſter de meſme, grande Minerve, fuſſent-ils trois cents, je les attaqueray ſeul, & je ſuis ſeur de les vaincre*] Qui eſt-ce qui peut s'eſtonner aprés cela qu'Ulyſſe avec le ſecours de Minerve, & ſoutenu de ſon fils & de deux autres de ſes domeſtiques, vienne à bout des Pourſuivants qu'il attaque à ſon avantage, & qui ſont bien moins de trois cents! Voilà comme Homere fonde la vrayſemblance de la défaite des Pourſuivants, & prepare ſon Lecteur à la voir ſans aucune ſurpriſe. Les Anciens ont fort bien remarqué que ce n'eſt point une hyperbole. C'eſt Ulyſſe qui parle, c'eſt ce meſme Ulyſſe que nous avons vû dans le XI. Liv. de l'Iliade reſté ſeul dans une bataille aprés la déroute des Grecs, ſoutenir tout l'effort des bandes Troyennes dont il eſtoit enveloppé, les attaquer, en faire un grand carnage, & tout bleſſé qu'il eſtoit, ſe battre en retraitte &

sur L'ODYSSÉE. Livre XIII. 477
faire mordre la poussiere aux plus hardis, & donner le temps à Ajax de venir le dégager. Mais ce qu'il y a de plus remarquable dans ce passage, c'est ce sentiment d'Homere. Il a connu cette grande verité, qu'un homme assisté par un Dieu, non seulement n'a rien à craindre, mais qu'il est mesme seur de triompher de toutes les forces humaines qui s'uniront contre luy. C'est la mesme chose que ce que David dit plus fortement encore : *Si consistant adversùm me castra, non timebit cor meum. Si exurgat adversùm me prælium, in hoc ego sperabo.* Si une armée estoit rangée en bataille contre moy, je ne la craindrois point. Si elle m'attaquoit, j'espererois de la vaincre. Psalm. 26. 3.

Page 450. *Quand nous executerons ce grand exploit*] Elle ne dit pas *quand vous executerez*, mais *quand nous executerons*. La Déesse se met elle-mesme de la partie, afin que le Lecteur ne soit pas surpris. Il y a bien de l'art dans tous ces traits.

La salle du festin] Je n'approuve pas icy la remarque d'Eustathe, qui veut qu'on explique ἄπειρον οὖδας, la terre d'Ithaque, τὴν ἤπειρον, parce, dit-il, qu'une salle est trop petite pour estre appellée ἄπειρον, immense. C'est une erreur ; ἄπειρον ne signifie que spacieuse, vaste ; une salle où tant de Princes faisoient leurs banquets pouvoit fort bien estre appellée *vaste*. ἄασπετος, λίαν πολύς, μέγας. Hesych.

Vostre fidelle Eumée à qui vous avez donné l'intendance de vos troupeaux] Les intendants des troupeaux estoient des hommes considerables, comme nous le voyons dans l'Escriture sainte. J'en ay fait ailleurs une Remarque que je ne repeteray point icy.

Page 451. *Sur la roche Coracienne*] Ainsi nommée à cause de l'accident d'un jeune homme appellé *Corax*, qui s'y tua en poursuivant un lievre. Sa mere Arethuse au desespoir de la mort de son fils, se jetta dans une fontaine voisine où elle se noya, & la fontaine fut appellée de son nom.

Page 453. *La Déesse changea ses beaux habits en vieux haillons*] Homere pour nous peindre ce déguisement d'Ulysse, nous remet sans doute devant les yeux l'équipage des gueux de ce temps-là. C'est un portrait fait d'après nature.

Et Minerve prit le chemin de Sparte pour luy ramener son fils] Voilà Homere revenu à Telemaque qu'il a laissé à Sparte chez Menelas à la fin du quatriéme Livre; les neuf Livres suivants jusqu'au XIV. ne sont que pour instruire le Lecteur de tout ce qui avoit précedé jusqu'au moment de l'ouverture du Poëme. Et ces neuf Livres comprennent toutes les avantures & les erreurs d'Ulysse, & tout ce qui luy est arrivé depuis son départ de Troye jusqu'à ce moment, c'est à dire huit ans & demi, qu'il réduit à peu de jours par le moyen de la narration. Et toutes ces avantures ne sont point des parties détachées & des pieces estrangeres, mais elles font avec le reste tout le sujet du Poëme, puisque l'Odyssée n'est autre chose, selon l'exposition d'Homere mesme, *que le recit des avantures de cet homme prudent, qui aprés avoir ruiné la sacrée ville de Troye, fut errant plusieurs années en différents pays, visita les villes de plusieurs peuples, & souffrit des peines infinies sur la mer pendant qu'il travailloit à sauver sa vie, & à procurer à ses Compagnons un heureux retour.* Et c'est en quoy il faut admirer l'art du Poëte. L'action de l'Odyssée estoit trop longue pour estre continuée naturellement & tout du long comme celle de l'Iliade qui est fort courte; c'est pourquoy Homere a eu recours à l'ordre artificiel, en commençant son Poëme par les incidents de son action qui sont arrivez les derniers selon les temps, & en rappellant ensuite par la narration tous les autres qui ont précedé.

Il ne prend pour la matiere de sa narration que ce qu'il y a de continu dans la fin de son action, & ensuite il fait naistre quelque occasion naturelle & vraysemblable de reprendre les choses considerables & necessaires qui ont précedé ces commencements, & de les faire raconter naturellement par les heros mesmes de son Poëme. Mais ces deux parties de l'action, dont l'une est racontée par le Poëte, qui la traite amplement & avec toute la pompe & la magnificence que son art luy peut fournir; & l'autre, qui est beaucoup plus ample par le nombre des incidents & pour le temps, mais qui est racontée par le heros d'une maniere plus serrée, ne composent qu'une seule & mesme action qui fait le sujet du Poëme. Ainsi ces neuf Livres depuis le IV. jusqu'au XIV. qui nous remettent devant les yeux tout ce qui s'est passé avant l'ouverture du Poeme, ne sont pas moins le sujet de l'Odyssée que tout ce que le Poëte raconte luy-mesme. Et l'on peut dire que le veritable art du Poëme consiste dans cet ordre artificiel qu'Horace a fort bien expliqué, & que Virgile a suivi.

Argument

Argument du Livre XIV.

Ulysse ayant quitté Minerve, prend le chemin de la maison d'Eumée, & en arrivant il court un grand danger, qu'il evite par sa prudence & par le secours de ce pasteur. L'estat où il trouve ce serviteur fidelle ; le bon acüeil qu'il en reçoit, & l'entretien qu'ils ont ensemble. Ulysse feint qu'il est de Crete ; il raconte ses avantures, toutes supposées, & luy expose comment il est arrivé à Ithaque. Eumée fait un sacrifice en sa faveur & pour demander le retour d'Ulysse ; le repas dont ce sacrifice est suivi. Aprés le souper ils vont se coucher. La nuit est froide ; Ulysse, qui meurt de froid, demande un manteau pour se couvrir, en faisant une petite histoire d'une avanture qui luy estoit arrivée devant Troye. Vigilance d'Eumée pour les troupeaux de son maistre, & l'équipage dans lequel il sort de la maison pour aller passer la nuit en rase campagne.

L'ODYSSÉE D'HOMERE.

LIVRE XIV.

MAIS Ulysse en s'éloignant du port, où il s'estoit entretenu avec Minerve, marche par des chemins raboteux au travers des bois & des montagnes pour aller au lieu où la Déesse luy avoit dit qu'il trouveroit l'intendant de ses troupeaux, qui avoit soin de tous ses autres pasteurs & de ses domestiques. Il le trouva sous un des portiques qui regnoient tout autour d'une belle maison bastie de grosses pierres dans un lieu fort découvert. Ce serviteur fidelle l'avoit bastie de ses espargnes, sans en parler ni à Penelope, ni au bon vieillard Laërte, au milieu d'une basse-cour fort vaste qu'il avoit environnée d'une haye vive fortifiée en dehors d'espace en espace de gros pieds de chesne qu'il avoit taillez. Dans cette basse-cour il avoit fait douze belles estables pour les femelles qui avoient des petits; dans chacune il y en avoit cinquante; les masles couchoient dehors, & ils estoient moins nombreux que les femelles, car les Poursuivants en diminuoient journellement le nombre, l'intendant estant forcé de leur en envoyer tous les jours un des plus gras pour leurs sacrifices & leurs festins. Il n'y en avoit plus que trois cents soixante. Quatre gros chiens d'une grandeur prodigieuse & semblables à des bestes feroces, veilloient à la garde des troupeaux; l'intendant les nourrissoit de sa main, &

alors il estoit assis sous ce portique, travaillant à se faire une chaussure de cuir de bœuf avec tout son poil. Trois de ses bergers estoient allé mener leurs troupeaux en differents pasturages, & le quatriéme, il l'avoit envoyé à la ville porter à ces fiers Poursuivants le tribut ordinaire pour leur table. Les chiens appercevant tout d'un coup Ulysse, se mirent à aboyer & à courir sur luy. Ulysse pour se garentir, se couche à terre & jette son baston ; ce Prince estoit exposé-là au plus grand de tous les dangers & dans sa maison mesme, si ce maître pasteur ne fust accouru promptement. Dés qu'il eut entendu l'aboy des chiens, son cuir luy tomba des mains, il sortit du portique & courut en diligence à l'endroit où il entendoit le bruit. A force de cris & de pierres il escarta enfin ces chiens, & ayant délivré Ulysse, il luy parla en ces termes :

Vieillard, il s'en est peu fallu que « mes chiens ne vous ayent devoré; « vous m'auriez exposé à une dou- « leur tres sensible & à des regrets « éternels. Les Dieux m'ont envoyé « assez d'autres déplaisirs sans celuy- « là. Je passe ma vie à pleurer l'ab- « sence, & peut-estre la mort de « mon cher maistre, que sa bonté & « la sagesse égaloient aux Dieux, & « j'ay la douleur de fournir pour la « table de ses plus mortels ennemis « tout ce que j'ay de plus beau & « de meilleur, pendant que ce cher « maistre manque peut-estre des cho- « ses les plus necessaires à la vie dans « quelque terre estrangere, si tant est « mesme qu'il vive encore, & qu'il « joüisse de la lumiere du soleil. « Mais, bon homme, entrez, je vous « prie, dans ma maison, afin qu'a- « prés vous estre rafraischi, & après « avoir repris vos forces par quel- « que nourriture, vous m'appre- « niez d'où vous estes & tout ce que «

» vous avez souffert.

En achevant ces mots, il le fait entrer & le conduit luy-mesme. Dés qu'ils sont dans la maison, il jette à terre quelques broſſailles tendres qu'il couvre d'une grande peau de chevre ſauvage où il le fait aſſeoir. Ulyſſe eſt ravi de ce bon accüeil & luy en temoigne ſa
» reconnoiſſance : Mon hoſte, luy
» dit-il, que Jupiter & tous les au-
» tres Dieux accompliſſent tout ce
» que vous deſirez, pour vous re-
» compenſer de la bonne reception
» que vous me faites.

Divin Eumée, vous luy répon-
» dites : Bon homme, il ne m'eſt pas
» permis de mépriſer un eſtranger,
» non pas meſme quand il ſeroit dans
» un eſtat plus vil & plus mépriſa-
» ble que celuy où vous eſtes, car
» tous les eſtrangers & tous les pau-
» vres viennent de Jupiter. Je ne
» ſuis pas en eſtat de leur faire de
» grandes charitez, il faut me con-

renter de leur donner peu. C'est-là «
le devoir de bons domestiques, ils «
doivent estre toujours dans la crain- «
te, sur-tout quand ils ont de jeu- «
nes maistres dont ils doivent me- «
nager le bien. J'aurois plus de li- «
berté si mon cher maistre estoit icy, «
mais les Dieux luy ont fermé tou- «
te voye de retour. Je puis dire «
qu'il m'aimoit : il m'auroit donné «
une maison, un heritage & une «
femme honneste & vertueuse, en «
un mot tout ce qu'un bon maistre «
peut donner à un domestique af- «
fectionné & fidelle, qui luy a ren- «
du tous les services qui ont dé- «
pendu de luy, & dont Dieu a be- «
ni le labeur, comme il a beni le «
mien dans tout ce qui m'a esté con- «
fié. Certainement, j'aurois tiré de «
grands avantages de l'affection de «
ce Prince, s'il avoit vieilli dans son «
Palais. Mais il ne vit plus. Ah, «
plust aux Dieux qu'Helene fust «
perie avec toute sa race, ou qu'elle «

» n'eust jamais vû la lumiere du jour,
» car elle a esté cause de la mort
» d'une infinité de grands personna-
» ges. Mon maistre alla comme les
» autres faire la guerre aux Troyens,
» & aider Agamemnon à tirer ven-
» geance de l'injure qu'il avoit re-
» ceüe.

Ayant ainsi parlé, il releva sa tunique à sa ceinture, & courut promptement à une des estables, & il en apporta deux jeunes cochons; il les égorgea, les prépara, les mit par morceaux, & aprés les avoir fait rostir, il les servit à Ulysse avec les broches mesmes & les saupoudra de fleur de farine : il mesla ensuite l'eau & le vin dans une urne, & s'estant assis vis-à-vis d'Ulysse, il le presse de manger:
» Estranger, luy dit-il, mangez de
» cette viande qu'on donne icy aux
» pasteurs ; nos cochons engraissez
» sont reservez pour les Poursui-
» vants, gens sans consideration &

fans miſericorde. Cependant les «
Dieux n'aiment point les injuſti- «
ces, ils puniſſent les violences & «
récompenſent les bonnes actions. «
Les pirates meſmes les plus cruels «
& les plus feroces, qui vont à main «
armée faire des deſcentes dans les «
païs eſtrangers, & qui aprés les «
avoir ravagez & avoir fait un grand «
butin, s'en retournent ſur leurs «
vaiſſeaux, on les voit tous les jours, «
frappez de la crainte des Dieux, «
chercher à ſe mettre à couvert de «
la vengeance divine. Mais les Pour- «
ſuivants perſeverent dans leurs vio- «
lences ſans aucuns remords. Aſſeu- «
rement ils ont eu des nouvelles de «
la mort d'Ulyſſe, où ils l'ont «
appriſe par quelque réponſe des «
Dieux, voilà pourquoy ils ne veu- «
lent point demander la Reyne dans «
les formes, ni s'en retourner chez «
eux ; mais ils demeurent dans ce «
Palais à conſumer & à diſſiper les «
biens de mon maiſtre avec inſo- «

» lence & sans aucun menagement
» car & tous les jours & toutes les
» nuits ils ne se contentent pas d'of-
» frir une ou deux victimes, ils font
» un dégast prodigieux, nostre meil
» leur vin est au pillage, en un mot
» ils vivent à discretion. Mon mais-
» tre avoit des richesses immenses
» avant leur arrivée ; il n'y avoit
» point de Prince si riche ni icy à
» Ithaque ni dans le continent ; les
» richesses de vingt de nos plus ri-
» ches Princes n'égaloient pas les
» siennes, & je m'en vais vous en
» faire le détail. Il avoit dans le con-
» tinent voisin douze troupeaux de
» bœufs, autant de troupeaux de
» moutons, autant de troupeaux de
» cochons & autant de troupeaux de
» chevres. Tous ces troupeaux es-
» toient sous la conduite de ses ber-
» gers & de bergers estrangers, &
» icy dans cette isle il avoit onze
» grands troupeaux de chevres qui
» paissoient à l'extremité de cette isle

fous les yeux de bergers fideles. « Chacun d'eux eft obligé d'envoyer « tous les matins à ces Pourfuivants « le meilleur chevreau qu'ils ayent « dans leur bergerie. Et moy, qui « vous parle, je veille fur les bergers « qui gardent ces troupeaux de co- « chons, & je fuis forcé comme les « autres de leur envoyer tous les « jours le cochon le plus gras de mes « eftables. «

Pendant qu'il parloit ainfi, Ulyffe continuoit fon repas, & penfoit aux moyens de fe venger de ces Princes infolents & fuperbes. Aprés qu'il fut raffafié, il prit la coupe où il avoit beu, la remplit de vin & la prefenta à Euméc qui la receut avec joye, ravi de l'honnefteté que luy faifoit cet eftranger. Alors Ulyffe prenant la parole, luy dit : Mon cher hofte, com- « ment appellez-vous cet homme fi « vaillant & fi riche qui a eu le bon- « heur de vous achetter pour vous «

» donner l'intendance de ſes trou-
» peaux, & que vous dites que la
» querelle d'Agamemnon a fait pe-
» rir! Apprenez-moy ſon nom, afin
» que je voye ſi je ne l'aurois point
» connu. Jupiter & les autres Dieux
» ſçavent ſi je ne pourray pas vous
» en donner des nouvelles & ſi je ne
» l'ay pas vû, car j'ay parcouru di-
» verſes contrées.

» Ah, mon ami, répondit l'inten-
» dant des bergers, ni ma maiſtreſſe
» ni ſon fils n'adjouteront plus de
» foy à tous les voyageurs qui ſe
» vanteront d'avoir vû Ulyſſe ; on
» ſçait que les eſtrangers, qui ont be-
» ſoin d'aſſiſtance, forgent des men-
» ſonges pour ſe rendre agreables,
» & ne diſent preſque jamais la ve-
» rité. Tous ceux qui paſſent icy ne
» cherchent qu'à amuſer ma maiſ-
» treſſe par leurs contes. Elle les re-
» çoit, les traite le mieux du monde,
» & paſſe les jours à les queſtionner ;
» elle eſcoute leurs diſcours, les boit

avec avidité, s'arreste sur tout ce «
qui la flatte, & pendant qu'ils par- «
lent on voit son beau visage bai- «
gné de pleurs, comme c'est la cou- «
tume des femmes vertueuses dont «
les maris sont morts éloignez d'el- «
les. Et peut-estre que vous-mesme, «
bon homme, vous inventeriez de «
pareilles fables si on vous donnoit «
de meilleurs habits à la place de ces «
haillons. Mais il est certain que l'a- «
me de mon maistre n'anime plus «
son corps, & que ce corps est quel- «
que part la proye des chiens ou des «
oyseaux ; peut-estre mesme qu'il a «
servi de pasture aux poissons dans «
le fond de la mer, & que ses os «
sont sur quelque rivage éloigné «
ensevelis sous des monceaux de sa- «
ble. Sa mort est une source de dou- «
leurs pour tous ses amis, & sur- «
tout pour moy. Car quelque part «
que je puisse aller, jamais je ne «
trouveray un si bon maistre, non «
pas mesme quand je retournerois «

» traiter sa femme & son fils avec
» tant d'insolence.

Eumée peu sensible à ces belles
» promesses, répondit : Bon hom-
» me, je n'espere pas de vous donner
» jamais la récompense de ces bon-
» nes nouvelles que vous m'annon-
» cez, car je ne verray jamais de re-
» tour mon cher Ulysse ; mais beu-
» vez en repos, parlons de tout au-
» tre chose, & ne me rappellez point
» un si triste souvenir. Je n'entends
» jamais parler de ce Roy si bon, si
» respectable, que mon cœur ne soit
» accablé de douleur. Laissons-là vos
» serments, & qu'Ulysse revienne
» comme je le desire & comme le de-
» sirent Penelope, le vieillard Laërte
» & le jeune Telemaque. Le mal-
» heur de ce jeune Prince réveille
» mon affliction ; aprés les soins que
» les Dieux avoient pris de luy, en
» l'élevant comme une jeune plante,
» j'esperois que nous le verrions en-
» trer dans le monde avec distinction

& avec esclat, & que dans toutes «
les qualitez de l'esprit & du corps «
il égaleroit son pere; mais quelque «
Dieu ennemi, ou quelque homme «
mal intentionné luy a renversé l'es- «
prit, car il est allé à Pylos pour ap- «
prendre des nouvelles de son pere, «
& ces fiers Poursuivants luy dres- «
sent des embusches à son retour, «
pour faire perir en luy toute la race «
du divin Arcesius. Mais ne preve- «
nons point les malheurs qui le me- «
nacent, peut-estre perira-t-il, peut- «
estre aussi qu'il se tirera heureuse- «
ment de ces pieges, & que Jupiter «
estendra sur luy son bras puissant. «
Bon homme, racontez-moy toutes «
vos avantures, & dites-moy sans «
déguisement qui vous estes, d'où «
vous estes, quelle est vostre ville, «
quels sont vos parents, sur quel «
vaisseau vous estes venu, comment «
vos matelots vous ont amené à «
Ithaque, & quels matelots ce sont, «
car la mer est le seul chemin qui «

» dans la maison de mon pere & de
» ma mere qui m'ont élevé avec tant
» de foin. La douleur que j'ay de ne
» plus voir ces chers parents, quel-
» que grande qu'elle foit, ne me
» couſte point tant de larmes, & je
» ne la fupporte pas ſi impatiem-
» ment que celle de ne plus voir mon
» cher Ulyſſe. Et je vous aſſeure,
» mon bon homme, que tout abſent
» qu'il eſt, je me fais encore un ſcru-
» pule & je me reproche de le nom-
» mer par ſon nom ; il m'aimoit ſi
» tendrement, il avoit tant de bonté
» pour moy, & je conſerve pour luy
» tant de reſpect, que je l'appelle or-
» dinairement mon pere.

» Mon ami, quoyque vous refu-
» fiez de croire à mes paroles, luy
» répondit le divin Ulyſſe, & que
» vous perſiſtiez dans voſtre deſfian-
» ce, en vous opiniaſtrant à ſoutenir
» que jamais Ulyſſe ne reviendra, je
» ne laiſſe pas de vous aſſeurer, &
» meſme avec ferment, que vous le

verrez bien-toſt de retour. Que la «
récompenſe pour la bonne nou- «
velle que je vous annonce, ſoit «
preſte tout à l'heure dés qu'il arri- «
vera. Je vous demande que vous «
changiez ces haillons en magnifi- «
ques habits, mais je ne le demande «
qu'aprés qu'il ſera arrivé, quelque «
beſoin que j'en aye, je ne les rece- «
vrois pas auparavant, car je hais «
comme la mort ceux qui cedant à «
la pauvreté, ont la baſſeſſe d'in- «
venter des fourberies. Je prends «
donc icy à témoin, premierement «
le ſouverain des Dieux, enſuite «
cette table hoſpitaliere où vous «
m'avez receu & le ſacré foyer «
d'Ulyſſe où je me ſuis retiré, que «
tout ce que je viens de vous dire «
s'accomplira. Ulyſſe reviendra dans «
cette meſme année : oüy il revien- «
dra à la fin d'un mois, & au com- «
mencement de l'autre vous le ver- «
rez dans ſa maiſon, & il ſe vengera «
avec eſclat de tous ceux qui oſent «

» traiter sa femme & son fils avec
» tant d'insolence.

Eumée peu sensible à ces belles
» promesses, répondit : Bon hom-
» me, je n'espere pas de vous donner
» jamais la récompense de ces bon-
» nes nouvelles que vous m'annon-
» cez, car je ne verray jamais de re-
» tour mon cher Ulysse ; mais beu-
» vez en repos, parlons de tout au-
» tre chose, & ne me rappellez point
» un si triste souvenir. Je n'entends
» jamais parler de ce Roy si bon, si
» respectable, que mon cœur ne soit
» accablé de douleur. Laissons-là vos
» serments, & qu'Ulysse revienne
» comme je le desire & comme le de-
» sirent Penelope, le vieillard Laërte
» & le jeune Telemaque. Le mal-
» heur de ce jeune Prince réveille
» mon affliction ; aprés les soins que
» les Dieux avoient pris de luy, en
» l'élevant comme une jeune plante,
» j'esperois que nous le verrions en-
» trer dans le monde avec distinction

& avec esclat, & que dans toutes «
les qualitez de l'esprit & du corps «
il égaleroit son pere ; mais quelque «
Dieu ennemi, ou quelque homme «
mal intentionné luy a renversé l'es- «
prit, car il est allé à Pylos pour ap- «
prendre des nouvelles de son pere, «
& ces fiers Poursuivants luy dres- «
sent des embusches à son retour, «
pour faire perir en luy toute la race «
du divin Arcesius. Mais ne preve- «
nons point les malheurs qui le me- «
nacent, peut-estre perira-t-il, peut- «
estre aussi qu'il se tirera heureuse- «
ment de ces pieges, & que Jupiter «
estendra sur luy son bras puissant. «
Bon homme, racontez-moy toutes «
vos avantures, & dites-moy sans «
déguisement qui vous estes, d'où «
vous estes, quelle est vostre ville, «
quels sont vos parents, sur quel «
vaisseau vous estes venu, comment «
vos matelots vous ont amené à «
Ithaque, & quels matelots ce sont, «
car la mer est le seul chemin qui «

» puisse mener dans une isle.

Le prudent Ulysse luy répon-
» dit : Mon hoste, je vous diray dans
» la pure verité tout ce que vous me
» demandez, mais croyez que quand
» nous ferions icy une année entiere
» à table, & que tous vos gens iroient
» cependant vaquer à leurs affaires,
» ce temps-là ne me suffiroit pas pour
» vous racorter tous les malheurs
» que j'ay essuyez par la volonté des
» Dieux.

» Je suis de la grande isle de Cre-
» te, & fils d'un homme riche. Nous
» sommes plusieurs enfants ; tous les
» autres sont nez de femmes legiti-
» mes, & moy je suis fils d'une es-
» trangere que mon pere avoit achet-
» tée, & dont il avoit fait sa concu-
» bine. Mais mon pere, qui avoit
» nom Castor, fils d'Hylax, me re-
» gardoit & m'aimoit comme tous
» ses autres enfants nez d'un verita-
» ble mariage. Voilà pour ce qui
» concerne mon pere, qui estoit hon-

noré comme un Dieu par tous les «
peuples de Crete, à cause de sa for- «
tune, de ses richesses & de ce grand «
nombre d'enfants tous fort esti- «
mez. Mais aprés que la Parque «
cruelle l'eut précipité dans le Palais «
de Pluton, mes freres firent un par- «
tage de ses biens, tirerent les lots «
au sort & ne me laisserent que tres «
peu de chose avec une maison. «
J'eus le bonheur d'espouser une «
femme d'une famille riche, & dont «
le pere & la mere assez contents de «
ma bonne mine & de ma réputa- «
tion, voulurent bien me choisir «
pour gendre, car je n'estois pas mal «
fait, & je passois pour un homme «
qui ne fuyois pas dans les batailles; «
presentement l'âge m'a ravi toutes «
ces bonnes qualitez. Mais je me «
flatte qu'encore, comme dit le pro- «
verbe, le chaume vous fera juger «
de la moisson, & qu'à m'examiner «
vous ne laisserez pas de démesler «
ce que j'ay pû estre dans ma jeu- «

» nesse ; quoyque je vous paroiss
» accablé de misere & d'infirmité, je
» puis dire que Mars & Minerve
» m'avoient inspiré une force & une
» audace qui paroissoient dans toutes
» les occasions, sur-tout lorsqu'avec
» des hommes choisis & déterminez
» je dressois à mes ennemis quelque
» embuscade. Jamais mon courage
» ne m'a laissé envisager la mort,
» mais la lance à la main me jettant
» le premier au milieu des ennemis,
» je leur faisois lascher le pied ou
» mordre la poussiere. Voilà quel
» j'estois à la guerre ; tout autre genre
» de vie ne me touchoit point, je
» n'ay jamais aimé le travail, ni le la-
» bourage, ni l'œconomie domesti-
» que qui donne le moyen de nou-
» rir & d'élever ses enfants. Mais j'ay
» aimé les vaisseaux bien équippez,
» la guerre, les javelots, les fléches,
» toutes choses qui paroissent si tris-
» tes & si affreuses à tant d'autres ;
» je ne prenois plaisir & je ne m'oc-

« pois uniquement qu'aux choses
« pour lesquelles Dieu m'avoit don-
« né de l'inclination, car les goufts
« des hommes sont differents, ce-
« luy-cy se plaist à une chose, & ce-
« luy-là à une autre. Avant que les
« Grecs entreprissent la guerre con-
« tre Troye, j'avois desja commandé
« en chef à neuf expeditions de mer
« contre des estrangers, & le succés
« en avoit esté aussi heureux que j'a-
« vois pû le desirer. Comme general
« j'avois choisi pour moy ce qu'il y
« avoit de plus précieux dans le bu-
« tin, & j'avois encore partagé le
« reste avec mes troupes. J'avois ac-
« quis de grandes richesses, ma mai-
« son devenoit tous les jours plus
« opulente, j'estois un personnage
« considerable, & tout le monde
« m'honneroit & me respectoit. Mais
« aprés que Jupiter eut engagé les
« Grecs à cette funeste entreprise,
« qui a cousté la vie à tant de heros,
« ça me força de conduire les vais-

» seaux de Crete à Ilion avec le ce-
» lebre Idomenée. Je n'avois aucun
» prétexte plausible de refuser cet
» honneur, & je craignois les repro-
» ches du peuple, car la réputation
» d'un homme de guerre est une
» fleur que la moindre chose ternit.
» Nous fismes la guerre dans les plai-
» nes d'Ilion neuf ans entiers, & la
» dixiéme année, après avoir saccagé
» cette superbe ville de Priam, nous
» nous embarquasmes pour retour-
» ner dans nos maisons. A ce retour
» Jupiter dispersa nostre flotte, &
» me destina dés ce moment à des
» malheurs infinis. J'arrivay heureu-
» sement à Crete, mais à peine avois-
» je esté un mois à me délasser, à me
» réjoüir avec ma femme & mes en-
» fants, & à joüir de mes richesses,
» que l'envie me prit d'aller faire
» une course sur le fleuve Ægyptus.
» J'armay neuf vaisseaux, & je nom-
» may ceux qui devoient me suivre.
» Ces troupes furent assemblées tres

promptement. Avant que de par- «
tir nous paſſaſmes ſix jours à faire «
bonne chere, & je leur fournis «
quantité de victimes pour faire des «
ſacrifices aux Dieux, & pour con- «
ſumer le reſte à leurs tables. Nous «
nous embarquaſmes le ſeptiéme «
jour & nous nous éloignaſmes du «
rivage de Crete portez par le Bo- «
rée qui nous eſtoit tres favorable; «
nous voguions auſſi doucement «
que ſi dans une riviere nous n'a- «
vions fait que ſuivre le courant «
de l'eau. Aucun de mes vaiſſeaux «
ne fut endommagé, & je n'eus pas «
un ſeul malade; le vent & l'adreſſe «
de mes pilotes nous menerent ſi «
droit, que le cinquiéme jour nous «
arrivaſmes dans le fleuve. J'arreſ- «
tay-là ma flotte, & j'ordonnay à «
mes compagnons de demeurer ſur «
leurs vaiſſeaux & de chercher un «
abry ſur la rive. J'en choiſis ſeule- «
ment un petit nombre pour les en- «
voyer découvrir le pays. Ces im- «

» prudents se laissant emporter à leur
» férocité & à leur courage, au lieu
» d'executer mes ordres, se mirent à
» piller les fertiles champs des Egy-
» ptiens, à emmener leurs femmes &
» leurs enfants, & à faire main-basse
» sur tout ce qui s'opposoit à leur
» furie. Le bruit affreux que ce grand
» desordre causoit retentit jusques
» dans la ville voisine ; les citoyens
» attirez par les cris, parurent en ar-
» mes au point du jour. Toute la
» campagne fut pleine d'infanterie &
» de cavalerie, & elle paroissoit en
» feu par l'esclat de l'airain dont elle
» estoit toute couverte. Là le mais-
» tre du tonnerre souffla la terreur
» & la fuite parmi mes compagnons;
» aucun n'eut le courage de se def-
» fendre, car ils estoient enveloppez
» de toutes parts. Les Egyptiens en
» tuerent un grand nombre, & firent
» les autres prisonniers, & les rédui-
» sirent en un triste esclavage. Dans
» cette extremité Jupiter m'inspira
une

une pensée, que ne mourus-je «
pluftoft fur la place! car de grands «
malheurs m'attendoient encore ; je «
détache mon casque, je le jette à «
terre, j'abandonne mon bouclier «
& ma pique, & m'approchant du «
char du Roy, j'embraffe fes ge- «
noux. Il eut pitié de moy & me «
fauva la vie ; il me fit mefme mon- «
ter fur fon char prés de luy & me «
mena dans fon Palais. En chemin «
nous fufmes fouvent environnez «
de foldats, qui la pique baiffée, «
vouloient fe jetter fur moy pour «
me tuer, tant ils eftoient irritez «
de l'acte d'hoftilité que j'avois ofé «
commettre ; mais le Roy me ga- «
rentit, & craignit la colere de Ju- «
piter qui préfide à l'hofpitalité & «
qui punit feverement ceux qui la «
violent. Je demeuray dans fon Pa- «
lais fept années entieres, & j'amaf- «
fay beaucoup de bien, car tous les «
Egyptiens me faifoient des prefens. «
Quand la huitiéme année fut ve- «

» nuë, il se presenta à moy un Phe-
» nicien tres instruit dans toutes sor-
» tes de ruses & de fourberies, insi-
» gne fripon, qui avoit fait une in-
» finité de maux aux hommes. Cet
» imposteur me seduisant par ses bel-
» les paroles me persuada d'aller avec
» luy en Phenicie où il avoit sa mai-
» son & son bien. Je demeuray chez
» luy un an entier. Quand l'année
» fut révoluë, il me proposa de pas-
» ser avec luy en Libye, & forgea
» mille mensonges dans la vûë de me
» porter à faire les avances pour la
» charge de son vaisseau; son dessein
» estoit de me vendre en Libye &
» de faire un grand profit. Quoyque
» ses grandes promesses commenças-
» sent à m'estre suspectes, je le sui-
» vis par necessité. Nous voilà donc
» embarquez ; nostre vaisseau cou-
» roit par un vent de nord qui le
» porta à la hauteur de Crete, Jupi-
» ter avoit resolu la perte de ce vais-
» seau. Dés que nous fusmes éloignez

« de cette iſle & que nous ne viſ-
« mes plus que les flots & le ciel, le
« fils de Saturne aſſembla au deſſus
« de nous un nuage noir qui cou-
« vrit la mer d'une affreuſe obſcu-
« rité ; ce nuage fut accompagné de
« tonnerres & d'eſclairs, & ce Dieu
« irrité lança ſur noſtre vaiſſeau ſa
« foudre enflammée ; le coup fut ſi
« violent que tout l'aſſemblage du
« vaiſſeau en fut esbranſlé ; une odeur
« de ſoufre le remplit, tout l'équipa-
« ge tomba dans l'eau, & l'on voyoit
« tous ces malheureux portez ſur les
« flots, comme des oyſeaux marins,
« faire leurs efforts pour ſe ſauver,
« mais toute voye de ſalut leur eſ-
« toit fermée. Jupiter touché de
« mon affliction, fit tomber entre
« mes mains le grand maſt du na-
« vire, afin que je m'en ſerviſſe pour
« me tirer de ce danger. J'embraſſay
« ce maſt de toute ma force, & je
« fus en cet eſtat le joüet des vents
« neuf jours entiers. Enfin le dixié-

» me jour pendant une nuit fort
» noire le flot me pouffa contre la
» terre des Thefprotiens. Le heros
» Phidon, qui eftoit Roy de cette
» terre, me receut avec beaucoup de
» generofité & ne me demanda point
» de rançon, & fon fils eftant arrivé
» fur le rivage, & m'ayant trouvé
» demi mort de froid & de fatigue,
» me mena dans fon Palais en me
» foutenant luy-mefme, car je n'a-
» vois prefque pas la force de mar-
» cher. Le Roy me fit donner des
» habits magnifiques. Là j'entendis
» beaucoup parler d'Ulyffe, & le
» Roy luy-mefme me dit qu'il l'a-
» voit receu & traité dans fon Palais
» comme il paffoit chez luy pour
» s'en retourner dans fa patrie. Il me
» montra mefme toutes les richeffes
» qu'Ulyffe avoit amaffées dans ce
» voyage, l'airain, l'or, le fer, & j'en
» vis une fi grande quantité, qu'elle
» pourroit fuffire à nourrir pendant
» dix generations deux familles com-

me la sienne. Sur ce que je parus « estonné que tous ces tresors fus- « sent-là sans luy, il me dit qu'Ulysse « les avoit laissez pour aller à Do- « done consulter le chesne miracu- « leux, & recevoir de luy la répon- « se de Jupiter mesme, pour sça- « voir comment il devoit retourner « à Ithaque aprés une si longue ab- « sence, & s'il devoit y entrer ouver- « tement, ou sans se faire connoistre. « Ce Prince jura mesme en me par- « lant à moy-mesme & au milieu des « libations, que le vaisseau & les ra- « meurs qui devoient le mener dans « sa patrie estoient prests. Je n'eus « pas le temps d'attendre, car la com- « modité d'un vaisseau de Thespro- « tie, qui partoit pour Dulichium « s'estant offerte, il me renvoya sur « ce vaisseau, & ordonna au patron « de me remettre fidellement entre « les mains du Roy Acaste. Ce pa- « tron & ses compagnons loin d'e- « xecuter cet ordre, conceurent un «

» méchant dessein contre moy pour
» me rendre encore le joüet de la
» fortune. Dés que le vaisseau fut
» assez loin de la terre, ils commen-
» cerent par m'oster la liberté, ils
» me dépoüillerent de mes habits &
» me donnerent ces vieux haillons
» tout rapiecez que vous voyez sur
» moy. Estant arrivez le soir sur les
» costes d'Ithaque, ils me lierent
» avec une bonne corde au mast du
» vaisseau, & me laissant-là, ils des-
» cendirent à terre & se mirent à sou-
» per. Les Dieux rompirent facile-
» ment mes liens. Je mis mes hail-
» lons autour de ma teste, & me
» laissant aller le long du gouvernail,
» je me jettay dans l'eau & nageay de
» toute ma force. Je me trouvay
» bien-tost assez loin de ces scelerats
» pour oser prendre terre ; j'aborday
» dans un endroit prés d'un beau
» bois où je me cachay. Ces barba-
» res fort affligez firent quelque le-
» gere perquisition, mais ils ne ju-

gerent pas à propos de me cher- «
cher plus long-temps & avec plus «
d'exactitude, ils se rembarquerent «
promptement. C'est ainsi que les «
Dieux m'ont sauvé de leurs mains, «
& qu'ils m'ont conduit dans la mai- «
son d'un homme sage & plein de «
vertu. Car c'est l'ordre du Destin «
que je conserve encore la vie. «

Ah, malheureux estranger, re- «
partit Eumée, que vous m'avez «
touché par le recit de vos tristes «
avantures! la seule chose où je ne «
sçaurois vous croire, c'est dans ce «
que vous avez dit d'Ulysse. A «
quoy bon un homme comme vous «
à vostre âge blesse-t-il ainsi la ve- «
rité, en contant des fables tres in- «
utiles. Je suis seur que les Dieux «
se sont opposez au retour de mon «
cher maistre. Ils n'ont voulu ni le «
faire tomber sous les coups des «
Troyens, ni le faire mourir entre «
les bras de ses amis, aprés qu'il a «
eu terminé si glorieusement cette «

» guerre ; car tous les Grecs luy au-
» roient élevé un tombeau magnifi-
» que, & la gloire du pere auroit re-
» jalli sur le fils, mais ils ont permis
» qu'il ait esté sans honneur la proye
» des Harpyes. Pour moy j'en suis si
» affligé, que je me suis confiné dans
» cette ferme ; & je ne vais jamais à
» la ville que lorsque la sage Pene-
» lope me mande pour me faire part
» des nouvelles qu'elle a receües de
» quelqu'endroit. Dés qu'on me voit
» dans le Palais, on m'environne en
» foule pour me demander ce que
» j'ay appris. Les uns s'affligent de
» la longue abscence de ce cher maîs-
» tre, & les autres s'en réjoüissent,
» parce qu'ils consument impuné-
» ment son bien. Pour moy je n'en
» demande plus de nouvelles depuis
» que j'ay esté trompé par un Eto-
» lien, qui obligé de prendre la fuite
» pour un meurtre qu'il avoit com-
» mis, aprés avoir erré dans plusieurs
» contrées, arriva dans ma maison,

où je le receus le mieux qu'il me «
fut poffible. Il me dit qu'il avoit «
vû Ulyffe chez Idomenée dans «
l'ifle de Crete où il radouboit fes «
vaiffeaux qui avoient efté maltrai- «
tez par la tempefte, & m'affeura «
qu'il reviendroit fur la fin de l'efté «
ou au commencement de l'autom- «
ne avec tous fes Compagnons & «
comblé de richeffes. Et vous, bon «
homme, qui avez tant fouffert, «
puifque les Dieux vous ont con- «
duit chez moy, ne me flattez point «
& ne m'abufez point comme luy «
par des contes faits à plaifir. Ce ne «
feront point ces contes qui m'o- «
bligeront à vous bien traiter & à «
vous refpecter, ce fera Jupiter qui «
préfide à l'hofpitalité, & dont j'ay «
toujours la crainte devant les yeux, «
ce fera la compaffion que j'ay na- «
turellement pour tous les miferа- «
bles. «

Il faut que vous foyez le plus «
deffiant & le plus incredule de tous «

Y v

» les hommes, répondit Ulysse,
» puisqu'après tous les serments que
» je vous ay faits, je ne puis ni vous
» persuader ni vous esbransler. Mais
» faisons, je vous prie, un traité vous
» & moy, & que les Dieux, qui
» habitent l'Olympe, en soyent témoins : si vostre Roy revient dans
» ses Estats, comme je vous l'ay dit,
» vous me donnerez des habits &
» vous m'envoyerez sur un vaisseau
» à Dulichium, d'où j'iray par tout
» où il me plaira; & s'il ne revient
» pas, vous exciterez contre moy
» tous vos domestiques, & vous leur
» ordonnerez de me précipiter de
» ces grands rochers, afin que ce
» chastiment apprenne à tous les pauvres qui arriveront chez vous à
» ne pas vous abuser par leurs vaines
» fables.

» Estranger, répondit Eumée, que
» deviendroit la réputation que j'ay
» acquise parmi les hommes & pour
» le present & pour l'avenir ! Que

deviendroit ma vertu, qui est en- «
core plus précieuse que la réputa- «
tion, si aprés vous avoir receu dans «
ma maison, & vous avoir fait tous «
les bons traitements qui ont dé- «
pendu de moy & que demande «
l'hospitalité, j'allois vous oster «
cette mesme vie que je vous ay «
conservée ! Aprés une action si «
barbare, de quel front oserois-je «
adresser mes prieres au Dieu qui «
protege les estrangers ! Mais l'heu- «
re du souper approche, & nos ber- «
gers seront bien-tost icy pour pren- «
dre avec moy un leger repas. «

Pendant qu'ils s'entretiennent ainsi, les bergers arrivent avec leurs troupeaux qu'ils enferment dans les estables ; toute la basse-cour retentit des cris de toutes ces bestes qu'on ramene des pasturages : alors Eumée crie à ses bergers, Amenez-moy promptement « la victime la plus grasse que vous « ayez dans vostre troupeau, que j'of- «

» fre un sacrifice à Jupiter en faveur
» de cet estranger qui est nostre hos-
» te, & que nous en profitions en
» mesme temps, nous qui avons tous
» les jours tant de fatigues à garder
» ces troupeaux, pendant que d'au-
» tres se nourrissent tranquillement
» des fruits de nos peines.

Ayant ainsi parlé, il fendit du bois pour le sacrifice. Les bergers amenerent la victime la plus grasse, c'estoit un cochon de cinq ans, & la presenterent à l'autel. Eumée n'oublia pas alors les Dieux, car il estoit plein de pieté. Il prend les soyes du haut de la teste de cette victime & les jette dans le feu comme les prémices, & demande à tous les Dieux par des vœux tres ardents, qu'Ulysse revienne enfin dans son Palais. Sa priere finie, il assomme la victime avec le tronc du mesme chesne dont il avoit coupé le bois pour l'autel & qu'il avoit reservé pour cette fonction.

La victime tombe sans vie ; les bergers l'égorgent en mesme temps, la font passer par les flammes & la mettent en quartiers. Eumée prend des petits morceaux de tous les membres, les met sur la graisse dont il avoit enveloppé les cuisses, & aprés avoir répandu dessus de la fleur de farine, il les jette au feu pour les faire brusler. Le reste fut ensuite coupé par morceaux, mis en broche & rosti avec soin. On les mit sur des tables de cuisine, & le maistre pasteur se leva pour faire luy-mesme les portions, car il estoit plein d'équité. Il en fit sept parts, il en offrit une aux Nymphes, une autre à Mercure fils de Maïa, en accompagnant son offrande de prieres. Ses trois bergers & luy eurent aussi chacun leur part, & Ulysse fut régalé de la partie la plus honorable, qui estoit le dos de la victime. Ulysse ravi de cette distinction, en témoigne sa reconnoissance en ces termes :

» Eumée, daigne le grand Jupiter
» vous aimer autant que je vous ai-
» me pour le bon accüeil que vous
» me faites, en me traitant avec tant
» d'honneur, malgré l'estat miserable
» où je me trouve.

» Eumée luy répondit, Estran-
» ger, que j'honore comme je dois,
» faites bonne chere des mets que je
» puis vous offrir ; Dieu nous don-
» ne une chose & nous en refuse une
» autre, meslant nostre vie de biens
» & de maux comme il luy plaist,
» car il est tout puissant.

En finissant ces mots, il jette au feu les prémices de sa portion, & prenant la coupe pleine de vin, aprés en avoir fait les libations, il la presente à Ulysse sans se lever de sa place. Un esclave, qu'Eumée avoit achetté de quelques marchands Taphiens depuis le départ de son maistre, & qu'il avoit achetté de son argent sans le secours de

Pénelope ni du bon vieillard Laërte, servit le pain. Quand ils eurent mangé & bû, & qu'ils furent rassasiez, l'esclave desservit, & peu de temps aprés ils allerent se coucher. La nuit fut tres froide & tres obscure. Jupiter versa un déluge d'eaux, & le Zephyre, toujours chargé de pluyes, fit entendre ses souffles orageux. Ulysse adressant la parole à ces bergers pour piquer Eumée, & pour voir s'il ne luy donneroit point, ou s'il ne luy feroit pas donner quelque bon habit qui pust le deffendre du froid, car il avoit grand soin de luy, Eumée, dit-il, & vous bergers « escoutez-moy, je vous prie, & per- « mettez que je me vante un peu de- « vant vous, le vin sera mon excuse, « il a la vertu de rendre les hommes « fous ; il fait chanter, rire & dan- « ser le plus sage, & tire des cœurs « des secrets qu'on feroit souvent « beaucoup mieux de cacher. Je vais «

» vous dire aussi des folies, & puis-
» que la parole est laschée je conti-
» nüeray. Ah! plust aux Dieux que
» j'eusse encore la vigueur & la for-
» ce que j'avois quand nous dressas-
» mes une embuscade aux Troyens
» sous les remparts de Troye. Ulysse
» & Menelas estoient les chefs de
» cette entreprise, & ils me firent
» l'honneur de me choisir pour par-
» tager avec eux ce commandement.
» Quand nous fusmes prés des mu-
» railles, nous nous cachasmes sous
» nos armes dans des brossailles &
» des roseaux d'un marais qui en es-
» toit proche. La nuit il se leva tout
» à coup un vent de nord si froid
» qu'il glaceoit, & il tomba beau-
» coup de neige qui se geloit en tom-
» bant, en un moment nos boucliers
» furent herissez de glace. Les autres
» avoient de bonnes tuniques & de
» bons manteaux, & dormoient tran-
» quillement les espaules couvertes
» de leurs boucliers. Mais moy, j'a-

vois eu l'imprudence de laisser dans «
ma tente mon manteau, ne pensant «
point que la nuit dûst estre si froi- «
de, & j'avois marché avec ma seu- «
le tunique ceinte & mes armes. «
Vers la troisiéme veille de la nuit, «
lorsque les astres commencerent à «
pencher vers leur coucher, je pous- «
say du coude Ulysse qui estoit «
couché prés de moy, il se réveilla «
promptement, & je luy dis : Ge- «
nereux Ulysse, vous pouvez com- «
pter que je ne seray pas long-temps «
en vie, je suis penetré de froid, car «
je n'ay point de manteau, un Dieu «
ennemi m'a induit à venir icy en «
tunique, & voilà un temps auquel «
il m'est impossible de resister. «

Dans le moment Ulysse trouva «
le moyen de me secourir ; comme «
il estoit homme de grande ressour- «
ce & aussi bon pour le conseil que «
pour les combats, voicy ce qui luy «
vint dans l'esprit : il s'approcha de «
mon oreille & me dit tout bas: «

» taisez-vous, de peur que quelqu'un
» des Grecs ne vous entende, & en
» mesme temps la teste appuyée sur
» son coude, il haussa un peu la voix
» & dit, Mes amis, escoutez ce que
» j'ay à vous dire, pendant mon som-
» meil un songe s'est apparu à moy
» de la part des Dieux. Nous voilà
» fort éloignez de nos vaisseaux, &
» nous sommes en petit nombre,
» que quelqu'un aille donc promp-
» tement prier Agamemnon de nous
» envoyer un renfort.
» A ces mots Thoas, fils d'Andre-
» mon, se leva, & sans attendre un
» autre ordre, il jette à terre son
» manteau de pourpre & se met à
» courir. Je pris ce manteau, &
» m'estant rechauffé, je dormis tran-
» quillement jusqu'au point du jour.
» Plust aux Dieux donc que j'eusse
» aujourd'huy la mesme jeunesse &
» la mesme vigueur, & que quel-
» qu'un des bergers qui sont icy me
» donnast un bon manteau & par

amitié & par respect pour un homme de bien, mais ils me méprisent à cause de ces vieux haillons.

Bon homme, luy répondit Eumée, vous nous faites-là sur un sujet veritable un apologue tres ingenieux, vous avez tres bien parlé & vostre discours ne sera pas inutile, vous ne manquerez ni de manteau pour vous couvrir cette nuit, ni d'aucune des choses dont on doit faire part à un estranger qu'on a receu dans sa maison, & qui a besoin de secours. Mais demain dés le matin vous reprendrez vos vieux haillons, car nous n'avons pas icy plusieurs manteaux ni plusieurs tuniques de rechange, chacun de nos bergers n'en a qu'un. Quand nostre jeune Prince, le fils d'Ulysse sera de retour, il vous donnera des tuniques, des manteaux & toutes sortes de bons habits, & il vous renvoyera par tout où vous voudrez aller.

En finissant ces mots il se leva, approcha du feu le lit d'Ulysse & y estendit des peaux de brebis & de chevres, & Ulysse s'estant couché, il le couvrit d'un manteau tres ample & tres espais qu'il avoit de rechange pour se garantir du froid pendant l'hyver le plus rude. Les jeunes bergers se coucherent prés de luy, mais Eumée ne jugea pas à propos de s'arrester-là à dormir loin de ses troupeaux, il se prépara pour aller dehors. Ulysse estoit ravi de voir les soins que ce bon pasteur prenoit de son bien pendant son absence. Premierement il mit sur ses espaules son baudrier d'où pendoit une large espée ; il mit ensuite un bon manteau qui pouvoit le deffendre contre la rigueur du temps, il prit aussi une grande peau de chevre, & arma son bras d'un long javelot pour s'en servir contre les chiens & contre les voleurs. En cet équipage il sortit pour aller dormir sous quelque roche à l'abry des souffles du Borée prés de ses troupeaux.

REMARQUES
SUR
L'ODYSSEE D'HOMERE.

LIVRE XIV.

Page 482. *CE serviteur fidelle l'avoit bastie de ses espargnes, sans en parler ni à Penelope ni au bon vieillard Laerte.*] Voicy un grand & beau modelle d'œconomie qu'Homere donne aux intendants des grandes maisons. C'est Eumée, qui de ses espargnes avoit basti une grande maison & une basse-cour pour les troupeaux de son maistre. Depuis le siecle d'Homere cela est un peu changé; on voit bien des intendants qui des espargnes d'un bien, qui ne leur appartient pas, bastissent des maisons, mais ce n'est pas pour leurs maistres.

Page 483. *Travaillant à se faire une chaussure de cuir de bœuf avec tout son poil*] Car quoy-qu'il fust l'intendant & le maistre des autres pasteurs, il ne laissoit pas de travailler de ses mains; les Princes mesmes travailloient, comme nous l'avons souvent vû dans l'Iliade & dans l'Odyssée, & c'est cette bonne & loüable coutume qui avoit mis Ulysse en estat de faire dans la necessité ce qui le sauva. Ce maistre pasteur avoit taillé luy-mesme les chesnes dont il avoit fortifié sa haye, & il se fait icy une chaussure, c'est à dire, une sorte de botine necessaire à un homme soigneux, qui alloit nuit & jour pour veiller sur ses troupeaux. La peinture qu'Homere fait de l'estat où est ce pasteur quand Ulysse arrive chez luy, est tres naturelle & tres agréable, aussi-bien que le recit du danger qu'Ulysse courut, & il n'y a qu'un goust corrompu qui puisse s'en mocquer comme a fait l'Auteur du Parallele. *Ce heros*, dit-il, *va trouver Eumée son porcher, qui estoit assis devant sa porte, & qui raccommodoit ses souliers. Les chiens d'Eumée aboyerent fort, & firent grande peur au heros, qui se coucha par terre & laissa tomber son baston. Le porcher en se levant pour chasser les chiens, laissa tomber le cuir qu'il coupoit*, &c. Voilà un heureux talent pour défigurer les images les plus naturelles & les plus sages.

Ulysse pour se garantir se couche à terre & jette son baston] Ulysse sçavoit que le moyen le plus seur de se deffendre contre les chiens & autres bestes feroces, c'est de se coucher à terre, de jetter les armes qu'on peut avoir à la main, & de faire le mort.

Au reste, dans la vie d'Homere j'ay dit qu'il y avoit de l'apparence que ce Poete donne icy à Ulysse une avanture qui luy estoit arrivée à luy-mesme, lorsqu'ayant esté exposé sur le rivage de Chio par des pescheurs qui l'avoient mené sur un radeau, & estant allé du costé qu'il entendoit des chevres, il fut attaqué par des chiens qui l'auroient devoré si le berger Glaucus n'eust couru à son secours ; ce berger, aprés l'avoir délivré, le mena dans sa cabane & le regala le mieux qu'il luy fut possible. Le Poete tascha de divertir son hoste, en luy racontant ce qu'il avoit vû de plus curieux dans ses voyages. Quand je voy Ulysse s'entretenir avec Eumée, je prends plaisir à m'imaginer que je voy Homere s'entretenir avec Glaucus.

Page 485. *Vieillard, il s'en est peu fallu que mes chiens ne vous ayent devoré*] Rien ne marque mieux qu'Eumée estoit un homme de consequence & qui avoit esté bien élevé, que les discours qu'il fait icy à Ulysse & tout ce qu'il luy dit ensuite dans la conversation qu'il a avec luy. Il y a une éloquence tres naturelle & tres naïve & beaucoup de sagesse ; aussi voit-on dans le Livre suivant qu'il estoit fils d'un Prince qui avoit regné dans l'isle de Scyros. Je ne releveray point icy les froides railleries que de petits Auteurs modernes ont faites sur cette qualification

lification qu'Homere luy donne de *divin porcher.* Cela marque leur bon esprit.

Je passe la vie à pleurer l'absence, & peut-estre la mort de mon cher maistre] Quelle joye pour Ulysse! quel plaisir pour le Lecteur que cette situation! Aristote a fort bien dit qu'Homere est le premier qui ait fait des imitations dramatiques; car, comme M. Dacier l'a fait voir dans ses Commentaires sur la Poëtique, l'Iliade & l'Odyssee peuvent passer pour de veritables Tragedies à cause de l'action, de la disposition & de l'œconomie du sujet, du meslange admirable des épisodes, de la nature des catastrophes, de la vivacité des passions, & des situations surprenantes dont ils sont pleins. Aussi Platon dit qu'Homere n'est pas seulement le plus grand des Poëtes, mais qu'il est le premier des Poëtes tragiques. Dans le Theëtet. & dans le liv. 10. de la Repub.

Page 486. *Qu'il couvre d'une grande peau de chevre sauvage*] Homere désigne ordinairement par des épithetes la nature des choses dont il parle. Icy en parlant de la chevre sauvage il adjoute ἰονθάδος, ce qui signifie proprement *qui a des excrescences qui pendent autour du cou des chevres,* & ces excrescences sont appellées ἴονθοι. Nostre langue n'a point de terme pour l'expri-

Tome II. Z

mer, ou du moins je ne le sçay point.

Divin Eumée, vous luy répondites] Nous avons vû dans l'Iliade qu'Homere se sert souvent de ces apostrophes, quand ce sont des personnages considerables qui parlent, & qu'au lieu de dire *un tel répondit*, il s'adresse à luy, & luy dit *vous répondites*. Cela réveille l'attention du Lecteur, & fait connoistre que celuy à qui on adresse ainsi la parole, est un homme digne de consideration. Homere employe icy cette apostrophe pour Eumée, marquant par-là l'estime qu'il avoit pour luy.

Bon homme, il ne m'est pas permis de mépriser un estranger, non pas mesme quand il seroit dans un estat plus vil & plus méprisable que celuy où vous estes, car, &c.] Ce passage me paroist admirable ; l'homme du monde qui en a le mieux connu la beauté, & qui a le mieux développé le précepte qu'il renferme, c'est Epictete dont M. Dacier m'a fourni ce passage tiré d'Arrien : *Souviens-toy toujours de ce qu'Eumée dit dans Homere à Ulysse inconnu qui le remercioit des bons traittements qu'il en avoit receus :* Bon homme, il ne m'est pas permis de mépriser un estranger qui vient chez moy, non pas mesme quand il seroit dans un estat plus vil & plus méprisable que celuy où vous estes, car les estrangers & les pauvres viennent de Jupiter. *Dis la mesme chose à ton frere, à ton pere, à ton prochain, Il ne m'est pas permis d'en user mal avec vous, quand vous seriez encore pis que vous n'estes, car vous venez de Dieu.* En effet, nous serions bien heureux si nous en usions avec nos proches, comme Eumée en use avec cet estranger.

Page 487. *C'est-là le devoir de bons domestiques, ils doivent estre toujours dans la crainte, sur-tout quand ils ont de jeunes maistres*] Eustathe a expliqué cet endroit comme si Eumée par ces *jeunes maistres* eust voulu parler des Poursuivants, & qu'il eust voulu dire que quand il y a dans une maison des tyrans comme ceux-là, les domestiques sont en crainte & ne peuvent pas faire les charitez qu'ils voudroient. Mais je ne croy pas que ce soit-là le sens. Il n'y a pas d'apparence qu'Eumée fasse un précepte general d'une chose qui estoit inoüie & sans exemple. Asseurement il parle de ce qui doit se faire ordinairement. Des domestiques qui ont un maistre jeune doivent estre encore plus attentifs & plus craintifs lorsqu'il s'agit de dépenser, que quand ils ont un maistre qui joüit de ses droits & qui gouverne son bien, car alors ils ont, comme on dit, leurs coudées plus franches. Le précepte est bien plus beau; Eumée a un jeune maistre, Telemaque, ainsi il doit estre plus timide, plus attentif, plus menager.

Et dont Dieu a beni le labeur, comme il a beni le mien dans tout ce qui m'a esté confié] Homere enseignoit donc que tout le travail des hommes est inutile si Dieu ne le benit. Quand on entend Eumée parler de cette maniere, ne croiroit-on pas entendre Jacob, qui dit à son beaupere Laban: *Benedixit tibi Dominus ad introïtum meum*: Dieu vous a beni depuis que je vous sers. *Et laborem manuum mearum respexit Deus*: Dieu a regardé le travail de mes mains. C'est à dire, il l'a beni, il l'a fait prosperer.

Page 488. *Et courut promptement à vne des estables, & il en apporta deux jeunes cochons, il les égorgea, les prépara*] Il est aisé de reconnoistre icy dans ces coutumes des temps heroiques les usages des temps des Patriarches, on n'y faisoit pas plus de façon pour les repas. Quand Abraham receut chez luy les trois Anges, il est dit, *Ipse ad armentum cucurrit, & tulit indè vitulum tenerrimum & optimum, deditque puero, qui festinavit & coxit illum, &c.*

Et les saupoudra de fleur de farine] C'estoit une fleur de farine rostie. Je crois que quand on servoit des viandes qui n'avoient pas esté offertes en sacrifice, on y répandoit de cette fleur de farine, qui tenoit lieu de l'orge sacré avec lequel on consacroit les victimes. Ce qu'Eumée fait icy est une sorte d'acte de Religion.

Nos cochons engraissez sont reservez pour les Poursuivants, gens sans consideration & sans misericorde] Je croy que c'est ce passage qui a persuadé Eustathe que ces jeunes maistres, dont Eumée a parlé vingt-deux vers plus haut, estoient les Poursuivants. Mais je persiste dans ma premiere pensée ; ce qu'Eumée dit icy peut fort bien subsister avec le sens que j'ay donné à ce vers, ὅτ' ἐπικρατέωσι ἄνακτες οἱ νέοι. Au reste il paroist par ce passage que les anciens mettoient une grande difference entre χοίρους & σιάλους σύας, les premiers estoient les cochons ordinaires qu'on faisoit seulement paistre sans en prendre d'autre soin, & les autres σίαλοι, estoient les cochons que l'on avoit engraissez à l'auge.

Page 489. *Voilà pourquoy ils ne veulent point demander la Reyne dans les formes*] Eumée est persuadé que l'unique but des Poursuivants est de demeurer dans le Palais d'Ulysse & de manger son bien, en faisant semblant de poursuivre Penelope en mariage, & voicy le raisonnement de ce domestique fidelle qui n'est point si mal fondé: S'ils sçavoient Ulysse en vie, ils demanderoient cette Reyne dans les formes, parce qu'ils seroient asseurez qu'elle ne se remarieroit jamais pendant la vie de son mary, ainsi ils demeureroient-là avec une sorte de prétexte ; mais ils ne la demandent point dans les formes, ils ne pressent point le mariage ; ils ont donc appris sans doute par la renommée, ou par quelque oracle qu'Ulysse est mort. Voilà pourquoy ils ne la demandent point, parce que si elle se remarioit, elle ne seroit qu'à un seul, & tous les autres seroient obligez de se retirer. Voilà ce qui a fait dire à Horace que toute cette jeunesse pensoit moins au mariage qu'à la cuisine :

Nec tantum veneris quantum studiosa culinæ.

Page 490. *Il avoit dans le continent voisin douze troupeaux de bœufs*] Voicy l'énumeration des richesses d'Ulysse. Elles consistent principalement en troupeaux, comme celles des Patriarches. *Sed & Lot fuerunt greges ovium & armenta.* Genes. 13. 5. *Ditatusque est homo* (Jacob) *ultra modum & habuit greges multos, ancillas & servos, camelos & asinos.* Genes. 30. 43.

Page 491. *Aprés qu'il fut rassasié, il prit la coupe où il avoit bû, la remplit de vin & la presenta à Eumée*] Il faut bien prendre garde à ce passage, car on s'y trompe ordi-

SUR L'ODYSSÉE. *Livre XIV.* 535
nairement; on croit d'abord que c'est Eumée qui presente la coupe à Ulysse, & c'est au contraire Ulysse qui la presente à Eumée, comme Eustathe l'a fort bien remarqué. J'ay desja dit ailleurs que pour faire honneur à quelqu'un on luy presentoit sa coupe pour le prier de boire le premier, ce qu'on appelloit προπίνειν, c'est de cette coutume que sont venuës les santez qu'on boit aujourd'huy. Mais outre cela il y a icy une politesse qui merite d'estre expliquée. C'estoit à la fin du repas qu'on faisoit les libations, & c'est à la fin du repas qu'Ulysse prend la coupe & qu'il la presente à Eumée pour luy témoigner sa reconnoissance, & comme pour l'associer aux Dieux qui l'ont sauvé. Eumée sent bien tout ce que marque cette honnesteté d'Ulysse, & c'est pourquoy il est ravi. χαῖρε δὲ θυμῷ.

Page 492. *Elle les reçoit, les traite le mieux du monde, & passe les jours à les questionner*] Le beau portrait qu'Homere fait icy d'une femme vertueuse, qui aimant tendrement son mary, ne trouve d'autre consolation dans son absence que de demander de ses nouvelles, & que d'escouter tous ceux qui peuvent luy parler de luy!

Page 493. *Et peut-estre que vous-mesme, bon homme, vous inventeriez de pareil-*

les fables] Le Lecteur prend plaisir à voir ce soubçon d'Eumée si bien fondé. Ulysse estoit le plus grand artisan de fables qui eust jamais esté.

Page 494. *Je me fais encore un scrupule & je me reproche de le nommer par son nom*] Il y a icy un sentiment plein de tendresse & de délicatesse. Eumée dit qu'il se fait un scrupule & un reproche de nommer Ulysse par son nom, car c'est le nom que tout le monde luy donne, tous les estrangers, les gens les plus inconnus l'appellent Ulysse. Il ne l'appelle pas non plus son Roy, son maistre, car tous ses sujets l'appellent ainsi, & un homme qui en a toujours esté si tendrement aimé, & qui luy a des obligations si essentielles doit luy donner un nom qui marque un sentiment plus tendre & plus vif ; il l'appelle donc *son pere*, ou comme dit le texte *son frere aisné*, ἠθεῖος. Mais j'ay changé ce nom de *frere* en celuy de *pere* qui est plus respectable.

Page 495. *Soit preste tout à l'heure*] Homere mesle des mots interessants & qui font grand plaisir au Lecteur instruit, tel est ce mot *tout à l'heure*. Il semble que la reconnoissance va se faire, mais il l'éloigne ensuite, en adjoutant *dés qu'il arrivera*.

Ensuite cette table hospitaliere] M. Dacier

est le premier qui ait hazardé ce mot en noftre langue, & qui l'ait tranfporté des perfonnes aux chofes dans fa Traduction de ces deux beaux vers d'Horace,

Qua pinus ingens, albaque populus
Umbram hofpitalem confociare amant
Ramis.

Dans ce beau lieu où de grands pins & de grands peupliers joignent amoureufement leur ombre hofpitaliere. Je fçay qu'il y a eu des perfonnes trop délicates qui ont efté choquées de cette expreffion, mais je prendray la liberté de leur dire qu'elles ne paroiffent pas avoir beaucoup eftudié l'ufage qu'on peut faire des figures, ni les bornes qu'on y doit garder. Celle-cy eft tres belle & tres heureufe, & il n'y a rien de plus ordinaire, fur-tout dans la Poëfie, que de tranfporter ainfi les expreffions & de la perfonne à la chofe & de la chofe à la perfonne. Les exemples en font infinis.

Ouy, il reviendra à la fin d'un mois, & au commencement de l'autre] Il n'eftoit pas poffible que le bon Eumée entendift le fens de ce vers,

Τοῦ μὲν φθίνοντος μηνὸς, τοῦ δ' ἱσαμένοιο.

Il entendoit fans doute qu'Ulyffe reviendroit à la fin d'un mois, ou au commence-

Z v

ment d'un autre, & il ne s'imaginoit pas que son hoste parloit d'un seul & mesme jour. Solon fut le premier qui penetra ce mystere, & qui découvrit le sens de cet énigme, qui marque qu'Homere n'estoit pas ignorant dans l'Astronomie. Je ne sçaurois mieux l'expliquer qu'en rapportant le passage mesme de Plutarque qui nous apprend cette particularité : *Solon, dit-il, voyant l'inégalité des mois, & que la lune ne s'accordoit ni avec le lever ni avec le coucher du soleil, mais que souvent en un mesme jour elle l'atteignoit & le passoit, voulut qu'on nommast ce jour-là ἕνην καὶ νέα, la vieille & nouvelle lune ; & attribua à la fin du mois passé ce qui précedoit la conjonction, & au commencement de l'autre ce qui la suivoit.* D'où l'on peut juger qu'il fut le premier qui comprit le sens de ces paroles d'Homere, à la fin d'un mois & au commencement de l'autre. *Le jour suivant il l'appella le jour de la nouvelle lune, &c.* Ulysse veut donc dire qu'il reviendra le dernier jour du mois, car ce jour-là la lune estoit vieille & nouvelle, c'est à dire, qu'elle finissoit un mois & en commençoit un autre.

Page 497. *Mais quelque Dieu ennemi, ou quelque homme mal intentionné*] Ce voyage de Telemaque avoit allarmé avec raison la tendresse de ce domestique fidelle, car il ne sçavoit pas qu'il ne l'avoit entrepris que par l'ordre de Minerve. Et voilà comme on juge ordinairement des choses dont on ne connoist ni les causes ni les motifs.

Ou quelque homme mal intentionné] Car les Dieux ne sont pas les seuls qui peuvent renverser l'esprit, les hommes le peuvent aussi tres souvent, soit par des breuvages, soit par des discours empoisonnez, plus dangereux encore que les breuvages.

Pour faire perir avec luy toute la race du divin Arcesius] Arcesius estoit pere de Laërte Telemaque son arriere petit-fils estoit le seul rejetton de cette race.

Et que Jupiter estendra sur luy son bras puissant] Voilà l'expression de l'Escriture, qui dit que *Dieu éleve son bras, qu'il estend son bras sur quelqu'un*, pour dire qu'il le sauve de tous les dangers qui l'environnent.

Page 498. *Je suis de la grande isle de Crete*] Eumée vient de déclarer qu'il est convaincu que tous les estrangers sont sujets à débiter des fables pour se rendre plus agréables, & il a fait connoistre à Ulysse qu'il le tenoit tres capable de les imiter, en un mot il a paru estre extremement en garde contre ces conteurs d'histoires fausses, & cependant voicy qu'il se laisse surprendre au conte qu'Ulysse luy fait. Cela marque le pouvoir que les contes ont sur l'esprit des hommes. Il faut avoüer aussi que ce conte d'Ulysse est tres ingenieux. Homere pour le mettre en estat d'interesser tous les hommes qui viendront dans tous les âges, l'assaisonne d'histoires veritables, de descriptions de lieux & de beaucoup d'autres choses importantes & utiles, & il embellit sa narration de tout ce que l'éloquence peut fournir de plus capable de plaire. Par tous les contes differents dont le Poeme de l'Odyssée est orné & égayé, on voit bien que l'imagination du Poete n'est ni espuisée ni fatiguée, puisqu'elle invente une infinité de sujets tous capables de fournir un long Poëme.

Et moy, je suis fils d'une estrangere que mon pere avoit achettée, & dont il avoit fait sa concubine] Nous avons vû dans l'Iliade que ces sortes de naissances n'estoient point honteuses & qu'on les avoüoit sans rougir. C'est ainsi qu'il est dit dans l'Escriture sainte, que Gedeon eut soixante-dix fils de plusieurs femmes qu'il avoit espousées, & que d'une concubine, qu'il avoit à Sichem, il eut un fils nommé Abimelec. Jug. 8. 30. 31. car en ces temps-là il n'estoit point deffendu d'avoir des concubines. *Non erat vetitus eo tempore concubinatus, neque concubina a matrona nisi dignitate*

SUR L'ODYSSÉE. *Livre XIV.* 541
distabat: dit Grotius sur ce passage des Juges. Eustathe veut que l'on remarque icy la finesse d'Ulysse, qui se dit fils d'une concubine, pour attirer la bienveillance d'Eumée qui avoit une naissance toute pareille, mais cette remarque est tres mal fondée; Eumée n'estoit nullement fils d'une esclave, il estoit tres legitime, comme on le verra dans le Livre suivant.

M'aimoit comme tous ses autres enfants nez d'un veritable mariage] C'est ce que signifie le mot ιθαγενέων, *enfants legitimes*, qui sont nez d'un veritable mariage. Car pour les concubines il n'y avoit ni conventions matrimoniales, ni solemnité, au lieu qu'il y en avoit pour les femmes.

Page 499. *Et de ce grand nombre d'enfants, tous fort estimez*] Car le grand nombre d'enfants, & sur-tout d'enfants vertueux & braves, sert beaucoup à faire honorer & respecter les peres. C'est ce que David fait entendre, quand aprés avoir dit que les fils sont l'heritage que le Seigneur donne, il adjoute: *Sicut sagittæ in manu potentis, ita filii excussorum. Beatus vir qui implevit desiderium suum ex ipsis, non confundetur, cum loquetur cum inimicis suis in porta.* Pf. 126. 4. 5.

Mes freres firent un partage de ses biens, tirerent les lots au sort] Voilà l'ancienne maniere de partager la succession des peres. On faisoit les lots avec le plus d'égalité qu'il estoit possible, & on les tiroit au sort. Et cela ne se pratiquoit pas seulement dans les maisons des particuliers, mais dans les maisons des Princes mesmes, puisque nous voyons dans le xv. Liv. de l'Iliade, que Neptune dit, *Que l'Empire du monde fut partagé entre Jupiter, Pluton & luy, qu'on en fit trois lots, qui ne furent point donnez par rapport à l'ordre de la naissance, que l'âge ne fut point respecté, qu'on tira au sort, & que la fortune décida de ce partage.* Cependant le droit d'ainesse estoit generalement reconnu dés ce temps-la, puisque nous voyons dans le mesme Livre qu'Homere dit que Dieu a donné aux aisnez les noires Furies pour gardes, afin qu'elles vengent les affronts que leur feront leurs cadets. En quoy consistoit donc ce droit? Il consistoit dans l'honneur & dans le respect que les cadets estoient obligez de rendre aux aisnez, & dans l'autorité que les aisnez avoient sur leurs cadets.

Et ne me laisserent que tres peu de chose avec une maison] Car les enfants des concubines n'heritoient point & ne partageoient point avec les enfants legitimes, ils n'avoient que ce que leurs freres vouloient bien leur donner.

Mais je me flatte qu'encore, comme dit le proverbe, le chaume vous fera juger de la moisson] J'aurois bien pû trouver en nostre langue des équivalents pour ce proverbe, mais il m'a paru si sensé & si naturel, que j'ay cru le pouvoir conserver dans la Traduction. Comme un beau chaume fait juger que la moisson a esté belle, de mesme une vieillesse forte & vigoureuse fait juger que les fruits de la jeunesse ont esté fort bons. Ce qu'il y a de remarquable dans le vers d'Homere, c'est que le proverbe n'est pas achevé, le Grec dit seulement, *mais je me flatte qu'en voyant le chaume, vous connoissez*, ce qui fait voir qu'en Grece on avoit des proverbes dont on ne rapportoit que les premiers mots, & qui ne laissoient pas d'estre entendus. Nous en avons de mesme en nostre langue.

Page 500. *Sur-tout lorsqu'avec des hommes choisis & déterminez je dressois à mes ennemis quelque embuscade*] Car c'estoit la maniere de faire la guerre qui leur paroissoit la plus perilleuse, & où les braves & les lasches estoient le mieux reconnus. C'est ce qu'Idomenée dit dans le XIII. Livre de l'Iliade: *C'est, comme vous sçavez, dans cette sorte de guerre que les hommes paroissent le plus ce qu'ils sont, car les lasches y changent à tout moment de couleur; ils n'ont ni vertu ni courage, leurs genoux tremblants ne peuvent les soutenir, ils tombent de foi-blesse, le cœur leur bat de la peur qu'ils ont de la mort, tout leur corps frissonne, au lieu que les braves ne changent point de visage, &c.* On peut voir-là les Remarques, tom. 2. pag. 555.

Je n'ay jamais aimé ni le travail, ni le labourage, ni l'œconomie domestique] J'ay suivi icy les anciens Critiques, qui ont dit qu'Homere a employé le mot ἔργον, *travail, labeur,* pour le travail des champs, le labourage, & οἰκωφελίη pour les occupations plus douces & plus lucratives, comme l'œconomie domestique, qui comprend le commerce, la marchandise. C'est pourquoy il adjoute, *qui donne le moyen de bien élever ses enfants.* Plutarque cite ce passage d'Homere dans la comparaison de Caton le Censeur avec Aristide, & il nous avertit *que ce Poete a voulu nous enseigner par-là que c'est une necessité que ceux qui negligent l'œconomie & le soin de leur maison, tirent leur entretien de la violence & de l'injustice.* C'est une maxime tres certaine. Mais je ne sçay si Homere y a pensé, car dans ces temps heroïques la piraterie ni les guerres ne passoient point pour injustice. Le précepte est toujours tres bon.

Qui paroissent si tristes & si affreuses à tant d'autres] Voilà un trait de satire contre une infinité de gens à qui les armes font peur.

Page 501. *Pour lesquels Dieu m'avoit donné de l'inclination*] Il y a dans le Grec, *que Dieu m'avoit mis dans l'esprit.* Homere reconnoist icy que le choix, que les hommes font des professions qu'ils embrassent, vient de Dieu, quand ils consultent & qu'ils suivent le penchant naturel qui les y porte. Car on ne voit que trop souvent des hommes qui choisissent des emplois & des professions auxquelles la providence ne les avoit pas destinez, & qu'ils n'embrassent que par leur folie.

Avant que les Grecs entreprissent la guerre contre Troye] Il y a dans le Grec: *Avant que les Grecs montassent à Troye.* Car les Grecs disoient monter de tous les voyages qu'on faisoit au Levant, comme cela a desja esté remarqué.

Comme General, j'avois choisi pour moy ce qu'il y avoit de plus précieux] C'estoit le droit du General, il choisissoit dans le butin ce qu'il y avoit de plus précieux qu'il prenoit par préference, & partageoit le reste avec ses troupes. Mais je croy qu'Ulysse parle icy plustost en capitaine de corsaires, qu'en General d'une veritable armée, car nous ne voyons point dans l'Iliade que les Generaux prissent rien pour eux avant le partage, ils portoient tout en commun, & s'ils avoient quelque chose en particulier, c'estoient les troupes qui le leur donnoient.

Page 503. *Portez par le Borée*] Ce n'est pourtant pas le Borée, le veritable vent de nord qui porte de Crete en Egypte, c'est le nord oüest. Mais Homere appelle Borée le vent qui vient de toute la plage septemtrionale.

Aussi doucement que si dans une riviere nous n'avions fait que suivre le courant de l'eau] Homere dit cela en trois mots, ὡσεί τε κατὰ ῥόον, *comme dans le courant*, & c'estoit une espece de proverbe, pour dire *heureusement, facilement, à souhait*. Il a fallu l'estendre pour l'expliquer.

Que le cinquiéme jour nous arrivasmes dans le fleuve] Homere est si instruit de la distance des lieux dont il parle, que quand il l'augmente on voit bien que c'est à dessein, pour rendre ses contes plus merveilleux & par-là plus agréables. Icy il n'adjoute rien à la verité, car de Crete on peut fort bien arriver le cinquiéme jour en Egypte. Strabon marque précisément que du promontoire Samonium qui est le promontoire oriental de l'isle, il y a jusqu'en Egypte quatre jours & quatre nuits de navigation: ἀπὸ δὲ τοῦ Σαμωνίου πρὸς Αἴγυπτον τετάρων ἡμερῶν καὶ νυκτῶν πλοῦς. Homere y adjoute une partie du cinquiéme jour, parce qu'il estoit parti apparemment d'un port un peu plus reculé.

Page 505. *Je demeuray dans son Palais*

sept années entieres] C'est ainsi qu'il déguise son sejour dans l'isle de Calypso.

Page 506. *Il se presenta à moy un Phenicien tres instruit dans toutes sortes de ruses*] Les Pheniciens ont esté fort descriez dans tous les temps pour leurs ruses & pour leurs friponneries. Grotius remarque que c'est eux que le Prophete Ozée a désignez sous le nom de *Chanaan*, quand il a dit chap. 12. 7. *Chanaan, in manu ejus statera dolosa, calumniam dilexit*. Et Philostrate dit à un Phenicien, *Vous estes fort descriez pour vostre commerce comme gens avares & grands trompeurs*.

Je demeuray chez luy un an entier] Il place chez ce fripon le sejour qu'il fit chez Circé, où il nous a dit qu'il fut un an.

Quoyque ces grandes promesses commençassent à m'estre suspectes, je le suivis par necessité] Homere marque bien icy ce qui n'arrive que trop ordinairement quand on est une fois engagé avec des fripons ; quoy qu'on s'en deffie on ne peut pas toujours rompre avec eux, & une fatale necessité oblige de les suivre.

Nostre vaisseau couroit par un vent de nord qui le porta à la hauteur de Crete] Il appelle encore icy Borée *nord*, le vent nord-est, car le Borée ne pouvoit pas porter de

Phenicie en Crete. C'eſtoit proprement le vent nord-eſt.

Page 507. *Enfin le dixiéme jour, pendant une nuit fort obſcure, le flot me pouſſa contre la terre des Theſprotiens*] Voilà comme il déguiſe ſon arrivée à l'iſle d'Ogygie chez Calypſo. Il met icy à la place la terre des Theſprotiens, qui habitoient la coſte de l'Epire, vis-à-vis de l'iſle des Pheaciens, de *Corfou*. Et il meſle icy l'hiſtoire de ſon arrivée dans cette iſle de Corfou, en changeant les noms. Il met un Prince nommé Phidon, au lieu du Roy Alcinoüs, & au lieu de Nauſicaa fille d'Alcinoüs, il met un jeune Prince fils de ce Phidon.

Page 509. *Pour aller à Dodone conſulter le cheſne miraculeux, & recevoir de luy la réponſe de Jupiter*] J'ay desja parlé de cet oracle de Dodone dans mes Remarques ſur le XVI. Liv. de l'Iliade. Et j'ay promis de traiter cette matiere plus à fond ſur cet endroit de l'Odyſſée. Dodone eſtoit anciennement une ville de la Theſprotie; les limites ayant changé dans la ſuite, elle fut du pays des Moloſſes, c'eſt à dire, qu'elle eſtoit entre l'Epire & la Theſſalie. Prés de cette ville il y avoit un mont appellé *Tomarus* & *Tmarus*; ſous ce mont il y avoit un Temple, & dans l'enceinte de ce Temple un bois de cheſnes qui rendoient eux-meſmes des oracles aux preſtres, & ces preſtres les rendoient à ceux qui les consultoient. Ce Temple estoit le plus ancien de la Grece, & il fut fondé par les Pelasges. D'abord il fut deservi par des prestres appellez *Selles*. Dans la suite des temps la Déesse Dioné ayant esté associée à Jupiter, & son culte ayant esté receu dans ce temple, au lieu de prestres il y eut trois prestresses fort âgées qui le desservoient. On prétend que les vieilles femmes estoient appellées πέλειαι dans la langue des Molosses, comme les vieillards estoient appellez πέλειοι; & comme πέλειαι signifie aussi des colombes, c'est, dit-on, ce qui donna lieu à la fable, que des colombes estoient les prophetesses de ce temple. Mais dans ma Remarque sur ce vers du XII. Liv. de l'Odyss. *Et les colombes mesmes qui portent l'ambrosie à Jupiter*, je croy avoir fait voir que cette fable avoit une autre origine. Quoyqu'il en soit, ce temple avoit une chose bien merveilleuse, c'est que Jupiter rendoit ses oracles par la bouche des chesnes mesmes, s'il est permis de parler ainsi. Aprés avoir cherché long-temps ce qui pouvoit avoir donné lieu à cette fable si estonnante, je croy en avoir trouvé enfin le veritable fondement, c'est que les prestres de ce temple se tenoient dans le creux de ces chesnes quand ils rendoient leurs oracles, c'estoit-là leur trepied, ainsi quand ils répondoient, on disoit que les chesnes avoient répondu. C'est pourquoy Hesiode a dit de cet oracle qu'*il habite dans le creux du chesne*, ναίον ἐν πυθμένι φηγοῦ, *& que de ce creux tous les hommes en rapportent les réponses dont ils ont besoin.*

Ἔνθεν ἐπιχθόνιοι μαντήια πάντα φέρονται.

Comme nous le voyons par le beau fragment rapporté par le Scholiaste de Sophocle sur le vers 1183. des Trachines.

Qui partoit pour Dulichium] Une des isles Echinades, entre Ithaque & la coste du Peloponese.

Page 511. *Et qu'ils m'ont conduit dans la maison d'un homme sage*] L'expression Grecque est remarquable, il y a à la lettre, *dans la maison d'un homme instruit*, ἀνδρὸς ἐπισταμένοιο, c'est à dire, *d'une homme sage, d'un homme vertueux.* Ce qui prouve, ce que j'ay desja dit plusieurs fois, qu'Homere a crû que les vertus s'aprenoient par l'éducation; que c'estoient des sciences, mais des sciences que Dieu seul enseigne; qu'il n'y a que les vertus qui soient la veritable science de l'homme, & que l'homme sage & vertueux est le seul que l'on doit appeller *sçavant & instruit.* Platon a enseigné cette verité & l'a démonstrée, & c'est une chose admirable, que ce qui fait encore aujourd'huy tant d'honneur à ce Philosophe, ait esté tiré d'Homere, & que ce soit dans ses Poëmes qu'il l'a puisé.

Page 512. *Mais ils ont permis qu'il ait esté sans honneur la proye des Harpyes*] C'est à dire, qu'il ait esté enlevé sans qu'on sçache ce qu'il est devenu. On peut voir ce qui a esté remarqué sur cette expression dans le 1. Liv. tom. 1. pag. 93.

Page 514. *Que deviendroit la réputation que j'ay acquise*] Eumée est estonné de la proposition que luy fait Ulysse, de le faire précipiter du haut d'un rocher, en cas qu'il se trouve menteur. Et il nous enseigne que toutes les conditions qu'on nous offre, & qui peuvent nous engager à violer la justice, ne doivent jamais estre escoutées par ceux qui ont soin de leur réputation.

Et pour le present & pour l'avenir] Ce maistre pasteur ne se met pas seulement en peine de la réputation qu'il aura pendant sa vie, mais encore de celle qu'il aura aprés sa mort; par-là Homere combat le sentiment insensé de ceux qui soutiennent que la réputation aprés la mort n'est qu'une chimere.

Page 515. *Et nos bergers seront bien-tost icy*] Le texte dit *mes compagnons*, quoy-que maistre de ces bergers, & fort superieur à eux par sa naissance, il ne laisse pas de les appeller *ses compagnons*, mais en nostre lanque je doute que *compagnons* & *camarades* puisse se dire de bergers.

Page 516. *Car il estoit plein de pieté*] Le Grec dit : *Car il avoit bon sens, bon esprit*. J'ay desja fait remarquer ailleurs qu'Homere dit ordinairement qu'*un homme a bon esprit*, pour dire qu'il a de la pieté, *& qu'il n'a pas bon esprit*, pour dire qu'il est impie. Car la pieté est la marque la plus seure & la plus infaillible du bon esprit.

Page 517. *Eumée prend de petits morceaux de tous les membres*] Toutes les ceremonies de sacrifices ont esté assez expliquées dans les Remarques sur le 1. Liv. de l'Iliade, tom. 1. pag. 315.

Et aprés avoir répandu dessus de la fleur de farine] Cette fleur de farine tenoit lieu de l'orge sacré meslé avec du sel que l'on répandoit sur la teste de la victime pour la consacrer, & c'est ce que l'on appelloit *immoler*.

Car il estoit plein d'équité] Ainsi il faisoit les parts avec égalité, sans favoriser l'un plus que l'autre.

Il en fit sept parts, il en offrit une aux Nymphes, une autre à Mercure fils de Maïa] Voicy une coutume dont nous n'avons point encore vû d'exemple dans les sacrifices dont Homere nous a parlé jusques icy, mais c'est icy un sacrifice rustique, & à la campagne on suit des coutumes anciennes qu'on ne pratique ni à la ville ni à l'armée. Eumée offre une part aux Nymphes, parce que ce font les Nymphes qui présidant aux bois, aux fontaines & aux rivieres, rendent les campagnes fecondes & nourrissent les troupeaux. Et il en offre une autre à Mercure, parce que c'est un des Dieux des bergers, qu'il préside aux troupeaux & qu'il les fait profperer & croistre. C'est pourquoy on mettoit ordinairement un bellier au pied de ses statuës, quelquefois mesme on le representoit portant un bellier sur ses espaules ou fous son bras. On peut voir ma Remarque sur la fin du XIV. Liv. de l'Iliade, tom. 2. pag. 592. Au reste cette coutume de donner une part aux Nymphes me rappelle celle qu'on pratique aujourd'huy dans le partage qu'on fait du gasteau des Roys. C'est ainsi que des ceremonies Religieuses ont souvent succedé à des ceremonies profanes, & que l'esprit de verité a purifié & fanctifié ce que l'esprit de mensonge avoit introduit sous un faux prétexte de Religion.

Et Ulysse fut régalé de la partie la plus honorable, qui estoit le dos de la victime] C'est ainsi que dans le VII. Liv. de l'Iliade Agamemnon sert à Ajax le dos de la victime. On peut voir-là les Remarques, tom. 2, pag. 404. J'adjouteray seulement que cette coutume de donner la portion la plus honorable à ceux qu'on vouloit distinguer estoit de mesme parmi les Hebreux. Samüel voulant faire honneur à Saül, qu'il alloit sacrer pour Roy, luy fit servir l'espaule entiere de la victime, qui estoit regardée comme la plus honorable, parce que Dieu l'avoit donnée à Aaron. *Levavit autem cocus armum & posuit ante Saül. Le cuisinier leva l'espaule entiere de la victime & la servit devant Saül.* 1. Roys 9.

Page 518. *Estranger, que j'honore comme je dois, faites bonne chere des mets que je puis vous offrir*] Eumée s'excuse d'abord de la petite chere qu'il fait à son hoste, & en mesme temps il le console sur son infortune, en le faisant souvenir que Dieu mesle nostre vie de biens & de maux, & qu'il faut recevoir tout ce qui nous vient de sa main.

Un esclave, qu'Eumée avoit achetté de quelques marchands Taphiens] L'isle de Taphos au dessus d'Ithaque vis-à-vis de l'Acarnanie. Homere nous a dit dans le 1. Livre qu'elle obéïssoit à un Roy nommé Mentes, & que ses habitants ne s'appliquoient qu'à la marine, & dans le Livre suivant il les appelle ληϊστῆρες, *des corsaires*. Car en ce temps-là le mestier de pirate n'estoit pas infame, comme il l'est aujourd'huy. C'est mesme ce mestier-là qui leur avoit donné ce nom, car, comme Bochart nous l'apprend, du mot *taph*, que les Pheniciens disoient pour *hataph*, & qui signifie *enlever, ravir*, cette isle avoit esté appellée *Taphos*, c'est à dire, *l'isle des voleurs*, & ses peuples *Taphiens*, c'est à dire, *voleurs, ravisseurs*.

Page 519. *La nuit fut tres froide & tres obscure, car la lune approchoit du temps de la conjonction*] C'est ainsi que selon les anciens Critiques il faut expliquer ce vers,

Νύξ δ' ἄρ ἐπῆλθε κακὴ σκοτομήνιος.

σκοτομήνιος signifie *une nuit obscure*, parce que la lune est prés de la conjonction, car elle s'obscurcit à mesure qu'elle s'en approche, jusqu'à ce qu'estant conjointe, elle soit entierement & totalement obscurcie. Homere nous a desja avertis qu'Ulysse devoit arriver à Ithaque à la fin du mois, le dernier jour du mois, lorsque la lune a entierement perdu sa lumiere. Icy il nous fait souvenir que nous voilà prés de ce jour-là; que la lune est sur la fin de son dernier quartier, & qu'elle va estre bien-tost en conjonction. Nous allons voir l'usage qu'Ulysse va faire de cette nuit obscure & froide. Il n'y a rien de mieux imaginé que l'histoire qu'il va faire & qu'il tourne en apologue.

Pour piquer Eumée] C'est ce que signifie

icy ce mot περπιζων, *pour piquer*, & comme nous dirions *pour agacer Eumée.*

Page 521. *Ne penſant point que la nuit duſt eſtre ſi froide*] Il faut ſe ſouvenir que dans ces pays-là, aprés des journées fort chaudes, il ſurvient tout à coup des nuits tres froides & des neiges meſme contre l'ordre des ſaiſons; c'eſt ce qui juſtifie Ulyſſe d'avoir laiſſé ſon manteau dans ſa tente. Il n'auroit pas eſté ſi imprudent ſi on euſt eſté en hiver, ou que la ſaiſon euſt eſté avancée.

Page 522. *Nous voilà fort éloignez de nos vaiſſeaux, & nous ſommes en petit nombre*] Il rapporte à ſes compagnons le ſens de ce que le ſonge luy avoit dit, ſans s'amuſer à faire parler le ſonge.

Page 523. *Et par amitié & par reſpect pour un homme de bien, mais ils me mépriſent à cauſe de ces vieux haillons*] Homere renferme beaucoup de ſens en peu de paroles. Deux choſes doivent porter à ſecourir les gens de bien, l'amitié, car on doit aimer les vertueux; & le reſpect deu à la vertu, car la vertu eſt reſpectable. Mais les hommes ſont faits de maniere, que la vertu eſt preſque toujours mépriſée quand elle n'eſt affublée que de haillons.

Vous nous faites-là ſur un ſujet veritable un apologue tres ingenieux] La plaiſante bevûë d'un interprete qui a pris icy αἶνος pour *loüanges*. αἶνος est une fable, un apologue, lorsqu'on applique à un fait present un sujet feint, ou une histoire veritable. Et cette sorte d'apologue differe des fables & des apologues ordinaires, en ce qu'aprés le recit on n'adjoute pas d'ordinaire l'application, parce qu'on veut que celuy qui l'entend la fasse luy-mesme. Ainsi c'est contre les regles de cette sorte d'apologue qu'Ulysse à la fin de son recit a adjouté l'application, en disant, *Plust aux Dieux donc qu'aujourd'huy quelqu'un des bergers qui sont icy me donnast un bon manteau, &c*. Il devoit laisser faire cette application aux bergers. Mais comme il se deffioit de leur penetration, il a mieux aimé aller au plus seur & leur expliquer ce qu'ils n'auroient peut-estre pas entendu.

Mais demain dés le matin vous reprendrez vos vieux haillons, car nous n'avons pas icy plusieurs manteaux ni plusieurs tuniques de rechange] Si les bergers n'avoient eu que l'habit qu'ils portoient, cela n'auroit pas esté digne de la prudence d'Eumée, & s'ils en avoient eu plusieurs, cela auroit esté contraire à la sage œconomie de ce fidelle serviteur. Il falloit donc qu'ils eussent quelque habit de rechange & qu'ils n'en eussent qu'un, & c'est ce qu'Homere fait icy. Eumée luy-mesme n'a que deux manteaux, dont il preste l'un à Ulysse pour cette nuit-là, & il prend l'autre pour sortir. Et Eumée se sert de cette raison pour dire à Ulysse que le lendemain dés le matin il faudroit qu'il reprist ses haillons, car il ne peut pas luy donner ni luy prester pour long-temps un habit dont ses bergers ou luy peuvent avoir affaire à toute heure, & en mesme temps il luy fait entendre par-là que son apologue sera accompli de point en point & deviendra une histoire veritable. Car comme sous les remparts de Troye il n'eut le manteau de Thoas que pour cette nuit-là seulement, & que le matin au retour de cet officier il fut obligé de le rendre; de mesme icy il n'aura ce manteau que pour cet nuit, & il reprendra ses haillons dés le matin, ainsi l'évenement rendra son apologue entierement juste. Cela est bien imaginé, pour faire qu'Ulysse paroisse avec son équipage de gueux, car il faut necessairement qu'il soit vû en cet estat à Ithaque.

Vous reprendrez vos vieux haillons] Rien n'approche de la beauté & de la richesse de la langue Greque, en un seul mot elle exprime des choses qu'on ne sçauroit faire entendre que par de longs discours. Le mot δυσπαλίξεις, dont Homere se sert icy, exprime en mesme temps & la nature des haillons & l'embarras de celuy qui les porte, & qui est obligé de les changer & de les remier pour couvrir une partie qui se découvre à mesure qu'il en couvre une autre, ou mesme pour les cacher, pour ne faire paroistre que ce qu'ils ont de moins affreux, & ne les montrer que du meilleur costé, & c'est ainsi que l'a expliqué Hesychius. δνοπαλίξεις ὅιον δονήσεις ταῖς χερσὶ, καὶ ἐκτινάξεις, οἱ γὰρ πτωχοὶ ἐπικρύπτουσι τὰ ῥάκη. Le mot δνοπαλίξεις, dit-il, *signifie vous remüerez, vous agiterez avec les mains, car les gueux taschent de cacher leurs haillons.* Le mesme Hesychius dit qu'Homere s'est servi deux fois de ce mot, & il a raison. Ce Poëte l'a employé dans le IV. Liv. de l'Iliade vers 472.

..... ἀνὴρ δ' ἄνδρ' ἐδνοπάλιξεν.

Mais il est icy dans un sens figuré pour dire *terrasser, tuer.*

Plusieurs manteaux ni plusieurs tuniques de rechange] Ἐπημοιβοὶ χιτῶνες est icy la mesme chose que ce que l'Escriture sainte appelle ἀλλασσομένας στολὰς, des manteaux, des robes de rechange, doubles, dont on peut changer, & dont on prend l'une en quittant l'autre, *mutatoria vestimenta, vestes mutatorias.* 4. Roys 5. 22.

Quand nostre jeune Prince, le fils d'Ulysse, sera de retour, il vous donnera des tuniques, des manteaux] Le Lecteur instruit prend grand plaisir à ces sortes de promesses, qui sont autant d'oracles que celuy qui les prononce n'entend point.

Page 524. *Mais Eumée ne jugea pas à propos de s'arrester à dormir loin de ses troupeaux*] Homere enseigne fort bien icy que ceux qui sont au dessus des autres, doivent avoir plus de soin que les autres. Eumée, qui est intendant sort à la campagne pendant que les pasteurs, qui sont sous luy, dorment à couvert à la maison. Plus la nuit est obscure, plus il se croit obligé de sortir pour veiller à la garde de ses troupeaux.

Il prit aussi une grande peau de chevre] Cette peau estoit à deux fins ; en marchant elle servoit à le couvrir & à le deffendre de la pluye & de la neige, & quand il estoit arresté, elle luy servoit de lit & l'empeschoit d'estre incommodé de l'humidité de la terre.

Et contre les voleurs] Car les voleurs sont plus à craindre pendant les nuits obscures, parce qu'elles leur sont tres favorables, & qu'ils veulent en profiter.

Page 525. *En cet équipage il sortit pour aller dormir sous quelque roche à l'abry des souffles du Borée prés de ses troupeaux*] Car Homere nous a fait entendre qu'Eumée laissoit la nuit en pleine campagne les masles de ses troupeaux. Au reste, voicy une nouvelle bevuë tres ridicule, où l'envie de critiquer a précipité l'Auteur du Parallelc. *Le divin porcher*, dit-il, *fit souper le divin Ulysse, & le mit coucher avec les pourceaux aux dents blanches.* Homere n'a jamais dit cela. C'est le bon Eumée qui va coucher prés de ses cochons qui estoient dehors, mais il fait coucher Ulysse dans sa maison, puisqu'Homere dit qu'*il approcha son lit du feu*. Quelle pitié de n'avoir pas mesme sçû bien lire les endroits qu'il vouloit tourner en ridicule! Mais, dira-t-on, comment cela se peut-il faire qu'on attribuë à un Poëte ce qu'il n'a pas dit? Je ne suis pas obligée de découvrir comment cela se fait, il suffit que cela s'est fait. Voicy pourtant la methode de ces grands Critiques. Comme ils ne lisent point l'original, qu'ils n'entendent point, ils parcourent la Traduction Latine, qu'ils ne lisent pas mesme entiere. Celuy cy ayant trouvé à la fin de ce XIV. Liv.

Perrexit autem ire dormiturus ubi sues.

sans autre examen il a attribué à Ulysse ce que le Poëte dit d'Eumée.

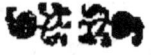

Argument du Livre XV.

Minerve apparoist à Telemaque pendant la nuit, pour l'exhorter à s'en retourner à Ithaque. Ce jeune Prince, aprés avoir pris congé de Menelas & en avoir receu de grands presents, part de Lacedemone sur un char avec le fils de Nestor & va coucher à Pheres. Le lendemain il arrive à Pylos, mais il n'entre point dans la ville, de peur d'estre retenu par Nestor, & il s'embarque. Il reçoit dans son vaisseau un devin d'Argos appellé Theoclymene, obligé de quitter son pays pour un meurtre. Cependant Ulysse & Eumée s'entretiennent, & Eumée raconte comment des corsaires Pheniciens l'ayant enlevé de l'isle de Syrie, le vendirent à Laerte. Le vaisseau de Telemaque arrive pendant ce temps là aux costes d'Ithaque. Le Prince renvoye à la ville le vaisseau qui l'avoit porté, & il va à pied à la maison d'Eumée dont il connoit la fidelité.

L'ODYSSE'E
D'HOMERE.

LIVRE XV.

MINERVE, qui venoit de quitter Ulysse sur le rivage d'Ithaque, se rend à Lacedemone pour faire souvenir Telemaque de s'en retourner, & pour le presser de partir. Elle trouva ce jeune Prince & le fils de Nestor couchez sous un portique dans le Palais de Menelas. Le fils de Nestor estoit plongé dans un doux sommeil, mais Telemaque n'avoit pas fermé les paupieres, car les inquietudes & les chagrins que luy causoient les nouvelles incertaines qu'il avoit de son pere le tenoient souvent éveillé. La Déesse s'approchant de son lit, luy parla en ces termes :

» Telemaque, il n'est pas honneste
» que vous demeuriez plus long-
» temps éloigné de vos Estats, &
» que vous laissiez ainsi tout vostre
» bien en proye à des gens pleins
» d'insolence & qui acheveront de le
» consumer, ou qui le partageront
» entre eux pendant que vous faites
» un voyage fort inutile. Levez-
» vous, & sans perdre un moment,
» pressez le vaillant Menelas de vous
» renvoyer, si vous voulez trouver
» encore vostre mere dans les mesmes
» sentiments où vous l'avez laissée.
» Desja son pere mesme & ses freres
» font tout ce qu'ils peuvent pour
» l'obliger d'espouser Eurymaque,
» qui, comme le plus riche des Pour-
» suivants, fait les presents les plus
» magnifiques & offre une plus gros-
» se dot. Prenez donc bien garde
» qu'elle ne fasse sortir de vostre mai-

« son la plus grande partie de voſtre
« bien. Vous connoiſſez l'humeur
« des femmes ; elles font tout pour
« l'avantage d'un ſecond mary, &
« oublient tres promptement le pre-
« mier, & ruinent les enfants qu'elles
« en ont eus. Quand vous ſerez de
« retour chez vous, vous confierez
« toutes choſes aux ſoins de la plus
« fidelle domeſtique que vous ayez,
« juſqu'à ce que les Dieux vous
« ayent donné une femme prudente
« & habile qui puiſſe gouverner voſ-
« tre maiſon. J'ay encore un avis à
« vous donner, gravez-le bien dans
« voſtre eſprit : les plus déterminez
« des Pourſuivants vous ont dreſſé
« une embuſcade ſur voſtre chemin
« entre l'iſle d'Ithaque & l'iſle de
« Samos, reſolus de vous tuer à voſ-
« tre paſſage ; mais j'eſpere qu'avant
« qu'ils ayent executé leur perni-
« cieux deſſein, quelqu'un de ces per-
« fides deſcendra dans la ſombre de-
« meure de Pluton. Eloignez voſtre

» vaiſſeau de ces endroits qui vous
» ſeroient funeſtes, ne voguez que la
» nuit. Celuy des Dieux qui vous
» garde & qui veille à voſtre ſeureté,
» vous envoyera un vent favorable.
» Dés que vous ſerez arrivé à la pre-
» miere pointe d'Ithaque, ne man-
» quez pas de renvoyer ſur l'heure à
» la ville voſtre vaiſſeau avec tout
» l'équipage, & ſans vous arreſter à
» qui que ce ſoit, allez trouver l'in-
» tendant de vos troupeaux, voſtre
» cher Eumée, qui eſt toujours le
» plus fidelle & le plus affectionné
» de tous vos ſerviteurs. Aprés avoir
» paſſé la nuit chez luy, vous l'en-
» voyerez au Palais porter en dili-
» gence à la ſage Penelope la bonne
» nouvelle que vous eſtes de retour
» de Pylos & en parfaite ſanté.

En finiſſant ces mots la Déeſſe s'éleva dans les airs & s'en retourna dans l'Olympe. Elle n'eut pas pluſtoſt diſparu, que Telemaque pouſſant le fils de Neſtor, l'éveille

& luy dit : Pififtrate, levez-vous, « je vous prie, & allez promptement « atteler voftre char, afin que nous « nous mettions en chemin. «

Pififtrate luy répondit, Mon « cher Telemaque, quelque impa- « tience que nous ayons de partir, « nous ne fçaurions nous mettre en « chemin pendant une nuit fi obfcu- « re ; l'aurore va bien-toft fe monf- « trer. Attendez-donc, & donnez le « temps au genereux Menelas de fai- « re porter dans voftre char les pre- « fents qu'il vous deftine, & de vous « faire toutes fortes d'honneftetez & « de careffes en vous difant adieu. « Les eftrangers confervent toujours « un agréable fouvenir des hoftes qui « les ont receus chez eux, quand ils « leur ont donné toutes les marques « d'amitié que l'hofpitalité demande. «

Il parla ainfi, & peu de temps aprés l'aurore fur un char tout éclatant d'or vint annoncer le jour. Menelas, quittant la couche de la

belle Helene arrive prés de ces Princes. Dés que le fils d'Ulysse l'apperceut, il met promptement une tunique d'une grande beauté, jette sur ses espaules un grand manteau tres magnifique & va au devant de Menelas; il le reçoit à la porte, & aprés les premieres civi-
» litez, il luy dit : Fils d'Atrée, que
» Jupiter fait regner avec tant de
» gloire sur ses peuples, permettez
» que je parte pour m'en retourner
» chez moy ; des affaires pressantes
» demandent ma presence.
» Telemaque, répondit Menelas,
» je ne vous retiendray pas plus long-
» temps chez moy malgré vous dans
» l'impatience que vous avez de vous
» en retourner. Et je ne sçaurois ap-
» prouver ces hostes excessifs & dans
» l'empressement & dans l'indiffe-
» rence qu'ils temoignent à ceux
» qu'ils ont receus chez eux. Il est
» mieux de garder en tout de justes
» bornes, & je trouve qu'il y a la

mesme impolitesse à congedier «
ceux qui desirent de rester, qu'à «
faire des violences pour retenir «
ceux qui veulent partir. Il faut ai- «
mer & bien traiter ceux qui veu- «
lent demeurer avec nous, & laisser «
la liberté à ceux qui veulent nous «
quitter. Mais attendez au moins «
que j'aye fait porter dans vostre «
char les presents qu'on doit faire à «
ses hostes, & que j'aye le plaisir «
que vous les voyiez de vos yeux. «
Cependant je vais ordonner aux «
femmes de mon palais de vous pré- «
parer à disner de ce qui se trouvera «
dans la maison. On ne doit pas se «
mettre en chemin sans avoir man- «
gé ; la politesse & l'honnesteté de «
l'hoste ne le peuvent souffrir & le «
besoin des voyageurs s'y oppose. «
Si vous vouliez, pour vous diver- «
tir, vous détourner & traverser la «
Grece & le pays d'Argos, je ferois «
atteler mon char pour vous ac- «
compagner & pour vous conduire «

» moy-mesme dans toutes nos belles
» villes ; il n'y en a pas une seule où
» nous ne fussions tres bien receus,
» & qui ne vous fist present de quel-
» que trepied, de quelque cuvete,
» de quelque couple de mulets, ou
» de quelque coupe d'or.

Le sage Telemaque répondit :
» Grand Roy, je suis obligé de m'en
» retourner promptement ; je n'ay
» laissé personne chez moy pour
» prendre soin de mes affaires, & j'ay
» tout sujet de craindre que pendant
» que je cours inutilement pour ap-
» prendre des nouvelles de mon pe-
» re, je ne me sois perdu moy-mes-
» me & que je ne me trouve ruiné.

Menelas ayant entendu ses raisons, donne ordre à Helene & à
ses femmes de préparer le disner.
En mesme temps arrive le fidelle
Eteonée fils de Boëthus, qui ne
quittoit jamais Menelas. Le Roy
luy ordonne d'allumer du feu &
de faire promptement rostir les

viandes. Et luy cependant descend avec Helene & son fils Megapenthes dans un cabinet magnifique d'où s'exhaloit un parfum délicieux ; dans ce cabinet estoit tout ce qu'il avoit de plus précieux & de plus rare en meubles & en toutes sortes de vases les mieux travaillez. Il prend une belle coupe à deux fonds & fait prendre à son fils une urne d'argent, & Helene ayant ouvert un de ses coffres où estoient les voiles en broderie qu'elle avoit travaillez de ses belles mains, elle choisit le plus grand, le plus magnifique & celuy qui estoit d'un dessein le plus beau & le plus varié; il estoit brillant comme l'astre du jour, & il se trouva au dessous de tous les autres. Chargez tous trois de ces presents, ils retournent trouver Telemaque, & Menelas luy dit, en l'abordant, Prince, que Jupiter, mary de la respectable Junon, vous ramene dans vostre pa- «

» trie aussi heureusement que vous
» le pouvez desirer. Mais recevez, je
» vous prie, ces presents, qui sont ce
» que j'ay de plus beau & de plus
» précieux dans tous mes meubles,
» c'est une double coupe d'argent,
» mais dont les bords sont de l'or le
» plus fin. Elle est d'un tres beau tra-
» vail, c'est un ouvrage de Vulcain
» mesme. Le Roy des Sidoniens m'en
» fit present quand il me receut chez
» luy à mon retour de Troye, & je
» ne sçaurois en faire un meilleur
» usage que de vous le donner.

En finissant ces mots il luy remet la coupe entre les mains. Megapenthes s'avance, & met aux pieds du Prince l'urne d'argent. La belle Helene se presente ensuite, tenant entre ses mains le voile merveilleux qu'elle avoit fait elle-mesme, elle le presente à Telemaque,
» & luy dit : Mon cher fils, je vous
» fais aussi ce present, qui vous fera
» toujours souvenir du travail d'He-

lene ; il vous servira le jour de vos «
nopces à orner la Princesse que «
vous espouserez ; jusqu'à ce jour «
si desirable vous le donnerez à gar- «
der à la Reyne vostre mere. Je «
vous souhaite un heureux voyage. «
Daignent les Dieux vous conduire «
eux-mesmes dans vos Estats. «

Elle luy remet en mesme temps
ce voile entre les mains. Telemaque le reçoit avec toutes les marques de joye & de reconnoissance, & le Prince Pisistrate le prenant des mains de Telemaque, le serre dans une cassette, & ne peut se lasser d'admirer la beauté de ces presents. Menelas mene ensuite les Princes dans la salle, où ils s'asseyent sur de beaux sieges ; une belle esclave porte sur un bassin d'argent une aiguiere d'or pour donner à laver, & dresse une table tres propre & tres polie ; la maistresse de l'office la couvre de ce qu'elle a de plus exquis. Eteonée

coupe les viandes & sert les portions, & le fils de Menelas fait l'office d'eschanson & presente le vin dans des coupes.

Aprés que la bonne chere & la diversité des mets eurent chassé la faim, Telemaque & le fils de Nestor monterent dans leur char, & poussant leurs chevaux, ils traverserent la cour & sortirent des portiques. Menelas les suivit jusqu'à la porte, tenant à la main une coupe d'or pleine de vin, afin qu'ils ne partissent qu'aprés avoir fait des libations. Il se mit au devant de leur char, & leur presentant la coupe, il leur dit : Jeunes Princes, rendez-vous toujours Jupiter favorable. Dites à Nestor, qui gouverne si justement ses peuples, que je prie les Dieux de luy envoyer toutes sortes de prosperitez ; il a toujours eû pour moy une bonté de pere pendant que nous avons combattu sous les remparts d'Ilion.

Le prudent Telemaque luy répondit : Grand Roy, quand nous « ferons arrivez à Pylos nous ne « manquerons pas de dire à Nestor « toutes les amitiez que vous nous « faites pour luy. Pluſt aux Dieux « qu'eſtant de retour à Ithaque, je « puſſe auſſi conter à Ulyſſe toutes « les marques de bonté & de gene- « roſité que j'ay receües de vous, & « luy monſtrer les beaux preſents « dont vous m'avez honnoré. «

Comme il diſoit ces mots un aigle vola à ſa droite, tenant dans ſes ſerres une oye domeſtique d'une groſſeur prodigieuſe, qu'il avoit enlevée du milieu d'une baſſe cour. Un nombre infini d'hommes & de femmes le ſuivoient avec de grands cris. Cet aigle volant du coſté des Princes, & toujours à leur droite, vint fondre au devant des chevaux. Ce ſigne leur parut favorable & la joye s'empara de leur cœur.

» Le fils de Nestor, le sage Pisi-
» strate, prenant alors la parole, dit
» à Menelas, Grand Prince, je vous
» prie d'examiner ce prodige, & de
» declarer si Dieu l'a envoyé pour
» vous ou pour nous, car il nous
» regarde asseurement les uns ou les
» autres.

Menelas se met en mesme temps à penser profondément en luy-mesme comment il expliqueroit ce signe. Mais la belle Helene ne luy en donna pas le temps, car le prévenant, elle dit par une subite
» inspiration : Princes, escoutez-
» moy, je vais vous déclarer l'expli-
» cation de ce signe, telle que les
» Dieux me l'inspirent, & l'évene-
» ment la justifiera. Comme cet ai-
» gle parti d'une montagne où il
» est né & où il a laissé ses aiglons,
» a enlevé d'une basse-cour cette
» oye domestique ; de mesme Ulysse,
» après avoir souffert beaucoup de
» maux & erré dans plusieurs contrées,

trées, retournera dans sa maison, «
& punira les Poursuivants aussi fa- «
cilement que cet aigle a déchiré «
l'oye qu'il a enlevée. Peût-estre «
mesme qu'à l'heure que je parle, «
Ulysse est desja chez luy, & qu'il «
prend les mesures pour se venger «
de ces insolents. «

Telemaque, ravi d'entendre cette prophetie, s'escria en s'adressant à Helene, Ah, que le maistre du «
tonnerre accomplisse ainsi vostre «
prédiction, & je vous promets que «
dans Ithaque je vous adresseray «
mes vœux comme à une Déesse. «

En finissant ces mots il poussa ses vigoureux coursiers, qui ayant bien-tost traversé la ville, prirent le chemin de Pylos. Ils marcherent le reste du jour avec beaucoup de diligence, & aprés le coucher du soleil, lorsque les chemins estoient desja couverts de tenebres, ils arriverent à Pheres dans le Palais de Diocles fils d'Orsiloque né sur les

Tome II.   B b

bords de l'Alphée, ils passerent la nuit chez luy, & en receurent tous les bons traitements qu'exige l'hospitalité.

Le lendemain dés que l'aurore eut fait voir ses premiers rayons, ils prirent congé de Dioclés, & estant montez sur leur char, ils traverserent la cour & continüerent leur voyage. Ils arriverent bientost aux portes de Pylos ; alors Telemaque dit au fils de Nestor, » Mon cher Pisistrate, voulez-vous » m'obliger ? promettez-moy que » vous m'accorderez la priere que je » vais vous faire. Nous sommes de- » puis long-temps unis de pere en fils » par les sacrez liens de l'hospitalité; » nous sommes de mesme âge, & le » voyage, que nous venons de faire » ensemble, va encore serrer davan- » tage les nœuds de nostre amitié ; je » vous conjure donc de ne pas m'o- » bliger à m'éloigner de mon vais- » seau, laissez-moy icy, & souffrez

que je m'embarque & que je n'en- «
tre point dans la ville, de peur que «
voſtre pere ne veüille me retenir «
pour me donner de nouvelles mar- «
ques de ſon affection, quelque «
preſſé que je ſois de m'en retour- «
ner ; vous ſçavez que mes affaires «
demandent que j'arrive prompte- «
ment à Ithaque. «

Piſiſtrate, ne pouvant le refuſer, penſa en luy-meſme comment il devoit faire pour luy accorder ce qu'il demandoit. Enfin il trouva que le plus ſeur eſtoit de le conduire luy-meſme ſur le rivage ; il détourne ſes chevaux & prend le chemin de la mer. Dans le moment il fait embarquer les preſens que Menelas luy avoit faits, l'or, l'argent & le voile précieux que la belle Helene luy avoit donné ; alors le preſſant de partir, il luy dit : Mon cher Telemaque, montez «
ſans differer ſur ce vaiſſeau, & or- «
donnez à vos rameurs de s'éloigner «

Bb ij

» promptement de la coste avant que
» je sois de retour chez mon pere, &
» que je luy aye appris vostre départ,
» car connoissant son humeur com-
» me je la connois, je suis seur qu'il
» ne vous laisseroit point embar-
» quer; il viendroit luy-mesme pour
» vous retenir, & je ne pense pas que
» toute vostre resistance pust rendre
» son voyage vain, car si vous le re-
» fusiez, il se mettroit veritablement
» en colere.

En finissant ces mots il le quitte, prend le chemin de la ville, & bien-tost il arrive dans le Palais de Nestor.

Cependant Telemaque s'adresse à ses compagnons, & leur dit:
» Mes amis, preparez vos rames, dé-
» ployez les voiles, & fendons prom-
» ptement le sein de la vaste mer. Ils obéïssent, on prépare tout pour le départ, & Telemaque de son costé offre sur la poupe un sacrifice à Minerve pour implorer son secours.

Dans ce moment il se presente à luy un estranger, obligé de quitter Argos pour un meurtre qu'il avoit commis. C'estoit un devin, descendu en droite ligne du celebre Melampus qui demeuroit anciennement dans la ville de Pylos, qui nourrit de si beaux troupeaux, où il possedoit de grandes richesses & habitoit un superbe Palais ; mais ensuite il avoit esté forcé de quitter sa patrie & de se retirer dans un autre pays, pour s'éloigner de Nelée son oncle, qui estoit le plus fier & le plus glorieux des mortels, & qui luy ayant enlevé des biens infinis, les retint un an entier. Ce pauvre malheureux alla à la ville de Phylacus pour executer une entreprise tres difficile à laquelle il s'estoit engagé; mais il fut retenu prisonnier dans le Palais de Phylacus, où il souffrit beaucoup de maux à cause de la fille de Nelée, & de la violente impression que les terribles Furies avoient faite sur son esprit. Mais enfin il évita la mort, & il fit par son habileté ce qu'il n'avoit pû faire par la force ; il emmena les bœufs de Phylacus à Pylos, & voyant que Nelée ne vouloit pas luy tenir la parole qu'il luy avoit donnée, il le vainquit dans un combat singulier, & le força de luy donner sa fille pour son frere Bias, aprés quoy il se retira à Argos, où le Destin vouloit qu'il regnast sur les peuples nombreux des Argiens. Il s'y maria, & y bastit un magnifique Palais. Il eut deux fils, Antiphate & Mantius, tous deux pleins de valeur ; d'Antiphate sortit le magnanime Oïclée, & d'Oïclée vint le brave Amphiaraüs, à qui Jupiter & Apollon donnerent à l'envi des marques de l'affection la plus singuliere. Il ne parvint pas jusqu'à la vieillesse, car encore jeune il perit à Thebes ; le present qu'on fit à sa femme Eriphyle avança sa mort. Cet Amphiaraüs eut deux fils, Alcmeon & Amphiloque; Mantius en eut aussi deux, Polyphide & Clitus. Ce dernier fut enlevé par la belle Aurore pour sa grande beauté, dont la terre n'estoit pas digne; elle voulut le faire asseoir avec les Immortels, & le magnanime Polyphide, Apollon le rendit le plus esclairé de tous les devins aprés la mort d'Amphiaraüs. Ce Polyphide irrité contre Mantius son pere, se retira à Hyperesie, ville du pays d'Argos, où il faisoit ses prédictions à tous ceux qui alloient le consulter.

L'estranger, qui se presenta à Telemaque pendant qu'il faisoit ses libations à Minerve, estoit fils de ce dernier, & il s'appelloit Theoclymene. Il s'approcha du fils d'Ulysse, & luy dit : Puisque je «
suis assez heureux pour vous trou- «
ver au milieu de vos prieres & de «

» voſtre ſacrifice, je vous conjure par
» ce meſme ſacrifice, au nom de la
» Divinité à laquelle vous l'offrez,
» par voſtre teſte qui doit eſtre ſi
» chere à vos peuples, & par le ſalut
» de tous vos compagnons, répon-
» dez-moy ſans aucun déguiſement à
» une choſe que j'ay à vous deman-
» der : dites-moy qui vous eſtes, de
» quel pays vous eſtes, & quels ſont
» vos parents.

Le ſage Telemaque luy répond,
» Eſtranger, je vous diray la verité
» toute pure ſans aucun déguiſe-
» ment : Je ſuis d'Ithaque ; mon pe-
» re ſe nomme Ulyſſe, s'il eſt vray
» qu'il ſoit encore en vie, car je crains
» bien qu'il ne ſoit mort depuis long-
» temps ; c'eſtoit pour en apprendre
» des nouvelles que j'avois quitté
» mes Eſtats, & que je m'eſtois em-
» barqué avec mes compagnons,
» mais j'ay fait un voyage inutile.

» J'ay auſſi eſté obligé de quitter
» ma patrie, répondit Theoclymene,

pour avoir tué un de mes compa- «
triotes, qui a dans Argos beaucoup «
de freres & de parents, tous les plus «
puissants de la Grece. Je cherche «
à me mettre à couvert de leur res- «
sentiment, & à fuir la mort dont «
ils me menacent, car c'est ma «
destinée d'errer dans tous les cli- «
mats. Ayez donc la bonté de me «
recevoir dans vostre vaisseau, puis- «
que dans ma fuite je suis devenu «
vostre suppliant. Vous auriez à «
vous reprocher ma mort si je tom- «
bois entre leurs mains, car ils ne «
manqueront pas de me poursuivre. «

Je n'ay garde de vous refuser «
une chose si juste, répondit le sa- «
ge Telemaque, montez dans mon «
vaisseau, nous vous y recevrons le «
mieux qu'il nous sera possible. «

En finissant ces mots il prend la
pique de Theoclymene, la couche
le long du vaisseau où il l'ayde à
monter, & s'estant assis sur la poupe, il le fait asseoir prés de luy.

En mesme temps on délie les cables, & Telemaque ordonne à ses compagnons d'appareiller ; on dresse le mast, on déploye les voiles sur les antennes, & Minerve leur envoye un vent tres favorable qui les fait voguer rapidement sur les flots de la vaste mer. Ils passent les courants de Crunes & de Chalcis qui a de si belles eaux ; & aprés le coucher du soleil, lorsque la nuit eut répandu ses sombres voiles sur la terre, le vaisseau arriva à la hauteur de Phée, & de-là il cotoya l'Elide prés de l'embouchure du Penée, qui est de la domination des Epéens.

Alors Telemaque, au lieu de prendre le droit chemin à gauche entre Samos & Ithaque, poussa vers les isles appellées pointuës, qui font partie des Echinades, pour arriver à Ithaque par le costé du septentrion, & pour éviter par ce moyen l'embuscade qu'on luy dressoit du costé du midy dans le destroit de Samos.

Pendant ce temps-là Ulysse & Eumée estoient à table avec les bergers. Le souper estant fini, Ulysse pour esprouver Eumée & pour voir s'il avoit pour luy une veritable affection, & s'il voudroit le retenir plus long-temps, ou s'il seroit bien aise de se deffaire de luy & de l'envoyer à la ville, luy parla en ces termes : Eumée, & vous bergers, j'ay envie d'aller demain à la ville dés le matin mendier mon pain, pour ne vous estre pas icy plus long-temps à charge ni à vous ni à vos bergers. C'est pourquoy je vous prie de ne me pas refuser vos avis, & de me donner un bon guide pour me conduire. Puisque la necessité me réduit à ce miserable estat, j'iray par toute la ville demander de porte en porte quelque reste de vin ou quelque morceau de pain. J'entreray dans le

» Palais d'Ulysse pour tascher de
» donner de bonnes nouvelles à la
» sage Penelope. J'auray mesme l'au-
» dace d'aborder les fiers Poursui-
» vants, pour voir s'ils voudront bien
» me donner quelques restes de tant
» de mets qu'on sert sur leur table,
» & je m'offriray à leur rendre tous
» les services qu'ils pourront exiger
» de moy, car je vous diray une cho-
» se, je vous prie de l'entendre & de
» ne pas l'oublier, c'est que par une
» faveur toute particuliere de Mer-
» cure, qui, comme vous sçavez, est
» le Dieu qui répand sur toutes les
» actions des hommes cette grace qui
» les fait réüssir, il n'y a personne de
» si adroit ni de si prompt que moy,
» soit à allumer du feu ou à fendre
» du bois, soit à faire la cuisine ou à
» servir d'escuyer tranchant ou mes-
» me d'eschanson, en un mot tout ce
» que les riches peuvent attendre du
» service des pauvres, je le fais mieux
» que personne.

A cette proposition Eumée entra dans une veritable colere. Eh, « bon homme, luy dit-il, quelle « pensée est-ce qui vous est venuë « dans l'esprit! Avez-vous donc en- « vie de perir à la ville sans aucun « secours, puisque vous vous propo- « sez d'approcher de ces fiers Pour- « suivants, dont la violence & l'in- « solence montent jusqu'aux cieux? « Vrayment les esclaves qui les ser- « vent ne sont pas faits comme vous; « ce sont de beaux jeunes hommes « qui ont des tuniques magnifiques « & des manteaux superbes, & qu'on « voit toujours brillants d'essences & « parfumez des meilleurs parfums. « Voilà les gens qui les servent, & « leurs tables sont toujours chargées « des mets les plus délicats, & on-y « sert les vins les plus exquis. Je « vous asseure que, vous n'estes à « charge icy, ni à moy, ni à aucun « de mes compagnons, & que nous « vous y voyons avec une extresme «

» joye. Quand le fils d'Ulysse sera
» venu, il vous donnera des habits
» tels que vous les devez avoir, & il
» vous fournira les moyens d'aller
» par tout où vous voudrez.

Ulysse, ravi de ces marques d'affection, luy en temoigne sa recon-
» noissance en ces termes : Mon cher
» Eumée, je souhaite de tout mon
» cœur que Jupiter vous favorise au-
» tant que je vous aime, pour la cha-
» rité que vous avez eüe de me reti-
» rer chez vous & de mettre fin à ma
» misere. C'est le plus grand de tous
» les malheurs pour les hommes que
» la mendicité. Quand on est réduit
» en cet estat, la misere, la faim & le
» froid forcent à faire & à souffrir
» les choses les plus indignes. Mais
» puisque vous voulez me retenir,
» & que vous me forcez à demeurer
» chez vous, dites-moy, je vous prie,
» des nouvelles de la mere d'Ulysse
» & de son pere, qu'à son départ il
» laissa dans un âge desja assez avan-

cé; apprenez-moy donc s'ils joüiſ- «
ſent encore de la lumiere du ſoleil, «
ou s'ils ſont deſcendus tous deux «
dans la nuit éternelle ! «

Je vais ſatisfaire voſtre curioſi- «
té, répondit Eumée; le bon vieil- «
lard Laërte vit encore, & il ne ceſſe «
d'adreſſer tous les jours ſes prieres «
aux Dieux pour leur demander la «
fin de ſa vie, car il n'a pû recevoir «
de conſolation depuis le départ de «
ſon fils ; & la mort de ſa femme «
ſurvenuë depuis ce temps-là, a mis «
le comble à ſon affliction & pré- «
cipité ſa vieilleſſe. Cette pauvre «
femme ne pouvant ſupporter l'ab- «
ſence de ſon fils, a fini enfin une «
malheureuſe vie par une mort plus «
malheureuſe. Qu'une pareille mort «
n'arrive jamais à ceux qui habitent «
en cette iſle, qui me ſont chers & «
qui m'ont fait du bien. Pendant «
tout le temps que ſon affliction l'a «
laiſſée en vie, je n'avois pas de plus «
grand plaiſir que d'eſtre auprés d'el- «

» le pour l'entretenir & pour tâ-
» cher de la consoler, car elle avoit
» eu la bonté de permettre que je
» fusse élevé avec la belle Ctimene,
» la plus jeune de ses filles, & je puis
» dire qu'elle n'avoit guere moins de
» tendresse pour moy que pour cette
» Princesse.
» 	Mais aprés que nous fusmes tous
» deux sortis de l'enfance, son pere
» & sa mere la marierent à Samos,
» & receurent des presents infinis de
» leur gendre. Et pour moy, aprés
» m'avoir bien équipé de toutes cho-
» ses, la Reyne m'envoya dans cette
» terre, & son affection pour moy a
» toujours augmenté. Je sens bien la
» perte que j'ay faite, & les secours
» dont je suis privé. Mais les Dieux
» ont beni mon application & mon
» travail assidu dans les choses qui
» m'ont esté confiées, & j'ay eu par
» leur bonté de quoy me nourrir &
» de quoy assister ceux qui m'ont pa-
» ru dignes de secours. Pour ce qui

est de ma maistresse Penelope, je «
ne prends plus plaisir ni à en par- «
ler, ni à en entendre parler; une «
calamité affreuse est tombée sur sa «
maison; une foule de Princes inso- «
lents & superbes se sont attachez à «
elle & la ruinent; elle en est tou- «
jours si obsedée, que ses fidelles «
serviteurs n'ont la liberté ni de luy «
parler, ni de l'avertir de ce qui se «
passe, ni de recevoir ses ordres, à «
peine ont-ils de quoy fournir à leur «
entretien, bien-loin de pouvoir «
nous envoyer icy quelque douceur «
pour nos domestiques. «

Helas! mon cher Eumée, c'est «
donc depuis vostre enfance que «
vous estes éloigné de vostre patrie «
& de vos parents. Racontez-moy, «
je vous prie, vos avantures, & di- «
tes-moy si c'est que la ville où ha- «
bitoient vostre pere & vostre mere «
a esté saccagée par vos ennemis, ou «
si des pirates vous ayant trouvé «
seul dans les pasturages à la teste de «

» vos troupeaux, vous ont enlevé
» dans leurs navires, vous ont ame-
» né à Ithaque, & vous ont vendu à
» Laërte tout ce qu'ils ont voulu, &
» beaucoup moins que vous ne valez.

» Estranger, puisque vous voulez
» sçavoir mes avantures, repartit Eu-
» mée, je ne vous refuseray pas ce
» plaisir. Escoutez-moy donc avec
» attention sans quitter la table ; les
» nuits sont fort longues, on a le
» temps de dormir & de se divertir
» à faire des contes, il ne faut pas
» vous coucher de si bonne heure, le
» trop dormir lasse & fait mal. Si
» quelqu'un de ces bergers a envie
» de se coucher, il peut sortir, car il
» faut que demain à la pointe du jour
» il ait déjeuné & qu'il mene ses
» troupeaux aux pasturages. Mais
» pour nous demeurons icy à table,
» à boire & à manger, & à nous di-
» vertir en racontant l'histoire de nos
» malheurs ; car tout homme qui a
» beaucoup couru & beaucoup souf-

sert dans ses courses, prend un plai- «
sir singulier à s'en souvenir & à en «
parler. Je m'en vais donc, puisque «
vous le voulez, vous raconter les «
particularitez les plus remarquables «
de ma vie. «

Au de-là de l'isle d'Ortygie est «
une isle appellée Syrie, si jamais «
vous avez entendu ce nom. C'est «
dans cette isle que se voyent les «
conversions du soleil. Elle n'est pas «
fort considerable pour sa grandeur, «
mais elle est fort bonne, car on y «
nourrit de grands troupeaux de «
bœufs & de nombreux troupeaux «
de moutons, & elle porte beau- «
coup de vin & une grande quantité «
de froment. Jamais la famine n'a «
desolé ses peuples, & les maladies «
contagieuses n'y ont jamais fait «
sentir leur venin. Ses habitants ne «
meurent que quand ils sont parve- «
nus à une extresme vieillesse, & «
alors c'est Apollon luy-mesme, ou «
sa sœur Diane qui terminent leurs «

» jours avec leurs douces fléches. Il
» y a dans cette isle deux villes qui
» partagent tout son territoire. Mon
» pere Ctesius, fils d'Ormenus sem-
» blable aux Immortels, en estoit
» Roy. Un jour quelques Pheni-
» ciens, gens celebres dans la marine
» & grands trompeurs, aborderent à
» nos costes, portant dans leur vais-
» seau quantité de choses curieuses
» & rares.

» Il y avoit alors dans le Palais de
» mon pere une femme Phenicienne,
» grande, belle & tres habile à tou-
» tes sortes de beaux ouvrages. Ces
» Pheniciens déceurent cette femme
» par leurs insinuations & par leurs
» fourberies. Un jour qu'elle lavoit
» des hardes à la fontaine, l'un d'eux
» obtint d'elle les dernieres faveurs
» & se rendit absolument maistre de
» son esprit ; malheur ordinaire aux
» personnes mesmes les plus habiles
» qui se sont laissé abuser. Il luy de-
» manda donc qui elle estoit & d'où

elle estoit. Elle luy enseigna d'a- «
bord le Palais de mon pere, & luy «
dit qu'elle estoit de l'opulente ville «
de Sidon & fille d'Arybas homme «
tres riche & tres puissant ; que des «
corsaires Taphiens l'avoient enle- «
vée comme elle revenoit de la cam- «
pagne, & l'avoient menée dans l'isle «
de Syrie, où ils l'avoient venduë à «
mon pere qui en avoit donné un «
grand prix. Mais, luy répondit le «
Phenicien, qui l'avoit abusée, vou- «
driez-vous venir avec nous pour «
vous retrouver dans vostre maison «
& revoir vostre pere & vostre «
mere, s'ils vivent encore & s'ils «
sont aussi riches que vous nous l'as- «
seurez. «

Je le voudrois de tout mon «
cœur, repartit cette femme, si tous «
vos matelots me promettent avec «
serment de me remener chez moy «
sans me faire nul outrage. «

Tous les matelots luy firent en «
mesme temps le serment qu'elle de- «

» mandoit, aprés quoy elle leur dit:
» Tenez, je vous prie, ce complot
» secret, & qu'aucun de voſtre trou-
» pe ne s'aviſe de m'aborder, ni de me
» parler, ſoit dans les chemins où à
» la fontaine, de peur que quelqu'un
» ne le voye & ne coure au Palais le
» rapporter à noſtre vieillard, qui en-
» trant d'abord en quelque ſoupçon,
» ne manqueroit pas de me charger
» de chaiſnes, & de trouver les mo-
» yens de vous faire tous perir. Gar-
» dez bien le ſecret & haſtez-vous
» d'achetter les proviſions pour le
» voyage. Quand voſtre vaiſſeau ſera
» chargé, vous n'aurez qu'à m'en-
» voyer un meſſager pour m'en don-
» ner avis. Je vous apporteray tout
» l'or qui ſe trouvera ſous ma main.
» Je taſcheray meſme de vous payer
» un prix encore plus grand pour
» mon paſſage, car j'éleve dans le Pa-
» lais le jeune Prince, qui eſt desja
» fort aviſé, & qui commence à mar-
» cher & à ſortir dehors, pourvû

qu'on le tienne. Je n'oublieray rien «
pour vous l'amener. En quelque «
contrée que vous vouliez l'aller «
vendre, vous en aurez un prix in- «
fini. «

En finissant ces mots, elle les «
quitte & s'en retourne dans le Pa- «
lais. Ces Pheniciens demeurerent «
encore un an entier dans le port, «
d'où ils venoient tous les jours à «
la ville vendre leurs marchandises «
& achetter des provisions. Quand «
le vaisseau eut sa charge & qu'il fut «
en estat de s'en retourner, ils dépes- «
cherent un de leurs matelots à cette «
femme pour l'en avertir. C'estoit «
un homme tres fin & tres rusé, qui «
vint dans le Palais de mon pere «
comme pour y vendre un beau col- «
lier d'or qui avoit de beaux grains «
d'ambre. Toutes les femmes du Pa- «
lais, & ma mere mesme, ne pou- «
voient se lasser de le manier & de «
l'admirer, & en offroient une cer- «
taine somme. Cependant le fourbe «

» fit signe à nostre Phenicienne, &
» le signe fait & apperceu, il s'en re-
» tourne promptement dans son vais-
» seau.
» En mesme temps cette femme
» me prend par la main, & me mene
» dehors comme pour me promener.
» En sortant elle trouve dans le ves-
» tibule des tables dressées & des cou-
» pes d'or sur le buffet, car les offi-
» ciers de mon pere préparoient le
» souper, & par hazard ils estoient
» sortis, attirez par quelque rumeur
» qu'on avoit entenduë devant le
» Palais. Elle ne perdit pas l'occa-
» sion, elle cacha sous sa robe trois
» coupes & continua son chemin ; je
» la suivois avec innocence sans con-
» noistre mon malheur. Aprés le so-
» leil couché, & les chemins estant
» desja couverts de tenebres, nous
» arrivasmes au port où estoit le vais-
» seau des Pheniciens. Ils nous font
» embarquer promptement & met-
» tent à la voile, poussez par un vent
favorable

favorable que Jupiter leur envoya. «
Nous vogaſmes en cet eſtat ſix jours «
& ſix nuits. Le ſeptiéme jour Dia- «
ne décocha ſes fléches ſur cette fem- «
me Phenicienne, qui mourut tout «
d'un coup & tomba au pied du «
maſt. On la jetta d'abord dans la «
mer, où elle ſervit de paſture aux «
poiſſons. Je fus fort eſtonné & af- «
fligé de me voir ſeul entre les mains «
de ces corſaires. Sur le ſoir le meſ- «
me vent nous pouſſa à Ithaque, où «
Laërte n'eſpargna rien pour m'a- «
chetter. Voilà de quelle maniere «
j'ay eſté porté dans cette iſle. «

Mon cher Eumée, luy dit Ulyſ- «
ſe, le recit que vous m'avez fait de «
tout ce que vous avez ſouffert ſi «
jeune encore, m'a ſenſiblement «
touché. Mais Jupiter a eû la bonté «
de faire ſucceder à tous ces maux «
un grand bien, puiſque vous eſtes «
arrivé dans la maiſon d'un homme «
en qui vous avez trouvé un maiſ- «
tre fort doux, qui vous aime & qui «

» vous fournit avec soin la nourri-
» ture, les habits & tout ce dont vous
» avez besoin, de sorte que vous me-
» nez icy une vie fort douce. Mais
» moy, aprés avoir erré dans plu-
» sieurs contrées, j'arrive icy dans
» l'estat où vous me voyez.

C'est ainsi que s'entretenoient Ulysse & Eumée. Ils n'eurent pas beaucoup de temps pour dormir, car l'aurore vint bien-tost sur son char d'or annoncer la lumiere aux hommes.

Cependant Telemaque & ses compagnons arrivent au port, plient les voiles, abattent le mast, & à force de rames ils font entrer leur vaisseau dans le port; ils jettent l'ancre, arrestent le vaisseau avec les cables, & descendent sur le rivage où ils préparent leur disner. Quand ils eurent fait leur repas, le prudent Telemaque leur
» dit : Mes compagnons, remenez le
» vaisseau à la ville, je vais seul visi-

ter une petite terre qui est prés d'icy «
& voir mes bergers ; sur le soir aprés «
avoir vû comment tout se passe «
chez moy, je vous rejoindray, & «
demain pour nostre heureuse arri- «
vée je vous donneray un grand dis- «
ner, où la bonne chere & le bon «
vin vous feront oublier toutes vos «
fatigues. «

Mais, mon cher fils, repartit le «
devin Theoclymene, où iray-je ce- «
pendant ! dans quelle maison d'I- «
thaque pourray-je me retirer ! puis- «
je prendre la liberté d'aller tout «
droit dans le Palais de la Reyne «
vostre mere ! «

Dans un autre temps, luy ré- «
pondit le sage Telemaque, je ne «
souffrirois pas que vous allassiez «
ailleurs que dans mon Palais, & rien «
ne vous y manqueroit, on vous y «
rendroit tous les devoirs que l'hos- «
pitalité exige. Mais aujourd'huy «
ce seroit un parti trop dangereux, «
car outre que je ne serois point «

» avec vous, vous ne pourriez voir
» ma mere, qui ne se monstre que
» tres rarement aux Poursuivants &
» qui se tient loin d'eux dans son
» appartement, toujours occupée à
» ses ouvrages. Je vais vous enseigner
» une maison où vous pourrez
» aller, c'est chez Eurymaque fils
» du sage Polybe. Tous les peuples
» d'Ithaque le reverent comme un
» Dieu, & c'est de tous les Poursuivants
» celuy qui a le plus de merite.
» Aussi espere-t-il d'espouser ma mere,
» & de monter sur le trosne d'Ulysse.
» Mais Jupiter, qui habite les
» cieux, sçait seul s'il ne fera point
» perir tous ces Poursuivants avant
» ce pretendu mariage.

Comme il disoit ces mots, on vit voler à sa droite un autour, qui est le plus viste des messagers d'Apollon ; il tenoit dans ses serres une colombe, dont il arrachoit les plumes, qu'il répandoit à terre entre Telemaque & son vaisseau.

Theoclymene tirant en mesme temps ce jeune Prince à l'escart, luy met la main dans la sienne, & luy dit : Cet oyseau qui vole à vostre droite, n'est point venu sans l'ordre de quelque Dieu. Je n'ay pas eu plustost jetté les yeux sur luy, que je l'ay reconnu pour un oyseau des augures. Il n'y a point dans Ithaque de race plus royale que la vostre. Je vous prédis donc que vous aurez toujours le dessus sur tous vos ennemis.

Que vostre prédiction s'accomplisse, Theoclymene, luy répondit Telemaque, vous recevrez de moy toute sorte d'amitié & des presens si considerables, que tous ceux qui vous verront vous diront heureux. Il adresse en mesme temps la parole à son fidelle compagnon Pirée fils de Clytius : Mon cher Pirée, luy dit-il, de tous mes compagnons qui m'ont suivi à Pylos, vous m'avez toujours paru le plus

» attaché à moy & le plus prompt à
» executer mes ordres ; je vous prie
» de mener chez vous cet hoste que
» je vous confie, ayez de luy tous les
» soins & faites-luy tous les honneurs
» qu'il merite jusqu'à ce que je sois
» de retour à Ithaque.

Le vaillant Pirée luy répond :
» Telemaque, vous pouvez vous as-
» seurer que quelque long sejour
» que vous fassiez icy, j'auray soin
» de l'hoste que vous me confiez, &
» qu'il ne manquera chez moy d'au-
» cune des choses que demande l'hos-
» pitalité.

En finissant ces mots il monte dans son vaisseau, & commande à ses compagnons de s'embarquer & de délier les cables ; ils obéïssent & se placent sur les bancs.

Cependant Telemaque met ses brodequins, arme son bras d'une bonne pique, & pendant que ses compagnons remenent le vaisseau à la ville, comme il l'avoit ordonné, il se met en chemin pour aller visiter ses nombreux troupeaux, sur lesquels le bon Eumée, toujours plein d'affection pour ses maistres, veilloit avec beaucoup d'attention & de fidelité.

REMARQUES
SUR
L'ODYSSEE D'HOMERE.

LIVRE XV.

Page 563. *Minerve, qui venoit de quitter Ulysse sur le rivage d'Ithaque*] C'est ce qu'on vient de lire dans le Livre précedent, qui ne contient que le reste de ce jour-là & la nuit qui le suit. Minerve quitte Ulysse assez tard, car le jour estoit desja avancé, & elle se rendit à Lacedemone la nuit mesme qu'Ulysse faisoit ce bel apologue à Eumée & à ses bergers. Cette remarque est necessaire pour faire entrer dans la suite & dans l'œconomie du Poëme.

Elle trouva ce jeune Prince & le fils de Nestor couchez sous un portique] Homere a quitté Telemaque dans le Palais de Menelas à la fin du IV. Liv. Ce Prince a donc esté à Lacedemone depuis ce temps-là, c'est à dire, depuis que Mercure est allé porter l'ordre à Calypso de laisser partir Ulysse. Il y a encore esté les quatre jours qu'Ulysse fut avec Calypso depuis l'arrivée de Mercure, les vingt jours qu'il employe à arriver de l'isle d'Ogygie à celle des Pheaciens, & le temps qu'il fut-là à conter ses avantures, & à attendre le vaisseau qu'on luy avoit promis.

Page 564. Il n'est pas honneste que vous demeuriez plus long-temps éloigné de vos Estats] En effet ce sejour avoit esté assez long, & presentement qu'il n'y a plus aucune nouvelle à attendre d'Ulysse, qui est desja arrivé à Ithaque, il faut que Telemaque pense à revenir.

Desja son pere mesme & ses freres] Il est tres vraysemblable qu'Icarius, pere de Penelope, las de voir ces Poursuivants consumer son bien, la pressoit de se déterminer, & d'espouser le plus riche de ces Princes.

Et ses freres] Car on asseure qu'Icarius eut de sa femme Peribée cinq fils, Thoas, Damasippe, Imeusimus, Aletes & Perilaüs, & une seule fille, qui est Penelope.

Et offre une plus grosse dot] J'ay desja assez parlé de cette coutume, & de la dot que les mariez donnoient à leurs femmes.

Page 565. Elles font tout pour l'avantage d'un second mary & oublient tres promptement le premier, & ruinent les enfants qu'elles en ont eus] Eſt-il poſſible que les femmes du temps d'Homere reſſemblaſſent ſi fort à quelques-unes que nous voyons aujourd'huy! Mais je voudrois qu'Homere nous euſt dit ſi de ſon temps les hommes remariez ſe ſouvenoient beaucoup de leur premiere femme, & s'ils eſtoient plus juſtes envers leurs enfants du premier lit.

Juſqu'à ce que les Dieux vous ayent donné une femme prudente & habile qui puiſſe gouverner voſtre maiſon] Homere eſtoit donc perſuadé qu'une femme prudente & habile eſt un preſent du ciel, & que c'eſt la femme prudente & habile qui fait les maiſons, & la fole qui les deſtruit. *Sapiens mulier ædificat domum*, dit Salomon, Proverb. 14. 1. Et l'auteur de l'Eccleſiaſtique, après avoir dit que le mary d'une femme prudente eſt heureux, que les années de ſa vie ſont doubles, adjoute, *Pars bona, mulier bona, in parte timentium Deum dabitur viro pro factis ejus.* 26. 1. 2. Noſtre ſiecle en connoiſt pluſieurs que Dieu a données à ceux dont il a voulu récompenſer la vertu.

Les plus déterminez des Pourſuivants vous ont dreſſé une embuſcade] Comme nous l'avons vû à la fin du IV. Livre.

Page 566. Ne manquez pas de renvoyer

sur l'heure à la ville voſtre vaiſſeau avec tout l'équipage] Car comme c'eſtoit un vaiſſeau qu'il avoit emprunté, il eſtoit juſte qu'il le renvoyaſt; & d'ailleurs eſtant chez Eumée, il n'avoit plus beſoin ni du vaiſſeau ni de ſes compagnons qui l'avoient ſuivi.

Vous l'envoyerez au Palais porter en diligence à la ſage Penelope la bonne nouvelle] Minerve ne manque à rien. Quelle auroit eſté la douleur de Penelope, ſi elle avoit ouï dire que le vaiſſeau eſtoit revenu ſans ſon fils! Tout ce que l'équipage luy auroit dit pour la raſſeurer auroit eſté inutile.

Page 567. *Piſiſtrate, levez-vous, je vous prie, & allez promptement atteler voſtre char*] Tout ce que j'ay dit ſi ſouvent de la ſimplicité des mœurs de ces temps heroïques, doit empeſcher, à mon avis, qu'on ne ſoit ſurpris de voir qu'un jeune Prince comme Piſiſtrate aille luy-meſme atteler ſon char, & que Telemaque & luy voyagent ſans gardes, ſans valets.

Nous ne ſçaurions nous mettre en chemin pendant une nuit ſi obſcure] C'eſt la meſme nuit dont il a dit dans le Liv. précedant, *La nuit fut tres froide & tres obſcure, Jupiter verſa un déluge d'eaux, & le Zephyre toujours chargé de pluyes, fit entendre ſes ſouffles orageux.* C'eſt la meſme nuit où Ulyſſe fit ce bel apologue, pour avoir de quoy se couvrir & se garentir du froid.

Page 568. *Et je ne sçaurois approuver ces hostes excessifs & dans l'empressement & dans l'indifference qu'ils temoignent à ceux qu'ils ont receus chez eux*] Il y a dans le Grec: *Je ne sçaurois souffrir ces hostes qui aiment excessivement & qui haïssent de mesme ceux qu'ils ont receus chez eux.* Mais il est aisé de voir qu'en cet endroit Homere a mis *amitié* pour *empressement*, & *haine* pour *indifference.* Comme quelquefois dans l'Escriture sainte le mot de *haine* se prend en ce sens-là. Le précepte que Menelas donne icy pour regler le milieu qu'il faut tenir avec ceux qu'on reçoit chez soy est admirable; l'empressement excessif est incommode, & l'indifference outrée est injurieuse & desobligeante pour celuy à qui on la temoigne, & impolie à celuy qui la marque. Il faut politesse & liberté.

Il est mieux de garder en tout de justes bornes] C'est ce vers d'Homere, comme Eustathe l'a fort bien remarqué, qui a donné lieu au proverbe que les Philosophes ont enseigné aprés luy, μηδὲν ἄγαν, *nequid nimis*, rien de trop.

Page 570. *Donne ordre à Helene & à ses femmes de préparer le disner*] Car ce soin regardoit particulierement les femmes. J'ay vû des gens qui ne pouvoient souffrir

SUR L'ODYSSE'E. Livre XV. 613
que Menelas donne à sa femme un ordre comme celuy-là, mais ils sont trop délicats, & ils ne se souviennent pas que les mœurs des temps heroïques sont les mesmes que celles des Patriarches. C'est ainsi qu'*Abraham courant à sa tente, dit à Sara: dépeschez-vous, paistrissez trois mesures de farine, & faites des gasteaux. Festinavit Abraham in tabernaculum ad Saram, dixitque ei: accelera, tria sata similæ commisce, & fac subcinericios panes.* Genes. 18. 6.

Page 571. *Dans un cabinet magnifique d'où s'exhaloit un parfum délicieux*] C'est ainsi qu'il a dit d'Hecube dans le vi. Livre de l'Iliade, *Cette Princesse descend dans un cabinet parfumé de toutes sortes d'odeurs les plus exquises, ou elle avoit quantité de meubles précieux.* Et sur ces cabinets parfumez, on peut voir la Remarque, tom. 1. pag. 505.

Prend une belle coupe à deux fonds] C'est ainsi que j'ay expliqué ἀμφικύπελλον. Une double coupe dont l'une sert de base à l'autre. J'en ay fait une Remarque au 1. Liv. de l'Iliade, pag. 326.

Il estoit brillant comme l'astre du jour, & il se trouva au dessous de tous les autres] Comme il a dit du tapis, dont Hecube veut faire present à Minerve dans le vi. Liv. de l'Iliade, *Il se trouva sous tous les autres, il estoit esclatant comme le soleil.* Ce qu'il y a de plus précieux est d'ordinaire le plus caché, & Homere adjoute cette particularité pour marquer le soin que ces Princesses avoient de choisir ce qu'elles avoient de plus beau & de plus magnifique dans tous ces voiles, & pour cela il falloit les visiter tous.

Page 572. *C'est une double coupe d'argent*] Homere donne icy le mesme nom à la coupe que Menelas met entre les mains de Telemaque, & à l'urne que Megapenthes met à ses pieds, car il appelle l'une & l'autre κρητῆρα. Mais il les distingue fort bien, en appellant ensuite la premiere ἀμφικύπελλον, *une double coupe.*

Le Roy des Sidoniens m'en fit present quand il me receut chez luy à mon retour de Troye] Menelas nous a dit qu'à son retour de Troye il fut porté à Cypre, en Phenicie & en Egypte.

Tenant entre ses mains le voile merveilleux qu'elle avoit fait elle-mesme] Car Helene travailloit admirablement en broderie, comme Homere nous l'apprend dans le III. Liv. de l'Iliade, où il dit qu'*Iris la trouva dans son Palais qui travailloit à un merveilleux ouvrage de broderie ; c'estoit un grand voile brodé par dessus & par dessous tout brillant d'or, & où estoit employé tout l'art de Minerve. Cette Princesse y representoit* sous les grands combats que les Troyens & les Grecs livroient pour elle sous les yeux mesmes du Dieu Mars. Il faut estre bien habile pour executer un si grand dessein.

Page 574. *Et le fils de Menelas fait l'office d'eschanson*] Les fils des plus grands Princes ne dédaignoient pas de faire cette fonction.

Il se mit au devant de leur char, & leur presentant la coupe, il leur dit] Lorsque Priam partit pour aller rachetter le corps de son fils & qu'il fut sur son char, Hecube s'approcha de luy, tenant dans sa main une coupe d'or pleine de vin, afin qu'avant son départ il fist ses libations & se rendist Jupiter favorable. Elle se tint à la teste de ses chevaux, & luy dit: *Priam, ne partez pas sans avoir fait vos libations à Jupiter, &c.* Iliad. Liv. XXIV. Menelas fait icy la mesme chose à ces Princes. Les libations qu'on avoit faites à la fin du repas n'estoient pas suffisantes, il falloit en faire encore sur le moment du départ.

Page 576. *Le sage Pisistrate prenant alors la parole, dit à Menelas*] Pisistrate & son ami Telemaque estoient trop jeunes pour entreprendre d'expliquer ce signe. La raison & la bienséance vouloient donc qu'ils en demandassent l'explication à Menelas, qui ayant plus d'experience, pouvoit mieux en découvrir le sens.

Menelas se met en mesme temps à penser profondément, mais la belle Helene ne luy en donna pas le temps] Pendant que Menelas pense fortement & medite pour trouver l'explication de ce prodige, Helene la trouve tout d'un coup, non par la force & par la penetration de son esprit, mais, comme elle l'asseure elle-mesme, par une inspiration subite. Par-là Homere enseigne fort clairement que les lumieres des hommes sont courtes, que d'eux-mesmes ils ne sçauroient expliquer les prodiges, & que comme ce sont les Dieux qui les envoyent, c'est aussi à eux à en reveler le sens. C'est ce que Daniel dit au Roy Nabucodonosor, *Le mystere dont le Roy demande l'explication, ni les sages, ni les mages, ni les devins, ni les aruspices ne peuvent le déclarer au Roy, mais il y a un Roy dans le ciel, qui revele les mysteres.* Et ensuite inspiré par ce Dieu il luy déclare le songe qu'il avoit oublié & luy en donne l'explication.

Comme cet aigle parti d'une montagne] Nous avons desja vû dans le second Livre deux aigles partis de la montagne signifier Ulysse & Telemaque. On peut voir-là l'explication de ce prodige. C'est icy la mesme chose. L'aigle parti de la montagne, c'est Ulysse qui, aprés avoir esté long-temps errant, arrive à sa maison de campagne & de là à Ithaque, & cette oye domestique qu'il tient dans ses serres, ce sont les Poursuivants. Comme cette oye ne fait que manger dans la basse-cour & est enfin tuée, de mesme les Poursuivants, aprés avoir passé plusieurs années à faire bonne chere dans le Palais, seront enfin tuez par Ulysse.

Page 577. *Et je vous promets que dans Ithaque je vous adresseray mes vœux comme à une Déesse*] Car si la prophetie s'accomplit, Telemaque juge que celle, que les Dieux daignent inspirer, merite d'estre invoquée comme une Déesse.

Page 578. *Souffrez que je m'embarque & que je n'entre point dans la ville*] Il semble que Telemaque peche icy contre la politesse, de passer à Pylos sans aller prendre congé de Nestor. Mais outre qu'il donne à cette action un prétexte tres obligeant pour ce Prince, il a des raisons tres fortes de ne pas s'arrester. Premierement l'ordre de Minerve, en second lieu le prodige & l'explication qu'Helene luy a donnée, qui a ranimé ses esperances, en luy faisant envisager qu'Ulysse pouvoit estre de retour.

Page 580. *En finissant ces mots il le quitte, prend le chemin de la ville, & bientost il arrive dans le Palais de Nestor*] Homere ne s'amuse pas à nous dire icy ce que Pisistrate dit à Nestor pour excuser Telemaque, ni le déplaisir de Nestor, de ce que ce

Prince estoit parti sans le voir. Cela est estranger à son sujet, & il va toujours à ce qui l'appelle.

Page 581. *C'estoit un devin qui descendoit en droite ligne du celebre Melampus*] Il estoit son arriere petit-fils, & voicy sa genealogie. De Cretheus nâquit Amythaon qui fut Roy de Pylos. Cet Amytaon eut deux fils,

Bias & Melampus : *celuy-cy eut deux fils*,

Mantius & Antiphate

Polyphide   Oïcles
&Clytus

Theoclymene. Amphiaraüs

Alcmœon
& Amphiloque.

Pour s'éloigner de Nelée son oncle] Melampus estoit neveu de Nelée par Tyro fille de Salmonée, qui ayant esté aimée de Neptune, en eut Nelée avant que d'espouser Crethée pere d'Amythaon, ainsi Amythaon & Nelée estoient freres uterins. Au reste j'ay un peu esclairci cette histoire dans la Traduction, car Homere la raconte si brievement, qu'elle ne seroit pas intelligible. Du temps de ce Poëte tout le monde estoit instruit de cette histoire qui estoit tres importante, à cause des grandes maisons qu'elle regardoit, mais aujourd'huy elle est trop ignorée pour estre laissée sans esclaircissement. Homere en a desja dit quelque chose dans l'onziéme Livre.

Et qui luy ayant enlevé des biens infinis, le retint un an entier] Il luy enleva ses biens pour l'obliger à aller enlever les bœufs d'Iphiclus à Phylacé en Thessalie.

Alla à la ville de Phylacus] Ce Phylacus estoit fils de Dejonée Roy de la Phocide & pere d'Iphiclus. Il avoit donné son nom à la ville de Phylacé où il regnoit.

Il fut retenu prisonnier dans le Palais de Phylacus] Il fut pris comme il emmenoit ces bœufs & retenu en prison, selon que l'oracle le luy avoit prédit. On peut voir ce qui en a esté dit dans le x 1. Liv.

A cause de la fille de Nelée] A cause de Pero qu'il vouloit faire espouser à son frere Bias, c'est pourquoy il s'estoit chargé de cette entreprise si terrible d'aller enlever les bœufs d'Iphiclus.

Et de la violente impression que les terribles Furies avoient faite sur son esprit] Ce passage est remarquable. Melampus pour servir le ressentiment de son oncle Nelée, & pour faire espouser sa fille Pero à son frere Bias, se chargea d'aller enlever en Thessalie les bœufs d'Iphiclus, & il s'en chargea quoyqu'il sceust les maux qui luy en devoient arriver. Et c'est ce qu'Homere appelle un dessein suggeré par les Furies, car il n'y avoit qu'un furieux qui pust se charger d'une pareille entreprise. Mais ainsi s'accomplissoient les decrets de Jupiter, qui vouloit que ce Melampus allast enseigner à Phylacus les remedes necessaires pour mettre son fils Iphiclus en estat d'avoir des enfants. Et Dieu se sert également de la sagesse & de la folie des hommes pour l'execution de ses desseins.

Page 582. *Et il fit par son habileté ce qu'il n'avoit pû faire par la force*] Car ayant promis à Phylacus qu'il luy enseigneroit comment son fils Iphiclus pourroit avoir des enfants, moyennant qu'il luy donnast les bœufs qu'il s'estoit chargé d'enmener, & Phylacus ayant accepté ce parti, Melampus donna à Iphiclus des remedes qui eurent tout le succés qu'il en attendoit, car Iphiclus eut un fils qui fut appellé Podarces. *Voyez Apollodore, liv. 1.*

Le brave Amphiaraüs] Car il donna de bonne heure des marques de son courage, il alla avec Jason à l'expedition des Argonautes.

A qui Jupiter & Apollon donnerent à l'envi des marques de l'affection la plus singuliere] Jupiter en le rendant un tres grand Prince, tres consideré & tres respecté; & Apollon en le rendant un tres grand devin. Voilà les premieres marques qu'il receut de l'affection de ces Dieux. Homere ne les explique pas, il ne fait mention que de la derniere que nous allons voir.

Il ne parvint pas jusqu'à la vieillesse] De toutes les faveurs qu'Amphiaraüs receut de Jupiter & d'Apollon, c'est la seule qu'Homere explique, c'est qu'il mourut jeune. Il regarde cela comme la plus grande, parce que la vie des hommes estant icy bas un tissu de miseres & de calamitez, c'est une grace que Dieu fait d'en retirer de bonne heure. Aussi Platon dans l'Axiochus, s'il est vray que ce dialogue soit de luy, asseure que les Dieux ayant une connoissance parfaite des choses humaines, retirent promptement de la vie ceux qu'ils aiment le plus, & il rapporte à ce sujet deux histoires qui en sont des preuves tres évidentes. La premiere est celle d'Agamede & de Trophonius, qui aprés avoir basti le temple d'Apollon à Pytho, demanderent à ce Dieu pour récompense ce qu'il y avoit de meilleur pour les hommes, & le lendemain ils furent trouvez morts dans leur lit. La seconde, celle de la Prestresse de Junon à Argos, qui ayant prié sa Déesse de recompenser ses deux fils de la pieté qu'ils avoient temoignée en s'attelant eux-mesmes à son char pour la mener au temple, ses chevaux tardant trop à venir, la Déesse l'exauça, ses deux fils moururent la nuit mesme. Aprés quoy Platon rapporte ce passage d'Homere, comme un temoignage respectable de la verité de ce sentiment. *Plat. tom. 3. pag. 367.*

Page 583. *Pour sa grande beauté dont la terre n'estoit pas digne ; elle voulut le faire asseoir parmi les Immortels*] Voicy un grand éloge de la beauté ; une beauté parfaite n'est pas pour la terre, elle doit estre dans le ciel, où se trouvent les veritables beautez ; dans ce monde il n'y a que des beautez imparfaites, des ombres de beauté.

Ce Polyphide irrité contre Mantius son pere] On trouve dans Homere des exemples de tout ce qui se passe dans la vie, jusqu'aux querelles qu'un malheureux interest, ou quelque passion injuste, font souvent naistre entre les peres & les enfants.

Puisque je suis assez heureux pour vous trouver] Il y a dans le Grec ὦ φίλε, *mon ami*, ce qui nous paroist estrange en nostre langue, & selon nos mœurs, qui ne permettent pas que nous abordions avec tant de familiarité des gens considerables. Mais dans ces heureux temps on n'y faisoit pas tant de façon, & ce qui passe aujourd'huy pour une familiarité trop grande & blamable, estoit pris alors pour une politesse & pour une marque d'honnesteté. Ce compliment de Theoclymene me paroist admirable.

Page 584. *Dites-moy qui vous estes, de*

sur l'Odyssée. Livre XV. 623
quel pays vous estes, & qui sont vos parents] Il fait toutes ces interrogations pour découvrir si ce jeune Prince n'est point parent de celuy qu'il a tué, car en ce cas, au lieu de demander d'aller avec luy, il le fuiroit par les raisons qu'il va dire.

Page 585. *Je cherche à me mettre à couvert de leur ressentiment, & je fuis la mort dont ils me menacent*] Parmi les Hebreux les parents de celuy qu'on avoit tué de propos déliberé ou autrement, avoient le droit de tuer le meurtrier quelque part qu'ils le trouvassent jusqu'à ce qu'il fust arrivé à une des villes qui avoient esté données pour asyle. *Propinquus occisi homicidam interficiet, statim ut apprehenderit eum interficiet.* Num. 35. 19. *Si interfector extra fines urbium, quæ exulibus deputatæ sunt, fuerit inventus, & percussus ab eo qui ultor est sanguinis, absque noxa erit qui eum occiderit.* Ibid. 26. Les Grecs avoient presque la mesme jurisprudence. Les parents du mort avoient aussi le droit de tuer le meurtrier jusqu'à ce qu'il se fust purgé, en accomplissant le temps de l'exil, ou qu'il eust esté expié de quelqu'autre maniere.

Car c'est ma destinée d'errer dans tous les climats] Car le meurtrier devoit se condamner luy-mesme à l'exil pendant un certain temps marqué.

Page 586. *Ils passent les courants de*

Crunes, & de Chalcis qui a de si belles eaux] C'est un vers qui manque dans toutes les éditions d'Homere, & dont Eustathe mesme n'a fait aucune mention. Il est pourtant necessaire, & il faut le restablir, car Strabon le reconnoist, aprés le vers 294. Il faut donc rapporter celuy-cy comme Strabon nous le presente dans son 8. liv.

Βᾶν δὲ παρὰ Κρυνοὺς καὶ Χαλκίδα καλλιρέεθρον.

Homere marque fort clairement la navigation de Telemaque, & je me suis attachée à l'expliquer aprés Strabon, qui dit que Telemaque courut d'abord tout droit vers le septemtrion jusqu'au de-là de Phées & de la hauteur des costes d'Elide, & que de-là au lieu de détourner à gauche, c'est à dire au couchant, pour costoyer l'isle de Samos, ou Cephalenie, qui estoit le chemin le plus court pour arriver à Ithaque, il prit à droite du costé du levant, pour éviter l'embuscade qu'on luy avoit dressée entre Ithaque & Cephalenie, comme Minerve l'en avoit averti, & poussa droit vers les isles qui sont au dessus de Dulichium, & qui sont partie des Echinades, & qu'ainsi ayant passé Ithaque, qu'il avoit derriere luy au midy, il détourna tout d'un coup à gauche comme pour aller vers l'Acarnanie & aborda à Ithaque par le costé du septemtrion, au lieu de celuy du midy

SUR L'ODYSSE'E. *Livre XV.* 625
midy, qui regardoit la mer de Cephalenie où les Pourfuivants eſtoient embuſquez.

Les courants de Crunes & de Chalcis] Crunes eſt un lieu de la coſte du Peloponeſe, ainſi appellé comme nous dirions *les fontaines*. Chalcis eſt un fleuve voyſin & un bourg ſur ce fleuve. Strab. *Aprés cela on trouve le fleuve Chalcis, le lieu appellé Crunes, & le bourg de Chalcis, &c.*

Le vaiſſeau arriva à la hauteur de Phées] C'eſt ainſi, à mon avis, qu'il faut lire, & non pas *Pheres*, qui eſt trop loin de-là, & au milieu des terres, au lieu que *Phées* ou *Pheſe* eſt ſur la coſte au bas de l'Elide, au deſſus de l'embouchure de l'Alphée.

Page 587. *Pendant ce temps-là Ulyſſe & Eumée eſtoient à table avec les bergers*] Depuis la nuit froide & obſcure où Ulyſſe a demandé par un apologue de quoy ſe garentir du froid, il s'eſt paſſé deux jours, car le matin qui a ſuivi cette nuit, Telemaque eſt parti de Lacedemone & eſt allé coucher à Pheres, & le lendemain il eſt parti de Pheres, eſt arrivé de bonne heure à ſon vaiſſeau prés de Pylos, s'eſt embarqué & eſt arrivé la nuit ſuivante à Ithaque dans le temps qu'Ulyſſe & Eumée ſont à table avec les bergers. Le matin à la pointe du jour il arrive chez Eumée dans le moment qu'Ulyſſe

& ce fidelle Pasteur achevent de desjeuner.

Page 588. *C'est que par une faveur toute particuliere de Mercure, qui, comme vous sçavez, est le Dieu qui répand sur toutes les actions des hommes*] Comme Mercure est le serviteur & le ministre des Dieux, on a feint qu'il estoit le patron & le Dieu de tous ceux qui estoient au service des autres, & que c'estoit par sa faveur que chacun réussissoit dans toutes les fonctions de son estat.

Page 589. *A cette proposition Eumée entra dans une veritable colere*] Il ne se contente pas de rejetter la proposition d'Ulysse, il se met veritablement en colere, ce qui marque bien la charité de ce pasteur, & l'affection sincere qu'il avoit pour les estrangers qui arrivoient chez luy.

Dont la violence & l'insolence montent jusqu'aux cieux] Dont la violence & l'insolence sont si grandes, qu'elles ne respectent pas les Dieux, & qu'elles attaquent le ciel mesme. Grotius l'explique autrement : il veut que cette maniere de parler, *montent jusqu'aux cieux*, soit pour dire qu'elles montent aux oreilles de Dieu, que Dieu les entend, comme Dieu luy-mesme dit de Sodome & de Gomorrhe, *Descendam & videbo utrum clamorem, qui venit ad me, opere compleverint.* Genes. 18. 21.

Ce sont de beaux jeunes hommes qui ont des tuniques magnifiques & des manteaux superbes, & qu'on voit toujours brillants d'essences] Homere veut qu'on juge du luxe & de la débauche de ces Princes par la magnificence de leurs valets. En effet des valets entretenus comme ceux-cy ne conviennent qu'à des gens dans le desordre, & qui ne gardent ni mesures ni bornes. Les sages ont des valets propres, & les fous en ont de magnifiques.

Page 591. *A fini une malheureuse vie par une mort plus malheureuse*] Il faut loüer la discretion d'Eumée, il n'explique point le genre de mort, parce qu'il estoit honteux & infame, car elle s'estoit penduë de desespoir.

Page 592. *Je sens bien la perte que j'ay faite*] C'est à mon avis le sens de ce vers,

Νῦν δ' ἤδη πάντων ἐπιδεύομαι.

En perdant de si bons maistres, il a perdu tous les secours qu'ils luy fournissoient, & il a fallu qu'il y ait suppléé par son travail.

Et j'ay eu par leur bonté de quoy me nourrir, & de quoy assister ceux qui m'ont paru dignes de secours] On ne sçauroit faire une plus grande injure à un Poëte que celle qu'ont fait à Homere quelques Poëtes qui sont venus aprés luy, & qui ont détourné à

Dd ij

un sens infame un vers plein de pudeur & qui renferme un grand sentiment de pieté. Eumée reconnoist icy que c'est par la benediction que les Dieux ont répanduë sur son labeur, qu'il a eu de quoy vivre largement, & de quoy assister les gens de bien. αἰδοίοισι ἔδωκα, signifie proprement *j'ay donné aux gens dignes de respect & de consideration pour leur vertu.* αἰδοίοισιν, αἰδοάσιν αἰδοῦς ἀξίοις. Et voicy comme Hesychius l'a fort bien expliqué. αἰδοῖος, δίκαιος ἤμιος, αἰδοῦς ἄξιος. αἰδοῖος *signifie un homme de bien, honorable, digne de respect.* Et il adjoute, *Homere se sert aussi de ce mot pour dire celuy qui a une sorte de honte, pour un mendiant.* Et c'est-là le sens qu'Homere luy donne dans ce passage. Mais l'un vient de l'autre, les pauvres viennent de Dieu, & par là ils sont dignes de consideration.

Page 593. *Je ne prends plus plaisir à en parler ni à en entendre parler*] C'est le sens de ce vers, où μείλιχον ἐστὶν ἀκοῦσαι, *Ce n'est pas une douceur pour moy. Non dulce est.* Car il ne faut pas joindre μείλιχον avec les mots ἔπος & ἔργον du vers suivant.

C'est donc depuis vostre enfance que vous estes éloigné de vostre patrie !] Car Eumée vient de dire qu'il fut élevé encore enfant avec la plus jeune des filles de Laërte.

Page 594. *Les nuits sont fort longues*] Homere a toujours soin de faire remarquer la saison où l'on est. Les nuits estoient fort longues, car l'automne estoit desja fort avancée.

Le trop dormir lasse & fait mal] Le bon Eumée débite icy un aphorisme de medecine, mais un aphorisme que l'experience enseigne. Le trop long sommeil fait le mesme effet que les trop longues veilles, car il épuise & dissipe les esprits. Hippocrate a dit encore plus fortement qu'Homere, *Le sommeil & les veilles, quand ils sont excessifs, sont une maladie.* Aphoris. liv. 7.

Page 595. *Prend un plaisir singulier à s'en souvenir & à en parler*] Cela est tres certain, & la cause de ce plaisir est l'idée qu'a celuy qui raconte ce qu'il a souffert, qu'il sera loué de sa patience, de sa prudence, & qu'on le regardera comme un homme favorisé du ciel, puisqu'il l'a tiré de tant de dangers où mille autres auroient peri.

Au de-là de l'isle d'Ortygie est une isle appellée Syrie] L'isle d'Ortygie c'est Delos, une des isles Cyclades dans la mer Egée. Et l'isle de Syrie, qui est aussi appellée *Syros*, est un peu *au de-là* ou *au dessus*, c'est à dire vers l'Orient par rapport à Eumée qui parle & qui est à Ithaque. C'est pourquoy Ho-

mere dit fort bien qu'elle est Ὀρτυγίης, κα-
θύπερθε, *au dessus, au de-là d'Ortygie.* Ca
selon tous les Geographes elle est à l'orient
de Delos, comme on le verra dans la Remarque suivante. Il ne faut pas confondre
cette isle de *Syros* avec celle de *Scyros* qu
est au nord de l'Eubée.

*C'est dans cette isle que se voyent les con-
versions du soleil.*] Voicy un passage tres important. M. Despreaux dans ses Reflexions
sur Longin a fort bien refuté la ridicule
Critique que l'Auteur du Parallele, homme
qui estoit tres ignorant en Grec, en Latin,
& sur-tout en Geographie, avoit faite contre Homere, c'est à dire, contre le pere de
la Geographie, en l'accusant d'estre tombé
dans la plus énorme bevûë qu'un Poëte ait
jamais faite : *C'est,* dit il, *d'avoir mis l'isle
de Syros & la mer mediterranée sous le tropique ; bevûë,* adjoute-t-il, *que les Interpretes d'Homere ont tasché en vain de sauver,
en expliquant ce passage du Cadran que le
Philosophe Pherecide, qui vivait trois cents
ans aprés Homere, avoit fait dans cette isle.*
Il n'y a rien-là qui ne marque l'ignorance
grossiere de cette Auteur, car il est également faux & qu'Homere ait placé l'isle de
Syros sous le tropique, & qu'on ait jamais
voulu justifier ce Poëte, en expliquant ce
passage du Cadran de Pherecide qui ne
fut fait que trois cents ans aprés. Mais je

suis faschée que M. Despreaux, qui réfute cette malheureuse Critique avec tant de raison & de solidité, ne soit pas mieux entré luy-mesme dans le veritable sens de ce passage, & qu'il se soit laissé tromper par une note d'Eustathe, qui luy a persuadé que ces mots ὅτι τροπαὶ ἠελίοιο, veulent dire que l'isle de Syros est au couchant de Delos ; car c'est ainsi qu'Eustathe l'a d'abord expliqué, κειμένη πρὸς τροπὰς ἠλίυ, ἤγοι πρὸς τὰ δυτικὰ μέρη τῆς Ὀρτυγίας, &c. C'est à dire, que Syros est située au couchant du soleil, au couchant de l'isle d'Ortygie. Car τρέπεθαι, se tourner, se dit du soleil pour δύνειν se coucher. M. Despreaux devoit voir que cette explication est insoutenable, car il est absolument faux que l'isle de Syros soit au couchant de Delos. Aucun Geographe ne l'a jamais dit. Et comment Homere auroit-il pû le dire dans le mesme vers où il a dit Ὀρτυγίας καθύπερθεν, au dessus de l'isle d'Ortygie ; ce qui est *au dessus* ou *au de-là* de cette isle par rapport à Eumée qui est à Ithaque, ne peut jamais estre au couchant. Voicy comme en parle le sçavant Bochart dans sa Chanaan. liv. 1. chap. XIV. *Eustathe se trompe quand il veut que par* ἠλίυ τροπὰς, *on entende le couchant, comme si l'isle de Syros estoit au couchant de Delos. car au contraire elle est au levant & non au couchant de cette isle. C'est la situation que luy donnent les Geographes, & il ne faut que ce vers d'Homere pour prouver que c'est sa veritable position, puisque Eumée, qui est à Ithaque, asseure que Syros est au dessus, au de-là d'Oriygie, ce qui seroit tres faux si elle estoit au couchant de Delos, Eumée auroit plustost dû dire en deçà.* Il falloit donc s'en tenir à la seconde explication qu'Eustathe a adjoutée dans sa mesme Remarque, *D'autres,* dit-il, *expliquent ce passage en disant que dans l'isle de Syros il y avoit un antre qui marquoit les conversions du soleil, c'est à dire les solstices, & qu'on appelloit l'antre du soleil par cette raison. Et voilà ce qu'Homere entend par ces mots, où sont les conversions du soleil.* Voilà la seule veritable explication; elle merite d'estre esclaircie. Nous voyons par ce passage mesme que les Pheniciens avoient fait un long sejour dans l'isle de Syros; il est certain que le nom mesme de *Syros* vient des Pheniciens, comme nous le verrons plus bas, & nous sçavons d'ailleurs que les Pheniciens estoient tres sçavants en Astronomie, c'est de-là qu'il faut tirer l'explication de τροπαὶ ἠελίοιο, & il est aisé de voir que c'est ἡλιοτρόπιον, l'heliotrope, c'est à dire le *Cadran,* & par-là Homere nous apprend que les Pheniciens avoient fait dans cette isle un Cadran dont le style ou l'aiguille par le moyen de son ombre marquoit les solstices. Et comme c'estoit une chose fort rare & fort merveilleuse dans ces temps-là, Homere fort curieux & fort instruit de tous ces points d'Antiquité, la marque comme une rareté qui distinguoit cette isle. Bien tost aprés les Cadrans furent plus communs. Environ six vingts ans aprés Homere, l'Escriture sainte fait mention d'un Cadran qui estoit à Jerusalem, & qu'on appelloit le *Cadran d'Achas,* sur lequel Dieu fit en faveur de ce Prince que l'ombre retrograda de dix degrez. Ce Cadran marquoit les heures & non les solstices. Il y avoit donc des Cadrans avant celuy de Pherecide, qui ne fit le sien à Syros que deux cents ans aprés celuy d'Achas, & trois cents ans aprés celuy des Pheniciens, & par consequent pour expliquer ce passage d'Homere, on n'a eu recours qu'à ce Cadran des Pheniciens & nullement à celuy de Pherecide qu'Homere n'a jamais connu. Il me semble que cela est prouvé. Mais il y a plus encore, c'est qu'il y a bien de l'apparence que ce Cadran, que Pherecide fit à Syros trois cents ans aprés Homere, ne fut fait que sur les découvertes des Pheniciens, car Hesychius de Milet dans le livre qu'il a fait de ceux qui ont esté celebres par leur érudition, nous asseure que *Pherecide qui estoit de Syros mesme, n'eut point de maistre, & qu'il se rendit habile en estudiant quelques livres secrets des Pheniciens qu'il avoit recouvrez.* Je me flate que ce passage d'Ho-

Rois 4. 20. 2.

mere est assez esclairci, & c'est par le secours que M. Dacier m'a donné.

On y nourrit de grands troupeaux de bœufs & de nombreux troupeaux de moutons] Ce qu'Homere dit icy de la fertilité de cette isle & de la bonne temperature de son air qui en bannissoit toutes sortes de maladies, prouve que ce Poëte estoit parfaitement instruit de la nature de cette isle & de ce qui luy avoit fait donner ce nom de *Syros* ; car, comme Bochart l'a fait voir, c'estoient les Pheniciens qui l'avoient ainsi nommée du mot *sira*, comme ils disoient pour *asira*, qui signifie *riche*; ou plustost du mot *sura* pour *asura* qui signifie *heureuse*. L'un & l'autre de ces deux mots marquent également la bonté de son terroir, & une marque certaine qu'il a connu la veritable origine de ce nom de *Syros*, c'est ce qu'il ajoute du long sejour que les Pheniciens y avoient fait.

Et alors c'est Apollon luy-mesme, ou sa sœur Diane qui terminent leurs jours] C'est pour dire qu'ils meurent en un moment sans aucune maladie & comme par un doux sommeil.

Page 596. *Un jour quelques Pheniciens, gens celebres dans la marine & grands trompeurs*] Il paroist par ce passage & par ceux que j'ay desja remarquez, qu'Homere estoit tres bien instruit des navigations des

SUR L'ODYSSÉE. *Livre XV.* 635
Pheniciens, qui aprés l'arrivée des Hebreux dans la terre de Chanaan, où ils furent conduits par Josué, n'ayant plus pour eux que cette lisiere qui est sur la coste, s'adonnerent encore plus qu'ils n'avoient fait à la marine, coururent toutes les costes de la mediterranée & les isles, allerent mesme jusques dans la mer Atlantique, & envoyerent des colonies en differents lieux.

Portant dans leur vaisseau beaucoup de choses curieuses & rares] Car les Pheniciens estoient les plus habiles ouvriers du monde en tout ce que demandent le luxe & la magnificence, tant pour les meubles que pour les bijoux, & ils portoient dans toutes les isles & dans tous les ports leurs curiositez dont ils faisoient un tres grand commerce. C'est pourquoy Isaïe dit, *Negotiatores Sidonis transfretantes mare*. 13. 2.

Il y avoit alors dans le Palais de mon pere une femme Phenicienne, grande, belle & tres habile] Je ne comprends pas ce qui a pû donner lieu à Eustathe de s'imaginer que cette femme Phenicienne estoit la propre mere d'Eumée; dans toute sa narration il n'y a pas un seul mot qui ne prouve le contraire. Eumée auroit-il avoüé si franchement la honte de sa mere, en la faisant paroistre non seulement débauchée, mais voleuse. En la monstrant par de si vilains entez, auroit-il osé dire πότνια μήτηρ, veneranda mater, comme il l'appelle dans la suite? Je sçay bien que c'est l'épithete ordinaire que les enfants donnent à leur mere pour marquer le respect qu'exige cette qualité. C'est ainsi que la mere d'Irus est appellée πότνια. Mais on ne s'en serviroit point en parlant d'une personne si vicieuse.

Malheur ordinaire aux personnes mesmes les plus habiles qui se sont laissé abuser] C'est une verité constante, dés qu'une personne s'est laissée corrompre, elle est livrée à son corrupteur, elle n'a plus de volonté, & quelque habile qu'elle soit d'ailleurs, elle dépend absolument de celuy qui l'a abusée.

Page 597. *Et fille d'Aribas*] Aribas nom Phenicien tiré du nom *Azrubaal*, d'où l'on a fait *Asdrubal*. Bochart.

Page 598. *Je vous apporteray tout l'or qui se trouvera sous ma main*] Voilà une franche voleuse domestique. Comment peut-on croire qu'Eumée eust parlé ainsi de sa mere!

J'éleve dans le Palais le jeune Prince] Ce n'estoit donc pas sa mere, mais sa gouvernante. Comment Eustathe peut-il s'imaginer que si cette Phenicienne eust esté la mere d'Eumée, elle eust pû se resoudre à le livrer à ces Pheniciens, afin qu'ils allassent le vendre!

Page 599. *Et ma mere mesme*] Cette mere est donc differente de cette Phenicienne, il dit mesme πότνια μήτηρ, *veneranda mater*. Cette épithete si respectueuse convenoit-elle à une femme si méprisable!

Page 600. *Je la suivois avec innocence sans connoistre mon malheur*] On demande comment Eumée, qui estoit un enfant à la lisiere quand il fut enlevé, a pû sçavoir tout ce qu'il vient de raconter ? car il n'estoit pas en estat d'avoir la moindre attention à ce qui se passoit, ni de rien remarquer, cependant voilà une narration fort circonstanciée. On répond que les Pheniciens, qui l'avoient vendu, avoient sans doute conté toute cette histoire à Laërte, & qu'Eumée l'avoit apprise de luy.

Page 601. *Sur le soir le mesme vent nous poussa à Ithaque*] Ainsi Homere compte que par un bon vent on peut arriver en six jours & demi de l'isle de Syros à Ithaque.

Page 602. *Cependant Telemaque & ses compagnons arrivent au port*] Nous avons vû à la fin du II. Liv. que Telemaque parti d'Ithaque fort tard & long-temps aprés le coucher du soleil, arrive le lendemain à Pylos aprés le lever de l'aurore. Et icy le mesme Prince, arrivé de bonne heure de Pheres au port de Pylos, s'embarque long temps avant le coucher du soleil, & il n'arrive que le lendemain matin. Il est donc quelques heures de plus à faire ce trajet, mais il faut se souvenir, comme je l'ay desja dit au commencement du III. Livre, qu'icy il prend un détour pour arriver à la coste septemtrionale d'Ithaque & pour éviter les embusches des Poursuivants.

Page 604. *C'est chez Eurymaque fils du sage Polybe*] Il croit qu'il sera mieux & plus seurement chez cet Eurymaque qui de tous les Poursuivants estoit celuy qui valoit le mieux, mais il ne persiste pas dans ce sentiment, comme nous l'allons voir dans la suite.

On vit voler à sa droite un autour] Cet oyseau paroissant tout à coup lorsque Telemaque achevoit ce qu'il vient de dire, ne pouvoit pas manquer d'estre un augure des plus marquez. On voit bien que la colombe designe les Poursuivants timides, & qu'Ulysse est designé par l'autour.

Page 605. *Theoclymene tirant en mesme temps ce jeune Prince a l'escart*] Car il ne vouloit pas que personne entendist l'explication qu'il alloit donner de cet augure, de peur qu'on ne le divulgast dans la ville, & que les Poursuivants n'en profitassent pour se mettre à couvert.

Il n'y a point dans Ithaque de race plus royale que la voſtre. Je vous prédis donc] Theoclymene explique en peu de mots cet augure de peur d'eſtre entendu. Voicy ce qu'il veut dire. Il y avoit à Ithaque pluſieurs Princes, mais la maiſon d'Ulyſſe eſtoit la dominante. Cet autour eſt une eſpece d'aigle, & le Roy des oyſeaux. Il eſt donc envoyé pour celuy qui a la principale autorité, & par conſequent il n'eſt envoyé que pour Ulyſſe. Et comme ce Roy des oyſeaux plume la colombe, de meſme la maiſon d'Ulyſſe aura le deſſus ſur tous les Pourſuivants. Il explique plus clairement cet augure dans le XVII. Liv. en parlant à Penelope. Car il luy dit qu'Ulyſſe eſt caché dans Ithaque, & qu'il ſe prépare à ſe venger.

Page 606. *Je vous prie de mener chez vous cet hoſte que je vous confie*] Il vouloit d'abord l'envoyer chez Eurymaque, mais l'explication que ce Theoclymene luy a donnée de cet augure, luy ayant fait connoiſtre que c'eſt un grand devin, il change de ſentiment, de peur qu'il ne luy arrive de faire devant cet Eurymaque quelque prédiction, qui nuiroit à ſes affaires, ou qui peut-eſtre meſme ſeroit nuiſible à ſon auteur.

Fin du Tome Second.

Fautes & Omissions à corriger.

Page 80. après ces paroles, que les Grecs avoient bastie au devant de leurs vaisseaux. *Adjoutez :* Mais cette remarque n'est pas entierement juste, car Homere ne dit pas formellement que cette montagne tomberoit veritablement sur la ville des Pheaciens; mais il fait entendre qu'elle menaceroit d'y tomber, & que cette ville seroit couverte d'une montagne qui menaceroit toujours de l'escraser. C'est ainsi que Neptune s'explique luy-mesme dans le Liv. XIII. Et l'on ne voit pas mesme que cette menace ait esté effectuée. Homere donne lieu de penser que le repentir des Pheaciens & le sacrifice qu'ils offrirent à ce Dieu l'empeschent d'achever sa vengeance.

Page 87. à leurs secours. *Lisez*, à leur secours.

Page 138. par contradiction. *Lisez*, par contraction.

Page 548. Voilà comme il déguise son arrivée à l'isle d'Ogygie chez Calypso. *Lis.* Voilà comme il déguise son arrivée à l'isle de Scherie chez Alcinoüs.

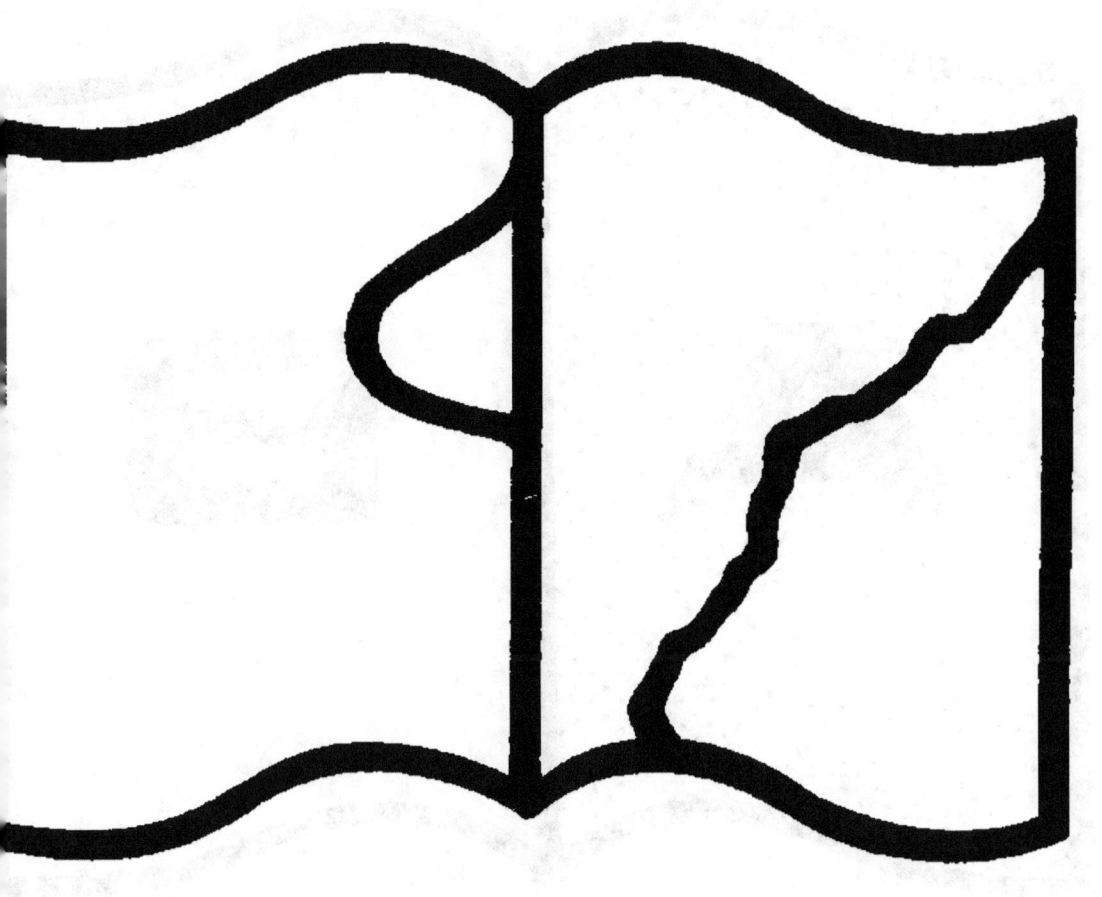

Texte détérioré — reliure défectueuse
NF Z 43-120-11

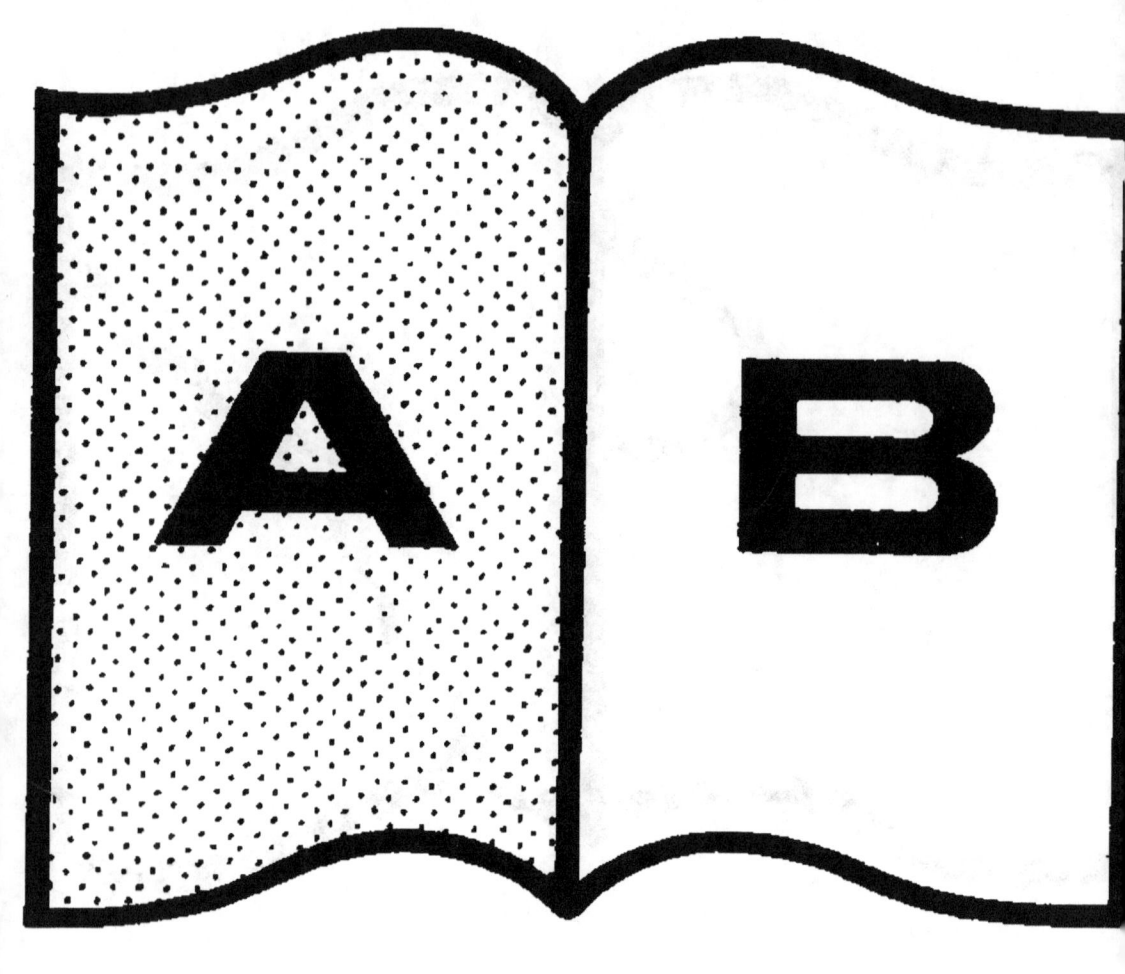

Contraste insuffisant

NF Z 43-120-14